国家社科基金重大项目"先秦诸子综合研究"
（批准号：15ZDB007）子课题成果

广东省高水平大学建设经费资助出版

暨南哲学文库

先秦诸子著作的文本研究

刘韶军　著

暨南大学出版社
JINAN UNIVERSITY PRESS

中国·广州

图书在版编目（CIP）数据

先秦诸子著作的文本研究/刘韶军著. —广州：暨南大学出版社，2023.7
ISBN 978 - 7 - 5668 - 3601 - 4

Ⅰ.①先…　Ⅱ.①刘…　Ⅲ.①先秦哲学—研究　Ⅳ.①B220.5

中国版本图书馆 CIP 数据核字（2022）第 245927 号

先秦诸子著作的文本研究
XIANQIN ZHUZI ZHUZUO DE WENBEN YANJIU
著　者：刘韶军

出 版 人：张晋升
责任编辑：潘雅琴　亢东昌　梁念慈
责任校对：孙彻贤　林玉翠
责任印制：周一丹　郑玉婷

出版发行：暨南大学出版社（511443）
电　　话：总编室（8620）37332601
　　　　　营销部（8620）37332680　37332681　37332682　37332683
传　　真：（8620）37332660（办公室）　37332684（营销部）
网　　址：http：//www.jnupress.com
排　　版：广州良弓广告有限公司
印　　刷：深圳市新联美术印刷有限公司
开　　本：787mm×1092mm　1/16
印　　张：19.25
字　　数：347 千
版　　次：2023 年 7 月第 1 版
印　　次：2023 年 7 月第 1 次
定　　价：69.80 元

总　序

　　暨南大学是中国第一所由政府创办的华侨学府，是国务院侨办、教育部、广东省共建的"211工程"重点综合性大学，直属国务院侨办领导。"暨南"二字出自《尚书·禹贡》："东渐于海，西被于流沙，朔南暨，声教讫于四海。"意即面向南洋，将中华文化远播到五洲四海。学校的前身是1906年清政府创立于南京的暨南学堂，后迁至上海，1927年更名为国立暨南大学。抗日战争期间，迁址福建建阳。1946年迁回上海，1949年8月合并于复旦大学、交通大学等高校。新中国成立后，暨南大学于1958年在广州重建，"文革"期间一度停办，1978年在广州复办。改革开放后，学校快速发展。1996年6月，暨南大学成为全国面向21世纪重点建设的大学。2011年4月，国务院侨办、教育部、广东省政府签署共建暨南大学协议。2015年6月，学校入选广东省高水平大学重点建设高校。2017年9月，学校入选国家"双一流"建设高校。

　　暨南大学哲学学科的发展，差不多与学校的创建同时起步。学校创立之初，各系初设，哲学即为暨南大学文学院历史社会学系的公共课程。从1928年初到1929年暑假这一年半时间，著名学者、中共早期领导人张申府一直在国立暨南大学文学院历史社会学系任教，担任伦理学、论理学及西洋哲学史讲师；在1932年，暨南大学于教育学系下设立有哲学心理组，著名哲学家、心理学家李石岑任暨南大学教育系主任，主讲哲学与心理学。此后，亦每聘名师于文、史各系讲授哲学课程。1958年，暨南大学在广州重建及1978年复办以后，皆有马列主义哲学教研组（室）负责全校的马克思主义哲学的教研工作。2006年，由中文系刘绍瑾教授领衔成功申报哲学一级学科下的美学硕士学位点，到2017年为止，美学专业共招收硕士生104人，已有80多人被授予哲学硕士学位。2013年，成立了专门的"哲学与社会学研究所"。沧海桑田，世事屡迁，但九十年间暨南人对哲学的热爱与渴望一直不变。2017年，"暨南大学哲学与社会学研究所"正式更名为"暨南大学哲学研究所"，暨南大学哲学学科开始了其高水平、高起点建设的新征程。

　　哲学（phylosophy），在希腊文中意为爱智慧，即"爱智之学"。通俗地说，哲学就是一种使人聪明、启发智慧的学问。人生天地之间，面对宇宙人生，"念天地之悠悠"，世事之茫茫，不能不有所考究。特别是今天这样一个人类"从未有之大变局的时代"，科技的发达使我们的目光能达到数亿万光年之外的宇宙空间，已实现了天地间几乎同步的量子通信，对生命的胚胎能够进行自由的基因编辑……但这些，却似乎只是在我们面前设置了更多的难题，而并未让我们找到关于宇宙人生的满意答案，使人们烦躁不安的心神获得更多的安宁。要寻找宇宙人生从何而来、又向何处而去的奥秘，解决现实世界面临的严峻挑战和纷繁复杂的难题，除了科技的进步之外，我们必须有哲学的智慧，要有世界观和方法论的指导，有伦理学价值体系的支撑，有宗教和审美的慰藉……

　　马克思说："任何真正的哲学都是自己时代精神的精华。"恩格斯说："一个民族要想站在科学的最高峰，就一刻也不能没有理论思维。"哲学是人类理论思维的精华，是一切思想的指针与方法。即使从最狭隘的学科建设的角度来讲，即使是以"实验"为特征的自然科学，同样也需要哲学的指导。哲学的"智慧"是人们对物质世界终极探索的不竭动力，缺乏对事物终极思考的任何自然科学门类都是难以想象的，更不用说那些与哲学关系更为密切的人文学科与社会科学了。离开哲学的思维，其他人文学科与社会科学的认识将难以达到其应有的理论深度和高度。为了现实的人文学科与社会科学各学科更好和更健康地发展，我们也需要哲学学科。

　　暨南大学哲学学科的发展正处于一个重新起步的新的历史阶段。为了进一步推进我们哲学学科的建设，展现我们不断探索的科学精神，我们特组织编写了这套"暨南哲学文库"，将不定期推出暨南大学哲学学人在中国哲学、外国哲学、马克思主义哲学、美学、宗教学等各二级学科的研究成果，从而为暨南大学"双一流"学科建设添砖加瓦，贡献出我们的全部力量。

　　路漫漫其修远兮，吾将上下而求索。

　　愿以此与暨大哲学学科同仁共勉，并期待海内外同道给我们提出批评和建议，促进我们事业的发展。谢谢！

高华平

2018 年 6 月 20 日于暨南大学哲学研究所

目　录

第一章　先秦诸子著作文本研究的
问题、方法与作用

　　对先秦诸子著作的文本问题进行研究，有其特定的研究对象及研究方法。对此，要做出一定的说明。

　　对先秦诸子著作的文本问题进行研究，是诸子研究中的新课题，对此，还没有成法可循，只能按照我的理解来加以论述。我认为，文本研究包括两个方面，一是文本形式的问题，二是文本内容的问题。文本的形式与内容是统一的整体，二者不能分开，分析文本形式，可以帮助解析文本内容，但形式不能代替内容，最终还要专门对内容进行解读。

　　本书对先秦诸子著作文本的内容分析，与一般人理解的先秦诸子思想研究有根本不同。思想研究已有了固定的模式，即按照由西方传来的学科分类模式从先秦诸子著作的文本中选取与这种模式及其概念相适合的内容加以分析，由此完成所谓的思想研究。但对于先秦诸子著作的文本内容，不能以任何先入之见或固有模式来分割先秦诸子著作的文本之整体，而应直接面对这个文本的整体，解读它们中间所含有的思想内容。即是说，必须通读诸子著作的全部文本，全面而完整地理解其中所表达的内容。这样的内容，不能用后来的或外来的分类或概念来分割，应保持它们本来的整体面貌。这样解读出来的文本内容，才是这些文本所要表达的意旨。

　　文本内容的解读，不是简单的文本注释，注释不能完整解释全部文本的内容，只是解释了文本中的某些词语，而它们仍是孤立的、被分割的，是不完整的，不能完整揭示出文本整体包含的内容。文本内容的解读更不是全文今译，今译只能照字面意思译成现代汉语，仍不能深入揭示其中的思想内容，此即古人说过的书不尽言，言不尽意，所以今译仍无法揭示其中的完整内容。

　　因此，我在对先秦诸子著作的文本进行研究时，不只分析文本形式的问题，更重视对文本内容加以分析，这种研究与思想史研究或文献学研究都不一样，与以往的研究没有重复，可以说是一种新的研究。

第一节　先秦诸子著作文本研究要研究的问题

一、以往先秦诸子研究的分别性

以往先秦诸子研究主要是对某子的思想、人物自身、著作的形成与真伪等问题进行分析、阐释和考证。这种研究的特点是分，即分别从思想、人物、著作三个方面进行研究。这种研究把诸子分成一个个的"子"或流派分别进行研究，而没有把先秦诸子作为一个整体来研究。

分别式研究的好处是专一于特定的对象，易于专门而深入，容易产生的弊病则是把先秦诸子的研究分割成互不相关的部分，缺乏整体观照，即使有一定的观照也不深入而完整。分别式研究的分别又是多种分别，更容易造成一定的局限性，使视野被限制得不够全面与完整。

分别式研究的最大问题，是在资料的运用与解读上不够全面与完整。如对思想的分析，就是从诸子著作中寻找一些句子，据以分析和说明该作者的思想。这样的思想研究，没有解读诸子著作的全部文本，所解读的思想不能说是全面与完整的，而且研究者又用一些诸子文本之外的思想概念解读诸子著作中的某些文本，这就使得阐释出来的思想与诸子著作文本中原有的思想存在许多差异，研究者用这样的方式阐释下去，就使所阐释的思想与诸子著作文本中包含的原有思想的差距越来越大。因此人们在诸子思想研究上会产生许多分歧，而无法形成共识。

在对先秦诸子相关人物的研究和相关著作的成书、流传和真伪等问题的研究上，也存在着许多不同的认识与论断。对此，人们也从相关的著作文本中找资料作为依据，为自己的分析论断做支撑。这仍是用片段的文本来研究问题，没有对全部文本进行解读，从而使相关研究陷于无穷的分歧之中。

以往人们对先秦诸子著作的文本进行了多方面的研究，如考证字义及文字上的各种讹误，考察版本的不同，探讨历代文献著录及其中的问题等，希望由此获得先秦诸子著作的正确文本。这种研究属于文献学的方法，但文献学的文本研究只是对诸子著作及其文本的外在研究，只限于对这类著作的文本的局部进行考证，并不是对诸子著作的全部文本及其内涵进行分析考究，而有关版本传承与流变以及相关著录等方面的问题，更是仅在外围对诸子著作的情况进行考察，而不深入到这些著作文本中进行思想内涵的分析与解读。所以，文献学研究对先秦诸子著作的研究，从根本上属于外围性质，不能深入探讨著作文本中的更多内容。

分别式研究还会受到研究者所学学科的局限，不能从文本到思想进行思想史与文献学的综合研究，不能把先秦诸子著作文本研究提升为一个完整的课题来认识。分别式研究于是成为各自分离的独立研究，没有融为一体，这就限制了先秦诸子研究的深入。

二、先秦诸子著作的文本形式

先秦诸子著作的文本研究，首先是诸子著作文本形式的研究。对于先秦诸子著作的文本形式，人们不太注意。但要全面深入研究先秦诸子著作的文本，首先要从文体形式上重新看待先秦诸子著作的文本，只有这样，才能深入理解文本形式与文本内容之间的关系，从而为准确解读文本的思想内涵打下牢靠基础。

文本形式，指文本以怎样的形式构成，不同的文本构成形式形成了不同的文本形式。先秦诸子著作中普遍存在着"对话体"这一形式，如《论语》《孟子》《荀子》《墨子》《管子》《韩非子》《商君书》《庄子》《孙子兵法》《公孙龙子》等著作中都有。对话是由不同的人来问答或讨论某个问题，也会有一个人自问自答的对话，如《老子》就多是这种自问自答式的对话。可见对话体是先秦诸子著作的主要文本形式之一。

对话体讨论思想上的问题，不可能论之精详，而只能点到为止，揭示要点重点，不及详论细证。但对话体中点到的要点重点，是了解诸子整体思想的重要依据，需要研究者结合其他文本内容进行综合而深入的完整阐释和解读。对话体的特点是要言不烦，未能详尽说明诸子思想的内涵，但可为解读其他的文本提供重要依据，是全面阐释诸子思想的出发点之一。

对话体类似于后来形成的语录体。语录体兴盛于宋明理学时期，是老师与学生在讨论学术问题后的记录之整理。这种形式又形成于唐代以来的禅宗师徒讨论佛性问题的过程中，所以唐宋以后有大量的语录体著作问世。这是后来的语录体，而先秦诸子著作中也有类似的语录体，也是师徒共同讨论学术问题的结果，但不如后世的语录体数量多。中国古代学术的形式之一就是师徒共同生活与治学,在平日的讨论和对话中形成了语录体,与上述的对话体属于同一类。但取名对话体还是语录体,意义上有所不同。对话体有现场感,语录体有后来回忆记录的意味。对话体主要记录当时的对话所言,语录体又可由后来的整理者加以润色或补充,故语录体的内容一般会多于对话体。另外,对话体也不限于师徒之间的对话,还有君臣之间的对话、学者之间的对话等,这比语录体的主体更广泛,讨论的问题也不限于思想方面,还涉及其他方面,如治国理政或自然科学方面,这又使对话体的内容广于语录体。所以,不能简单地把对话体与语录体混为一谈。

对话体不是先秦诸子著作独有的,还存在于其他类型的典籍中,如《尚书》、《春秋》三传(《左传》《公羊传》《穀梁传》)、《国语》、《战国策》等书中都有对话体文本,因此可以说对话体是古代典籍的主要文本形式之一。这说明对话体本身就是历史的一部分,是古代文献不可缺少的文本形式之一。但先秦诸子著作中的对话体文本只属于思想史,与其他类型的古代典籍文本中的对话体有根本不同,这是研究先秦诸子著作文本中的对话体时必须注意的。

先秦诸子著作文本的第二种文本形式是论文体。论文体的基本特点是诸子根据特定的主题写成的专门的篇章,比起对话体和语录体是一种进步与发展。论文体也包括对话的文本形式,但此时的对话从属于论文体的整体篇章。《论语》《孟子》《老子》《晏子》还不是论文体,主要是对话体(《老子》是自己与自己的对话),《庄子》《荀子》《韩非子》《商君书》《墨子》《管子》《列子》《公孙龙子》《孙子兵法》等已以论文体为主。由此看来,不能把对话体或语录体与论文体看作时间上的不同时期,并由此论定诸子的先后次序。

就《论语》来说,孔子主张"述而不作",以祖述周代的礼乐制度及其中的思想观念为主,不会自己来"作"一部著作,所以《论语》的形成是他与弟子们讨论诸多问题的零星记录之整理成果。孟子也没有作成一部著作的意图,《孟子》是他与诸侯、弟子以及其他学者进行思想交流的整理结果。所以《论语》《孟子》的文本形式主要是对话体。

《老子》已有"作"的意图,但没有采用论文体,而是采用格言警句体,自言自答。在《老子》成书问题上,人们存在着不同看法,但不管哪种版本的《老子》,这种自言自答的格言警句体是其根本特点,要归之于对话体,而不能归之于论文体。

《晏子春秋》是记录晏子与当时君主进行种种对话的结果,《管子》中也有不少内容属于这种情况，但《晏子春秋》主要是对话体，《管子》则主要是论文体。

整体上看，先秦诸子著作的文本形式对话体为少，论文体为多，在先秦诸子著作中论文体占据了主要地位，以后的诸子也多采用这种文本形式。如汉以后的诸子著作中，对话体与论文体是并存的，如扬雄的《法言》是典型的对话体和语录体，这与他模仿《论语》有直接关系①，而扬雄《太玄》中的十一篇（《玄首》《玄测》《玄冲》《玄错》《玄摛》《玄莹》《玄数》《玄文》《玄掜》《玄图》《玄告》）则是论文体，这与他模仿《周易》的《易传》有直接关系②。但《易传》也有不是纯粹论文体的篇章，如《说卦》《杂卦》《序卦》不是纯粹的论文体，而模仿它们的《玄首》《玄测》《玄数》《玄错》《玄冲》也不是纯粹的论文体，由此可知，诸子著作中的篇章虽然有各自的题目，但也不一定全是论文体。

这里所说的篇章的题目，是指诸子自己命名的，不是后人为之加上的。《论语》《孟子》的篇章题目是后人所加，不是孔子、孟子自己拟定的，《老子》的章题也是后人所加，不是老子拟定的。《易传》的篇章题目可以断定是作者自定的（虽然作者是谁还不能断定），而汉以后的诸子著作中的篇章题目，一般都是作者自己拟定的，这与《论语》《孟子》《老子》不同。《管子》比较特殊，有的篇章的题目是作者（或编者）拟定的，有的篇章的题目则是后来的整理者汇集相关资料时附加上去的。汉代诸子著作也以论文体为主要形式，但后来的王通（《中说》模仿《论语》，是对话休）及唐宋明清的诸子，也是对话体与论文体并存的。

总之，从先秦诸子到后世诸子，其著作的文本形式，以论文体为主、对话体为辅。这是中国古代文人学者撰写著作的两大形式，并不限于诸子著作的文本形式，不是诸子著作文本形式的独有现象。

论文体较对话体有明显优点，即论题集中，论述充分，最适合表达诸子的思考结果。先秦诸子著作的文本形式以论文体为主，正好充分发挥了这种文本形式的长处，在先秦诸子著作的各种文本形式中具有最重要的地位，是研究先秦诸子著作中的思想内涵的主要对象，是用来分析先秦诸子

---

① 《汉书·扬雄传》："故人时有问雄者，常用法应之，撰以为十三卷，象《论语》，号曰《法言》。"《汉书》，中华书局1962年版，第3580页。以下引用《汉书》均用此本，只标篇名，不详列出版信息。

② 司马光：《太玄集注·说玄》，中华书局1998年版，第3-5页。以下引用《太玄集注》均用此本，只标篇名，不详列出版信息。

思想的最重要的凭据，也是研究先秦诸子著作文本问题时最主要的对象。

先秦诸子著作文本的第三种形式是经传体。经传体是经学著作的主要文本形式，先秦诸子著作中也大量借用了这种文本形式。所谓经传体，经为正论，是揭示诸子思想见解的主要方式，但经较为简要，还需要进一步展开加以阐释与论述，所以需要传来为经进行解说、敷衍、证明。经学著作中的经与传往往是分开的，不是一个作者写成的，如《春秋》与《左传》《公羊传》《穀梁传》，又如《诗经》的《毛传》《韩氏传》，《尚书》与《尚书大传》，《易经》与《易传》等，又如程、朱把《大学》《中庸》的文本也分成经与传①，可见经学著作中经与传是最主要的文本形式。而这种文本形式也被先秦诸子采用，在先秦诸子著作中经常能见到这种经与传的配合方式，可以说经传体是先秦诸子著作文本中的一种重要形式。

经学著作中的经传体一般是由不同的学者写成的，先秦诸子著作中的经传体一般是由同一个作者写成的。经传由不同的人写成，当然对所论述的问题会有一定的差异，不可能如同一个人的思想那样一致与完整。经传由同一个人写成，就会有统一的思路与理解，只是从不同的角度来论述同一个问题，在思想内涵上具有一致性。这与由不同的人写成的经与传完全不同，在研究此类文本时应该意识到这一点，从而在研究先秦诸子著作的文本内容时注意寻找其中的一致性，这与研究经学著作的经与传时注意寻找其中的差异性，是同样重要的。

先秦诸子著作中还有一种特殊的经传体，一方面，经与传不是存在于一部著作中，另一方面，经与传也不是由同一个人写成的，且后来被视为传的诸子著作的文本，在当初也不一定是作者有意写成经传体的，只是客观上起到了经传体的作用。如《庄子》中某些文本是对《老子》某些文本的阐释，后人认为这是《庄子》对《老子》的注，这种文本关系，也可以视为经传体。这种经传体，虽属同一个思想流派，但是由不同的学者写成，所以在思想上既有相通之处，又存有一定的差异。

还有一种经传体，由不同的作者写成，是有意为某子的著作作传，如《韩非子》的《解老》《喻老》。这又与《庄子》中某些文本是对《老子》

---

① 《大学章句》："右经一章，盖孔子之言，而曾子述之，其传十章，则曾子之意而门人记之也。"（朱熹：《四书章句集注·大学章句》，中华书局 1983 年版，第 4 页）《中庸章句》："右第一章，子思述所传之意以立言……其下十章，盖子思引夫子之言，以终此章之义。"（《四书章句集注·大学章句》，第 18 页）可见已把《大学》《中庸》的文本分成经与传两个部分。以下引用《四书章句集注》均用此本，只标篇名，不详列出版信息。

某些文本的解释，从而构成经传体的关系有所不同。其差异在于，一个是有意地作传，一个是无意地作传，故在思想的继承关系和阐释上就会有不同之处。后人研究时应予以足够的注意。

经传体的文本内容，一是传对经的思想内涵进行进一步的解释与发挥；一是传对经的典故提供事例，以作经说的证明；一是传对经的名词概念加以阐释。可知经传体在文本形式上也是有一定差异的，后人研究时要予以关注。

经传体又分明显的经与传和不明显的经与传。明显的经与传，是在文本上用明确的用语标明经与传，使读者知道不同的文本何为经，何为传。如《管子》有《牧民》篇，又有《牧民解》（已佚），前者为经，后者就是对前者进行解释的传，此类还有《形势》与《形势解》，《立政》与《立政九败解》（"九败"为《立政》篇的一节，其他各节的解已佚），《版法》与《版法解》，《明法》与《明法解》，《幼官》与《幼官图》，《问乘马》与《臣乘马》、《乘马数》、《乘马》（已佚）等，《管子》这些篇在名称上就直接标明了相互之间的经传关系，这是明显的经与传。

又如《墨子》有《经上》《经下》，又有《经说上》《经说下》，《经》为经，《经说》就是《经》的传。《韩非子》的《说林》上下、《内外储说》诸篇，都是其他各篇的传，即用来说明其他各篇中的观点所要用的资料与事例，是为解释其他各篇中的思想观点而提供的辅助资料。这类似于《左传》通过记载具体的史事作为《春秋》的传，用具体史实为《春秋》的微言大义提供证据。之所以用"说林""储说"一类的名目，是与其他各篇有意义明确的题目不一样的，由此来与其他各篇相区别，这样就能使人看出不同的篇是有经与传的不同性质，可以说这也是明显的经与传。又如《晏子春秋》的内篇分谏、问、杂三类，外篇没有内篇那样齐备，所以混而为一，但仔细看外篇所说，都是对内篇的补充，也可以说内篇为经，外篇为传，是为理解内篇而提供的辅助性文本。这也可看作经与传的关系。

不明显的经与传，在诸子著作的文本中就更多了。为理解这一点，要把经理解为诸子思想的要点，把传理解为诸子对思想要点的详尽阐释与论证。这样来看诸子著作的文本，就会发现这些文本中存在着不少经与传的不同文本，之所以会大量存在这种情况，是因为诸子著书立说，最常用的方法是先简明扼要地提出主张与观点，再对主张与观点进行多方位的阐释与论证，于是形成了相当于经与传的不同文本。古代的思想家要说明自己的思想观点，必须采用这种方式撰成著作，所以他们的著作文本中就有大量的属于经与传关系的不同部分，二者配合，共同构成他们论述思想见解的文本篇章。

懂得了这一点，再来仔细阅读诸子著作的文本，就会发现经传体正是先秦诸子著作的论文体中最常用的文本形式。如《荀子·劝学》篇第一句话说："君子曰：学不可以已。"这是一句简明扼要的"经"文。然后整个《劝学》篇就从各个角度来论述阐释这一句"经"文提出的观点，因此《劝学》篇其他的文本都可以说是这句"经"文的传。《修身》篇也是如此，首先简要地提出观点："见善，修然必以自存也；见不善，愀然必以自省也。善在身，介然必以自好也；不善在身，菑然必以自恶也。"这是全篇的核心见解，可以称为"经"，下面的全部文本都是从不同角度展开阐释这几句"经"文。《不苟》篇开头的话就是全篇的"经"："君子行不贵苟难，说不贵苟察，名不贵苟传，唯其当之为贵。"以下全部文本都是为阐释这几句经而展开论说的。《荀子》的各篇都可以这样解读，从经传体的角度理解《荀子》全书的文本，就能提纲挈领，把握住荀子思想的脉络，从而正确理解荀子的思想，这正是重视先秦诸子著作文本研究的目的所在。

又如《商君书》最初几篇中提出了重要的观点，如《垦令》篇提出"草必垦"，这是此篇的经，而此篇其他文本从二十个方面阐明了为什么说"草必垦"，这些文本都是对"草必垦"这一条经义的解说，与经相比，就是传，可以说一篇内有经又有传。此下《农战》篇的经是"国之所以兴者，农战也"，篇内其他文本都是阐说这句经而展开的传。商君认为国家的一切活动都是用农战增强国力，这是全书的经，"草必垦"附属于它，其他各篇都附属于它，如《去强》《说民》《算地》《开塞》《壹言》《错法》《战法》《立本》《兵守》《靳令》《修权》《徕民》《赏刑》《画策》《境内》《弱民》《外内》《君臣》《禁使》《慎法》《定分》等篇。在各篇内又有该篇的主旨作为经，篇内其他文本则对此篇的经进行解说阐述，这就是传。只有看到这种经与传的文本关系，才能对《商君书》的文本及其整体思想做出合乎本意的解读，才能确切分析评价《商君书》的思想。若非如此，只就书中某些语句进行分析，就会对此书的思想主旨产生片面的理解，这在诸子研究上就是严重的误读。但这种经传体在文本上并不明显，人们往往忽视之，所以才有必要对先秦诸子著作文本中的经传体进行分析与论证，从而为确切解读先秦诸子著作文本包含的思想内容提供坚实的基础。

明显或不明显的经与传，存在于同一个著作文本中，也存在于不同的文本中。如前面提到的《韩非子》的《解老》《喻老》，是对《老子》的解释，《老子》是经，《韩非子》的《解老》《喻老》是《老子》的传。《庄子》一些篇中的部分文本，后人也认为是对《老子》的注，可以说《庄子》的这些文本是《老子》的传，《老子》是《庄子》的经。在《管子》中有《心术》《白心》《内业》等篇，被认为是道家的思想学说，仔细阅读这几篇的文本，可以看出它们都是在阐释老子的思想，可以说，《老子》的说法是经，《管子》这几篇的论说是传。但这是不明显的经与传，不像《韩非子》的《解老》《喻老》那样明显，所以说这是不明显的经与传。

经传体又可以是论文体之下的一个类型，在不少先秦诸子著作的论文体中都存在着经传体，可以说经传体是论文体不可缺少的组成部分。

综上所述，可知先秦诸子著作的文本形式有三种类型：对话体（包括语录体）、论文体、经传体。要深入研究先秦诸子著作的文本及其思想内涵，必须重视对先秦诸子著作文本形式的分析，由此入手，获得正确解读先秦诸子著作全部文本及其思想内涵的基础，可以保证研究先秦诸子的文本时不致产生偏差与误解。

三、先秦诸子著作文本形式的形成原因

先秦诸子著作的文本形式有不同类型，出现这些不同的文本形式，是有原因的。对原因的分析，只能是推测，没有确切资料可供断定。

就对话体而言，其形成原因是当时的诸子与他们的弟子或其他学者以及诸侯卿大夫之间为了讨论问题而进行了大量对话，弟子们凭着记忆把这类对话记录下来再加以整理，从而构成了先秦诸子著作文本的对话体形式。

就论文体而言，其形成原因是先秦诸子为阐明自己的思想主张而就不同的主题撰写出不同篇章。但论文体的著作还有后人托名的情况，不一定都是诸子本人写定的，如《庄子》《管子》《韩非子》的某些篇就是如此，对于这种情况，没有必要过于纠缠，研究的重点是对先秦诸子著作的文本进行整体的解读，找出其中的思想主旨，用来作为解读某个作者的思想主旨的资料，从而分辨出哪些思想内涵归属于这个作者本人，哪些不能归属于其人。把这些问题弄清楚，就能对诸子的著作及文本包含的思想内容做出合乎实际的理解与评价。如果过度纠缠哪些篇章是本人所写，哪些不是

本人所写，而忽视了对这些文本包含的思想内涵的分析，就是轻重颠倒，主次不分。

就经传体而言，其形成原因也很简单，即先秦诸子撰写著作时，用经传体的方式最容易阐述和论证自己的思想，而且经书也普遍使用经传体的形式，先秦诸子必然会受其影响。另外，经传体文本形式本身最适合阐述思想，所以就大量应用于先秦诸子著作的文本中了。

另外，经传体是中国古代最通行的注释体，中国古代的学术与文化的传承，最重视对前人著作与思想的注释与阐释，所以经传体在注释体基础上得以形成与发展，并成为中国古代学者撰写著作时最常用的文本形式。如早期的注释形式中就有传体，这种传在《汉书·艺文志》记载的古代各类书籍的传承中是普遍存在的，这里不再烦琐引证。

从更广的方面来看，则要注意特定的历史与学术的背景。

春秋战国时期是百家争鸣的时代，但诸子百家不是在同一个时期出现，而是形成于较长的历史发展过程中。在不同的历史时期背景下，诸子百家面对的国家社会及人自身的问题不一样，面对不同的问题，就会使诸子进行不同的思考，而且思考的深度与广度也不一样，这就使得他们表达的思想及其外在形式有所不同。

例如，孔子思考的是周代礼乐制度的崩坏问题，这是以前不曾有过的问题，所以他是对这一问题进行最初思考的学者，因而他的思考与表达就会比较简单，他与弟子集中讨论这些问题时，来不及思考更多更深的问题。孔子之时，只要把问题提出来，对当时的贵族们有所告诫就够了，用不着长篇大论，况且孔子有述而不作的思想，认为只要把周初建立的礼乐制度的精神转述出来，让当时的人们不致忘记就足够了。这就决定了他与弟子们讨论这些问题所形成的文本形式是对话体。

而到了孟子的时代，国家社会的问题已从之前的礼崩乐坏及如何维护和补救的问题，发展到用什么方法或道路来统一天下的问题。孟子所思考与讨论的问题就是如何让诸侯行仁政、用仁义来统一天下，这与孔子时代的国家社会问题完全不一样了。孔子认为只要国家社会的统治者能从自身做起，按照君子的要求来做人治国，不违背礼乐制度的规定和要求，就可以避免和挽救礼崩乐坏的局面。到孟子时代，这个问题发展为各诸侯国互相扩充势力以兼并天下的问题。孟子不能阻止诸侯扩充势力进而兼并天下，只能提出不暴力的方案供诸侯们选择，即诸侯们应该行仁义，用仁义治国，用仁义扩充势力，并由此而使自己的国家在各国的竞争中占据优势地位。他所思考的核心问题，就是用仁义之政达到统一天下的目标。因此他与诸侯的对话，都是按照这一思想主张而展开的。

孟子要论述的问题比孔子时复杂了，不能用简单的话语使人信服，所以他要用大量的历史例子来帮助阐述自己的思想主张，于是就成为诸侯问一句，孟子就要说很长很多的话来应对。因此《孟子》中的对话与《论语》中的对话相比就有了本质的不同。孔子与弟子们的对话都是言简意赅，三言两语，而孟子对诸侯所说则成了长篇大论。虽然都是对话体，但孔与孟所说的话有明显的简繁之别。再往后发展，这种即时的对话也不足敷用了，于是变成了《荀子》的论文体。

从道家著作的文本形式看，《老子》与《庄子》在文本形式上有明显差别，这与二人的思想主张、个人性格有很大关系，但更根本的是二者处于不同的历史背景下，使得二人的话语方式与文本形式产生了根本性差别。

老子处于道家思想的初创阶段，他的思想是在周代礼乐制度的国家社会环境中产生，是对周代礼乐制度的治国有效性产生怀疑而进行深入思考与历史总结所形成的结果，这时老子还不能对周代礼乐制度提出全面而公开的反对，但又有许多思想需要表达出来，在此情况下，他只能采取神秘老人告诫世人的格言警句式的简明扼要的话语形式，来表述自己的思想主张。老子所针对的问题主要是现实中的侯王治国时存在着他们尚不自觉的问题，因此要用一种理想的圣人式的侯王治国的方法为现实的侯王提出告诫，以此希望他们有所醒悟而有所改正。《史记·老子韩非列传》记载孔子拜访老子，在听了老子的告诫之后，说出一段很有意思的话：

> 鸟，吾知其能飞；鱼，吾知其能游；兽，吾知其能走。走者可以为罔，游者可以为纶，飞者可以为矰。至于龙吾不能知，其乘风云而上天。吾今日见老子，其犹龙邪![1]

这段话充分反映出老子及其话语的神秘性，孔子感慨的不是老子所言的内容，而是老子话语方式的神秘性，觉得在听了这些话语后，能让人形成一种其人犹龙的感觉。这说明老子采用的神秘话语方式对人产生的深刻影响，连孔子都不免有犹龙之叹，如果是一般人，就会对这种神秘的话语方式更觉震撼。可知老子采取这种神秘性话语方式的语言效果是完全与众

---

[1] 司马迁：《史记》，中华书局1959年版，第2140页。以下引用《史记》均用此本，只标卷传名称，不详列出版信息。

不同的，而这就是《老子》文本形式的独特性所在。

在当时的时代背景下，老子作为国家的史官，既能充分了解国家社会治理历史上的成败得失，又能有某种外在于国家政治体系的独立性，反思国家社会的治理情况及其弊病所在。但由于处在初期阶段，且周代的礼乐制度还处于强固阶段，所以老子这种独特的人只能对国家社会治理中存在的弊病加以指出，另提一种治国的思路，供统治国家的侯王思考或参考，而不能提出对周代礼乐制度从根本上加以反对与推翻的思想方案。此外，道家本身为安全起见，有着不言、无言、少言的特点，这也决定了老子的话语只能是点到为止，供有心人进一步深思；且不能用自己的口吻说话，必须借助于圣人或历史上的格言警句式的话语来表述自己的思想主张。所以，《老子》的文本形式是神秘的、简约的格言警句式，而不像《庄子》那样单独成篇，用重言、寓言、卮言多种方式来阐述更多的道家思想。

庄子与老子不同，他不是官方的职官（"尝为漆园吏"，说明当过一段时间的小史，完全不能与老子身为周王室柱下史相比，漆园吏只是官方体系中最下层的史），没有官方的约束性，而有相当程度的自由性，所以说话不必像老子那样谨小慎微，神神秘秘，欲言又止，点到为止，而是可以随意地讲述自己的思想主张。这是由二人不同的社会地位决定的，因此二人的话语方式与文本形式就不会是一样的。

从时代背景上看，庄子的时代较老子为晚，有人认为庄子在前，老子在后，如果从二人所说的内容看，完全可以感受到二人说话时的国家社会环境的不同。老子之时，周代的礼乐制度对人的约束限制还有很强的力量，到庄子时，这种制度已成往时的回忆，在现实的社会环境中已经没有了当年那种强有力的权威，所以老子说话是神秘而谨慎的，庄子说话是大胆而自由的，老子所说只是点到为止，庄子所说则能洸洋恣肆。前人如果已能畅言，后人却变得惜字如金，不敢多说，这是不合乎思想发展规律的。真实的情况只能是前人所说较为简约，后人进一步阐说，所说较前人繁多而详尽。由此看来，老子在前，庄子在后，是历史的必然，是时代发展的必然结果，不能置历史时代的发展变化而不顾，独立地论证老子与庄子的时代先后。

而且《史记·庄子列传》中也明确说他"与梁惠王、齐宣王同时。其学无所不窥，然其要本归于老子之言，……诋訾孔子之徒，以明老子之术"，《史记》记述历史人物如果说得比较确切清楚，就都是有根据的，否则就会把不同的说法列出来以供后人参考。这里所说庄子与老子的关系是非常明确而肯定的，可知司马迁对此是有根据的。后人如果怀疑这种说法，又怎能找到比司马迁之时更可信的历史资料呢？仅此一点，就可以否定后人所谓"庄子在前而老子在后"的说法。

老子与庄子的时代既有不同，他们面对的问题也必然会不同。老子面对的国家社会问题是周代的礼乐制度不能有效治理天下国家，老子从中发现了它的弊病所在，为此提出补救方案，这表明当时不是国家社会出现整体倾覆的根本性变迁，所以只是指出其中的不足之处，以求改善。而庄子的时代已经不再是周代礼乐制度稳固与强盛的时代了，这种从前的制度已经是整体上失效和败坏的状态，以前各国诸侯必须唯周天子是从的周代礼乐制度，在庄子时已是诸侯完全不把周天子放在眼里，更谈不上唯天子是从了。看《史记·庄子列传》关于楚王的描述，就与老子所在的春秋时代的楚王的情况完全不同。不同在于，《庄子列传》中的楚威王欲以庄子为卿相，这在周代礼乐制度稳固时期是完全不可能的。周代礼乐制度的基础就是血缘宗亲制度下的诸侯分封制，诸侯任命的卿相必须是同姓的贵族，堂堂的楚王怎能让一个乡村小吏来担任国家卿相呢？到战国后期，才出现让不是同姓贵族来担任国家要职的情况，而这在春秋时期是不可想象的。由此就可看出老子与庄子的时代完全不同。

一个时代是周代的礼乐制度还很稳固，只是由思想家发现了不足之处，欲来补救，这在孔子与老子都是一样的。一个时代是周代礼乐制度完全崩坏失效，思想家要拿出全新的思想方案来解决这一问题，所以到战国时代，诸子的思想方案都是针对这一个时代问题而从不同角度提出来的，如孟子、荀子、庄子、韩非子、商鞅等人，都是如此。这种情况，就决定了诸子著作采用的文本形式会与以前大不一样。儒家的孔与孟是如此，道家的老与庄也是如此。

管子的思想主要是为齐桓公争霸提出方案，与孔子、老子欲以补救礼乐制度的弊病完全不同。墨子的思想本质上与孔子、老子一样，也是为补救周代的礼乐制度的弊病而提出的。所以先秦诸子早期阶段，是以孔子、老子、管子、墨子等人为代表，而后期是以孟子、荀子、庄子、韩非子、商鞅等人为代表。诸子处于不同的时代，面对的国家社会问题不一样，思想主张就会不同，而在表述自己的思想主张时，就会采取不同的话语方式与文本形式。由此可知，先秦诸子著作文本形式的多样化，根本原因在于时代的变化所引起的不同的国家社会问题。

在同样的时代背景下，诸子百家的学术思想背景又有不同，这也决定了诸子百家的文本形式的不同。先秦诸子时代，他们撰述著作阐述自己的思想主张，都是按照自己的思想主张的特点来进行的，不像现在人们撰写论著有一定的格式或通行模式，所以诸子著作的文本形式，都是从他们的思想主张的深处自然流露出来的特定文本形式。不同的思想主张又与他们各人的性格相关，不同的思想主张与不同的性格结合在一起，就使得诸子著作采用了不同的文本形式。

老子的性格谨慎小心，处于官方史官的地位，当时的礼乐制度还处于稳固状态，他不会用激进的反对态度来阐述自己的思想主张，他认为只要根据他的主张进行补救，就能解决他所看到的问题，所以他采用神秘的格言警句式的文本形式，希望侯王们能够理解并加以施行。

孔子也处于礼乐制度尚称稳固的时代，虽然已有礼崩乐坏的迹象，但还没有达到完全崩坏的地步，礼乐制度的框架还存在并发挥着作用，所以他只是强调不要做非礼的小人，而要做守礼的君子，希望诸侯与贵族克己复礼，天下归仁。对这一点要求，他又崇尚述而不作，所以必然会采取简明扼要的对话体来说明自己的思想主张。

墨子的主张也是对礼乐制度的补救，他只是认为礼乐制度中有一些过度或过分的做法，需要加以纠正，由此来补救礼乐制度的不足之处，他并不是要整个推翻礼乐制度。所以他的思想主张处处以圣人先王为准则，认为自己的主张就是圣人先王本来就有的思想，而不是要推翻圣人先王固有的准则。为此他的著作文本的重点是要告诉人们这一点，而不是另起炉灶，提出一套全新的思想主张。所以墨子的文本形式是要驳斥他人对自己思想主张的误解或歪曲，重点说明自己的思想主张本来是什么意思。

老子、孔子主要是向侯王统治者告诫、提醒、警示，不崇尚长篇大论，也觉得没有必要撰写长篇大论，所以都用简短的话语体。墨子要向人们说明自己的思想主张究竟是什么意思，破除人们的误解或歪曲，所以要多费口舌，由此形成比较专门的文章，这是他与孔子、老子不同的地方。墨子的主张从表面上看似乎与周代礼乐制度不同，是别门异说，所以引起人们的误解与歪曲，但仔细阅读《墨子》的文本，就能看出墨子的思想主张并不与礼乐制度的精神背反，同样是对礼乐制度的弊病提出补救的思想。

孔、墨、老是早期诸子，他们的思想决定了他们的文本形式的特性。管子也是早期诸子之一，但以"管子"为名的著作，并不是管子本人的著作，而是管子学派甚至是稷下学派的后期学者把齐国学者自齐桓公以来的诸多论著甚至是档案文献汇集成书的结果，其成书应该较晚，不能说就是齐桓公时的管子本人的作品。但这些文献本质上是一致的，都是为了当时称霸以及后来成为强国而阐述的各种观点。这些文献本质上是齐国的诸多学者为这一根本目的而一再阐述的论著，是学者为君主提供治国理政的各种规划、方案，所以篇帙既多，文字也不免重复，更是把有关的各种文献都搜罗进来，编成一书。所以，现存的《管子》中的文本形式复杂多样，与《论语》《老子》《墨子》《孟子》《荀子》《韩非子》《商君书》等以一人的思想主张为主而成文的文本形式不同。在《管子》中有属于经的篇章，有属于传的篇章，有属于记载齐桓公与管仲对话的篇章，有属于专门讨论治国理政各种问题的篇章，显得繁杂多样，可以说现存《管子》是较长时期内众多的学者为其君主治国理政而撰写的各种文章之合集，在文本形式上没有统一性。

《孟子》虽也是对话体，但与《论语》的对话体相比已有很大变化，即内容增多，所说繁复，有长篇大论的特点了，这是《论语》对话体所没有的特点。且在所说的话语中多有辩驳他家说法的情况，属于某种特定的辩论体，这也是《孟子》文本形式的特点之一。这是因为孟子的思想主张在孔子之后的发展中，有了较大的深入与丰富，所以他论说的内容必然较孔子为繁多而深入，加上当时有一些学者提出的说法比较容易使人迷惑，所以孟子必须进行辩驳。这都是由他的思想主张的学术性所决定的。

《庄子》《荀子》《韩非子》《商君书》等的文本形式有一个共同点，即一个学者提出了自己的思想主张，为此专门撰写文章论述这些思想主张。孔子、老子、管子都不是这样的学者，没有写出专门的文章来论说自己的思想主张。《老子》虽然也可说是有意地撰作，但不是专门撰写文章阐述自己的思想主张，而是借用古来的格言警句提出告诫式的话语，这与专门撰写文章以阐述思想主张是不同的。《墨子》虽有专门的文章说明自己的思想主张，但重点是纠正他人的误解与歪曲，也与正面阐述自己的思想主张有所不同。

《庄子》《荀子》以后的诸子专门撰作文章来正面阐述自己的思想主张，是先秦诸子后期的主要文本形式，其根本原因就在于这个时期的思想家对自己的思想已能自觉地利用专门论述的方法，是思想家思想成熟与表达方式完善的表现。

四、先秦诸子著作的文本传播

先秦诸子著作的文本传播，是后世流传过程中产生的问题，它本身并不是先秦诸子著作原有的问题。所谓文本传播，是指先秦诸子著作的传播及其在长期过程中形成的版本、篇章、文字等方面的问题。由于传承的时期很长，而且在传承过程中，每一部先秦诸子著作都会有不同时代的学者对其进行抄写、编纂、注释、订正、校勘、著录、提要、版刻等工作，于是产生了先秦诸子著作文本在长期流传过程中的传播问题，其中就包含了在上述各项工作中造成的种种错误与后世学者的主观与客观的改动，从而使得流传至今的先秦诸子著作在篇章结构与文本形式等方面都有了与原书的原貌不同的情况，这就引起了后世学者研究先秦诸子著作时的种种疑问，他们提出了种种不同的看法与论证，这也都随着先秦诸子著作的传承而掺杂进去，形成了所谓先秦诸子著作的文本传播问题。

在研究此类问题时，一般将其分为两个方面。一方面是历史上传承下来的通行本，一方面是后世出土的地下考古本，二者在先秦诸子著作的篇章与文本形式上存在着不少差异，人们对这些差异展开研究，想从中寻找出先秦诸子著作的本来面目。但这种研究由于研究者自身各种因素的影响，会产生出种种不同的看法，分歧甚多，无法形成定论，于是人们不断纠缠于此类分歧而出现了更多的研究成果，这就使先秦诸子著作的文本传播问题越来越复杂。在做先秦诸子著作的文本研究时，对这类传播中出现的问题，要有充分的了解，但又不必纠缠于这些问题，而应以先秦诸子著作的文本的本身分析为重点，只有这样才能使研究者集中精力探讨先秦诸子著作的文本所包含的思想内涵，这才是研究先秦诸子著作的根本目的。

人们注意到由于一些后发现的先秦诸子著作文本中的文字与以往通行的流传本的文字存在差异，甚至有人认为基于这种差异，就可整个改变以往对于先秦诸子思想的评价，所以他们非常重视从后来发现的版本中找到与以往通行本不同的文字，来重新解读和评价先秦诸子的思想。这种思路过分强调不同版本文字上的差异，有就其一点而不顾整体的偏向性。因为先秦诸子著作中的文本是一个整体，不能靠一两个字的差异而整体改变对著作的全部文本的解读以及由此形成的对文本所包含的思想内涵的理解与评价。

还有一种情况，由于后来发现的一些版本与传世的通行本在篇章字数上存有一定的差异，研究者更重视后来发现的版本，由此否定对以往流传了很长时期的版本的文本内涵的解读与评价。而且人们更关心后来发现的版本与以往通行版本之间的差异，忽视了它们之间的共同性。如《老子》有通行本也有多种后来发现的简帛本，但既然是《老子》，它的基本思想意旨是相同的，不能只凭几个文字的差异而否定对以往通行本《老子》全部文本研究而形成的思想理解与评价。

先秦诸子著作的文本传播问题，一定要注意学术的源流问题，以先秦诸子著作的不同版本而言，虽然在长期传承过程中因种种原因形成了不同的版本与篇章，但它们之间一定存在着共同的源头。

以《老子》为例，以往通行本不是源头，后来发现的简帛本也不会是源头，它们都是一个共同的"源"之后的不同的"流"，不能用一个"流"否定另一个"流"。由于时间太久，它们的共同之源已无法找到，但可以根据这些有着一定差异的"流"来解读和评价这些文本中的思想内涵。从另一个角度说，在中国历史上产生了重要影响和作用的《老子》，是后世通行的《老子》，而不是早已找不到的那些《老子》的版本。只有这样来认识和分析《老子》的源与流，才能正确看待历史上的《老子》文本及其思想内涵与影响。若非要论证现在所看到的《老子》的某一版本是源，是真正的《老子》，而其他版本的《老子》不是源，因而缺乏真实性，这样的研究思路，是大有问题的。

现在所能看到的先秦诸子著作，都不是最初的"源"本，都是在长期历史过程中经过许多学者的手且出于种种不同原因而逐步修订固定下来的"流"本，今天研究先秦诸子，只能据这些先秦诸子著作的"流"本中的文本来解读和分析并评价其中的思想内涵，而不是抛弃这些历史上流传下来的资料，另找什么更为可靠而可称为源头的版本或资料。因为那是不可能完成的任务，如果执着于这种不可能完成的任务而当作整个先秦诸子著作研究的中心工作，只能说是本末倒置。当然，这不是说对于不同版本的专门研究无意义，只是说这种研究的意义是有限的，不能过分夸大，而忘记了先秦诸子著作研究的本来目的。

在先秦诸子著作文本的传播问题上，首先是诸子著作本来面貌的问题，即所谓它们的源头原貌之本的问题。在这个问题上，一是要明确现在已无法找到源头的原貌之本，这一点是不能怀疑的。对此只需要说明一点就够了，如孔子、孟子本来就没有自己撰写著作，因此也就不会有什么原貌之本。《管子》不是管子本人所作，是后人根据管子的事迹以及有关史实资料汇编而成，当时编纂的人及编成的样子，也是无法查明的，所以也不可能搞清楚《管子》一书的原貌之本。《庄子》不像《老子》那样有多种出土的简帛本，但现在通行本的形成是在汉以后才完成的，不是源头原貌之本，据现在所见的通行本《庄子》，也无法搞清楚它的源头原貌之本。且《庄子》通行本又分内、外、杂篇三类，它们也不是成于一人一时之手，据这样的传本，也无法搞清楚它的源头原貌之本，这是不容怀疑的。

《老子》有通行本又有简帛本，两者都不可能是源头原貌之本，都是在后世传承中形成的不同版本。时代不同，文字不同，篇章不同，对于现在所能看到的文字，还不能全部认定本来是什么字，还存在着很多分歧之见，在此情况下，更不可能恢复它的源头原貌之本。比较清楚的如《韩非子》《商君书》《墨子》《公孙龙子》《孙子兵法》，大部分的篇章是可信的，但也有一些篇章受到人们的怀疑，认为不是这些名义上的作者撰作的，但整体上是可信的，但也不能说是源头原貌之本，只能说基本写定于汉代。此外还有出土的诸多文献，由于没有传世的通行本，所以根据出土的简帛编纂成书的本子，也很难说它们的源头原貌之本是什么样的，它们在整体上也都属于后世的传承本，不是源，而是流。

总而言之，现在能看到的先秦诸子著作及其文本，都是后来的传承之本，是流之本而不是源之本，在这种情况下，所谓真伪、变形等问题，都属于没有客观标准的主观臆测之谈，如果过度纠缠于此，对先秦诸子著作的文本研究并没有多大帮助。要考察其中的变化（增添删减等），只能提出一些推测之说，而这仍不能为全面完整地解读先秦诸子著作的文本及其中的思想提供最为有力的助益。对先秦诸子著作文本进行整体的分析研究，最根本的任务是文本解读。

五、先秦诸子著作的文本解读

对先秦诸子著作文本形式的分析非常重要，但不能停留在这一步，还要进一步深入分析这些著作文本的内容。形式只是表面问题，内容才是根本的深层问题。研究先秦诸子著作的文本，最终是要探讨这些不同文本形式中包含的内容，在做了文本形式的分析后，就要在此基础上进一步探讨这些文本内容的解读问题。

要说明这一问题，首先需要树立一种意识，即对先秦诸子著作文本的整体全面解读。所谓整体，就是把先秦诸子著作的文本当作一个整体看待，不能分割开孤立地对其中的某些语句进行解读与分析。具体来说，每部著作本身就是一个整体，由此来论说作者对某些问题的看法与见解。应该把诸子著作的全部文本拿来解读，由此来理解和探讨其中包含的思想内涵。

除了对单篇或某个版本全部文本进行整体解读与评析外，还要把其他版本文本或其他篇章的文本关联起来进行综合的解读与评析。如解读《老子》的文本，就要把《老子》各种版本的全部文本整体解读一遍，不能只从其中寻找一些语句作为依据和资料来解读，并以此分析《老子》的思想。对《庄子》也是如此，先要对内篇的文本进行整体的全面解读，再对外篇和杂篇的全部文本进行整体的全面解读，再将三者综合起来进行解读与评析。对其他先秦诸子的著作，都应如此。

另外，还要同时把相关的诸子著作的文本结合起来，进行完整的解读与评析。如《老子》与《庄子》的文本要结合起来进行综合解读。想要评析儒家的孔、孟、荀，要先分别对《论语》《孟子》《荀子》的全部文本进行整体解读，再把三者结合起来进行综合的整体解读，还要结合《礼记》《易传》等儒家经典中的有关文本进行综合的整体解读与评析。

有的时候根据具体的问题，还要把儒家、道家、法家、杂家等不同学派的著作的全部文本结合起来进行综合的整体解读与评析。

可以说，对先秦诸子著作的文本研究，就是要以这种整体的、完整的文本解读为基础和中心任务，由此获得关于诸子著作文本包含的思想内容的理解。只有对先秦诸子著作文本进行整体的综合解读，才能准确完整地把握诸子思想，不至于产生偏差与误解。

研究先秦诸子著作的文本，一方面要注意文本形式问题，另一方面更要注意文本内容。从形式到内容，是必然的完整的过程，不能只注意形式的问题而忽略内容的问题，也不能只注意内容的问题而不重视形式的情况。先秦诸子著作的文本，形式与内容是统一的整体，不能分割，这些著作的全部文本也是一个统一的整体，也不能分割。只有牢固树立这种先秦诸子著作及其文本的整体观和综合观，才能真正读懂先秦诸子著作文本中丰富与深刻的内容，才能对先秦诸子的思想形成准确的理解与评析。

第二节　先秦诸子著作文本研究的方法

从方法角度讲，首先是对先秦诸子著作全部文本进行形式上的分析，找出这些著作全部文本的特定形式，再据这些特定的文本形式确定解读这些文本的思路。其次要分析这些特定的文本形式形成的原因，为进一步深入解读提供可靠的外部信息，以便在深入和完整解读文本时能够站在正确的起点上。再次是分析这些著作全部文本的形式与思想内容之间的关系，即一方面从形式上理解内容，另一方面从内容上说明形式的特殊性。最后是分析先秦诸子著作在传承过程中产生的变形问题，但所谓的变形很难确认，因为没有可靠的参照系，即所谓的变形应当是指流与源之间的差异，但既然源无法确定，流的变形也只能是推测，所以人们说的变形就很难确认，只能是人们的一些推测。但有一些变形的问题是可以根据历代的著录资料来分析的，如根据《汉书·艺文志》以来的重要著录资料，对先秦诸子著作的变形情况加以考察，由此了解一些相关情况，用来作为研究全部文本的解读时的参考。诸子著作有些又有后来出土资料作为参考资料，也可以用来考察先秦诸子著作的变形问题。这里说的变形，是总体的说法，其中包括版本、篇章、文字及作者等相关问题的变化，这都是变形问题中的内容。在先秦诸子著作传播问题上的研究，重点就是这种变形的问题。

以上四点之中以第三点为最重要，是所有文本研究的核心与重心。不把探讨全部文本的内容作为中心，其他的分析都将成为无本之木，都将成为无的放矢。而其他的分析研究，也是为了最终从整体上综合解读先秦诸子著作全部文本及其思想内容，这是最终的任务，也是最根本的目的。

一、分析诸子著作中的文本形式

对先秦诸子著作文本形式的分析，是研究先秦诸子著作文本问题的第一个问题，需要明确相应的方法：即对各部先秦诸子著作全部文本进行完整而深入的分析，由此确认它们具有怎样的文本形式。具体方法无非是全面阅读先秦诸子著作的全部文本，由此辨认这些文本的形式有哪些特点。

这里用具体的例子来说明。如《论语·学而》篇，这个标题不是孔子及其弟子确定的，是后来的学者在编纂整理《论语》时加上去的。这就说明此篇不是论文体，因为论文体是作者就某个明确而具体的论题写就的文章，所以它的篇题与内容都是作者本人拟定的，由此构成论文体。而《学而》篇不是如此，因此可以说它不是论文体。再看《学而》篇的全部文本，就可确认它是由对话体与语录体共同构成的。其中以"子曰""有子曰""曾子曰""子夏曰"开端的，都是语录体，而有两个人以上的话语的，则是对话体。

如子禽问子贡及其下的子贡曰、子贡问与孔子答的一段，都是对话体。就《学而》篇而言，语录体的文本较多，对话体的文本较少。在其他篇中还有评论体，也属于语录体，如《八佾》篇"三家者以《雍》彻。子曰：'相维辟公，天子穆穆'，奚取于三家之堂?"这是孔子对某事的评论，实际上是语录体。单纯的语录体，并不说明背景与相关情况，而孔子评论"三家者以《雍》彻"的语录，说明了相关的事件背景，是语录体的变形。类似的还有此篇"祭如在，祭神如神在。子曰：吾不与祭，如不祭。"

《论语》的文本，绝大多数是对话体与语录体，此外也有别的文本形式，如《述而》篇："子之燕居，申申如也，夭夭如也。""子食于有丧者之侧，未尝饱也。子于是日哭，则不歌。""子之所慎：齐，战，疾。""子所雅言，《诗》、《书》、执礼，皆雅言也。""子不语怪、力、乱、神。""子钓而不纲，弋不射宿。""子与人歌而善，必使反之，而后和之。""子温而厉，威而不猛，恭而安。"《子罕》篇："子罕言利，与命，与仁。""子绝四：毋意，毋必，毋固，毋我。"《乡党》篇的主要文本，是弟子记录孔子其人其事，不是对话体，也不是语录体，应该属于记事体。

在《孟子》中，一般也是对话体、语录体与记事体，《管子》中有论文体、对话体、记事体、经传体，《韩非子》中有记事体、论文体、对话体、经传体，《老子》主要是语录体，语录体与对话体可合称为话语体，从而与论文体分开，但《老子》的语录体中也有经传体，日本学者武内义雄研究《老子》的著作中就特地指出现存《老子》的文本中，有些是原文，有些是注释或敷衍之文，因此他认为现存《老子》的文本不全是老子本人写成的，有不少是后人添加进去的。① 这一说法还不能作为定论，且他分析的附加之文主要是根据现存《老子》文本的押韵情况来确定的，这一方法也不一定是可靠的，所以后来受到津田左右吉的批评，认为这一方法还有不确定性。但他对现存《老子》文本分出两种不同的形式，则可以看作经与传的合成，可以说《老子》的文本虽然简短，但也可以存在经与传的分别。前面已说过，经传体是论文体的重要组成部分，之所以单独把它拿出来说，是因为经传体在先秦典籍中是一种普遍的文本形式，它可以在不同的书中分别地单独存在，也可以在一部书中配合着存在，是先秦典籍中最重要的文体之一。

仔细阅读诸子著作的文本，都可以看出主要存在着上述几种文本形式。记事体的内容与思想史的内容关系较少，所以前面说到先秦诸子著作文本形式时没有专门作为一体而予以说明，这里只是作为附属性的文本形式略为提及而已。

---

① 参见刘韶军：《日本现代老子研究》，福建人民出版社 2006 年版，第 134－211 页。

分析先秦诸子著作的文本形式，既是文本研究的重要问题，也是文本研究的重要方法，即通过对文本形式加以关注与分析，使这一问题在文本研究中占有应有的地位，并借以说明这一问题及其方法对先秦诸子著作文本之研究具有重要意义。

从方法的角度讲，分析先秦诸子著作文本形式，就是全面完整地解读诸子著作的文本，这就是方法，而由此分析认定这些著作的文本形式，这就是问题的研究。二者是统一的，作为一个问题，必须在意识中加以明确，作为一种方法，则必须在具体的文本研究中加以贯彻。如果只谈问题，而不从方法上解读先秦诸子著作的全部文本，这个问题就成了空中楼阁，无法着地，而这一方法也就无法落到实处，从而不能真正解读先秦诸子著作的全部文本，所谓的先秦诸子研究就成了空话，得不出有益的结论。

二、分析文本形式的形成原因

对文本形式形成原因的分析，是文本研究的一个方法，它本身是文本研究的一个问题，但如何分析探讨不同的文本形式的形成原因，又是研究方法的问题。根据先秦诸子著作的文本内容分析它们是哪种文本形式以及这种文本形式如何形成，不能脱离具体文本内容。但形成原因只能提出笼统的说法，不能推论出具体详明的原因，因为相关的文本所提供的历史信息是有限的，不能从有限的信息中做无限的推论。所以这一方法的效果是有限的，文本形式形成原因的推论也是有限的。

在不同的先秦诸子著作中，根据文本内容进行分析所能了解的文本形式形成原因的情况是不同的。如研究《论语》不能像《孟子》那样从文本内容中获得更为详明的文本形式的形成原因，因为《孟子》的文本内容记载了较多的孟子及其弟子和相关诸侯的有关活动及场景或背景性的情况。又如《老子》的文本内容与文本形式是特殊的，分析《老子》的文本形式的形成原因就更为困难，只能说《老子》是一种特定的自问自答式的文本形式，其形成原因只能是《老子》的作者想用简明扼要的格言警句式的话语形式来打破人们的困惑，启发人们的思路。《论语》与《孟子》的文本内容主要是由孔子、孟子及其弟子和当时的相关人物之间的对话或相关的记述构成的，这就提供了它们的文本形式的形成原因的相关信息，可以据此分析出它们的文本形式的形成原因。而《老子》的形成本身就是事实不太清楚的，关于其人其书存在着许多不清楚的说法，只能说这是由一个神秘的老人根据历史与自己的深刻思考而形成的一种思想，并且通过一种神秘的方式写出来而问世的。所以，它的文本的形成原因是什么，人们只能通过臆想来推测。

如果说《史记》记载的孔子与老子相见是事实或是一种传闻，这一情况就只能说明老子其人其书是神秘莫测的，故孔子有神龙之叹，司马迁如此记载此事，不是没有原因的。今天感受当时的情况，只能说《老子》是由一个神秘的年老思想家用一种独特神秘的文本形式写成的书，这种独特神秘的文本就是一个人自言自述式的格言警句，属于话语体，不属于论文体，也不是记述或记事体。在这种神秘的自我话语体中也有经传体的形式，而这种经传体，有人认为是后人附加上的，如前面提到的武内义雄，但是，如果《老子》是神秘年老思想家用自言自述式的文本形式写成的，那他一定会在一些特定的话语或说法上做出自己的解释。既然会有自己的解释，这种解释就是对他提出的思想要旨做出的进一步说明，如此说来，他简明扼要的思想要旨性的话语，可以称为经，而他自己做的进一步说明，就可以称为传。经传体是中国文化人用来写作的最常用的文本形式，所以它是无处不在的，在《老子》中也一定会以某种特定的形式出现。这自然不会与左丘明、公羊氏、穀梁氏为《春秋》作传而成书一样，也不会与毛氏为《诗》作传相同，也不会如其他先秦诸子著作中的经传体的形式一样，但它仍然可以称为经传体。这里稍微举几个例子说明《老子》中存在着经传体。《老子》①第一章：

> 道可道，非常道。名可名，非常名。无名天地之始，有名万物之母。故常无欲以观其妙，常有欲以观其徼。此两者同出而异名，同谓之玄。玄之又玄，众妙之门。

这一章没有说话的主体，不像《论语》《孟子》那样指明说话的主人翁是谁，也没有问与答的人，不知道是谁在说，谁在听，这都与《论语》《孟子》完全不同。《老子》八十一章的文本都是如此。可以说，《老子》文本宣讲的思想内容是高度抽象的，所以不需要指明特定的说话人与听闻者，其重点是高度抽象的某种道理，而不是对相关事物的见解。《论语》

---

① 《古逸丛书》，光绪十年刊。以下引用《老子》均用此本，只标章数，不详列出版信息。

《孟子》不仅说话人与听讲者都很具体，而且文本的内容也很具体。所以与《论语》《孟子》相比，《老子》的文本及其文本形式就有神秘性，而《论语》《孟子》则没有这种神秘性。

从这一章的文本内容看它的文本形式，不是对话体，不是论文体，是自言自述体，其中还有经传体。所谓的经，即道与名；所谓的传，即从"无名"至"众妙之门"这一部分。根据第一章的文本，可以认定其文本形式是含有经传体的自言体，由于不像《论语》《孟子》那样具有明确的说话人、问话人或听话人，也没有明确的事物与背景，故《老子》的文本形式是神秘的特定的自言体，其中用了经传体来说明它的核心要语。再如第二章：

> 天下皆知美之为美，斯恶已；皆知善之为善，斯不善已。故有无相生，难易相成，长短相较，高下相倾，音声相和，前后相随。是以圣人处无为之事，行不言之教，万物作焉而不辞，生而不有，为而不恃，功成而弗居。夫唯弗居，是以不去。

此章的核心要语是说知美而知恶，知善而知不善，这是经，其他的文本都是阐释这个核心要语，并由此得出结论，即"是以"以下的话，是从这章的核心要语及其阐释中得出的结论，它仍属于释经的传。

第三章：

> 不尚贤，使民不争；不贵难得之货，使民不为盗；不见可欲，使民心不乱。是以圣人之治，虚其心，实其腹，弱其志，强其骨。常使民无知无欲，使夫智者不敢为也。为无为，则无不治。

与第二章类似，作为核心要语的经是"不尚贤"，其他的文本是释此要语之经的传，最后也用"是以"的形式得出结论。

第四章：

> 道冲，而用之或不盈。渊兮似万物之宗，挫其锐，解其纷，和其光，同其尘。湛兮似或存。吾不知谁之子，象帝之先。

此章核心要语之经，是"道冲"，其他的文本是阐释此经的传。

第五章：

> 天地不仁，以万物为刍狗；圣人不仁，以百姓为刍狗。天地
> 之间，其犹橐籥乎？虚而不屈，动而愈出。多言数穷，不如
> 守中。

此章作为核心要语的经是"不仁"，其他的文本都是阐释此经的传，在传中将不仁与虚联系起来了，如与其他章关联起来看，这又都是对道的进一步阐释，可以说第一章是总的核心要语之经，其他各章又是第一章之经的传。

经过分析《老子》的文本形式，可以由此进一步理解其中的思想。老子不像孔子、孟子那样有一帮学生，也不与诸侯大人来往，他只是以一种神秘的方式生活于人间世上，没有什么社会活动，并一直在思考抽象的问题，并形成了自己的思想主张，最后用一种神秘的文本形式表述出来，这就是《老子》文本形式之所以形成并问世的原因。这是通过分析解读《老子》的各章文本而逐步得出的结论。

所以说作为分析文本形成原因的这种方法，本身还是不能离开先秦诸子著作的全部文本，只有对这些文本进行全面完整而深入的解读之后，才能把分析文本形成原因的方法落实下去，为解决这一问题提供比较可信的解释。

同样是道家，《庄子》的文本形式与《老子》不一样，其形成原因也不相同。以《庄子·逍遥游》篇为例，这是论文体，但《庄子》的论文体又与《荀子》《韩非子》《商君书》《墨子》《管子》等不同，《荀子》等著作中的篇章大多是论文体，其论说方式是直接行文论述作者的思想主张，各篇都有一定的核心要语，通过篇题就可看出。《庄子》也有篇题，尤其是内篇的篇题，比较切合于文本内容，外篇、杂篇的篇题则与文本内容不太贴切，因为这是后人加上的篇题。一般认为内篇是庄子本人所作，故篇题与文本内容比较贴合，而外篇、杂篇不是庄子本人所作，故篇题与文本内容不太贴合。从文本形式及其形成原因的角度看，也能对此种情况提供一定的解释。

就《庄子》整体而言，其文本形式主要是论文体，但又有自己的特点，

即《庄子·寓言》篇强调的三言:"寓言十九,重言十七,卮言日出。"①

寓言比较容易理解,即用寓言故事的形式说明相关的道理,这本来是中国古人常用的说话方式,后来的佛教也爱用这种说话方式。寓言的特点是不直接论说道理,这与《荀子》等不同,所以说"寓言十九,藉外论之"。所谓"藉外论之",就是借用所要论说的事理之外的寓言故事来论述事理,这就说明了寓言的文体形式特点。《庄子》文本中有意借用寓言这一文本形式在论文体中阐释事理,与重言和卮言并立为三种言语方式。其他诸子著作中也多用寓言的文本形式,如《韩非子》,但没有重言与卮言的形式。

所谓重言,是借重于别人的说法。对此要根据此篇所说来理解:

> 亲父不为其子媒,亲父誉之,不若非其父者也。非吾罪也,人之罪也。与己同则应,不与己同则反,同于己为是之,异于己为非之。

这是说由自己的父亲赞誉自己的儿子,不如由别人赞誉的效果好,所以要借重于有名望地位的人(即耆艾)的说法来为自己的说法加重分量,这就是重言之意。

由此看来,重言的重是加重的重。所谓加重分量,主要是因为仅由自己说,就会造成自己的主张不被别人接受甚至是反对的结果,所以要借重有名望者的话,以避免这种不利。此篇又说:"重言十七,所以已言也。"人们多把己言(自己的己)理解已言(已经的已),但按照上面对"重言"的理解,就应该是"己言"(自己的己),而不是"已言"(已经的已)。"己言"是强调"自己"的言论被人接受,"重言"是达到这个目的的方法,若作"已言",则是说不再言(已,止也,尽也),与"重言"之意不合。

所谓卮言,此篇的解释是:"卮言日出,和以天倪,因以曼衍,所以穷年。"这几句话是理解卮言的根据,关键是"和以天倪",所谓"天倪":"万物皆种也,以不同形相禅,始卒若环,莫得其伦,是谓天均。天均者,天倪也。"可知天倪就是天均,天均是指万物以不同形相禅而始终不尽。从言的角度看,和以天倪或天均,就是要使言达到与天均、天倪相

---

① 郭庆藩:《庄子集释》,中华数局 1961 年版。以下引用《庄子》均用此本,只标篇名,不详列出版信息。

和洽的地步，不与事物的不同及其变化相冲突，而使所发的言论如物之自然相禅而无尽，这也与所说的日出、曼衍、穷年一致。即卮言的特点是虽有种种不同，但能相禅而不尽（这就是日出与曼衍），且与事物相和洽。总之，卮言的特点是不停地说，大量地说，但所说不能与客观事物有矛盾。日出、曼衍和穷年，是指卮言的多，而和以天倪、天均，是指卮言与物相和而不矛盾。是不是真正的卮言，要看此篇说的是不是无物不然，无物不可，如此才能得其久。

根据此篇的文本，可以看出《庄子》的文本是以寓言、重言、卮言三种言说方式来写成的，这就可以解释《庄子》的论文体文本的形成原因了，即庄子要努力达到让他人接受自己言论的目的，为此采用了寓言、重言、卮言的方式来论说。这既是《庄子》论文体的特点，又是《庄子》采用这种论文体的原因，由此可以借以理解《庄子》的文本内涵。

就《庄子·逍遥游》篇看，是论文体的文本，其中当然用了寓言，如鲲鹏、蜩鸠、朝菌、蟪蛄、冥灵、大椿、彭祖、天池、冥海、藐姑射之山、大瓠、不龟手之药、大樗、狸狌、斄牛等固然是寓言，出现的人物也多是寓言，如汤、宋荣子、列子、乘天地之正而御六气之辩以游无穷者、尧、许由、肩吾、连叔、宋人、越人等，也都是寓言。总之，《逍遥游》篇的核心要旨之语只有"至人无己，神人无功，圣人无名"三句，而这三句也可以合为一句，这就是全篇的经，其他的文本都是释此经的传。《庄子》的论文体一是大量使用寓言、重言、卮言，二是经语要言不烦，而传文层出不穷，正所谓日出与曼衍，各种形式的言论层出不穷，正所谓"其言洸洋自恣以适己"。洸洋自恣，就是用各种寓言、重言、卮言，而适己，则是要使己言畅行。

由此可以看出《庄子》论文体的形成，是为了使自己的说法与主张畅行无阻，利用多种语言形式以阐说自己的思想主张，不像《荀子》《韩非子》《管子》《商君书》等那样，一本正经地阐述自己的思想主张；不像《论语》《孟子》那样通过与弟子及诸侯等人的对话来提出自己的思想主张；也不像《老子》那样作为一个神秘的年老思想家用一种自言自述的文本形式阐述自己的思想主张。这些先秦诸子著作的文本形式虽然大体上可分为对话（语录）体、论文体和经传体，但在具体的应用上则千差万别，各不相同，原因就在于诸子在阐述自己的思想主张时有自己特定的想法与方法，他们都具有不同的语言能力，掌握着不同的语言资料与言说特色，于是虽然可大致分为三类，但在具体的文本中则各不相同，其原因只能从诸子自身来寻找。

总之，分析先秦诸子著作文本形式的形成原因之方法，就是根据诸子著作的文本内容来探讨其形成原因，但要落实到对诸子著作的丰富文本的深入解读中去，才能看出各家著作文本的不同形式之特点以及形成如此形式之原因。

三、分析文本形式与思想内容的关系

对先秦诸子著作文本的研究，最重要的方法是分析文本形式与文本内容的关系，一方面要注意分析文本形式的特点，另一方面则要分析文本的特定内容以及其中的特定思想，二者必须结合起来，而以分析文本的内容为重点，并结合文本形式方面的种种情况作为参证。

先秦诸子著作的文本形式与文本内容的关系，是指既把二者在一定程度上分开分析，更要在整体上合为一体来审视。要搞清楚二者的关系，目的只是要深入探讨蕴含在一定文本形式之中的文本内容，由此进一步深入分析这些文本内容中所包含的思想内涵。

从这个角度进行研究，是先秦诸子著作文本研究最根本的方法。不能满足于只从形式上分析先秦诸子著作的文本，也不能满足于只从先秦诸子著作的外围来探讨先秦诸子著作的形成、传承、演变等问题。这些问题只是进一步深入解读先秦诸子著作丰富文本内容的前提与基础，在对这些问题做了基本的探讨与梳理之后，就要把研究从表面的形式转向内在的内容。

文本形式的各种相关问题，往往无法最终加以解决，因为其中牵涉到许多历史问题，而相关记载又常常不完整或不清晰。所以如果对文本形式上的各种问题过度纠缠而深陷其中，则无法探讨文本内容中的更多问题。研究先秦诸子的根本目的是探讨先秦诸子著作中包含的思想主张，这是先秦诸子研究的重中之重，在文本形式和其他外围问题上过度纠缠，就会影响到这个根本任务的完成。因此，先秦诸子著作文本研究的重要方法，就是把文本形式与文本内容二者结合起来，从形式深入到内容。为此，要把文本形式与文本内容的关系搞清楚。

从方法论角度看，弄清楚二者的关系，就是把二者在先秦诸子著作文本研究中的不同地位与作用搞清楚。必须清醒地认识到，文本形式只是辅助研究，文本内容才是根本研究。不把文本内容研究清楚与透彻，只思考文本形式问题，也会使文本形式的研究走向死胡同。在研究文本内容时，又不能不重视文本形式的情况，因为形式会对内容产生一定影响。如《老子》的文本形式和《庄子》的文本形式，就与它们的文本内容有特定的内在联系，这是从二者的关系来研究它们的文本内容时不能不予以考虑的。同样，对《论语》《孟子》的文本内容研究，也离不开对《论语》《孟子》的文本形式的分析。对其他先秦诸子著作的文本研究来说，都有二者的关系问题，这是对先秦诸子著作的文本进行综合研究时必须考虑的问题。

如《老子》的神秘性文本形式与其中的神秘性文本内容有内在关系，由此共同构成了《老子》的文本及其思想内容的神秘性，这种神秘性对后人研究《老子》的思想有重要影响，不能不加以考虑。所以要研究《老子》的思想，不能不从其文本形式的神秘性与文本内容的神秘性两方面着手，两方面的因素都不能忽视。又如《庄子》重视寓、重、卮三言的论文体形式，与其中的文本内容也有内在联系，在文本形式上既然重视运用寓、重、卮三言的形式，则三言构成的文本内容就一定与三言的文本形式有不可分割的关系。

如《逍遥游》篇用了寓言的文本形式，也用了卮言和重言的文本形式。寓言的文本形式自不必说，重言和卮言的文本形式在《逍遥游》中是如何运用的呢?《逍遥游》篇中的寓言不是单纯的寓言，而是与重言和卮言混合使用的。寓言中有列子、彭祖、尧、许由等人物，借助这些有名人物及其话语为《逍遥游》作者的主张增添分量，这就是重言。全篇为了阐明"至人无己，神人无为，圣人无我"的核心要语，反复使用多个寓言，使《逍遥游》篇成为多个寓言的合集，而这种话语方式就是所谓卮言，这都合乎前面所说的三言方式，可知《逍遥游》篇的文本形式虽然是论文体，但使用了《庄子》独家重视的寓言、重言、卮言的方式，用大量的传来阐释核心的经，所以其中又有经传体。

这说明先秦诸子著作的文本形式既有共同性，又有独特性，而不同的文本形式又是混合使用的，这一切都是为了阐说各自的思想主张，从而使文本形式与文本内容有机结合起来了，并形成了各家著书立说的形式与内容的独特性。虽然概括地说是对话体、论文体、经传体等形式，但深入到具体著作的文本内容中，这些表面一样的文本形式就变得完全不同。这说明分析研究先秦诸子著作中的文本形式与文本内容的关系，对深入了解诸子的思想具有重要意义。

四、分析文本形式与诸子著作传播的关系

分析先秦诸子著作的文本形式与诸子著作传播的关系，也是一种方法，这种方法要把与先秦诸子著作传播有关的信息集中起来，与分析研究先秦诸子著作的文本形式的变化结合起来，从而为更为深入而确切地分析解读诸子著作的文本内容提供帮助。

先秦诸子著作在长期传播过程中必然产生不少变化，包括版本的变化与文本的变化，这些变化影响了人们解读诸子著作的文本内容，所以，要研究先秦诸子著作及其内容，就要考察了解它们的传播过程与其中的变化，由此认识先秦诸子著作的本来面貌。前面说过，因各种原因，现已无法还原先秦诸子著作的最初原貌，只能根据现在能看到的历史记载，尽量了解最早的诸子著作概况。为此，需要利用各种相关记载探讨先秦诸子著作在版本和文本方面的变化，掌握其中由后人造成的改动。知道了后人的改动，就能把改动的部分去掉，部分地恢复先秦诸子著作的早期面貌。但由于历史上的记载不够完整和具体，所以用这种方法研究先秦诸子著作在传播中的变化，终究不能达到理想程度，只能通过这些研究了解传播上有哪些情况会造成先秦诸子著作及其文本的变化。

除了利用历史上的有关著录记载外，还可利用后世的出土文献资料来与通行版本及其文本进行比对，由此发现其中由后人造成的改动，从而得到比较接近早期版本及其文本的情况。不过要注意，后世出土的相关文献本身也不是诸子著作的最初版本，仍是传播过程中的版本与文本，所以它们也不是据以恢复先秦诸子著作及其文本的唯一标准与依据，只能是一种参考资料。

在先秦诸子著作中，后来的出土文献资料较多的是《老子》，其他的诸子著作都不像《老子》那样受到后世出土文献资料的影响。但就《老子》而言，现在看到的简帛本，也都不是《老子》的原本，所以也不能过分迷信简帛本，只能与后世通行的纸本相互参考。况且简帛本中还有不少文本不能确认，存在着许多分歧，且章次与字数也有不少差异，这又为据以对照传世纸本增添了困难。所以要综合传世纸本与简帛本的文本进行整体对照，为此书文本的最后认定提供可信的资料。

研究先秦诸子著作文本的目的是据传播过程中的版本及文本来分析研究其中的思想，不一定非要找到它们的原本，所以就先秦诸子著作的文本

形式与传播的关系而言，因传播所造成的文本变化并不能从根本上否定人们对这些著作的全部文本的完整解读而得到的思想内容。从这个意义上说，研究诸子著作的文本及其形式在传播中的变化，仍然只是研究诸子著作全部文本形式下包含的文本内容的参考性辅助资料，而不能成为研究诸子著作的文本及其内容的中心任务。

在这个问题上，可以参考清代乾嘉学派考证研究古代经史著作中的文本在传播过程中出现的种种变化时运用的方法与思路。当时这些学者对古代经史著作的研究重点是考察文本的字形、字音、字义在传播过程中存在着哪些问题，通过收集历代文献中的相关资料来论证这些文本在文字的形、音、义三方面的变化，目的是还原它们的本来面貌，而使之与后来传播过程中形成的种种变化分别开来，使人们在阅读这些著作的文本时不再受后来传播过程中形成的种种讹误所误导，从而能使后来的学者能正确理解这些古代经史著作中的文本及其本来的含义。

这种研究，与考察研究先秦诸子著作的文本与传播中形成的种种变化的关系问题有一定的相似性。所要研究的是后来已经有了种种变化的文本，而要达到的目的是把在后来的传播过程中形成的种种变化或讹误辨认出来，从而为找到这些著作的文本的原形与原义提供可靠的证明。今天研究先秦诸子著作的文本与后来传播过程中形成的种种变化之关系也与之类似，也是通过相关资料之收集，而使学者能辨认出先秦诸子著作文本中的各种讹误与变化，从而考察清楚这些著作文本的本来形态或接近于原初面貌的形态，由此为人们研究先秦诸子的思想提供可靠的文本资料。

从这个角度说，研究先秦诸子著作文本形式及其传播中出现的种种变化的方法与目的，就是要清除后来的传播过程中造成的各种变化与讹误，尽量恢复接近原始形态的文本。因此，这种研究方法就要对先秦诸子著作文本进行全面而整体的考证，证明哪些是后来传播中造成的讹误与变化，哪些是原初存在的正确文本及其正确的释义，由此而为全面深入研究先秦诸子思想提供坚实可靠的文本资料。这样说来，作为先秦诸子著作文本研究的方法之一，就是从分析这些文本与传播的关系出发，经过对先秦诸子著作文本的全面而细致的考证，最终形成关于这些著作文本的正确认识，摆脱传播过程中造成的种种变化与讹误的不良影响，为正确解读先秦诸子的思想奠定牢靠的基础。

与清代乾嘉学者考证研究古代经史著作所付出的艰辛努力相比，今天的学者还做得很不够，所得的结果也无法与清人的成果相比，这种对文本的细致而具体的考证性研究，仍是不可忽略的，还要从方法上加以继承并根据时代的条件与要求加以改进。现在人们因为《老子》有不少出土的简帛本而比较重视利用简帛本的文本资料对《老子》的文本进行考证性研究，而对没有或缺少简帛资料的其他诸子著作的文本则明显缺乏这种关于文本的考证性研究，或虽有零星的考证，却没有形成系统而完整的文本研究，这对于深入研究先秦诸子著作的文本内容是非常不利的。所以不仅要重视用简帛资料来进行文本的考证研究，更要充分收集与挖掘其他的文本资料来对其他诸子著作的文本进行考证性研究。

在这个问题上，不能简单地认为清人已有许多关于古代典籍文本的考证性研究而今天已无可作为，这种认识是不对的。对于先秦诸子著作文本的考证性研究，前人的工作与成果固然重要，但也不是把所有的问题都通过考证研究而加以解决了。近代学术界曾掀起关于诸子研究的热潮，人们发表了不少论著来探讨诸子的问题，这包括先秦诸子著作文本的研究，但这股热潮没有持续下来，许多问题在提出之后，由于出现不少分歧而不能深入研究到底，就中途而止了。这说明还有许多问题有待进一步深入考证研究，尤其是文本方面的考证，都与文本的后世传播造成的讹误与变化有关，因此这是研究先秦诸子著作文本形式与传播关系的重要组成部分。

这二者之间的关系，关键是通过考察先秦诸子著作文本在传播过程中出现的种种讹误与变化，了解传播对先秦诸子著作文本的变化与讹误起到了怎样的作用，并具体造成了哪些文本的讹误与变化。另外，要通过了解这种传播过程而考察是什么原因造成先秦诸子著作文本的讹误与变化。

在文献学方面，对这一类问题的探讨比较多，但这些探讨仅限于基本情况的介绍，没有具体深入到对全部文本的考证研究之中，或者有一些校点注释方面的成果，也未能对诸子著作文本因传播过程中造成的种种讹误与变化进行系统的清理与考证。在诸子学方面，对诸子的作者时代、成书时代、学派流别、思想主张等问题的关注较多，但未能对先秦诸子著作的文本进行全部而整体的仔细考证，以求解决这些文本在传播过程中形成的种种讹误与变化。所以对于先秦诸子著作全部文本之中因传播而造成的种种讹误与变化，还需要更为专门的考证研究，要使每一部先秦诸子著作的文本因传播过程而造成的所有的变化与讹误都得到彻底清理，这样才能为全面深入解读这些文本以探讨其中的思想内涵奠定可靠的基础。

对此，仅据文献学的一般性整理（如校勘乃至集校汇校等）还是远远不够的，因为这种校勘只是就传播过程中出现的不同版本中的文本异同进行比较，只能考察不同版本之间的文字异同，不能发现和证明在传播过程中形成的种种讹误与其他问题，所以应该从文本内容的考察出发来研究文本传播过程中造成的种种错误，并通过严谨的考证而证实文本的本来面貌。这种研究，可以称为先秦诸子著作文本的考证研究，其要求是将所有的先秦诸子著作的文本都纳入这种考证研究之中，从文本内容到文本文字，对全部文本的每一字以及整体思想内容都要经过考证认定，由此得出结论，把传播过程中造成的种种讹误与变化全都清理出来。只有达到这种程度，才可以说把先秦诸子著作的文本与传播的关系彻底搞清楚了。

以上所说关于先秦诸子著作文本研究的方法，一是要弄清楚这些著作中的文本形式问题，即存在着怎样的文本形式，在不同的著作中这些文本形式又是怎样具体而多变地存在的。二是要考察这些文本形式形成的原因，这也要结合每一部先秦诸子著作的文本来仔细考察，不能只做笼统的分析。三是要研究先秦诸子著作中的文本形式与文本中的思想内容的关系，即不同的文本形式对于表达特定的思想内容有怎样的关系，在多样化的文本形式中，这些具体的文本包含哪些丰富的思想内容。四是要研究先秦诸子著作文本及其形式与后世传播过程的关系，即考察传播对文本造成的影响，使之形成了哪些讹误与变化，对这些讹误与变化，要在全部的先秦诸子著作的文本进行考证性研究，将它们一一辨认出来，并仔细考证清楚，使先秦诸子著作的全部文本得以尽量恢复到初期的无讹误状态。

在通过以上方法对先秦诸子著作的文本进行研究之后，则要对先秦诸子著作的文本内容进行整体性解读，即根据运用以上方法研究出来的结果，对先秦诸子著作的全部文本进行内容解读，使之成为阐释其中丰富思想的牢靠基础。

第三节　先秦诸子著作文本研究对诸子研究的作用

重视研究先秦诸子著作的文本及相关的问题，是研究先秦诸子有关史实与思想内涵的前提与基础，没有这个前提与基础，先秦诸子研究就是一句空话。人们在研究中首先会阅读先秦诸子著作的文本，从中发现可以用来解释诸子思想的话语，再加上自己的解读，由此来论说先秦诸子的思想。这是现在研究先秦诸子思想采用的基本方法。此外，对先秦诸子的研究还有专门对诸子著作文本与版本及作者情况进行分析考证的分野，在这种研究里，也不能不对先秦诸子著作的文本先有一定的了解与认识，这也是以先秦诸子著作的文本研究为基础的。总之，人们对先秦诸子的研究可以分不同的方面，有不同的分野，但都离不了对先秦诸子著作文本的阅读与解读，这都是以先秦诸子著作的文本研究为基础的。因此可以说，对先秦诸子著作的文本研究，是各种先秦诸子研究的共同基础，谁都不能忽略不顾。只是人们因为自己研究的方面或角度有所不同，而对先秦诸子著作的文本研究的重视程度有所不同，关注的重点有所不同罢了。因此，需要专门对先秦诸子著作的文本进行深入的研究，以弥补人们在文本研究重视程度上的不足。这可证明先秦诸子著作的文本研究对诸子研究有着重要的作用。

一、根据文本形式探讨文本内容的作用

先秦诸子著作的文本研究对先秦诸子研究的重要作用，是根据文本形式来探讨文本包含的思想内容，这应作为研究先秦诸子的根本方法之一。而要研究先秦诸子著作文本包含的思想内容，又必须结合它们的文本形式。

根据先秦诸子著作文本形式探讨文本内容，不能只停留在一般性的概论上，而是要结合诸子著作的全部文本形式来进行分析和探讨。如前面提到的根据《庄子·逍遥游》的文本形式探讨此篇的思想主旨与内容，要先分析此篇文本形式的特点，以此作为解读此篇文本内容的参考依据，这样才能更为确切地理解此篇文本所表达的思想内容。如果不重视此篇的文本形式，只就篇中的某些文句探讨其中的思想，可能就会抓不住重点。换句话说，此篇的文本形式是以寓言为主的经传体，寓言中又有重言与卮言的形式。看清楚这一点，就会懂得篇中的寓言作为传，都不是此篇文本内容的重点，而是论证和说明作为经之要语的解释性文本，此篇的思想要旨不在这些寓言式的传文中，而在篇中以最简明扼要的形式说出的"至人无己，神人无功，圣人无名"三句中，这三句就是此篇的经要之语，其他的文本全是阐说这个经语的传文。从文本形式上说明这一点，就会把思想的探索紧紧集中在这三句经语上，而不会把思考的力量分散到其他的文本上，这就是分析与论证此篇思想要义之根本方法。由此就可根据对先秦诸子著作的文本形式之分析，来解读各篇文本所包含的思想内容，就能说明先秦诸子著作的文本研究对先秦诸子的思想研究所能起到的重要作用。

由此可总结出一个规律，即先秦诸子著作中的论文体之篇中，都会有

最能表明其核心要语的经语，对此篇文本整体内容的解读，首先就要抓住这种核心要语的经，再来解读其他的文本，由此证明这种经语的丰富内容。因为作为核心要语的经语，都是简明扼要的，不用更多的传文来阐释，是无法理解其中的确切含义的，所以找到经语之后，就要充分利用篇中的传文来说明经语的核心要旨究竟是什么，而不能只凭几句经语就做任意发挥，这样才能做到言之有故，论之有理，而不会妄生臆说。

就先秦诸子著作的文本形式上的对话体（含语录体）而言，从文本形式上来解读其文本内容则又有所不同，但仍然要把重视先秦诸子著作的文本形式作为研究先秦诸子著作文本内容时必须重视的前提。可以说，从文本的形式到内容，是不可回避的方法，充分运用此方法就能对诸子的研究发挥出重要作用。

如《论语》的对话体，不能按论文体或经传体的方式来解读，必须找到对话体的文本特点，才好进一步阐释其中的思想内容。前面说过，对话体不会像论文体那样集中阐述一个主题，其特点是就事论事，只就问题的一个侧面来加以说明。如《论语》说"仁"是各不相同的，就是因为孔子是对不同的人来说什么是"仁"的。可见以对话体来说"仁"，不可能像论文体那样以一篇专门的文章来论说"仁"的问题。这种文本形式所说的思想内容，只能是零星的、琐碎的、不完整的、片面的，有一定限制的，因此不能根据这种对话体所论的"仁"之部分文本来阐释孔子关于"仁"的思想，而应把孔子论"仁"的对话体文本全部集中起来进行整体解读，才能得到孔子"仁"的思想的完整意涵。

又如《老子》的自言自述体，也是一种话语体，但在话语体中又有一定的经传体，对这样的文本形式也要予以足够注意，不能与其他的文本形式同等对待。自言自述的话语体，不是对话，不是语录。对话是说话人对听话人说明一个事情或道理，说话人是从对方的问话或其他方面的要求出发而来说这番话的。语录是弟子们认为老师的某些话语特别有意义而专门加以记录的。自言自述的话语体没有特定的问话人，不是针对某个特定的询问或要求而予以回答和说明的，虽然《老子》有不少文本也可看作格言警句，与语录类似，但语录是弟子们的记录，而《老子》中的格言警句是老子根据他的思考用某种特定的精练的话语方式说出来的某种道理与思想，且都围绕着全书的主题与核心要旨而说出，这与弟子记录老师的语录，有很大不同。弟子记录的老师语录，在主题上是分散的，这与《老子》中的格言警句式的自言自述的话语有着统一主题是根本不同的。因此，分辨文本形式上的这些差异，对解读这些文本包含的思想内容有重要的参考作用。

在《老子》的话语体中，存在着一定的经传体。对这种文本形式，在理解文本的思想内容时，要予以足够的注意，即对《老子》每一章的文本要先分析其中的经语与传文，经语是各章的核心要语，传文是对经语的阐释与说明。因此可以利用传文来解读经语，这样的解读比用外来资料进行解读更有说服力与可信力。

有不少论述《老子》思想的著作引用一些《庄子》的文字来解读《老子》，这不是不能借以参考，但绝不能把《庄子》作为解释《老子》的可靠证据。如果《老子》只是一句句孤立的话语，没有其他文本作为说明，引用其他诸子著作来解释《老子》，还有一定的道理。但《老子》中有不少文本本身就是对《老子》各章的经语进行解释和说明的，研究《老子》思想怎能不充分利用这些传文呢？所以在研究了《老子》的文本形式之后，仔细分疏《老子》文本中的经语与传文，找出它们之间的对应关系，解释经语所表达的思想要旨，是研究《老子》文本及其思想内容时必须加以应用的重要方法。

二、文本的整体解读对于研究诸子的重要作用

对先秦诸子著作的文本从形式上加以注意并找出它们的特点之后，再由此来解读文本的丰富内涵，是从形式到内容的必经之路，是研究先秦诸子思想的重要方法。但这还不够，更重要的一点是，在用上述的方法对先秦诸子著作的文本进行从形式到内容的分析与解读之时，还要对先秦诸子著作的文本进行整体的、完整的、综合的分析与解读。先秦诸子著作的文本虽然分成不同的篇章与段落，但它们本身是一个整体，不可分割开来看待和分析解读，所以要彻底了解先秦诸子的思想，必须对其著作的全部文本进行整体综合的分析解读。所谓整体、完整、综合，是指把诸子著作中的全部文本看作一个整体，它们具有完整性而不能随意切割，这些文本各自从不同的侧面说明问题，要把它们全部综合起来加以分析解读，才能完整把握诸子著作的文本内容，掌握这些文本所要表达的思想内涵的整体意味。整体、完整、综合的文本分析解读，是对先秦诸子著作进行综合性整体研究的必要基础。

以"圣人"这个文本为例，它是不少先秦诸子著作中经常出现的，作为文本，字面上在诸子那里没有差异，但涵盖的意蕴则不一样，如果只从

文本形式与文本的传播流变角度看，"圣人"二字没有什么可以研究的，但这个文本的内涵则需要根据诸子著作的全部文本进行整体、完整、综合解读才能得到确切把握。

或许有人说，难道只有对先秦诸子著作的全部文本进行逐字逐句的注释，才可称得上整体、完整、综合的解读吗？这种疑问是一种误解，所谓对先秦诸子著作全部文本的整体、完整、综合解读，不是为诸子著作全书做注释，那还不是真正的解读，而是以诸子思想的重要观念为中心的整体、完整、综合解读。此二者之间存在着根本不同。不同之处在于注释方式不是真正的整体、完整、综合解读，只是对先秦诸子著作中的某些字句的释义或字形字音的变化加以考察，并不是对先秦诸子著作中的全部文本进行整体、完整、综合解读。

如郭庆藩《庄子集释》对《逍遥游》的注释中有对单个文字的注释，如内、篇、逍遥、冥、鲲、鹏、海运、天池、齐谐、抟、扶摇、息、野马等，此外也有串讲句意，但整体上看是分散、零散、分割的注释，有时也收集前人关于一些重要概念的论说，如对"逍遥"一词，他收集了郭象的说法，又列出《世说新语》所载的支道林的解释，这是当时人们关于《庄子》"逍遥"的两种释义。但两种释义都没有就《庄子·逍遥游》的全部文本来阐述，只就"逍遥"二字阐释，所释义理可能不是《庄子》文本本来含有的。所以，传统学术对先秦诸子著作的注释方法，都不是对先秦诸子著作的全部文本进行整体、完整、综合解读，而是对其中的某字某词某句进行解释，总体来说没有整体性、完整性与综合性，不能与我们说的对先秦诸子著作的全部文本进行整体、完整、综合解读混为一谈。

虽然经过了近两千年对先秦诸子著作持续不断的注释疏解及思想研究，在注释方式的基础上，加上西方哲学思想解释式的研究方式，仍然没有对先秦诸子著作的全部文本进行整体、完整、综合的解读，故对诸子著作的文本包含的意蕴的理解不能不存在着偏差与缺陷，不能准确反映诸子著作的文本所表达的思想内容。因此，要重视对先秦诸子著作的全部文本的形式与内容的全面的整体性、综合性研究与解读，由此弥补以往研究上的不足，使先秦诸子的研究走向深入。

明确了这种新的文本研究方式后，应该对传统的文本注释方式与西方哲学分析方式加以改变，以对先秦诸子著作全部文本的整体、完整、综合性的解读作为先秦诸子研究的基础，在此基础上，获得对先秦诸子著作中的丰富文本及其深刻内涵的理解。这并不容易，因为先秦诸子著作中的文本与现代汉语的文字应用有很大差距，用现代汉语的思维方式及其对字词的理解去解读古老的先秦诸子著作的文本，不能直接简单地按照辞典的解释去对应，而应对古老的汉语的文字及行文方式做到彻底了解，摆脱现代汉语的文字字义与行文方式的影响，由此逐步让学者接近古代汉字及其文本形式的理解与它们的本来含义，进入古老的文本之中，体会其中的作者之意，由此形成对先秦诸子著作文本及观念的正确理解，这样才能对先秦诸子思想的研究有真正的帮助。这就是先秦诸子著作文本研究对诸子研究的重要作用之所在。

第二章　先秦儒家著作的文本形式与传播变化

先秦儒家著作以《论语》《孟子》《荀子》为主，兼及《易传》《大学》《中庸》等。第一个问题是对这些儒家著作的文本形式进行分析，说明各部著作独特的文本形式及其特点。第二个问题是对它们在后来的传播过程中出现的一些变化进行分析，由此确认这些著作的文本有哪些是可信的，哪些有可疑之处，以及如何对待这些问题以解读它们的文本。第三个问题是根据文本形式的分析和传播过程的变化及其可信性的考察，来对这些著作的全部文本按核心要语做综合的整体解读，由此考明这些著作文本的主要内容，为深入研究诸子著作文本中包含的丰富思想内涵奠定基础。

第一节　文本形式的分析

一、《论语》的文本形式的分析

《论语》不是孔子自己的著作，而是他的弟子们记录孔子言行而编成的书，其中也记录了孔子一些弟子的言行。因此，《论语》的文本形式主要是对话体，即孔子与他的弟子讨论各种问题的对话记录。对话体一般是由问与答双方的话语所构成，但《论语》中有的对话是不完整的，即没有记载当时对话的双方，而只记录了答话一方的话语。这种情况也许是后来的追忆，对当时对话的人物与情景已记得不太清楚，但孔子的答话却为人所熟记，或给人留下了深刻印象，所以能在后来被回忆起来而记录到《论语》这种对话文本的汇集性著作中来。根据现在的《论语》文本，对其中的话语形式进行大致的分类，可以分为如下的几类。

一是对话体。所谓对话体，是指两人或多人围绕一个问题展开的对话文本，至少有两人才能构成对话体。如下列各例：

> 子禽问于子贡曰："夫子至于是邦也，必闻其政，求之与？抑与之与？"子贡曰："夫子温、良、恭、俭、让以得之。夫子之求之也，其诸异乎人之求之与？"（《学而》）
>
> 子贡曰："贫而无谄，富而无骄，何如？"子曰："可也。未若贫而乐，富而好礼者也。"子贡曰："《诗》云：'如切如磋，如琢如磨。'其斯之谓与？"子曰："赐也，始可与言《诗》已矣，告诸往而知来者。"（《学而》）

一般是两个人对话，也有多人的对话，如《先进》篇中子路、曾皙、冉有、公西华与孔子的群体对话。通常是一问一答的对话，也有多次问答的对话，如：

> 子曰："管仲之器小哉。"或曰："管仲俭乎？"曰："管氏有三归，官事不摄，焉得俭？""然则管仲知礼乎？"曰："邦君树塞门，管氏亦树塞门。邦君为两君之好，有反坫，管氏亦有反坫。管氏而知礼，孰不知礼？"（《八佾》）
>
> 孟武伯问："子路仁乎？"子曰："不知也。"又问。子曰："由也，千乘之国，可使治其赋也，不知其仁也。""求也何如？"子曰："求也，千室之邑，百乘之家，可使为之宰也，不知其仁也。""赤也何如？"子曰："赤也，束带立于朝，可使与宾客言也，不知其仁也。"（《公冶长》）

以上的例子都是完整的对话体，有问有答，甚至多次问答，也有多人多次问答，这说明《论语》中的对话体也是有多样性的。

二是记录孔子或其他人的语录的文本，可称语录体，这也是言语体，与下面的记事体不同。语录体只是记录了某人的一段话语，这在《论语》中最为多见，一般都是"子曰"或"某子曰"开头的话语，不是两人或多人的对话，只是记录了孔子或某子的话语。言语体与论文体的差别在于，一是言，一是文，这两者在古代是有重要不同的，所以可分为两种文本形式。语录体有时附带记载相关的事情，如：

　　祭如在，祭神如神在。子曰："吾不与祭，如不祭。"
(《八佾》)
　　宰予昼寝。子曰："朽木不可雕也，粪土之墙不可圬也，于
予与何诛?"子曰："始吾于人也，听其言而信其行；今吾于人
也，听其言而观其行。于予与改是。"(《公冶长》)

此类是记录话语，同时记录了说此话时的相关情况。

三是记录孔子行为的文本，可称记事体。在《乡党》篇最多，如：

　　孔子于乡党，恂恂如也，似不能言者。其在宗庙朝廷，便便
言，唯谨尔。
　　朝与下大夫言，侃侃如也，与上大夫言，訚訚如也。君在，
踧踖如也，与与如也。

其他篇亦有，如：

　　子之燕居，申申如也，夭夭如也。(《述而》)
　　子食于有丧者之侧，未尝饱也。子于是日哭，则不歌。
(《述而》)
　　子之所慎：齐，战，疾。(《述而》)

此类是弟子根据自己的观察而记述孔子的行为。

四是杂文体，即不属于上述几类的文体，如：

　　舜有臣五人而天下治。武王曰："予有乱臣十人。"孔子曰：
"才难，不其然乎? 唐虞之际，于斯为盛，有妇人焉，九人而已。
三分天下有其二，以服事殷，周之德，其可谓至德也已矣。"
(《泰伯》)
　　德行：颜渊、闵子骞、冉伯牛、仲弓；言语：宰我、子贡；
政事：冉有、季路；文学：子游、子夏。(《先进》)
　　邦君之妻，君称之曰夫人，夫人自称曰小童；邦人称之曰君
夫人，称诸异邦曰寡小君；异邦人称之亦曰君夫人。(《季氏》)

此类是记载历史上的人物及相关事迹与言论，不是孔子的言论与行

为，故列为杂文体。

从整体上看，《论语》的文本形式，以对话体为主要特点，兼有语录体和记事体，与论文体或纪传体是完全不同的文本形式，也与《孟子》①里的对话体不太一样。从《论语》文本形式看，此时的对话体包括语录和记事在内。从文本内容上看，还比较简单，讨论的问题还没有充分展开，基本上都是点到为止，简明扼要，而《孟子》时的对话体就已变得比较详尽，是对话体的前后两个阶段的形态。

在根据《论语》文本来解读其中的思想内容时，一定要注意这种文本形式的特点：即所说有限，既不深入，也不完整，就事论事。为了完整综合地理解孔子这些话语所表达的思想内容，必须对全部文本进行整体、完整与综合的解读，才能避免以偏概全的弊端。

二、《孟子》的文本形式的分析

《孟子》中的文本形式以对话体为多，也有语录体和记事体，但对话体已较《论语》复杂，内容更丰富，所说的主题更深入而具体，且多有辩论的内容，可以说《孟子》的对话体文本形式已在《论语》的基础上有所发展。这也可以说是孟子的弟子们对对话做了更详尽的记录，故后来整理时就比《论语》的对话显得内容丰富了。

《孟子》的对话体，典型的例子如《梁惠王上》篇，这一篇都是孟子与梁惠王的对话，完全不像《论语》的对话那样简短。这说明什么问题？一是孟子与梁惠王的对话已有了战国的特点。战国的特点就是游说之士与各国诸侯会进行大段对话，如《战国策》所记就可充分体现这一点。《孟子》所记的孟子与梁惠王等人的对话，是具有鲜明时代特征的对话。二是孟子与诸侯的对话，在他的弟子看来是非常重要的，所以他们做了详细的记录，在整理成著作时所记载的对话就大大详尽于《论语》的对话。不是说孔子时与诸侯的对话都是三言两语，而是当时记录这些对话的人只记录对话的重点或要点，并不完整地记载这些对话，故在《论语》中看到的孔子与诸侯等人的对话就非常简洁，而在《孟子》中所看到的孟子与诸侯等人的对话就非常详尽，这种可能性也是有的，所以不能说孔子时与人对话

---

① 焦循：《孟子正义》，中华书局1987年版。以下引用《孟子》均用此本，只标篇名，不详列出版信息。

都是三言两语式的，而孟子时与人对话就是长篇大论式的。

总之《孟子》中的对话体，是他的学生做了尽量完整的记载而书写下来的，故对所要论说的问题做了详尽的说明，由此可以更为详细地了解孟子的思想。但《孟子》中的对话体还没有发展成为后来的论文体，从先秦诸子著作的文本形式上看，对话体属于早期的文本形式，与论文体相比显得比较粗略。

《孟子》中的对话体，还有另一个鲜明特点，即辩论性的对话特别多。这说明当时已有诸子百家的不同思想主张与观念，故孟子在讲述自己的思想主张时必须对不同的思想主张加以驳论，以防弟子混淆不清。而这在孔子时的对话中还很少见，有时孔子的某个弟子会提出与孔子思想观念不太一样的说法，孔子就会及时加以驳斥，但不像孟子那样要进行大段的辩论性的驳斥。因为孔子时的不同看法主要存在于孔子与他的弟子之间，而孟子时的不同看法已构成了不同的学派，是孟子学派之外的思想见解，所以他要用专门的议论来与此类不同看法进行辩论，以驳斥不同的看法。

孟子说过他为什么好辩，据《滕文公上》篇记载，孟子说他好辩是出于不得已的，所谓不得已是因为当时邪说横议太多，流行于世间，杨朱、墨翟之言盈天下。天下之言不归杨，则归墨。杨、墨之道不息，孔子之道不著，是邪说诬民，充塞仁义也。所以他要守卫孔子之道，排斥不合乎孔子之道的学说，达到正人心、息邪说的目的。因此《孟子》的对话体中多有辩论之体，这是与孔子《论语》的对话体所不同的地方。

《孟子》以长篇的对话体为主，另外以语录体的言论为多，如《公孙丑上》篇除了前半部分公孙丑与孟子的对话外，后面各段都以"孟子曰"开头，这些就都是孟子的语录，《离娄上》篇全是孟子的语录，其他各篇也有不少是孟子的语录，皆以"孟子曰"开头。

《孟子》中对话体与语录体要合起来加以解读，因为对话体是孟子向别人述说自己的思想主张，语录体则是孟子思想主张中的一些要点。从思想内容上看，两种文本形式说的内容是一致的，所以必须把它们综合起来整体解读。但对话体文本较多，所述的主张比较详尽，语录体比较简洁，故语录体可作为对话体的辅助性资料加以参考。

此外，《孟子》中的文本也有一些为记事体，但都与对话体联系在一起，不能称为独立的记事体，这与《论语》不同。有几段文本看起来像独立的记事体，也可能与其前后的其他文本有关，如《滕文公上》篇："滕文公为世子，将之楚，过宋而见孟子。孟子道性善，言必称尧、舜。"其下又说："世子自楚反，复见孟子。孟子曰：'世子疑吾言乎？夫道一而已矣。'"则前所记事的文本又可与后之对话的文本视为一段。又如《离娄下》篇记载了齐人与他的妻妾的对话，这与《庄子》中的寓言相似，而所要说的道理只有最后几句："由君子观之，人之所以求富贵利达者，其妻妾不羞也而不相泣者，几希矣。"而这一段与前面的对话又有关系：

> 储子曰："王使人瞯夫子，果有以异于人乎？"孟子曰："何以异于人哉？尧、舜与人同耳。"

前后两段文本，只有一个"瞯"字是它们共同之处，其他的内容则没有关系，似乎是后人加上的文本，用来说明"瞯"字。所以这样的文本还不能说是《孟子》中独立的记事体。

《孟子》的对话体中又有经传体的文本，如《万章上》篇记载万章问：舜为什么号泣于旻天。孟子说这是因为舜有怨慕之心，万章说舜不应该怨，于是下面用一长段文本说明舜也会怨以及其中的道理。这一段文本的核心要语是舜对父母的孝。要说清楚这个问题就要用更多的文本来加以解释，后面一大段文字就是解释这个问题，就核心要语（经）来说，这就是传。

此篇的对话中还有经传体之例，如万章问人们说禹不传于贤而传于子，这个做法对不对？孟子于是用一长段文本加以解释，合起来看就是经传体，这里的经是关于禹该不该传于子，传是对这个问题的详尽说明，最终说明这样一个道理：不能从表面上看是传给贤人还是传给自己的儿子，而要看天要传给谁。这样的文本不是明显的经传体，但仔细分析起来，就有经，也有传，合起来看就是一个完整的经传体文本。而在这里的传中，既述道理，又述史实，并引孔子之言，合乎为经作传的文本之例。

此篇还有两处都以某个历史事实为经，以对此事的解释为传，一是万章问伊尹割自己的肉给汤吃是不是想让汤重用自己，一是百里奚自鬻于秦养牲者，以此来让秦穆公重用自己，对这两个历史上的疑案，孟子都做出了自己的分析，这与《春秋》记事，而《左传》《公羊传》等为《春秋》所记事情用传来加以说明的文本形式是一样的，所以也必须说是经传体。可知，《孟子》中比较长的对话体中往往也包含经传体。

从《孟子》的文本形式看，虽有对话体等几种类型，但不妨碍人们对其中思想内容的解读，不过要注意这些特定文本形式对解读文本内容的影响。即对话体、语录体本身有分散、零散的特点，类似天女散花，洋洋洒洒，不如论文体那样有明显突出的主题，所论也不能像论文体那样集中深入而透彻。因此，就要把这些分散零散的话语体文本整合起来，做完整、整体、综合的解读，才能使以这种话语体述说的思想的本来意旨得以呈现而得到确证。故对文本形式的分析，目的是解读这些文本的思想内容，并不是做单纯的文本形式分析。

三、《荀子》[①] 的文本形式的分析

《荀子》的文本形式，以论文体为主，其中有经传体，另有歌赋体。论文体是写成专门的篇章，各篇有明确的主题做篇题，看《荀子》各篇篇题，可知是由荀子写作时所拟定。这与《论语》《孟子》的篇题由后人加上是不同的，而且后人拟定的篇题也不是各篇的内容主旨，只是为了便于区分而已。

《荀子》是成熟的论文体，各篇篇题就是各篇文本的核心要旨，篇中文本即围绕这一要旨展开论述。对这种论文体的文本，要紧紧抓住各篇的核心要语，以此为经，再及其他的文本，以此为传，用传文解读经语，由此把握各篇的本来要旨。这就是说，不能不顾各篇的要旨与经语，而在篇中寻找一些语句拿来作为解释《荀子》思想的依据，那样就会偏离《荀子》本来的意旨，所解释的荀子思想必定是错误的。

《荀子》的论文体以经传体为实体本质，这是解读《荀子》全部文本的关键。一定要牢牢把握《荀子》文本形式的这一特点，才能找到正确解读《荀子》全部文本内容的方法与途径，为准确阐释《荀子》的文本内容打下良好基础。

除了论文体，《荀子》的文本形式还有一些变化，如《成相》《赋》两篇是韵语体的论文体，与一般散文体的论文体又有不同。但此二篇的篇题与篇中文本之义的关系，也有不同的理解。

对《成相》的篇题之义，前人有不同的解释，到清王引之才最后论定成相就是成治的意思。把篇题之义搞清楚，是解读篇中全部文本的思想内容的重要依据，可以说此篇的经是成相，而篇中全部文本则是对成相之经的解释，经之义搞不清楚，则文本的解读就会出现问题。也可反过来看，必须仔细理解篇中文本，从中归纳出中心意旨，而这就可简约成此篇的经旨。以此为例，可以看出，《成相》篇用韵文来说理，不像用散文那样容

---

① 王先谦：《荀子集解》，中华书局 1988 年版。以下引用《荀子》均用此本，只标篇名，不详列出版信息。

易理解，所以人们对成相的解释分歧不一，但紧紧抓住经传体的文本形式特点，经语不明显时，可从传文反推之。

《赋》篇也用韵语作文，但"赋"作为篇题则意义不明。清代学者卢文弨认为：《赋》篇分为不同部分，各有自己的主题，也可说各为一赋，但既合为一篇，各部分也有共同性，即都是赋体之文，以赋体形式来论说不同的问题，其中的礼、知、箴都容易理解其含义，但云与蚕说什么问题呢？这就要仔细解读相关的文本。如以云作结的部分，是以云为中心来阐述相关道理；以蚕为中心的部分，可以说是蚕赋，以蚕为例阐述相关道理。由此看来，《赋》篇从文本形式上看是赋体，但内容则是分述不同的事理，这与其他的论文体有所不同，但各赋的题可以说是经，而赋之文则是对经的解释，是传。可知两篇用韵语写成的文章，虽与其他的散文之篇不同，但在经传体方面仍是一样的。

又有《大略》篇，杨倞注："此篇盖弟子杂录荀卿之语，皆略举其要，不可以一事名篇，故总谓之大略也。"可知此篇不是论文体，而是荀子的语录集，是语录体。这种篇章，又类似于《论语》的各篇。又有《宥坐》篇，杨倞注："此以下皆荀卿及弟子所引记传杂事。"即荀子与弟子论述问题时所引用的各种事例，类似于《韩非子》的《说林》篇，有不少是关于孔子及其弟子的事迹，可作为考证孔子事迹的资料。《子道》篇简述了为子之道的一些准则，更多的文本是关于子道的事例，也多是孔子与其弟子的对话。《法行》篇是与法及礼有关的各种事例，多是孔子及其弟子的言论。《哀公》篇也是与孔子有关的各种事例，《尧问》篇是有关尧、舜及其他历史人物的各种事迹。

从《大略》篇以下，均是这种记事体的篇章，不是论文体，可知这些不是《荀子》已经完成的论文体文本，只是荀子及其弟子为了撰述有关文章所收集的事迹资料。这些篇与《荀子》中已经完成的论文体篇章在性质上是不同的，可以说现在的《荀子》文本，不全是论文体，还有一些篇是资料性的记事体或事例体，其他诸子著作中也有同类的文本形式之篇章。

四、《易传》① 等儒家诸子著作的文本形式的分析

《易传》即指《周易》的十翼，包括《彖》上下篇、《象》上下篇、

---

① 李鼎祚：《周易集解》，中华书局2016年版。以下引用《易传》均用此本，只标篇名，不详列出版信息。

《文言》、《系辞》上下篇、《说卦》、《序卦》、《杂卦》。它们都属于传，是对《易经》①的解释，但能成篇的只有《文言》《系辞》《说卦》《序卦》《杂卦》，而能称为论文体的则只有《文言》与《系辞》。所以从整体上看，《易传》并不是某位作者的有体系的作品，而是不同的学者在研究《易经》时加上的解释性文本，关于其作者与时代目前都难以考察清楚，但可以确定的是不会成于一时一人之手，而是儒家学者们共同研究《易经》的作品。

从先秦诸子著作的角度看，《易传》不是严格意义上的先秦诸子著作，只能算是广义上的先秦诸子作品。从整体上看，《易传》都是对《易经》的解释性文本，但大部分是对《易经》的具体文句进行解释的文本，如《彖》《象》《文言》，而《说卦》《序卦》《杂卦》对《易经》六十四卦进行解释，只从卦名与卦序及卦的相互关系做简单解释。只有《系辞》可以看作对《易经》整体意义的解释之作，可算是论文体，但仍属于解释经的传。尽管如此，通过十翼，后世学者仍能从中加深对《易经》的理解，且把《易传》看作一个整体，由此来理解先秦儒家学派的某种思想，因此可以说它与先秦儒家诸子的著作属于同类。

今天研究《易传》，要把全部文本加以整体综合的解读，虽然它们在文本形式上是分散的，似乎互不相关，但既然作为一个整体，就应当把它们的全部文本综合起来加以解读，才能深入透彻地掌握其中的思想内涵。

《大学》②《中庸》③ 本是《礼记》的两篇，传统上把它看作经学著作，但程、朱把《大学》《中庸》从《礼记》中分离出来，使之独立，并说此两篇是由子思等人撰作的，这就使《大学》《中庸》与诸子著作非常相似了，可以列为先秦诸子著作。其实《礼记》中类似的篇章还有一些，也可视为诸子著作，但都没有这两篇的影响大，作者问题也不容易搞清楚，所以就不把它们划归诸子著作之列。

《大学》的文本形式，朱熹《大学章句序》说："曾氏之传独得其宗，于是作为传义，以发其意，及孟子没而其传泯焉，则其书虽存，而知者鲜矣。"这是说《大学》是由曾子作成以阐释孔子思想的著作，如果孔子的

---

① 李鼎祚：《周易集解》，中华书局 2016 年版。以下引用《易经》均用此本，只标篇名，不详列出版信息。

② 朱熹：《四书章句集注》，中华书局 2012 年版。以下引用《大学》均用此本，不详列出版信息。

③ 朱熹：《四书章句集注》，中华书局 2012 年版。以下引用《中庸》均用此本，不详列出版信息。

学说为经，则《大学》就是阐释它的传，所以朱熹说《大学》是曾子为孔子之说"作为传义"的著作。但自孟子之后无人知晓这一点，于是混入《礼记》，直到程氏才始尊信此篇，为之编次，这样说来，《大学》就是先秦诸子著作之一了。在《大学章句》中，朱熹说从"大学之道在明明德"到"而其所薄者厚，未之有也"是"经一章"，是孔子之言，曾子述之。其下的文本，朱熹说是"传十章"，是曾子之意而门人记之。可知程、朱又对《大学》原来的文本做了变动，使之成为"经一章"和"传十章"的文本形式。这样看来，《大学》既是论文体，又是经传体。这样就把《大学》的著作性质与文本形式看得非常清楚了。

朱熹的《中庸章句序》说，《中庸》是子思忧道学失传而作的。朱熹又在《中庸章句》大题下解释说此篇是孔门传授心法，子思笔之于书而授孟子，这说明可以把《中庸》看作子思的著作。因此，《中庸》也就属于先秦诸子的著作了。对《中庸》的文本形式，朱熹认为从"天命之谓性"到"和也者，天下之达道也"的文本为第一章，此章是《中庸》全篇的提要，其后的十章，是子思引夫子之言来阐释此章之义，这样说来，第一章就是经，后十章就是传。

《大学》《中庸》经程、朱把它们从经书中提升出来，成为先秦诸子著作之一，这虽然并没有确切的历史证据，但《礼记》本身与《尚书》、《诗经》、《周易》、《春秋》三传、《周礼》、《仪礼》很不相同，大小戴《礼记》可以说都是后来儒家学者关于儒家学说的论说记述之作，与真正的经书不同，所以称为"记"。从历史上看，孔子时代只有六艺，即《诗》《书》《礼》《乐》《易》《春秋》，后称为六经，但亡失了其中的《乐》，故到汉代就只有五经，所以汉武帝时只能立五经博士，只承认五经，后来不断增多而有七经、九经、十一经直到十三经，于是《尔雅》《论语》《孟子》《礼记》《孝经》等也就被纳入经书中了，但真正属于经的只有最初的五经，后来增加的都不是原来的经，只是后人抬高了它们的地位而已。所以从《礼记》本身的性质看，它不是经，而是解释经的传，古人常用"传记"之名与"经"分开，所以《礼记》用"记"之名，本身就表明它不是经而是经的传。

《礼记》中的各篇都是儒家学者的作品，是对儒家经书进行解说的传记之作，这样看来《礼记》本身就是传，是后来儒家学者的作品，但现在无法把其中各篇一一考察清楚是由哪些学者撰成的，所以无法把其中的各篇都列为诸子著作。不过可以参考《史记·孔子世家》的说法："子思作

《中庸》。"还有《隋书·经籍志》①引用沈约的说法："《中庸》《表记》《坊记》《缁衣》，皆取《子思子》。"这都说明《礼记》中的不少篇来自《子思子》，它们本身并不是经。

《大学》《中庸》的文本形式，都是一章为经，十章为传，这就是经传体，但二者又各是完整的篇章，故又可说是论文体。根据这些文本形式的特点，要对二者的文本进行整体的综合解读，首先要分清其中经与传的差别，用传之文本来阐释经之文本，这才是通过文本形式的分析找到解读其文本的正确之路。

第二节　文本传播的变化情况

上节所说的几种儒家著作在后世的传播过程中，出现了一些变化，在解读它们的文本时，也须予以应有的注意。

一、《论语》在传播过程中的变化

考察《论语》文本在传播中的变化，一是要注意《汉书·艺文志》记载的最初的几种版本及其最后的命运；二是要注意《论语》的版本确定之后其文本上的变化情况，这要根据《经典释文》的资料以及十三经注疏中的《论语正义》对文本差异的记述与分析；三是要注意清代学者对《论语》的种种考证，因为这些考证都与《论语》文本在历史上的传播变化有关。但这要涉及大量的资料，本书不能全部加以梳理以求全面认识《论语》在传播过程中产生的文本变化问题，因此只能予以概略的说明。

关于《论语》的成书，《汉书·艺文志》记载："《论语》者，孔子应答弟子时人及弟子相与言而接闻于夫子之语也。当时弟子各有所记。夫子既卒，门人相与辑而论纂，故谓之《论语》。"这只说明了《论语》是怎样形成的，没有说后来的传播过程中有什么变化。不过这透露出一点信息，即《论语》成书于孔子死后不久，亲传弟子都还在世的时候。所以可

---

① 魏征、令狐德棻：《隋书》，中华书局 1973 年版。以下引用《隋书》皆用此本，只标卷名，不详列出版信息。

以根据《史记·仲尼弟子列传》中弟子的情况加以考察。这里不对这个问题做详尽考证，只是认定《论语》成书于孔子去世后不久。但后来的说法就有变化，何晏《论语集解》说刘向认为鲁《论语》二十篇，都是孔子弟子记诸善言者，与《汉书·艺文志》意思差不多，但说明是鲁《论语》。从成书情况看，最先问世的版本应该是鲁《论语》，因为孔子生前与其弟子都在鲁国，所以在鲁国成书的《论语》，就是后来说的鲁《论语》。

但王充《论衡·正论》①说《论语》是"弟子共纪孔子之言行"的书，弟子们"敕记之时甚多，有数十百篇"。这与刘向的说法不同，但应该说刘向的说法更可信，因为他是直接整理汉朝皇家藏书的人，王充是东汉人，也许他的说法是一种传闻，故不如刘向之说可信。

《经典释文》②引郑玄的说法，认为《论语》是仲弓、子夏等人撰定的，《论语音义》又引郑玄的说法，认为是仲弓、子游、子夏等人撰成的。郑玄也是东汉人，他的说法还是不如西汉刘向可信。也就是说，《论语》是由孔子的弟子汇集编成的，至于是哪几个弟子，似乎没有必要钻这个牛角尖，而且也没有什么资料能证明是由哪几个弟子编成的。

唐代柳宗元根据《论语》有曾子临死前与弟子的对话（见《泰伯》），因而说："曾子少孔子四十六岁，曾子老而死，是书记曾子之死，则去孔子也远矣。曾子之死，孔子弟子略无存矣。吾意曾子弟子之为也。"他认为《论语》的成书是由曾子的弟子完成的，已经离孔子去世很长时间了。但这一点并不能否定《论语》成书于孔子去世后不久的说法，因为曾子的有关言论，可能是由他的弟子补充到先已成书的《论语》中的。也就是说，孔子去世后不久，他的亲传弟子们根据自己跟随孔子问学的记忆，汇集编成《论语》，后来的再传弟子在此基础上进行补充，这是完全可能的。如果到再传弟子时才来收集与汇编，则亲传弟子记忆的孔子话语到再传弟子时，就不可能那么清晰了。所以刘向说的孔子去世后不久就由他的亲传弟子们根据回忆而汇集编成《论语》，是最合乎实际可能的。后来人的一些说法或疑问，不能因其一点而否定刘向的整个说法。

清代崔述根据今本《论语》前后十篇中在文体和称谓上的某些不同，认为前十篇成书较早，后十篇成书较晚，他的理由只是《论语》记孔子与

---

① 黄晖：《论衡校释（附列盼遂集解）》，中华书局 2017 年版。以下引用《论衡》均用此本，只标篇名，不详列出版信息。

② 陆德明：《经典释文》，上海古籍出版社 2013 年版。以下引用《经典释文》均用此本，不详列出版信息。

人对话时的文本或作"子曰",或作"孔子对曰"①。这种差别也不能证明前后十篇成书时间不同,只有可能是后来的传播过程中在文本上出现了某些变化,这种变化可能是由后人传抄《论语》时无意中做的改动,并没有一个清晰的规则。

受此影响,后来的学者也往往根据《论语》中用语与称谓的差异而认为《论语》各篇的成书时间不同,有人甚至认为《论语》的编写成书要在汉代以后。民国时期疑古风气大盛,对古来的典籍都有极大的疑心,根据一些文本上的差异就下结论说这些古籍成书很晚。这种风气下的很多说法都经不起严格考证,所以后来随着时间的流逝就无人提及了。

在《论语》编写成书的问题上,刘向的说法最为可信,说明《论语》成书不会在孔子逝世后太久。但在成书以后的传播过程中,会出现不少变化,这会体现在《论语》的文本中。造成这些文本上的变化的原因并不是出于一种有意的改动,而是人们在传抄过程中不自觉地造成了某些改动,这类文本上的差异,并不能否定《论语》成书于孔子去世后不久,而由他的亲传弟子们根据回忆而编纂成书的客观事实。

据《隋书·经籍志》引沈约的说法,《礼记》中的《中庸》《表记》《坊记》《缁衣》等篇皆出自《子思子》,而《坊记》已明确提到《论语》中的话,再加上《史记·孔子世家》说"子思作《中庸》",结合郭店楚简及上海博物馆藏竹简《缁衣》篇,可以确定《缁衣》是公元前四世纪中期到公元前三世纪初期的作品,因此可知在子思生活的时代,《论语》已经成书。结合刘向的说法,这时的《论语》就是鲁《论语》。

据汉代文献记载,《论语》有齐《论语》、鲁《论语》和古《论语》三种版本,齐《论语》只比鲁《论语》和古《论语》多了《知道》《问王》两篇。更令人可信的是鲁《论语》,古《论语》与鲁《论语》差别不大。齐《论语》多出两篇,可能是《论语》传到齐地后,由齐地的学者加以修订补充过的,因此会多出两篇,但后世只通行鲁《论语》②,这说明世人只认可鲁《论语》,对齐《论语》是不太相信的,所以后来通行的是鲁《论语》,而不是齐《论语》。鲁《论语》是最有权威性的版本,得到了人

---

① 崔述:《洙泗考信录》,北平文化学社1928年版,第36-39页。
② 参考魏何晏《论语集解序》,其中说到《论语》在流传过程中的一些情况。据此可知,鲁、齐、古三家《论语》,到郑玄时被统一起来了,是以鲁《论语》为主,参考齐、古《论语》,由此使鲁《论语》成为世所通行的《论语》。鲁与齐、古的不同之处,已由郑玄做过考证而加以调和了,善者集中于鲁《论语》中,从而使《论语》有了定本。

们的信任，故后世以鲁《论语》为传承的主要版本，其他的《论语》版本就渐渐无人问津而最后失传了。鲁《论语》贯穿了整个《论语》的传播史，因此在讨论《论语》后世传播过程中造成的变化时，当以鲁《论语》为中心。

鲁《论语》的文本在后来的传播过程中出现的某些变化，可以根据《经典释文》《论语正义》及《清经解》中历代学者对《论语》文本的考证来加以了解。近代以来的学者研究《论语》，并不注意《论语》文本在传播过程中出现的变化，故不注重从这些文献资料中收集前人的研究成果以做汇集性的工作和进一步深入研究，所以本书对此专门进行说明，但在这方面，本书不可能全面展开讨论，只是略为引述一点资料，以说明这种文本上的变化。

如《经典释文》记载了《论语》的文本差异，《学而》篇"有朋自远方来"，句中的朋或作友，《经典释文》以为"作友非"。"其为人也孝弟"，"弟"本作"悌"，《经典释文》没有说作"弟"对还是作"悌"对，可知存在着两种写法，但无法确定谁是谁非。"道千乘之国"，《经典释文》："道或作导"，但未说二字谁是谁非，只是保存了异文。"无友不如己者"，《经典释文》作"毋友"："本亦作无"，不言孰是孰非。"子贡曰"，《经典释文》："本亦作赣"，不言孰是孰非。"如琢如磨"，《经典释文》作摩，云"一本作磨"，不言孰是孰非。"患不知也"，《经典释文》："本作患己不知人也，俗本妄加字，今本患不知人也"，也不言谁是谁非。此类情况说明《论语》在传播过程中由于抄写的局限性，会出现一个字而有两种或两种以上的写法，但《经典释文》无法断定孰是孰非，这只能证明传播过程中会出现异文，但无法断定是非。

《经典释文》中关于《论语》在传播中出现异文的情况是最多的，还有更为宝贵的资料，可以用来说明为什么鲁《论语》会成为通行的传世本。如《学而》篇的"传不习乎"，《经典释文》："郑注云：《鲁》读传为专，今从《古》。案：郑校周之本，以齐、古读正凡五十事，郑本或无此注者，然《皇览》引鲁读六事，则无者非也。"据此可知，郑玄统一《论语》不同版本时，是以鲁《论语》为主，但有时会参考齐《论语》与古《论语》，并据以改动鲁《论语》的文本，此种情况共有五十处，这说明郑玄整理三种版本的《论语》并最终形成定本时，绝大部分是以鲁《论语》为准，也有少部分是以齐与古《论语》改动鲁《论语》。由此再参考何晏《论语集解序》所说的情况，就可断定鲁《论语》就是后来通行版本的主体，只是少数文本据齐、古《论语》做了改动。

　　通过以上《经典释文》记载的《论语》文本的差异，可以了解到在传播过程中文本会出现三种情况：一是文本不同，而能判断谁是谁非；二是文本不同，但不能判断谁是谁非；三是文本不同，但知道在三种版本《论语》中不同文本的情况，并知道由谁做了判断并做了最终的考定。这种资料在《经典释文》中保存了不少，可以根据这些资料考察《论语》的文本在传播过程中出现的种种变化，并在此基础上使之作为解读《论语》全部文本内容时的参考，其学术价值不可忽略。

　　此外，阮元校刻十三经注疏时对《论语》文本做了详尽的异文校勘，其中收集了汉石经残本、唐开成石经、宋绍兴石经、皇侃《义疏》、高丽本以及宋以后的各种刻本资料，再加上清代学者对《论语》文本异文的考证，以此作为唐代《经典释文》所载文本差异的补充，就能更为完整地了解历史上的《论语》文本在传播过程中产生的种种变化，并把它们作为解读《论语》全部文本时的重要参考。

　　除了历史上的资料与研究成果，还要注意考古出土的相关资料，如1973年河北定州八角廊40号汉墓出土的竹简本《论语》，墓主中山怀王死于汉宣帝时期，这部《论语》可能抄写于汉高祖时期，因为其中只避讳邦而不避其他皇帝的讳。关于八角廊汉简《论语》的性质，学者众说纷纭。李学勤认为是《齐论语》，刘来成认为是《鲁论语》，孙钦善认为是《古论语》，陈东认为是独立于三本之外的另一本《论语》。《管子学刊》2005年第1期所刊梁涛的文章《定县竹简〈论语〉与〈论语〉的成书问题》，根据定县竹简《论语》的文本，认为《论语》应该是孔子弟子统一组织和集体编纂而成的，是从孔子弟子到再传弟子的较长时间里编成的。

　　2017年江西南昌发掘的汉代海昏侯墓，出土了五千多枚竹简，包括《论语》《易经》《礼记》《孝经》《六博棋谱》《悼亡赋》及养生医书等，其中《论语》有《知道》篇，为传世《论语》所不载，专家推断，这部竹简《论语》可能是《齐论语》。另外专家还认为，汉代肩水金关汉简中也有与海昏侯竹简《论语》相同的章句，可以根据海昏侯墓出土的《论语》并结合肩水金关汉简，考证论定更多的《论语》失传章句，还有可能据以整理出《齐论语》中的《问王》篇的某些文本，这对考察《论语》在传播过程中的文本变化有重要意义。

　　总之，结合历代学者研究《论语》的成果及出土的竹简本《论语》，可以对传世《论语》的文本进行全面的分析研究，从字形的异同，到字音字义的考证，再到文本内容的解读，由此确认《论语》传播过程中的基本情况，这是研究《论语》时不可忽略的一个重要情况。

二、《孟子》在传播过程中的变化

关于《孟子》的成书情况及传播过程中的版本变化和文本变化，可以根据历史上学者的相关研究加以了解。

据《史记·孟子荀卿列传》："孟轲，受业子思之门人……孟轲乃述唐、虞、三代之德，是以所如者不合。退而与万章之徒，序《诗》《书》，述仲尼之意，作《孟子》七篇。"所谓"受业子思之门人"，《索隐》引王劭的说法，认为"人"是衍字，当是受业于子思之门的意思，而不是受业于子思的门人。《汉书·艺文志》也记载："《孟子》十一篇，名轲，子思弟子。"所以后人都相信孟子是子思的学生。而《孟子》的编成与《论语》不同，是孟轲与弟子一起编成的。这说明他没有写专门的论文体之书，只是与弟子把多年来与人对话所说的问题收集起来，编成七篇（赵岐作注分为十四篇）。由于是这种编法，所以对话的内容比《论语》所记的孔子的对话要丰富。在孟子与弟子编成其书时，很可能又做了补充与润色，所以《孟子》的对话文本就更有层次和更为丰富。

据陈国庆考察①，《孟子》原有内外篇，现在的七篇为内篇，外篇另有四篇，据汉代赵岐考察，外四篇是伪书，故后来流传的只是内七篇，而外四篇则已亡佚。陈氏又考察了《孟子》的成书情况，认为共有六种说法，其中的差异只在于是孟子自作还是由他的弟子编成，且具体是由哪些弟子编成。后人的说法只能作为参考，还是当以《史记·孟子荀卿列传》的说法为准，即由孟子本人及其弟子共同编成，至于哪些弟子参与编书，则无关紧要，不必细究。

赵岐为《孟子》作注时写了一篇《题辞》，其中说此书是孟子所作，又自撰法度之言，著书七篇，又有外书四篇《性善》《辩文》《说孝经》《为正》，其文不够弘深，不能与内篇相比，可能是后人仿作的。可知《孟子》成书，在汉代是公认为由孟子本人及其弟子共同编成的，汉时此书是十一篇，即《汉书·艺文志》所载的十一篇，但赵岐已将其中的外四篇断为伪书，只保留了内七篇，所以后来流传于世的《孟子》就是内七篇，不包括外四篇。因而后来传播的是内七篇，传播过程中发生的文本变化也只限于这七篇。

---

① 陈国庆：《汉书艺文志注释汇编》，中华书局1983年版，第103－104页。

汉文帝时曾立传记博士，《孟子》《论语》《孝经》《尔雅》列为传记博士，后来罢传记博士，只立五经博士，因此《孟子》的传播不如五经，也不如《论语》《孝经》《尔雅》，但也一直传播不断，而赵岐注的七篇为主要传本，在版本上没有《论语》那样复杂。

在长期传播过程中，《孟子》文本必然出现变化，同样可据《经典释文》等注疏了解唐以前的文本变化，再据阮元的校勘记，了解唐以后的文本变化，在对《孟子》的全部文本进行解读时，对此类文本的变化与差异，也要加以参考。

关于文本的变化，略微示例如下。《经典释文》没有《孟子》的释文，可据阮元的校勘，参考宋石经残本及宋以后多家刻本，文本差异较多的都是注疏文本，正文文本差异较少，但仍有一些，值得注意。如《梁惠王上》"王在灵沼，于牣鱼跃"，各本多作"牣"，而《音义》记载"丁本作仞"，但未定是非。"而民欢乐之"，各本同，《音义》出"欢乐"，云："本亦作劝乐。"清代臧琳认为晋唐时本皆作"劝乐"。这说明今本《孟子》的"欢乐"在唐以前作"劝乐"，这就是文本传播过程中出现的变化。但当作"劝乐"还是"欢乐"，也无法断定。其下"时日害丧，予及女皆亡"，宋以后的版本"皆"或作"偕"，不能断定是非。其下"杀人以梃与刃"，据阮元校勘，"梃"原作"挺"，宋以后的版本都作"梃"，但《音义》云"从木"，则作"挺"者误，当据作"梃"者改。这也是传播过程中文本变化的一例，但能判定是非而加以改正。[①]

总之，《孟子》传播过程中的版本问题并不复杂，文本问题可据阮元校勘记加以了解，而且清代学者对此类文本差异已做了足够多的考证，今天解读《孟子》全部文本时，当据以参考。

三、《荀子》在传播过程中的变化

《荀子》在传播过程中的版本情况，据《汉书·艺文志》，《孙卿子》三十三篇，因避汉宣帝的讳，其姓改称为"孙"，后恢复称"荀"。此三十三篇，据刘向校书时写的《叙录》，是据三百二十一篇中除去重复之后确定下来的三十三篇，当时命名为《孙卿新书》，分十二卷，又有荀子的赋

---

① 参见阮元：《十三经注疏·清嘉庆刊本》，中华书局 2019 年版。以下引用此校勘记均用此本，不详列出版信息。

十篇。可知在先秦时期，以荀子为名的书较后来通行本有很大不同，在西汉经刘向校书，才确定为三十三篇十二卷。《隋书·经籍志》著录为《孙卿子》十二卷，又有《荀况集》一卷，是汉代所没有的，可能是把《汉志》说的"赋十篇"编为《荀况集》。唐代杨倞为《荀子》作注时"分旧十二卷三十二篇为二十卷，其篇第亦颇有移易，使以类相从"，并把书名定为《荀子》，不再用刘向校书时用的《孙卿新书》之名，这说明在杨倞改动此书的卷数篇数之后，现在通行本的卷数篇数与《汉志》所载已有很大不同，且各篇顺序已被改动了。现在通行本《荀子》为三十二篇，分为二十卷，篇数与《汉志》差不多，卷数与《隋志》不同。但在实际上不能按照篇数或卷数来看此书在传播过程中的变化，因为篇数与卷数往往会因后人的重编而有所改动。

《隋志》以后，历代著录此书的情况也有变化，如《旧唐书·经籍志》著录为十二卷，《新唐书·艺文志》著录为十二卷，又有杨倞注《荀子》二十卷，又有《荀况集》二卷。到《宋史·艺文志》以后就基本都是二十卷了，这说明宋以后的《荀子》的版本及其编排，都以杨倞注本为准。根据宋代的史料，在北宋熙宁年间，又命官员对《荀子》做过校定并由国子监开版重刊，也是二十卷，这就成为流传至今的《荀子》版本。

在这些改动中，不仅有版本的变化，也有文本的变化，如《困学纪闻》十中记载：《非十二子》，《韩诗外传》四引之，止云十子，无子思、孟子。《困学纪闻》的作者王应麟认为：荀卿批评子思、孟子，当是其门人如韩非、李斯之流假托其师说而批评圣贤，当以《韩诗外传》为正。这说明《荀子》的文本在后来的传播过程中也发生了变化。但就王应麟所说的文本变化，还牵涉到《荀子》思想的解读问题。荀子与子思和孟子都是先秦儒家学者，但他们的思想不会完全一样，所以荀子对子思及孟子提出批评是完全可能的。如《四库全书总目提要》说："子思、孟子后来论定为圣贤耳，在当时固亦卿之曹偶，是犹朱、陆之相非，不足讶也。"这表明评析荀子对子思、孟子的态度，不能按后来人们的看法来定，而要根据当时的情况来定，这是有道理的。但《韩诗外传》如有这样的引文，表明现在通行的《荀子》在传播过程中曾有过重要的文本改变，这是不能忽视的。

关于《荀子》在传播过程中的文本变化，相关著录中不断有相应的记载，如《天禄琳琅书目》一《宋版子部》中有《纂图互注荀子》，著录为杨倞注本，二十卷，卷前有杨氏序，序后有《欹器》《大路》《龙旗》《九斿》三图，又引宋陈振孙《书录解题》："淳熙中，钱佃耕道用元丰监本参校（据钱曾《读书敏求记》记载，钱佃用北宋元丰国子监本与浙、蜀诸本对校），刊之江西漕司，其（文本）同异著于篇末，共二百二十六条，视他本最为完善。"并说："据此，则宋时刊刻《荀子》已非一本，是书标为《纂图互注》，书中于倞注外，又加重言、重意、互注诸例，与经部宋本《毛诗》《周礼》《春秋经传集解》三书正同。"可知这种编排与刊刻都是传播过程中对《荀子》的改动，只是后来此种改动没有沿袭下来，后来的《荀子》版本中已没有此种改动的情况了。《天禄琳琅书目》的《元版子部》又著录有《纂图分门类题注荀子》，在杨序之后加上了《新增丽泽编集荀子事实品题》一卷，但未著作者名，此外还有宋陈傅良辑《荀子门类题目》一卷，所分门类，有天地、五常等四十种，末又附《拾遗》并《事要总类》二条，皆择书中之可作题目者分类摘句，以便观览。可见宋以后的《荀子》在刊刻中曾多有人为的变化，曾在一定的历史时期中存在过，但后来因不适应时世的需要，不再为人沿用，故此类传播过程中的变化到最后看来，又未曾影响《荀子》的文本，而作为历史事实，还是需要了解的。

纂图互注本的版本改动虽未被后人沿袭下来，但它的改动仍有部分文本保留在后来的《荀子》通行本中，这也是传播过程中形成的文本改动，必须注意。张金吾《爱日精庐藏书志》二十一《子部》儒家类"《荀子》二十卷"的著录中引顾广圻的跋语："《荀子》向唯明世德堂本最行于世，乃其本即从元《纂图互注》本出，故重意之删而未尽者，犹存两条于杨注中，一在《修身》篇丘山崇成句下，一在《王制》篇何独后我也句下。"此条著录还列举了一些不同版本中的文本差异，这都是传播过程中造成的文本变化，如《君道》篇"狂生者不胥时而乐"，与《尔雅·释诂》的"暴乐"和《诗·桑柔》毛传及郑笺的"爆烁"所用字同，则作"乐"，就比世德堂本改为"落"为好，而且顾氏又看到宋刊本也是作"乐"。对此顾氏不禁感叹道："然则此书不几亡此字乎？他亦每有漏略抵牾，皆当据依以正之。"据此类资料，可知在宋以后的版本中仍然会出现新的文本变化，这又由清代校勘学家做了梳理工作，成为今天研读《荀子》时的重要参考。

谢墉《荀子笺释序》中说，《小戴礼记》的《三年问》篇全出自《荀子》的《礼论》篇，《乐记》《乡饮酒义》篇所引俱出自《荀子》的《乐论》篇，《聘义》篇中子贡问贵玉贱珉亦与《荀子》的《法行》篇大同；《大戴礼记》的《礼三本》篇亦出自《荀子》的《礼论》篇，《劝学》篇即《荀子》的《劝学》篇，而以《荀子·宥坐》篇末"见大水"一则附之，《哀公问》第五义出《荀子·哀公》篇之首，则知《荀子》所著载于二戴《礼记》者尚多，而本书或反缺佚。据此所说，则《荀子》在传播过程中与《礼记》又有相互影响的关系，如以《荀子》为主，则大小戴《礼记》中的不少篇章的文本来自《荀子》，这也说明《礼记》的不少篇章本身就是诸子的作品，如《大学》《中庸》是子思和曾子的作品一样。在这种相互影响的关系中，《荀子》的文本不能不受影响而产生一些变化。

清代学者还考察到《荀子》一些文本的变化对理解其思想的问题，如钱大昕《荀子》跋语中说：古书"伪"与"为"通，《荀子》云"人之性恶，其善者伪也"，此"伪"字即"作为"之"为"，非"诈伪"之"伪"。又申其义云"不可学、不可事而在人者谓之性，可学而能、可事而成之在人者谓之伪"。《尧典》"平秩南讹"，《史记》作"南为"，《汉书·王莽传》作"南伪"，此"伪"即"为"之证。这一看法，在郝懿行《荀子补注》的《与王引之伯申侍郎论孙卿书》中也得到赞同："孟、荀之意，其归一耳，至于性恶性善，非有异趣，性虽善，不能废教，性即恶，必假人为。为与伪古字通，其云'人之性恶，其善者伪也'，伪即为耳。"

这说明在长期的传播过程中，《荀子》的一些文本被写成不同的字，而后人只是根据对字形的理解来解释其中的思想，并没有弄清楚这些文本的字在历史上的变化关系，所以只据后来所知者解释古代诸子著作中的文本，难免会出错误。所以，后人研究先秦诸子著作的文本时必须仔细考察诸子著作在传播过程中形成的文本变化，并对它们进行细致考证，以分辨其中的是非，这样才能根据正确的文本来解释诸子的思想。

为此需要关注清代学者对《荀子》的校勘成果，如王念孙《读书杂志·校荀子后叙》中说："余昔校《荀子》，据卢学士校本而加案语，卢学士校本则据宋吕夏卿本而加案语。去年陈硕甫文学以手录宋钱佃校本异同邮寄来都，余据以与卢本相校，已载入《荀子杂志》中矣。今年顾涧蒉文学又以手录吕、钱二本异同见示，余乃知吕本有刻本、影钞本之不同，钱本亦有二本。不但钱与吕字句多有不同，即同是吕本、同是钱本，而亦不能尽同，择善而从，诚不可以已也。时《荀子杂志》已付梓，不及追改，乃因顾文学所录而前此未见者为《补遗》一编，并以顾文学所考订及余近日所校诸条载于其中。"

据此可知欲了解《荀子》在宋代以后的不同版本中出现的文本异同，须综合收集宋至清诸学者的校勘成果，在此基础上完整了解宋以后《荀子》在传播过程中出现的种种文本变化情况。[①]

据王先谦《荀子集解》收集的资料，还有《荀子》的一段佚文，这些佚文散见于《文选注》《艺文类聚》《太平御览》《初学记》等书，这也是《荀子》在传播过程中形成的文本变化情况。

据清代学者的校勘，稍述《荀子》传播过程中的文本变化情况。如《劝学》篇"青取之于蓝而青于蓝"，据清人校勘，元本作"青出之蓝"，而宋人《困学纪闻》说"青出之蓝"作"青取之于蓝"，王念孙认为以作"出"为是，元本作"出之蓝"是据建本，监本作"取之于蓝"是据《大戴礼记》改动的。而《荀子》原文应是"出于蓝"，据《艺文类聚》《太平御览》《埤雅》《意林》及《新论·崇学》篇所引，可证明这一点。王先谦认为：《群书治要》作"青取之蓝"，是唐人所见《荀子》本已有作"取"者，且《大戴礼记》即用《荀子》文，亦作"青取之于蓝"，不得谓《荀子》本作"出于蓝"，而作"取"者为非。到宋代，建本与监本就有了异文，当时也无法断定其中的是非。这说明《劝学》篇中最常见的一句文本，在传播过程中即有如此复杂的文本差异，学者们的看法也无法统一。可知在了解《荀子》在传播过程中形成的文本变化及其差异的情况时，要想做出人们能够公认的结论，是非常困难的。这对解读《荀子》全书的文本内容就有莫大的影响。

在对《荀子》文本的内容进行解读时，对此类情况应如何处理？还是前面所说的原则，即对《荀子》这种论文体的诸子著作，既然其中存在着经传体的结构，就要紧紧抓住各篇的核心要语之经文，而把其他的文本看作阐述这种经语的传文。用这个方法处理《荀子》各篇的全部文本，就能提纲挈领，抓住重点与要点，不至于被非重点的文本差异所淹没。用这样的方法处理上述那种文本变化的复杂情况，就能知其要而不迷了。

---

① 清末还有杨守敬对《荀子》的校勘，见王先谦《荀子集解》，谓除了中国学者已知的中国刊本外，杨氏又在日本发现了中国失传的台州本，根据此本，可知卢文弨、顾千里等人的校勘还有不少遗漏，此外杨氏又收集了朝鲜的刊本及日本学者的校勘补注等，做了更全面的校勘，写成《荀子札记》，对《荀子》的校勘整理，到杨守敬可谓集其大成了。据王先谦的收集，还有汪中《荀卿子通论》、胡元仪《郇卿别传》《郇卿别传考异二十二事》等，对《荀子》的传播情况都有专门的考辨，值得重视。

第三章　先秦儒家著作的文本解读

　　分析了先秦儒家著作文本形式与传播过程中的变化等问题后，要回到解读文本本身以理解其中内容的问题上来。不就诸子著作文本进行解读而探讨其中的思想内容，对诸子研究是不完全的。以下以《论语》等先秦儒家著作的文本解读为例，探讨如何解读这些著作的文本，才能完整而确切地把握其中的思想内容。

第一节　以"仁"为中心的《论语》文本解读

　　如前所述，《论语》的主要文本形式是对话体（包括语录体），也有一些记事体，要探讨《论语》表达的孔子思想，必须重视它的文本形式，由此解读此类文本包含的思想内容。

　　对话体及语录体的特点是分散，不像论文体那样容易把握其核心要旨及阐述这些要旨的其他文本，因此在解读《论语》全部文本之前，首先要确定《论语》全部文本的核心要旨是什么。古人撰述多用经传体，经为所述的核心要旨，传是围绕核心要旨而从各方面加以阐说的其他文本。在以对话体与语录体为主的《论语》文本中，也存在着核心要旨之语，这就是仁与礼。换言之，《论语》全部文本述说的中心问题就是仁与礼。

　　仁与礼两大问题，一方面与君子有关，一方面与国君有关。《论语》里的仁与礼不是抽象概念，不是空洞伦理，而是要有人来落实和实践的根本性问题。所以说《论语》全部文本的中心问题就在仁与礼二者身上。

　　但这二者又具体分化出更多的问题及相关概念，所以说它们不是空洞抽象的问题和概念，而是有着丰富内涵。确定了《论语》的全部文本核心要旨是仁与礼之后，就能在解读《论语》全部文本的思想内容时提纲挈领，将分散的对话体和语录体文本集中起来加以理解，从而由一个中心来把握这些文本的意旨，不至于只见局部而不见整体。这就是分析文本形式的作用所在，即掌握了文本形式的特点之后，就能根据文本形式的特点而使分散的文本成为一个整体，再用经传的特定关系来找出其中的核心要旨（经）与阐释性的话语（传），在此基础上就能理清这些文本的特定内容。

确定《论语》全部文本的核心要旨是仁与礼，则可把与仁有关的文本集中起来加以分析，从而完整掌握《论语》关于仁的看法。与仁有关的文本在《论语》中很多，这里以《学而》篇为例，说明如何把仁作为经来梳理篇中与仁有关的文本。

《学而》篇明确提到"仁"的文本有两条：

> 子曰："巧言令色，鲜矣仁！"
> 子曰："弟子，入则孝，出则弟，谨而信，泛爱众，而亲仁。行有余力，则以学文。"

但此篇与"仁"有关的文本不是只有这两条，另外的文本虽然没有直接出现"仁"字，但也都与"仁"有关。

先看直接出现"仁"字的两条，从中可以看出孔子说的"仁"是做人的标准，即做人应该"仁"。从另一个角度看，能做到"仁"的人，就可称为君子，所以与君子有关的文本也与仁有关，说到君子的文本也是对"仁"的阐释。这样理解《学而》篇关于君子的文本，才符合孔子话语的核心要旨。如曰："学而时习之，不亦说乎？有朋自远方来，不亦乐乎？人不知而不愠，不亦君子乎？"又曰："君子不重则不威，学则不固。主忠信。无友不如己者。过则勿惮改。"

这是说君子的两条文本，可知君子应该具备的品德包括好学、乐友、不求人知、自重、主忠信、有过则改等。关于好学，这两条都提到了，一说"学而时习之，不亦说乎"，这是说学使人快乐，这就是"好学"。又说"君子不重则不威，学则不固"，这是说君子的学要以自重为前提，才能使所学牢固，即对所学真正掌握而不会得而复失。

这两条又提到"友"的问题，一说有朋自远方来而为之快乐，一说"无友不如己者"，这表示友是与学密切相关的：有朋远来而为之快乐者，是能共学，"无友不如己者"，是说友能促进、帮助自己的学。可知友与学密切相关。而学又与做君子密切相关，即学的最终目标是成为君子。所以这就要不求人知、要自重、主忠信、有过则改，这都是学的过程中必不可少的要素，这些要素都完备了，且能持之以恒，使之真正成为自己的内在品德，才能称为君子。

在此基础上再分析其他文本。首先是"仁"要求人不能巧言令色，因此，以仁为标准的君子的品德不能巧言令色。另外的文本所说的谨、忠信等，也都是不能巧言令色所应做到的，说明谨、忠信是君子应有的品德，而巧言令色则是君子不应有的恶劣行为。这样看来，《学而》篇的文本是以仁为中心而以君子为仁的演绎，并由此派生出更具体的其他内容，这都反映在此篇的文本中。如仁包括的内涵很多：孝、弟、谨、信、爱众、亲仁、学文等。

信，与上述的忠信相关。爱众，可以看作仁的一个侧面，这是说明以仁为标准的君子对待他人的态度问题，即以爱的态度对待他人。而仁就包括了爱，《颜渊》篇记载樊迟问仁，子曰："爱人。"一处说"爱人"，一处说"爱众"，合起来看就是爱众人，凡是他人都要爱。由此可知，仁有爱之义，爱有爱人、爱众之义。

亲仁的亲是亲近，有爱好之义，即君子对学和仁都要有爱好之心，这是能学好并切实掌握且能用力行之的保证。所以，这里又有力行的意思，故又曰"行有余力，则以学文"。行是践行上面说的孝、弟、谨、信、爱众、亲仁等事，力则说明践行这些事必须用力或努力。如果能够很好地践行这些事，就是行有余力，这时候就可以进一步学文，由此可知文是与上述诸事相对而言的，应该是更高深的文化或文明，如《述而》篇："子在齐闻《韶》，三月不知肉味，曰：'不图为乐之至于斯也。'""子曰：'加我数年，五十以学《易》，可以无大过矣。'""子所雅言，《诗》、《书》、执礼，皆雅言也。"据这些文本，可知所谓的文包括《诗》《书》《礼》《易》《乐》等内容。它们都是比孝、弟、谨、信、爱众、亲仁等更为高深的文。

最后是孝、弟，这也是仁的重要内涵。孝与弟其实是爱的另一种表现，爱是对他人或众人，是指与自己没有血缘关系的人，即不属于自己家族的人，而孝与弟，则是对与自己有血缘关系的人的爱。所以，爱、孝、弟本质相同，都属于仁的范畴。关于孝、弟，则可发现《学而》篇有更多的内容与之相关：

> 子曰："父在观其志；父没观其行；三年无改于父之道，可谓孝矣。"
> 有子曰："其为人也孝弟，而好犯上者，鲜矣；不好犯上，而好作乱者，未之有也。君子务本，本立而道生。孝弟也者，其为仁之本与！"

据孔子所说，孝是子对父的继承而不违背，这也是一种忠，在父子关系上是孝，到社会政治的君臣关系上就是忠，所以有子说君子以孝弟为本，而孝弟又是仁之本，但它同时又有社会性，即不犯上作乱。孝、弟本是家族内的事，但君子能把这样基本的事情做好，就奠定了仁的基础（本），而在社会层面也不会犯上作乱，这就是仁、君子的社会价值。这虽是有子的话，但与孔子所说是一脉相承的，可以看作孔子的思想，也可以说这是有子解释孔子所说的仁、君子的含义。这些文本都属于解释仁与君子的传文。还要注意，这里出现了"道"字，应该理解为关于仁的道理，也是阐释仁的文本。

还有两条也与孝有关：

> 子夏曰："贤贤易色；事父母，能竭其力；事君，能致其身；与朋友交，言而有信。虽曰未学，吾必谓之学矣。"
>
> 曾子曰："慎终追远，民德归厚矣。"

子夏与曾子的话中都有与孝、弟有关的内容（事父母，能竭其力；慎终追远，民德归厚），还有与友、信、学有关的内容。"贤贤"与友有关，即"有朋自远方来，不亦乐乎"的"朋"，"无友不如己者"的"友"，都可以理解为贤人贤友。事君与孝、弟有关，即能孝、弟就不会犯上作乱，这就是事君的问题，不但不会犯上作乱，而且还能为君致其身，这又与忠有关。可知在仁的范畴内，孝、弟、忠是统一的，能做到这些，就可称为学。学即是学这些优良品德而成为君子，这是君子的基本品德，更高的品德是学文，所以孝、弟、忠、信、学等又都统一于君子。换句话说，作为德是仁，作为人是君子，二者是统一的。

另外四条孔子弟子说的话也都可以看作解释仁与君子的文本：

> 曾子曰："吾日三省吾身——为人谋而不忠乎？与朋友交而不信乎？传不习乎？"
>
> 子禽问于子贡曰："夫子至于是邦也，必闻其政，求之与？抑与之与？"子贡曰："夫子温、良、恭、俭、让以得之。夫子之求之也，其诸异乎人之求之与？"
>
> 有子曰："礼之用，和为贵。先王之道，斯为美；小大由之。有所不行，知和而和，不以礼节之，亦不可行也。"
>
> 有子曰："信近于义，言可复也。恭近于礼，远耻辱也。因不失其亲，亦可宗也。"

　　据曾子的话可以看出，孔子的仁有许多具体的内容，如曾子说的忠、信、学（习），就是其中的三项内容。而这些内容又有更为具体的要求，如忠是为人谋事时的要求，信是与朋友交往时的要求，学或习是对自身修习的要求，对这些要求都具体地做到、做好，才能称为仁。由此亦可知仁不是空洞的虚文，而是有着种种实际内容的为人准则，孔子与其弟子的话语，都是用来解释仁的种种内容的。

　　对于曾子之言，不能因为其中没有提到仁字，就以为曾子所说与孔子的仁没有关系，如果这样理解，就是没有深入思考这些文本的内在联系。必须把这些文本关联起来进行理解，这是因为它们都是孔子与其学生之间的共同话语，在这些共同话语之间存在着必然的内在联系。只有意识到这种内在的思想关联，才能深刻地理解这些文本中的丰富内涵，而使我们对这些文本的理解从字面深入到更多的内容中去。这样对这些文本加以阐释，才是到位的。

　　对子贡、有子所说也要这样理解。子贡说"夫子温、良、恭、俭、让以得之"，在字面上是说孔子对一个诸侯国政治的态度问题，但进一步分析就可看出孔子是要用自己的温、良、恭、俭、让等品德来影响政治，或说是引导诸侯的政治。从这样的理解上来看所谓的"求之"还是"与之"的问题，就容易明白了。孔子到任何一个诸侯国，都要了解该国的政治，这是"闻其政"的问题。但"闻其政"不是单纯的"闻"，还包括孔子想对此国政治施加影响，从这个意义上说，就是"与之"。但子贡说"夫子温、良、恭、俭、让以得之"，意谓孔子通过温、良、恭、俭、让得以闻知此国政治的情况，这就是"求之"。在这种"求之"背后，则存在着孔子用温、良、恭、俭、让来影响此国政治的效果，所以又是"与之"。这样理解，孔子每到一个诸侯国，通过"闻其政"而让自己的温、良、恭、俭、让在该国产生影响，这里既有"求之"，又有"与之"，所以子贡说孔子的"求之"与别人的"求之"不同，不同就在于在"求之"之中包含"与之"。

　　如果仅理解到这个地步，还只是限于字面的理解。因为这样的理解还没有把温、良、恭、俭、让与仁联系起来，还不能说理解到位。孔子的温、良、恭、俭、让是具体的品德，它们都属于仁的范畴。这里字面上并没有出现仁字，但温、良、恭、俭、让本身就是仁的德目，是仁的具体内容。这也说明孔子的仁不是空洞的理念，而是通过诸如温、良、恭、俭、让一类的具体德目来体现。可以说，孔子的温、良、恭、俭、让就是仁的具体表现，通过温、良、恭、俭、让才可以具体地了解仁是什么。

　　通过这样分析，就可以看出文本分析研究的作用，它可以使我们深入了解孔子的仁的具体内容，而不是抽象地理解孔子的仁。通过这样的文本分析研究，我们对孔子的仁的思想的理解，就不会空洞无物，而是具体而微，这样的理解，可以确保我们对孔子的仁的思想不至于产生误解与偏差。而之所以能够如此，就在于我们首先掌握了《论语》全部文本的核心要旨之一是仁，从而能把其他在字面上没有仁的文本统一到以仁为核心要旨的中心上来。

　　再看有子的两段话，一段文本说礼，一段文本说信、义、恭、礼、亲、宗。从字面上看，都没有出现仁字，但这些文本不是与核心要旨无关，仍然必须把它们与核心要旨的仁联系起来加以理解。

　　第一段说礼，强调礼以和为贵，这样的礼是先王之道中最重要的东西，所以称之为美。古代汉语中，美与善义通，故可以理解为以和为贵的礼或礼以和为贵是先王之道中的善与美。可以看出，这里强调的是和，礼是制度层面的东西，但它里面含有超出制度的东西，这就是和。和可以说是礼的最大目标，也就是说之所以实行礼，就是为了和。而和就是先王之道中的美与善，所以人要小大由之，无论大事小事，都要遵行以和为美为善的礼，行此礼是为了求得和，而和是处理人际关系的根本要求。先王之道包括礼，更不能少了和，如果礼不能达到和，礼也没有意义。这就是先王之道的根本要义，也是孔子提倡先王之道的根本用意所在。但先王之道是什么？根据这里所说，就是以和为目标的礼。如果孔子追求以和为目标的礼，就不能把孔子提倡先王之道说成是保守倒退。

　　通过有子所说，还可以看出，以和为目标的礼或先王之道，又与信、义、恭、亲、宗等密切相关，根据前面的文本分析，已经知道孔子的仁的范畴里包括信、恭和亲、宗（前面的"事父母，能竭其力"和"慎终追远，民德归厚"，都是与亲、宗相关的事情，代表了孔子重视亲、宗的思想），因此可以说这里提到的与礼相关的信、义、恭、亲、宗等，本来就属于仁的范畴。换言之，通过这些本来就属于仁的范畴的具体德目和事项，就使以和为目标的礼与仁达到统一，这就证明了有子说的问题也是仁的问题，虽然此段文本没有出现仁字，但其思想内涵也属于仁的范畴，是理解仁的核心要旨的相关文本。

　　根据有子所说，更可证明仁的践行需要礼的约束与节制，换言之，人要具备仁的德性，需要外在的礼来约束和节制自己，无论大小，都不可违离礼、违背和，这样才能使自己逐渐达到仁的境界，使自己的思想行为符合先王之道。而这又说明了孔子的仁的实现所必备的要素，仁不是单纯的思想与观念，不是只从思想上理解了仁就能做到仁、达到仁，还需要礼的外在约束与节制，由此孔子在重视仁的同时还特别重视礼。

有子的话里还提到义，这也是非常重要的文本，需要深入理解。人们阐释孔子思想时只看到孔子重视仁、礼，而认为孔子没有并提仁义，以为到了孟子才把仁义并提。这都是对《论语》文本的片面理解，即只从字面上理解二人的思想，而不能深入而准确地理解二人的思想。有子的话里提到了义，但不是与仁并列的，而是与信并列的，这说明孔子思想里并不是没有义，只是他把义的位置放得比仁低，仁是统括信、义等具体德目的总范畴，义是从属于仁的子概念。到孟子时，把仁义并提，是提高了义的地位，孔、孟二人思想的差别仅在于对义给予怎样的地位，而不在于有没有义或提不提义。孔子思想中本来就有义的位置，但没有仁的地位高，孟子对此做了调整，提高了义的位置。其实孔子的仁既然包含义，就说明义在儒家思想体系中本来就是重要的概念。孔孟思想中都有义的问题，这是他们的共同性，但二人把义放在不同的位置上，这是二人的不同处。既有这种共同性，又有这种不同处，这说明二人作为儒家的思想家，其思想是有继承与发展变化的，但整体上都属于儒家，这是解读儒家孔孟著作的文本时需要注意和区别的。

有子的话里还提到了"远耻辱"，意谓人应恭而近于礼，以远耻辱，这也说明个人的耻辱，与礼和仁有关。礼可以让人远耻辱，但仁不仅仅要远耻辱，还有更高的要求，远耻辱只是基础，如果连耻辱都避不开，则根本谈不上仁，可知要达到仁的境界，也有层次之分，有的是低层次的问题，如远耻辱，有的是高层次的问题，如忠、信、义、好学等。这表明孔子的仁不是可以一蹴而就的，而是需要逐步提升与上进。远耻辱的问题又与荀子思想有内在关联，如《荀子·劝学》篇中就提到远耻辱的问题，详见后面对《荀子》文本的分析。

再看《学而》篇中孔子另外的话：

> 子曰："道千乘之国，敬事而信，节用而爱人，使民以时。"

这段文本说明孔子要参与政治，但参与政治的根本准则是敬、信、节用、爱人（使民以时）等，这都属于仁的范畴，说明孔子的仁不仅用于个人的品德修养，还用于国家政治，孔子的仁之施用是广泛的，不能把孔子的仁片面地理解为个人修养的问题，而是对于一切事务都要秉之为根本准则的问题。换言之，孔子的仁不仅用之于己，也用之于他人和众人（民是人，且是众人），凡是与人相关的事情，都要以仁为根本准则。这样就可确定，此段文本中虽然没有仁字，但也归属于仁，是仁的具体内涵。

另一段文本：

> 子曰："君子食无求饱，居无求安，敏于事而慎于言，就有道而正焉，可谓好学也已。"

这一段文本强调好学，但好学不仅仅是学的问题，更是如何做人的问题，可以说与人相关的事都与仁有关。根据这段文本，可知人的好学可使人在品德上有所提升。在生活中不是追求物质的饱和安，而是追求"敏于事"和"慎于言"，并且"就有道而正焉"，这都是好学的表现。但好学不是纯粹为了学，而是为了提升自己的人格境界与素养，也就是说向着仁的目标提升与前进，使自己从一个普通人变成符合仁的要求的人，如"敏于事"和"慎于言"，既是仁的要求，也是努力从事于仁的方法，还是好学的必备内容。孔子的仁是要落实在自己所有的具体行动之中的，如在学、事、言等事情中，都要努力按照仁的要求去做，并不断克服自己不符合仁的思想言行（"就有道而正焉"，就是通过有道者来发现和纠正自己不合乎仁的思想言行），使自己逐渐达到完全符合仁的要求的境界。由此就可看出，此段文本没有出现仁字，但也与仁密不可分。

又一段文本：

> 子曰："不患人之不己知，患不知人也。"

这段文本意在说明孔子对个人修养的要求，不求人知，而追求对人的了解。这是字面上的意思，但其中的思想绝不限于此。孔子说的事情很多，在具体的话语中，不会把他的思想的全部内容都说一遍，而是就具体的问题提出自己的说法。就此段文本而言，是说人对己的了解和己对人的了解，这不是孤立的事情，它与个人的好学与品德修行密切相关。即是说，为了仁而好学不已，在这个过程中，不要担忧别人不了解自己的进步与学养，而要把对别人的了解看得更重要。自己好学而不断进步和提高学养，这都是向着仁的目标的前进和努力，这是自己的事情，别人是否了解并不重要，重要的是自己要坚定地向着这个目标努力和前进，所以不要计较别人是否了解自己的努力和进展。至于对别人的了解，也不单单是了解别人的问题，而是通过了解别人，选择有益的共学之友。孔子说"有朋自远方来，不亦乐乎"，又说"无友不如己者"，这都是相关的文本，以比自己好的人为友，这样的朋友从远方来，当然无比快乐。因为这可对自己的好学而求仁的重大目标有莫大帮助。在此背景下，再看"患不知人"，就可理解知人在好学而求仁的问题上有怎样重要的意义。所以孔子说"不患人之不己知，患不知人"，这样把相关的文本及其内容联系起来分析，就可看出其中的内在关系，就可深入了解孔子关于仁的思想。这些在字面上没有出现仁字的文本，通过这样分析，就可看出都是与仁有关的文本。这样的文本分析，一方面深化了对文本本身的理解，另一方面深化了对孔子的仁的思想的理解。这样的文本分析，就不再是停留于文本字面上，而是深入文本的背后与深处。可知，这样的文本分析，对解读先秦诸子的著作有非常重要的意义。

另一段文本：

> 子贡曰："贫而无谄，富而无骄，何如？"子曰："可也，未若贫而乐，富而好礼者也。"

这一段对话也没有出现仁字，但也与仁有关。此处孔子在说"好礼"，但是在如何对待贫富的问题上来说礼。如前所说，礼是对人的思想行为的外在的制度性约束与规范，它是促使人向着仁的目标前进和提升的外在手段，礼与仁是内在与外在的统一。这只是关于礼与仁的一般性概念，不能仅仅停留在空洞的概念上，要结合具体的事情来论说礼与仁。这段文本就是结合贫与富的问题来说礼与仁。人或贫或富，这是外在的社会环境造成的结果，是人不能左右的。但人无论贫富，都应采取正确的态度，不能因为贫富的变化而改变自己的态度。按孔子所说，贫时能乐，富时能好礼，这才是人对待贫富的正确态度。之所以要以这样的态度对待贫与富，不仅是为了乐和好礼，还是在求仁的目标之下的具体要求。人为了求仁得仁，在对待贫富的不同处境时，要采取乐和好礼的态度，这样才能使自己在求仁得仁的道路上有所提升，才能使自己更为有效地向着仁的目标前进。所以，这一段文本中虽然没有出现仁字，但不代表它与仁的问题无关，必须通过这种文本分析，找出此处的文本与仁的关系。如何对待贫富，也是从属于仁的范畴的。

又有一段：

> 子贡曰："《诗》云：'如切如磋，如琢如磨。'其斯之谓

与?"子曰:"赐也,始可与言《诗》已矣,告诸往而知来者。"

这一段文本,字面上是说学诗,而学诗与学和好学密切相关。孔子说"告诸往而知来",是学的重要方法,这说明只是好学还不一定能学好,还要讲究方法。子贡说切磋琢磨是学的方法,但这些方法中还有更重要的问题,即"告诸往而知来"。这说明方法是重要的,但方法的目的更重要。即探讨学的方法还不够,还要思考这些方法的目的。切磋琢磨是好的方法,但它们的目的是要既知往更要知来,这就是说既要知已知者,更要知未知者。这样学,才能不断深入而提升,使学的境界不断提高。从学的问题出发,更进一步思考,就会想到学与求仁得仁是密切相关的。学不是单纯的学,而是为了求仁的学,学是求仁得仁的手段与途径。所以从论学《诗》联系到学,从论学联系到仁,这在孔子的话语中本来就有内在关系。对这些文本的解读与分析,就要这样不断深入探索,才能真正把文本内容分析到位,才能真正把文本包含的思想理解到位。

以上的分析,就《学而》篇而言,可以看出如下几点:

人以仁为做人的最高目标,为此而有学和礼的问题,由此而使仁的问题变得具体而翔实,不再是空洞的概念。而人求仁得仁,成为与众不同的人,即孔子说的君子,所以仁与君子是统一的。仁的各种德目,就是君子品德的具体内容,包括孝、弟、忠、信、爱人、爱众、好学、乐友、改过、不求人知、知人、贫而乐、富而好礼、讲究学的方法、明白学的目标等,而且在好学的问题上,既要努力践行,又要继续提高自己的文化素养,如学诗和学礼等。而在参与政治的问题上,则要把仁与君子品德贯穿其中。

这样看来,《学而》全篇的文本是分散的十六条,但表面上分散的文本在内容上是统一的整体,不可分割,核心要旨是仁,君子与礼及各种德目的具体内容都从属于仁的范畴。这说明必须对《论语》全部文本先做核心要旨的分析,从大量的分散文本中找出其中的核心要旨,以此为经,而把此外的文本作为传,用经联系传,使分散的文本成为一个整体,从而把其中的核心要旨解读得更为全面而深入,这就是从文本形式分析到文本内容解读的必然过程。只有把二者结合起来,才能使我们对先秦诸子著作文本的研究有深入拓展。

按照这种文本分析的方法看《论语》其他篇,就可把其中与仁有关的文本关联起来,使之成为一个整体,再在此基础上进行整体的综合分析,从而更为完整而全面地把握孔子《论语》中的仁的思想体系。为此,我们看看《论语》其他篇中还有哪些文本与仁有关。

《为政》篇有"为政以德"，德是从属于仁的德，仁是所有德的总和，据此句可知孔子认为为政要以仁之德作为根本性的准则，即为政的措施不能违背从属于仁的各种德。从这个意义上说，孔子说的为政问题，也是从属于仁的问题，也可以说仁要在从政时加以实践，或者说用仁来统领从政的言与行，因此可以说《论语》中的仁与政是主从关系，说明孔子的仁不是空洞之德，而是必须与各种实践相结合的仁，这样的仁才是实实在在的仁。后世的从政者与论孔子之仁的学者，往往把二者割裂开来，这不符合《论语》文本的本来意旨。《为政》篇还有"道之以政，齐之以刑，民免而无耻。道之以德，齐之以礼，有耻且格"的说法，这里的德仍然是从属于仁的德，仁或德与礼配合，才是最好的政治，其目的是让民有耻且格，格即止，即遵守礼的规定，并知道什么是不能做的，这样的民才是有政治觉悟的民，而不是只知其然不知其所以然的盲从。此篇又有："《诗》三百，一言以蔽之，曰：'思无邪。'"所谓"思无邪"，即仁的要求，也可以说仁的本质就是要人无邪或不邪。《诗》三百本来属于学，由此可知《论语》说的学与仁紧密相关，二者不可分。之所以如此，乃是因为孔子认为人要通过学（如学《诗》）而知何为正，何为邪，并知人要正而不要邪，这正是孔子强调仁的用意所在，所以孔子说的学与他提倡的仁本质上是统一的，不能把这些文本割裂开来解读。对《论语》的全部文本都要这样解读。《为政》篇又有："子曰：'非其鬼而祭之，谄也。见义不为，无勇也。'"做人不要谄，不要无勇，要见义而为，这都是具体的德，都从属于总体的仁。可知这些文本都是在说仁的问题。

《八佾》篇："人而不仁，如礼何？人而不仁，如乐何？"这是把仁与礼（乐包括在礼之中）直接联系起来说的，仁与礼密切相关而不可分。而礼乐又与政密切相关，是政的范畴的具体事项，孔子提倡的仁又是礼乐的主导性因素，仁在政的实践中是要落实到具体的礼乐制度及其行为与活动之中的。

《里仁》篇多处提到仁，如"里仁为美。择不处仁，焉得知？"这是说仁要在自己选择居处时成为主导准则，选择哪里来居住，也要根据仁的标准来确定。若不能这样做，就称不上知（智），可见知（智）也是从属于仁的德目之一。这样的文本，说明孔子的仁是在实践中加以落实的，说明了孔子的仁与具体的德存在着内在的关系。此篇又有："不仁者不可以久处约，不可以长处乐。仁者安仁，知者利仁。"这里说的是仁对人的引导作用，只有做到了仁的人，才能"久处约"和"长处乐"，才能安仁和利仁。这里又提到了知，还与处约和处乐有关。这些都是人生中的具体事项，都必须以仁为主导，说明仁的实践要落实到人生的具体事项中，而不是空谈道德修养。这里说的安仁和利仁，是指以仁为安、以仁为利，安是精神上的态度，利是物质上的问题，这又说明仁与人的内在精神和外在物质等问题都有直接关系，所以仁对人来说，是须臾不可离的，是时时事事都要秉以自持的，可以说仁是人的道德生命之所在，人若不仁，就不能称之为人而只能是野兽，这样的文本又说明仁对于人的根本性价值。此篇又有多处提到仁，"唯仁者能好人，能恶人"，"苟志于仁矣，无恶也"，等等，文多不具列。

由此可知孔子的对话中仁占了多么重要的地位，因此要把这些与仁有关的分散的文本集中起来做整体而综合的解读，这样归纳起来，就可知孔子说的仁包含丰富的内容，简而言之，有如下数条：

（1）能仁的人，能处理好人际关系，能好人，能恶人，能正确地事君，以及与朋友相处。

（2）能仁的人，有善无恶。

（3）能仁的人，能处理好贫富问题。

（4）仁是名的实质，名必须以仁为准，人要求名（求为可知），只能以求仁得仁成仁为基础，不仁则不能得名，有名也非正名。

（5）人生中须臾不可离仁，仁的实践要落实于整个人生中。

（6）仁是所有的人都能达到的，但人要努力实践，才能成其仁。

（7）仁是认识自己过失错误的明镜，能仁则可以知过，可以改过。

（8）仁决定了义，人要求义而得仁，不要忘义而求利。

（9）人要成人（立），只能靠仁。

（10）仁的具体要求很多，如言行必须一致（"言之不出"条，"讷于言而敏于行"条）。

（11）得仁成仁的人，必能得到人们的认可，在社会关系中会处于良好状态中（"德不孤"条）。

（12）仁即是孔子的道，仁与道统一，仁的重点有忠与恕两条。

但《论语》中关于仁的文本还不止这些，在《公冶长》篇也多次提到仁。将这些分散的文本中关于仁的意涵归纳起来，有如下数条：

（1）仁要求不佞，佞就是不仁。

（2）道即仁，按仁去行，就是道。仁是最高的德或德的总和，道则是仁的履行，仁付诸行就是道。道偏重于行，所以仁之行即道。

（3）单纯好勇还不是仁，勇必须从属于仁，在仁的准则下做到勇，才是正确的勇，才符合仁。

（4）听言观行是仁的表现，即仁用来观察人。因为仁要好学，而好学要交友，无友不如己者，所以要对人听言观行，以识别人的善恶优劣，从而为择友交友做好准备。

（5）刚也要从属于仁，不能只讲刚，而不问刚是否仁。刚与上面的勇类似，都要从属于仁。

《雍也》篇也有与仁有关的文本，文多不具列。把这些文本中关于仁的内容归纳起来，有如下几点：

（1）人要努力求仁，不可懈怠，不可以力不足为借口，所有的人都有能力求仁得仁，但求仁得仁是困难的，所以民鲜久矣，所以有人说力不足，故求仁必须努力，困难可以克服，从而达到求仁得仁的目的。

（2）人都要按照仁而行，所以仁是人之道，中庸为德，也从属于仁。

（3）知（智）从属于仁，知是具体的，如务民之义，敬鬼神而远之，知又有自己的特点，如乐水、好动、乐等，仁则高于知，所以仁的特点与知有所不同，如乐山、好静、长寿等。

（4）仁要爱民，如博施于民、济众等，仁要助人，如立人、达人，是能以仁来助人，即引导人们向仁。

（5）圣高于仁，所以孔子只对人说仁，不说圣，圣不是所有人都能达到的，仁则是所有人都能达到的。孔子怎样为人们说仁也讲究方法，如能近取譬，就是为人们说仁的一种方法，孔子对弟子也是这样。

《述而》篇也有论仁的文本，文多不具列，将这些文本中关于仁的内容归纳起来有如下几点：

（1）仁德需要修，修与学相关，或者说学也是修的方法之一。义也属于仁，徙属于修，都是践履。善也属于仁，改正不善，也属于修，都是求仁的方法，即修。孔子说的仁与人的践行密切相关，而不是空洞的理论或说教。子之所慎，都与修有关，都属于修。文、行、忠、信，都属于仁，也与学（教）有关，与修有关。

（2）道、德、仁、艺也是统一的整体，核心是仁，道等同于仁，德是仁的内容，艺与修和学有关，而志、据、依、游，分别说明人应如何对待仁，以仁为志，一切言行与思想都要以仁为依据，并在相关的学习中体会仁，使相关的学习达到游的境界，游则体现了为求仁而学习的独特方法与心态。

（3）求仁得仁是人生的最大目标，不是从政为官可比的，修、学等从属于求仁得仁，构成人生的主要内容。我欲仁，斯仁至，是说人要求仁，就能得仁，这是所有的人都能做到的。

（4）不义即不仁，是决定富与贵可不可取的准则，富与贵为利，仁为义，二者以仁即义为准。这里反映了以仁为原则的义利关系。

（5）怪力乱神都非仁，故不言之。

（6）择善者为师，善属于仁，师与学有关，都统一在求仁得仁之中。

（7）德即仁，我有仁，则恶人不可害我，说明仁对人有最大的保护作用，这也是仁的人生价值之一。

《泰伯》《子罕》篇也有与仁有关的文本，不具列，对这些文本中关于仁的意旨归纳起来有如下几点：

（1）最好的治国者，是有仁德的人，这说明仁是衡量政治家的最高标准，又说明仁与政治有关。

（2）人必须有仁，才能不乱，乱指各种祸乱，这说明仁又有保护人身安全的作用，而乱则是对人身安全的危害。可知仁在人生处世的安危问题上也是根本准则。

（3）罕言利、命、仁，不是说仁与利、命为同等范畴或有同等价值，而是因为三者对于人各有不同的意义。利必须以仁或义为准则，对仁或义不能正确理解与掌握，就不能谈利，所以罕言利。命捉摸不定，难以言之，所以罕言命。仁不能空谈，要结合具体事项来谈，所以也要少空谈仁，这是罕言仁。

（4）毋意、必、固、我，因为它们都不合乎仁的要求。而绝之，就是从实际行为上落实对仁的践行，仁就不是空谈的。意、必、固、我，都是人的主观意愿，太强调自我及其主观意愿，会妨碍人对客观事物的认识及形成正确的态度，所以从仁的角度讲，这都是必须避免的，此即绝之之意。

（5）文与仁有关，文指文化、文明，体现在礼中，但高于礼，本质上与仁统一。仁的外在表面就是文，因为文与质是相对的说法，文指外在的东西，质指内在的东西，仁是内在的质，故必有相应的外在的文。所以说文是仁的外在表现。文之丧不丧，表明仁的丧不丧，文若丧，则仁亦不存在，文若不丧，则仁仍存在，有仁在，故不惧他人的胡作非为，这又是仁对人的保护作用。

（6）知、仁、勇三者统一，而以仁为主，知与勇从属于仁，是仁的德目，而能仁的人必有智与勇。

《颜渊》篇也有与仁有关的文本，不具列，对这些文本中关于仁的内容归纳起来有如下几点：

（1）仁都是具体的，不能空谈，如如见大宾、如承大祭，都是说为人行事要敬慎。己所不欲二句，是说不强求人，这是关于处理人际关系的问题，要敬重他人。无怨，也是一种德，但也要从属于仁。正面的忿，与怨类似。但忿或怨可能导致自身或其亲的祸乱之事，所以要据仁而行事，不要因怨或忿而行事。

（2）仁要求言出必能行，言行一致。

（3）忠信、义、德，都从属于仁，是仁的具体德目。

（4）对他人的爱或恶，都要以仁为准，不能只凭自己的好恶或愿望。以仁为准来判断是否为恶，所以说攻其恶，勿攻人之恶。这里恶又指厌恶的恶，但厌恶的恶也与善恶的恶有关，因为是不善之恶，所以令人厌恶。自己根据仁来判断是不是恶或厌恶，这是自己能判断出来的。而人之恶或厌恶，就不一定能由自己根据仁的准则而判断出，所以要分清己之恶与人之恶。

（5）崇德就是求仁，为此要求先事后得，事是努力，先付出努力，后才能有所得。求仁得仁也是如此。所谓的事，就是求仁的修、学、践行履行等。修慝就是一种修，是求仁的修。

（6）仁为爱人，是指某种具体情况而言，但爱人是仁的德目之一，对人要有爱心，不能怨或忿等。

《子路》《宪问》篇也有与仁有关的文本，把这些文本中关于仁的意旨归纳起来有如下几点：

（1）恭、敬、忠，都从属于仁，是仁的具体德目。仁有普遍性，所以说能行仁，到夷狄也能行得通。即仁之适用，不分文化与民族。

（2）刚、毅、木、讷近仁，这都是从属于仁的德目。

（3）克、伐、怨、欲，都不符合仁的要求。上面已提到怨、忿。此四者与前面提到的意、必、固、我类似，都是出于个人的主观意愿，而不顾及他人或客观情况。这类行为，虽然也从属于仁，但仅仅做到不克不伐不怨不欲，还达不到仁的要求，所以说"仁则吾不知也"。这说明有些德目属于比较低的层次，与仁还有较大的差距。这也说明仁是最高的要求，而一般的德不能等同于仁。

（4）有德就是有仁，有仁的某些行为在不仁的人那里也可能做到，如有言、勇等，但它们不能等同于仁，说到这些德行时要看具体的情况，由此判断它们是不是达到了仁的境界。

（5）能言而不能为（行），是不符合仁的要求的，前面也有类似的说法。

（6）不称其力，称其德，德即仁，这是说对人的评价，从根本上说是要看他的仁德，不是看他的力。可知仁德高于力。

（7）对怨和德如何回报，最高标准是以德相报。德就是仁。即如何处理别人对自己的怨与德等，都以仁为最高准则。

（8）道（仁）与命的关系，是在于道（仁）能不能施行，而这一点是行道（仁）的人所不能决定的，所以归之于命。但道（仁）的行与废，也不是某个人所能决定的。不论道（仁）行或废，求仁仍须坚持，求仁得仁至少对自己有效，行或废则是道（仁）能不能行于世的问题，个人的求仁行仁与社会的行仁有所区别。

（9）贤者应是求仁得仁的人，与君子类似，而不是圣人，辟世、辟地、辟色、辟言是求仁得仁的人自己的选择，都是为了不妨害求仁得仁和行仁。

《卫灵公》篇也有与仁有关的文本，不具列，把这些文本中关于仁的思想归纳起来有如下几点：

（1）志士仁人，所求是成仁，而不是害仁，可知仁是最高标准与目标，其他都从属于仁。志士仁人即君子、贤人。

（2）事贤者，友仁者，都是求仁之事，也与学、修、友有关。

（3）好德即好仁，对仁要好之，但一般人难以做到好仁，故人要求仁，就要努力修行。

（4）言不及义，好行小慧，都是不仁，是求仁者应当避免的。

（5）己所不欲，前面已说到，它又与恕相关，恕是仁的德目之一，更具体地说，就是己所不欲，勿施于人。

（6）众人的好恶，前面也提到自己与别人的好恶问题，其中的关键是察，即察辨，这是求仁过程中的重要问题之一，又与如何识别人有关。

（7）道即仁，仁与人的关系之一是人能弘道（仁），这也是求仁之人的任务之一，与道（仁）之行于世有关。非道（仁）弘人，不能片面理解，道是能弘人的，但人不能被动地等待道（仁）对人的弘，而应由人主动努力来弘道（仁），这包括人的求仁与行仁两个方面。

（8）能改过，是仁的表现之一，作为德，从属于仁。

（9）从政治角度讲，仅靠知是不够的，还要靠仁，说明仁是政治的根本准则，知只是方法性的东西。此外如庄（敬）、礼等也都从属于仁，所以在政治上的仁也不是空谈，要靠诸如庄（敬）、礼等因素。

（10）仁对于民是重要的，所以要引导民按照仁的原则行事。这是从政治层面讲仁的作用。

（11）仁高于师，师是人，属于人际关系的范畴，仁是德，属于人的德性的范畴，仁高于具体的人际关系。

《阳货》篇也有与仁有关的文本，不具列，这些文本中关于仁的内容可归纳为如下几点：

（1）习与学有关，都是后天之事，性是先天之事，后天的习与学能使人有很大改变，孔子所说的学和习都与仁有关，学仁与不学仁，使人成为完全不同的人。故仁与人的关系极深、极大。

（2）上知与下愚，不是先天的知与愚，应是后天学习的情况不同所造成的结果。所谓不移，是说不可改变，之所以不可改变，是因为有人求仁学仁，有人不求仁学仁，所以有上知与下愚之分，而这就决定了上知与下愚的不可改变。所谓不移，是指学仁与否的结果不可改变，不是说知与愚本身不可改变，人若由不学仁求仁改为学仁求仁，则其知愚就会移变。

（3）恭、宽、信、敏、惠五者都是仁的德目，能行之于天下，就是能行仁，而且这种仁与社会政治密切相关，所以有得众、任、有功、使人、不侮等效果。

（4）仁与学关系密不可分，好仁必须好学，否则不是真正的仁，而有愚、荡、贼、绞、乱、狂等种种祸害，可知好仁而求仁，离不开好学。所以孔子极为重视学的问题。

（5）乡原，是对仁（德）的危害，这是从反面说明仁是什么。道听途说、巧言令色，也都属于此种情况。

（6）无言，与言行之事有关，重视行，不重视言，尤其不提倡空言，与其能言，不如不言而能行。这也是仁的德目之一。

《微子》《子张》《尧曰》篇也有与仁有关的文本，不具列，归纳这些文本中的仁的内涵则有如下几点：

（1）仁是什么，看具体的历史之人的行为就可得出。如微子、箕子、比干，就是仁人，是求仁得仁、行仁的人。而这又是结合着实际的政治行为而言的，可知仁与政治的关系密不可分。周亲与仁人，也是从政治角度来看人的仁，表明在政治上仁人更为重要。周代制度是以血缘宗亲为基础的宗法制与分封制，这种制度重视血缘关系，但仁人对于政权的作用，在孔子看来又重于血缘宗亲，可知仁对于政治具有更为重要的作用。

（2）求仁修仁必须弘和笃，才能真正得到仁，掌握仁。执德与信道，都是说人对仁的信仰与坚守问题，弘与笃则是对仁的信仰与坚守的态度问题，有与亡，则是指人对仁的得与失。博学笃志，切问近思，也是人对仁的修行与学习，以这种态度求仁修仁，才能逐渐地理解仁，掌握仁，做到真正的求仁得仁。

（3）大德小德都是指仁而言，所以有小大之分，说明仁的德目有大有小，不逾闲是指不违背仁的大的德目，出入是指在某些小的德目上可以有一定的出入或偏差。这也是说求仁修行的问题。

（4）难能还不是仁，只是人的某种特出的能力或品质，但还达不到仁的层次。

孝作为德目之一，也从属于仁，《论语》中有不少文本讲到孝，对这些文本的解读要与仁联系起来，不能把二者分割开。如《为政》篇讲孝的文本有孟懿子问孝，子曰"无违"等，把这些文本归纳起来，可以看出孝与仁的关系：

（1）孝的精神之一是对亲族长辈的无违，而无违又体现在礼的规定之中，礼是维护宗亲和政治的根本制度，仁则是主导礼的基本精神，所以孝的无违与仁的忠信敬恭是内在一致的，又都集中体现在礼的制度之中。

（2）唯忧父母之疾，这是孝的具体体现，还可以举一反三，就是关心父母生活中的一切事情，这是对父母的爱，孝就是这种精神的体现，而这又与仁者爱人的精神一致。孝是对父母的爱，超过对其他人的爱，是一种特殊的深情之爱，故专门用孝的概念来表达。总之，孝是仁的德目之一，与仁的爱人精神完全一致。

（3）能养只是在物质上供给父母食物，这并不能代表对父母的敬和爱，所以能养不是孝，在敬与爱的基础上对父母的关怀与照顾才是孝。

（4）色难，历来认为难以解释。从孝的角度解读，孝是对父母的敬与爱，因此一举一动都要体现出这种敬与爱，所以具有这种孝心的子女，是很难在脸色上表现出对父母的不敬和不爱的。笔者认为，这就是"色难"之义。有人会说，我已经尽心照顾父母的生活了，但心中没有敬与爱，就会在照顾生活的同时，时常拿脸色给父母看，这就是"色易"，即轻易地就在脸色上显出不耐烦的心情，这就会使父母即使受到照顾也感觉不到子女尽孝的温暖，可知这种照顾只是孔子说的能养，还不是真正的孝。

《里仁》《阳货》《子张》等篇也有关于孝的文本，如"子曰：'事父母几谏，见志不从，又敬不违，劳而不怨。'"把这些文本的意旨归纳起来有如下几点：

（1）孝是敬，在此基础上才能真正做到不违（无违）、不怨；又能对父母进劝谏之道，提醒父母不要做错事以招来更大的祸害，这也是对父母最大的爱。如果父母不听，还是要不违和不怨，这是为了不让父母伤心难过，也是对父母的敬与爱。

（2）父母在，不远游，这是为了尽孝，但也不是绝对不外游，外游不是玩耍，而是从事某种合乎正道的事业，这是父母能够理解和支持的，所以这样的远游也不违背孝的精神。

（3）无改于父之道，是对父母敬爱精神的延伸。三年，是指父母去世后守丧的三年，在此时，不能因为父母已经去世就改变他们在世时的一些做法，后面说的不改父之臣与父之政，也是不改父之道的意思，由此来表达对于已经去世的父母的敬爱之心，这是孝的充分体现。又说必须守三年之丧，其中就包含了对父母的敬爱与怀念之情。在父母的丧事上，能充分反映出子女对父母的孝心之深浅与真假。所以在亲丧之事上，子女最能表达自己的孝心，这就是所谓的"自致"。

（4）不要忘记父母的生日，是对父母敬爱的具体体现。其中有喜与惧两种心情，喜是对父母仍然健在的高兴，惧是对父母日益高年的忧惧。这都是对父母的敬爱之心的体现。

通过对与孝有关的文本的分析，可知《论语》中孝与仁是密切相关而不可分开的，所以解读《论语》的相关文本时，必须把与仁有关的文本和与孝有关的文本综合起来解读，这就是我们说的对先秦诸子著作的文本进行完整、整体、综合解读的方法，也是对先秦诸子著作的文本进行全面研究的基础。《论语》虽然属于对话体与语录体，是分散的文本，但可以找出其中的核心要旨，以此为经，再把大量分散的文本与此经结合起来加以解读，这又体现了《论语》文本形式中的经传体特色，是隐含于对话体文本形式之下的经传体，与其他诸子著作论文体中的经传体有着一定的差别。

通过以上对《论语》文本形式及文本内容的分析与解读，在抓住仁这个核心要旨的基础上，把分散的文本进行整体的综合分析，就可看出《论语》中的仁不是空洞抽象的哲学概念，对它不能只做哲学上的分析，应该看出《论语》中的仁是体现在许多具体德目上的仁，它是总体性的概念，需要人们对它追求、修行、学习，由此而理解仁、掌握仁，这就是求仁得仁，然后还要将仁用于人类社会各类事务（如国家治理及相关制度等）及个人生活的一切方面，作为人的一切思想言行的主导原则。能做到求仁得仁和行仁的人，就是君子，但还不是圣人，而这就是通过分析《论语》的相关文本所得到的关于孔子的仁的思想的整体理解。

对《论语》的全部文本还要从礼、君子的角度进行解读，礼与君子也是《论语》全部文本中的核心要旨，在做了这些角度的综合分析之后，才能从整体上掌握《论语》全部文本的思想要旨。关于这些方面的文本分析，为节省篇幅，此处省略。以下对先秦儒家著作的文本，也只选取某些核心要旨进行分析解读。

第二节 全部文本以"仁义"为中心的《孟子》

《孟子》也是对话体，但内容比《论语》记载的话语更为完整，不再是片段的话语，而是有着完整背景与过程的对话，故对这样的文本进行分析，要比《论语》更有可能获得其中的中心思想，因此必须把《孟子》全书的所有文本都贯穿起来加以分析和解读，才能深刻而全面地理解《孟子》的思想。在对《孟子》全书文本进行分析之前，首先要确定《孟子》全书文本的中心是关于仁义的。

孔子的思想，用仁字就可贯穿起来，其他如礼、君子等问题，都从属于仁。虽然《论语》也提到义，但是与仁分开说的，没有把仁义合为一个词语。而到《孟子》，仁义合为一个独立词语，这是理解《孟子》全部文本及其内容的关键词。分析《孟子》的全部文本，都是以仁义作为主导与中心，这样就能把《孟子》的全部文本贯穿起来，使之成为一个整体。

在仁义之外，有一些从属性的词语，如君主及政治、人性与君子等。它们之所以是从属性的词语，就在于它们的内涵都以仁义为主导、为中心、为前提，所以对《孟子》全部文本的分析，就要抓住仁义这个核心要旨来统括其他的文本。仁义是《孟子》全部文本的经，其他的文本都是阐释这个经的传。

《梁惠王上》篇记载孟子与梁惠王的对话，梁惠王问孟子想用什么方法利吾国，孟子说："王何必曰利？亦有仁义而已矣。"如果从王到大夫以至士庶都只想着利，则上下交征利，而国危矣！所以孟子主张以仁义为首要，其他的事情如利等，都要服从于仁义，可知仁义是孟子思想的中心词语，应以仁义为先，其他都随之而有："未有仁而遗其亲者也，未有义而后其君者也。"

《孟子》的第一段对话就为整个《孟子》的思想奠定了以仁义为中心的基调，可以说这是理解《孟子》全部文本的关键所在。且《孟子》说的仁义与《论语》说的仁一样，都不是空谈，而是与治理国家紧密结合在一起的，因此仁义问题与治国相关时，就是孟子说的仁政、王道之治等。

此篇有一段对话说，王要与民偕乐，不然民就会与王偕亡，而王也不能独乐了。之所以如此，又与仁义相关，即王的独乐是不仁义的，而与民偕乐则是符合仁义的。

此篇又一段对话说，王不能只在民有灾时才救济他们，而应在平时就注意让民正常地从事生产生活，这样民自有能力应付灾荒，可使民养生丧死无憾，而这是王道之始。所谓王道，就是实行仁义的国家政治。而王道之治，不能一方面是王庖有肥肉，厩有肥马，另一方面却是民有饥色，野有饿莩，如果是这种政治，则是率兽而食人。王道之治就是仁义之治，仁义之治的根本原则是爱护民众，使他们的生产生活保持稳定而不怕灾荒，使国内不致出现王率兽而食人的现象。

此篇又谈到王施仁政的好处："王如施仁政于民，省刑罚，薄税敛，深耕易耨，壮者以暇日修其孝悌忠信，入以事其父兄，出以事其长上，可使制梃以挞秦楚之坚甲利兵矣！"这是说仁义之政可使国家不怕外敌的侵略。由此孟子又引出仁者无敌的说法，把仁义之政的效果提高到至高的地位。

此篇又说"不嗜杀人者能一之"，而不嗜杀人也是仁义的具体表现之一。王能如此，"则天下之民皆引领而望之矣。民归之，由水之就下，沛然谁能御之！"这仍是说明什么是仁义之治及其效果。

此篇又说到"德何如则可以王"，孟子认为关键是"保民"，而保民的关键在于王有仁爱之心，如不忍牛被杀时的觳觫，孟子说有"是心足以王矣"，而这又称为"仁术"，即出于仁义的治国方法。并且要把仁义之治、仁义推广到所有的人，"推恩足以保四海，不推恩无以保妻子"，所以仁义之治是最好的治国之道，故称为王道。

《梁惠王下》篇也说到独乐乐与人乐乐、与众乐乐，仍是强调王要爱民，行仁义之政，不至于使"父子不相见，兄弟妻子离散"，所以孟子强调"王与百姓同乐，则王矣"，这就是王道与仁义之治的效果。

此篇又说仁义在与邻国相交时的问题："惟仁者能以大事小，是故汤事葛，文王事昆夷。""以大事小者，乐天者也。以小事大者，畏天者也。乐天者保天下，畏天者保其国。"这又是根据仁义之道来与他国相交往，可以保天下、保其国。

此篇又说到仁义并不是不使用武力："《诗》云：王赫斯怒，爰整其旅；以遏徂莒，以笃周祜，以对于天下。此文王之勇也，文王一怒而安天下之民。""《书》曰：天降下民，作之君，作之师，惟曰其助上帝，宠之四方；有罪无罪，惟我在，天下曷敢有越厥志？此武王之勇也。而武王亦一怒而安天下之民。"这说明仁义之政要坚持正义的原则，对非正义者可用武力征服或镇压。孔子讲仁不讲义，没有涉及这个问题。孟子把义与仁联系在一起，认为要根据义来行事，将仁义合为一体，这是孟子对孔子的发展。

在这个问题上还有另一层内容。齐宣王问："臣弑其君可乎？"孟子曰："贼仁者谓之贼，贼义者谓之残。残贼之人，谓之一夫。闻诛一夫纣矣，未闻弑君也。"这也是仁义之政所要实行的，即为了坚持仁义，必须把违反仁义的人（包括君主）杀掉，这也与上面说的"文王一怒而安天下之民"一样，都是坚持仁义的做法。

又说到仁义之政可以在一定条件下攻击其他国家，这个条件就是所攻击的国家之民是喜悦而欢迎的，如齐国攻燕："取之而燕民悦，则取之。古之人有行之者，武王是也。取之而燕民不悦，则勿取。古之人有行之者，文王是也。""以万乘之国，伐万乘之国，箪食壶浆以迎王师，岂有他哉，避水火也；如水益深，如火益热，亦运而已矣。""今燕虐其民，王往而征之，民以为将拯己于水火之中也，箪食壶浆以迎王师。"这表明在国与国之间也可实行仁义之政，即能帮助他国人民避水火，替他国人民除其害。这都是仁义所包含的内容。

此篇还说到仁义之政与礼的关系。齐宣王问："人皆谓我毁明堂，毁诸？已乎？"孟子对曰："夫明堂者，王者之堂也。王欲行王政，则勿毁之矣。"王政就是王道之政，也就是仁义之政。明堂是王者之堂，是王者的相关礼制。王政及相关的礼制是统一的，即王政要在具体的礼制中体现出来。

孟子又为齐王说明什么是王政："昔者文王之治其岐也：耕者九一，仕者世禄，关市讥而不征，泽梁无禁，罪人不孥。老而无妻曰鳏，老而无夫曰寡，老而无子曰独，幼而无父曰孤。此四者，天下之穷民而无告者。文王发政施仁，必先斯四者。"这些都是王政的具体措施，但根本都是爱民，这就是仁义的体现。

孟子又说明了王政是可以做到的："王如好货，与百姓同之，于王何有！""王如好色，与百姓同之，于王何有！"仍然是要与民同乐的思想，一切事物都要有与民同乐的思想，仁政就容易实施了。

仁义之政还要进贤、识贤以及识别有害于国家的人："左右皆曰贤，未可也，诸大夫皆曰贤，未可也，国人皆曰贤，然后察之。见贤焉，然后用之。左右皆曰不可，勿听，诸大夫皆曰不可，勿听，国人皆曰不可，然后察之。见不可焉，然后去之。左右皆曰可杀，勿听，诸大夫皆曰可杀，勿听，国人皆曰可杀，然后察之。见可杀焉，然后杀之。""如此，然后可以为民父母。"这都是为仁义之政服务的一些具体问题，都包括在仁义之政的整体思想中。

实行仁政，还可以使民能为君主出死力而助国："君行仁政，斯民亲其上，死其长矣。"在对付外来侵略时，仁政的表现就是"凿斯池也，筑斯城也，与民守之，效死而弗去，则是可为也"。

国君实行仁政有一个原则："君子不以其所以养人者害人"，对这种国君，民众就称为"仁人也，不可失也。从之者如归市"。不害人，就是仁义的表现，这样的仁政，能得民心。

《公孙丑上》篇提到仁政的施行并不容易："以文王之德，百年而后崩，犹未洽于天下。武王、周公继之，然后大行。今言王若易然，则文王不足法与？"这是因为文王之时国小，而商代多有贤圣之君和贤臣，故时势不允许周文王轻易地兴起，虽有仁政，也要受时势的影响："齐人有言曰：虽有智慧，不如乘势；虽有镃基，不如待时。"但若没有外部的这种阻碍，则一个大国实行仁政就会容易得多："夏后、殷、周之盛，地未有过千里者也，而齐有其地矣。鸡鸣狗吠相闻，而达乎四境，而齐有其民矣。地不改辟矣，民不改聚矣，行仁政而王，莫之能御也！……当今之时，万乘之国，行仁政，民之悦之，犹解倒悬也。故事半古之人，功必倍之。"这是说大国行仁政比小国容易。

《孟子》还有不少篇都有论及仁义与政治的文本，将这些分散的文本归纳为一个整体加以分析，就可以得到如下的认识：仁由孔子提出，所谓"克己复礼，天下归仁"，这也可说是仁的政治，还没有把义与仁并列，而孟子有所不同，他把仁与义并列，使仁义成为国家政治的最高准则，由此提出仁政（王道）的主张，把仁义与政治紧密结合，且所论及的问题更为具体。

第一，孟子以仁义为国家政治的基础。

他理解的仁义是："亲亲，仁也。敬长，义也。"（《尽心上》）这样的仁义应该推广："人人亲其亲，长其长，则天下平。"（《离娄上》）天下平，是孟子的政治理想，这在战争频繁的战国时代，是一种切合时代要求的理论。

他还论及了仁政的实施办法，即在人人不亲其亲，不长其长时，应怎么办？也就是说，当人们不仁不义时，天下混乱时，用什么方法达到天下平的理想。他的办法是从君主自身做起，即由君主来实行仁政，具体而言就是："老吾老，以及人之老，幼吾幼，以及人之幼。天下可运于掌。

《诗》云：刑于寡妻，至于兄弟，以御于家邦。言举斯心加诸彼而已。故推恩足以保四海，不推恩无以保妻子。"（《梁惠王上》）这是说从君主自身开始行仁义，并将仁义推广到所有的人，这样就可得人心，所以说"天下可运于掌"。并引用了《诗经》来说明从自己的妻子开始行仁义，逐步地用于兄弟，即家族内，然后逐步推广，最后就可以御家御邦，也就是治家治国。所谓的恩，就是君主自己的仁义之心、仁义之举；所谓推恩，就是将这种基于仁义的恩推广到天下，推广到所有人身上。这样做就是仁政，就是可得天下的仁政。君主这样做，在于能得人心，使民众都自觉地归顺于自己的统治，在战国时期的争霸形势下，实现得天下的目的。

此外，人们都不行仁义时，君主带头行仁义，可起到表率作用，使人们从不仁不义恢复到仁义，于是就可实现"人人亲其亲，长其长，则天下平"的理想政治局面。

第二，仁政必须具备坚实的经济基础。

孟子明白，只讲仁义是不够的，必须有相应的经济措施。为此他提倡井田制："方里而井，井九百亩，其中为公田，八家皆私百亩，同养公田，公事毕，然后敢治私事。"（《滕文公上》）这是公私兼顾的经济制度，私人有自己的土地，同时还要为公家生产出力，而且是先公后私。他认为，如果人民都有自己的土地，同时国家也有财产，则公家与私人的利益就可兼顾，再加上君主自上而下实行仁义政治，以及人与人之间的仁义行为，就可保证天下的政治长期保持良好的状态了。

孟子还认为，仁义与经济相比，经济是前提："仁政必自经界始，经界不正，井地不均，谷禄不平，是故暴君污吏必慢其经界。经界既正，分田制禄可坐而定也。"（《滕文公上》）经界，就是土地的分界，经界表示土地与个人的所有权，这是经济制度的基础，不可搞乱，否则就会产生不公平，在政治上就会形成暴君与贪官污吏。如果保证私人与公家的土地财产界限明确，任何人不得随意模糊这种界限，也就不会产生贪污腐败与贫富差距，社会才有公平可言，仁义也才有基础可言。如果经济上没有公平可言，仁义是没有人听的，就落实不了，是空言。

第三，仁政对待人民的态度是民贵君轻。

仁政虽然要由君主来实施，但君主不可脱离人民，天下要以人民为基础，所以孟子强调君主对待人民，不可残暴，不可歧视，这就是民贵君轻的思想。他说："民为贵，社稷次之，君为轻。"（《尽心下》）"暴其民，甚则身弑国亡，不甚则身危国削。"（《离娄上》）"桀纣之失天下也，失其民也，失其民者，失其心也。得天下有道，得其民，斯得天下矣。得其民有道，得其心，斯得民矣。得其心有道，所欲与之聚之，所恶勿施，尔也。民之归仁也，犹水之就下，兽之走圹也。"（《离娄上》）又说："君子之于物也，爱之而弗仁；于民也，仁之而弗亲。亲亲而仁民，仁民而爱物。"（《尽心上》）这都是强调君要爱民，以民为本，根本依据仍然是仁。

爱民的关键是得民心，办法是"所欲与之聚之，所恶勿施"，如此一来人民才会归你的仁，否则仁政只能是空谈。"所欲与之聚之，所恶勿施"，就是人民所希望的安定的生活和一定的生产资料，作为国家和君主要给予他们，满足他们，而人民所不欢迎的横征暴敛和战争，则不要降临到人民身上。这两方面又是相互作用的，如果横征暴敛和经常战争，就必定破坏安定的生活，侵犯人民的生产资料及私有财产。这就不是仁政，而是暴政，必然会带来人民的反抗，这是历史多次证明了的。

第四，仁政是可行的。

孟子认为现实中的君主们不实行仁政"是不为也，非不能也"："挟泰山以超北海，语人曰：'我不能。'是诚不能也。为长者折枝，语人曰：'我不能。'是不为也，非不能也。故王之不王，非挟泰山以超北海之类也。王之不王，是折枝之类也。"（《梁惠王上》）孟子认为他所主张的仁政并非玄妙艰难的事，君主若愿意，是很容易做到的。如果没做到，则表示君主不愿意这样做，而不是没有能力做到。

以上把《孟子》中与仁义（包括仁政）有关的文本集中起来加以解读，这是处理对话体文本的基本方法，由此就可以不受分散文本的束缚，从这些分散文本中归纳出基本的核心要旨，从而使文本研究走向深入。

第三节　以"君子之学"为中心的《荀子》文本解读

《荀子》的文本是论文体，这比《论语》与《孟子》已有发展变化。作为论文体，各篇都有核心要旨，如同经，而各篇的其他文本则是对经的阐释，如同传。所以《荀子》的文本形式是以经传体为本质的论文体。在解读这样的文本时，首先要找出全部文本的核心要旨之经，再对其他阐释性的传之文本加以分析，从而使全部文本在经与传的关系中得到统一。

《荀子》全书的中心问题是君子与礼。君子的问题，自孔子、孟子以来就是重要问题，都从属于仁或仁义，在《荀子》中也是如此，只是所论更为详尽深入。礼，本身与仁、义相关联，礼是仁与义在现实制度层面的体现，已从思想伦理观念转移到国家社会的管理治理层面上来了，但基础则是君子，只有君子才能制礼行礼，并用礼来治国。孔子、孟子讨论仁与仁义问题，也以君子为基础，即仁与仁义必须落实到人的身上，合乎仁的人即君子，然后才有由这种君子来治国的问题。《荀子》的全部文本所表达的思想并没有超出孔子、孟子的基本范畴，但论述的问题已较孔、孟有所深入。限于篇幅，只对《荀子》中与君子有关的文本加以整体的综合解读。

《荀子》第一篇《劝学》，把学的问题作为君子问题的基础，这也是从孔子那里来的，因为孔子说到仁、君子时，总离不开学。但孔子对学的问题并没有详细论说，《荀子》则用专篇论说这个问题。解读《劝学》篇的文本，不能只看到学的问题，而应把学与人的问题合而为一，即《荀子》说的学，本质上是要人通过学而成为认识与掌握仁义之道的君子。可以说，《荀子》的思想是从孔子继承而来并有所发展和深入的。

《劝学》为人们熟知，但人们没有对此篇文本进行全面深入的解读，无法理解《荀子》说的学与君子有什么内在关系。在《论语》中，学与君子和仁是紧密联系在一起的，说明孔子、孟子和荀子对这些问题都是作为整体来思考的，因此他们著作中的文本都可以用这种思路解读。

从文本分析的角度看，不能仅从《荀子》中摘取一些字句来谈思想内容，必须对《劝学》全部文本进行深入分析，揭示其中完整而连贯的思路和见解，这样才能全面把握《荀子》的思想。

要准确了解《劝学》文本的内涵，必须了解荀子的基本思想。荀子认为人性恶："人之性恶，其善者伪也。"（《性恶》）从性恶论出发，决定了关于礼治与学习的思想："凡性者，天之就也，不可学，不可事。礼义者，圣人之所生也，人之所学而能，所事而成者也。"（《性恶》）这是说人之性为天生的，不能通过后天的学习来改变。而礼义等观念是圣人提出来的，人人皆可通过学习而理解其中的道理，所以对礼义的学习就是对人性的先天恶劣的唯一补救途径，"故必将有师法之化，礼义之道，然后出于辞让，合于文理，而归于治"（《性恶》）。这是说通过学习礼义而使恶性之人变为懂辞让以合文理的社会成员，最终使社会归于治。若无对礼义的学习，则全社会尽为性恶之人，人皆不知为善，整个社会必然大乱。所以人的学习，一方面是个人品德的改善，另一方面又关系到整个社会的安危。明确了荀子的这个思路，才能准确把握《劝学》全部文本的真正脉络。

荀子认为人性本恶，而恶是人类社会所不允许的，所以需要通过学习来改善人恶的本性。改善的标准是善，善的体现是礼。人要由恶变为善，只能通过学习使人的思想行动符合礼的要求，即善的要求，所以在《荀子》中，学习是使人完善的手段。礼是外在的制度规定，善是人内在的素质属性，学习的目的是把外在的礼转化为内在的善。这是《劝学》所说的学习的基本思想。《荀子》强调的学习，与孔子、孟子一脉相承：人要克制自己，顺从善的化身——仁、义、礼，从而使社会和洽，国家安定。这种为了改善人性的学，其效用也与孔子、孟子的学一致，既可用之于社会国家，也可用之于个人，所以与这种学相关的，是君子之说与他们的社会政治之说。

《荀子》关于学的思想，是在孔子、孟子的基础上发展和延伸出来的，在文本形式上也从零散的对话演变成专篇论文，故更能完整阐释其内容。

《劝学》的学包括五方面的内容：①学与人性改造；②学使人幸福；③学与人的能力、利益及环境有关；④学要专一持久而达到积善成德；⑤学的最终目标是要成为圣人。这五点涵盖《劝学》全部文本，其核心要旨是作为人必须学，以此改造恶的本性，最终成为以圣人为榜样的君子。所以从文本形式上看，学而为君子，是全篇文本的核心要旨，即经，而全篇的全部文本都是为了阐释这一核心要旨的传。

《劝学》说"学不可以已"，不能只从字面理解，这里的"学"是为改造人性恶的"学"，所以这句话的实质是说通过学来改造人恶的本性，是人一生之事，因此这种学是不能停止（已）的。《荀子》的学，与现代的知识性学习完全不是一回事，所以他要强调这个"不可以已"的问题。荀子的学是改造人性的学，与《孟子》的心性修养类似，但《孟子》是说通过心性修养而恢复善的本性，《荀子》则是说通过学而改善恶的本性。

青蓝水冰之喻，是对"学不可以已"的阐发，但阐释得还不够，所以又说：

> 木直中绳，輮以为轮，其曲中规，虽有槁暴，不复挺者，輮使之然也。故木受绳则直，金就砺则利，君子博学而日参省乎己，则知明而行无过矣。

这段文本阐释了学对人性改造的重要作用。木、金喻人之本性，受绳、就砺则指学。直、利形容经过学而改善的人性，指人性经过学而改恶为善，同时说明人性是可以改变的，学是促成改变的手段，为了保证人性的改善不会反复，所以"学不可以已"。又接着阐释："君子博学而日参省乎己，则知明而行无过矣。"这里的文本，说明《荀子》的学有两个要求：博学和日省。自孔子以来，都强调博学和反省，"日参省"以学为前提，又是学的继续和验证。反省是另一种形式的学，是学的途径之一。反省式的学，是儒家的学的主要特征，是心性修养式的学。博学以反省为前提，只博学而不反省，不是荀子的学。同样，荀子的学也反对不博学的空洞反省，博学与反省必须相辅相成。按《荀子》的设想，这样的学，其效果是"知明而行无过"。知明与博学相应，行无过与日参省对应。博学使人知明，日参省使人行无过。荀子的学，就是要达到这两个效果。欲博学，必须学而不已；而日参省的内心反省，同样不可浅尝辄止，也不可以已，要坚持一生。可知这是对君子之学的进一步阐释。知明中包含知，《荀子》的知，不是现代意义上的知识，乃是对人性修养的道理如仁义、心性修养、圣贤君子、君臣道义等道理的认知、体认。对这些道理，不可能只通过一次性或短暂性的学就能达到知的程度，知是对有关道理的全部掌握与理解。所以，改造人性恶的学，要持续一生，不是一次性的学，《荀子》说的"学不可以已"，本质上就是这种意思。孔子说到自己的学，就是一生的活动，从十有五而志于学，中间经过几个阶段，到七十岁，才能达到从心所欲的程度，说明为了掌握这种知，他的学持续了一生。荀子根据儒家的学说，强调学是一生的事，所以说"学不可以已"，目的就是达到知明而行无过，成为性善的君子。

《劝学》用了更多的文本，阐释改造人性恶的学是怎么回事：

> 故不登高山，不知天之高也；不临深渊，不知地之厚也；不闻先王之遗言，不知学问之大也。干越夷貉之子，生而同声，长而异俗，教使之然也。《诗》曰："嗟尔君子，无恒安息。靖共尔位，好是正直。神之听之，介尔景福。"神莫大于化道，福莫长于无祸。

这段文本，继续对此篇的经语"学不可以已"加以阐释，即所要学的东西，内涵极为丰富，如天高地厚，因此学必须持续一生，不可以停止。所谓"闻先王之遗言"，是《荀子》中学的重要内容，这种先王遗言，是儒家学者崇尚并一直传承的有关仁义、君子的道理之总和。这段文本提到"教使之然"，是说对改造人性的君子之学而言，先王遗言是对学习者的教，学习者学先王遗言，则是学。《荀子》说的教与学是一个整体，不可分割。它们的共同结果或目的，是使人化道而无祸。"化道"，是化于道，即用道使自己得以改变（化就是变），成为言行完全合乎道的人，而"无祸"则是"化道"的必然结果，也是这种学的目的。这又说明了改造人性的君子之学的效果与目的。这段文本提到了先王遗言、教、君子、正直、福、道、无祸，在改造人性的君子之学中，它们是统一的，于是这段文本又使此篇经语的意涵加深了一步。这就是传对经进行阐释的作用。而这段文本中的化道与无祸之福，又与前面文本中的"知明"而"行无过"前后相应，即前面说的过是祸，而"行无过"则是福，这都是说明改造人性的君子之学的效果与目的。

人的学与荣辱祸福有内在的必然关系，这是儒家的重要命题。先秦儒家重视人要成为君子的问题，不只是要人求仁得仁而具备高尚的心性，还意味着成为君子对个人来说，能解决荣辱与祸福的问题。所以《劝学》又用一段文本来说明这一点：

> 物类之起，必有所始。荣辱之来，必象其德。肉腐出虫，鱼枯生蠹。怠慢忘身，祸灾乃作。强自取柱，柔自取束。邪秽在身，怨之所构。施薪若一，火就燥也。平地若一，水就湿也。草木畴生，禽兽群焉。物各从其类也。是故质的张而弓矢至焉，林木茂而斧斤至焉，树成荫而众鸟息焉，醯酸而蚋聚焉。故言有召祸也，行有招辱也，君子慎其所立乎！

此段文本说明荀子的学可使人德性高尚，而德性高尚者必有荣耀，这种荣耀对于个人来说，则是他的根本利益所在。这又说明《荀子》的学是特殊的学，目的是使人性得到改造，改掉人性恶，使其向善，于是德性必然高尚，若不是这种学，则羞辱随之而来。对《荀子》所说的学，只能这样理解，所以必须说：《荀子》的学是君子之学，是儒家之学，是人性改造之学，这与孟子的人性本善及其实现的途径是不一样的，这就是先秦儒家思想的发展演变，通过解读《荀子》的文本就能看出这一点，而这就是解读文本的作用。

《劝学》又用更多的文本论说此篇经语的意旨，如从"积土成山"到"君子结于一"这一段文本，是要说明改造人性的君子之学"不可以已"的命题之中还有专一与积累的意涵。所以要积、要不舍、要专一，而这都是君子之学"不可以已"的应有内容，所以此段文本最后说"君子结于一"，问题的中心仍然是君子的学。

　　围绕着此篇的经语之旨，这种论文体的文本形式就是一层层地加以阐说，用繁复的传文加以论说，这是《荀子》论文体中又用经传体的特点，把握这一特点，才能完整、综合地理解《荀子》各篇的全部文本。

　　《劝学》对经语要旨的传文式论说还没有完，接着又有"瓠巴鼓瑟"到"安有不闻者乎"一段文本，是用自然事物做比喻，说明君子之学必然会显示出应有的效果。孔子曾说到"不己知"的问题，认为不必顾及人们对自己是不是知晓，而荀子则进一步说明了这个问题，即积善者必然会使善显示出来，这与《礼记》所说的"德润身"意思相同，这仍然是论说君子之学的善的积累会有必然的效果，与前面所说的问题一脉相承。

　　对这种君子之学的积的效果，此篇又有一段文本来论说，即"吾尝企而望矣"到"善假于物也"一段。这是说明君子之学的积，又要善假于物（假是借的意思，即利用他物来帮助自己的学），"善假于物"也是一种积。总之，君子之学不可以已，于是有积的问题，而其中又有善假于物的问题。这是一环套一环的传文式文本。

　　其下继续阐发这种传文式论说，提出了要有良好环境的问题。孔子说："里仁为美。择不处仁，焉得仁？"这已经触及君子与环境选择的关系问题，但没有展开论说，《荀子》则用专门的文本来论说这个问题，即"南方有鸟焉"至"所以防邪僻而近中正"这段文本。这段文本用比喻式的说法，与《庄子》的寓言式文本相似，而不断论说，又与《庄子》的卮言式文本相似。所论说的要旨仍然是改造人性的君子之学，这段文本是说明君子选择环境的目的与效果是"防邪僻而近中正"，而这一句又是对改造人性之恶而成为君子的阐释，"防邪僻"就是改造人性之恶，"近中正"就是成为君子。

　　接下来又用一段文本论说君子之学的最终目标，即从"学恶乎始"到"其义则不可须臾舍也"一段文本。这段文本说明君子之学的最终目标是成为圣人，在全篇文本中，这里提到的圣人与君子是一致的，而且这里又强调了"积力久""学至乎没而后止"，其义须臾不可舍，这都是对全篇经语意旨的再次说明，是解释性之传文。

　　此下又说："为之，人也；舍之，禽兽也。"仍然是在论说君子之学的根本目的，是使人性改造为善，不然就是禽兽。换言之，《荀子》的学就是把人从禽兽改造成人，这是本来意义上的人，是最终意义上的人，不是天生与禽兽无异的人。为此还用一段文本说明了君子之学要学什么，即"《书》者政事之纪也"到"在天地之间者毕矣"一段文本。这都是君子之学要学的东西，是先王的遗说，先王用这些东西教人什么是君子。可见《荀子》的君子之学不是凭空思索，而要通过学习先王留下来的各种遗书逐步懂得有关政事、声、法以及敬文、中和、博知、微义等相关知识，再由此懂得什么是道德、君子。这是说明君子之学的不可以已又与学习这些先王遗说有关，其中的知识很多，需要花费时间来学和体悟。

接下来说明学先王遗说存在着两种态度，一是君子之学，一是小人之学。两种态度与效果完全不同：前者是用心学，使之内化为自己的品德，其效果是美其身；后者是不用心学，根本不能把这些道理转化为自己的德性，效果就是成为禽兽。

这是更为具体地说明君子是怎样学习先王遗说的。对此还有进一步的论说，即从"学莫便乎近其人"到"学莫便乎近其人"一段文本。这段文本说到"近其人"，什么是"近其人"？下面一段文本做了回答（文多不具列），即"好其人"，这种人是已经成为君子的人，是掌握了先王学说的人，在学习中要接近和喜好这种人，以他们为榜样，才能真正学好先王遗说及其中的道理。如果只重视外在的礼和遗说的表面性知识，也不能成为君子，只能是陋儒。所以，"近其人"和"好其人"的要点是"原先王"与"本仁义"，即懂得先王的本来之义（原），也就是以仁义为本，而不是只求知晓字面意思。他还提到隆礼的重要性，不能忽视。

下面的文本仍在论说君子之学中的相关问题，即从"问楛者勿告也"到"天之所予，此之谓也"一段文本。这段文本说明了君子之学要重视学者之间的交流，交流要符合先王遗训和礼义，否则就是不正当的知识，称之为楛。凡是不正当的知识，都不要与人交流讨论，这与前面文本中提到的"近中正""近其人""好其人"相呼应。同时，在交流中还要注意交流者的言辞态度，要做到"礼恭""辞顺""色从"，才可与之交流，否则就是"傲""隐""瞽"，而这本身就是君子所要做到的仁义、中正、隆礼等，与前面的文本也是相呼应的。

以上的文本完整地论说了改造人性的君子之学的问题，最后则用一段文本说明君子之学的最终效果是怎样的，即从"伦类不通"到"君子责其全"这段文本。其要点就是君子的学必须是全、粹的，全与粹，是指掌握了先王遗说而对于事物的伦类已经贯通，全都能按仁义来思来行（否则就是仁义不一），达到了全之尽之的地步，才能称为学习君子之学的学者，这样的学才能使人达到善与美，才可说具有了君子应有的人性，不再是禽兽之恶性。为此还提出了具体的方法："诵数以贯之，思索以通之，为其人以处之，除其害者以持养之。"这说明《荀子》的学，必须是学行兼具，可知这种学本身就是人生修养，"近中正"是目的，"防邪僻（除其害）"是效果。

是不是达到了"全粹"，要用如下几条来衡量："权利不能倾也，群众不能移也，天下不能荡也，生乎由是，死乎由是。"能达到这种地步，才可以说已是人的性，否则都还是外表的，不是本性的。同时，这又称为德操，即先王的仁义之道已由外而内在于己身，故称为德，操则是说已经掌握和具备了。最后几句是说其效果，"能定能应"，才可称为成人，即完全的人、全粹的人，已完全掌握和具备先王之道的君子。最后的"贵其全"，是说对要进行君子之学的人，要求他必须达到这种全粹的地步，如果不求甚解，半途而废，还是不能具备善的性，那与禽兽没有什么区别。

以上对《劝学》的全部文本做了解读，一是说明了这种论文体的文本，其中有经传体的成分；二是说明对这种论文体的文本，必须先找出它的经要之语，再完整地解读其余的传释之文；三是对这种论文体的文本，要把经与传综合起来加以解读，由此掌握这些文本的全面含义。这又说明，不能蜻蜓点水式地在其中找几句话就来阐释荀子的思想，也不能拿外来的概念硬套在荀子的文本及其内容身上。前者是投机取巧，后者是重新化装，都不能得到《荀子》的原貌，都会成为歪曲之解，完全不可取。

《荀子》其他各篇中也有与此篇所说的改造人性的君子之学相关的文本，如《修身》中说明君子之学用于自身修养与践行的问题，其文本从"见善修然必以自存也"至"谋之不臧，则具是依，此之谓也"。这一段文本是说君子之学不能只通过书本来学习先王之道与仁义之理，还要在与人的交往中通过观察人们言行中的善恶来帮助自己的学。

在君子的修身中，重要的是礼信，其文本是从"宜于时通"至"笑语卒获，此之谓也"一段。礼信，是对孔子的仁与孟子的仁义之细化，只说仁或仁义还过于抽象，所以荀子把仁与仁义落实到礼信的层面，使人们更容易得到具体而详明的概念与理解。表面上看荀子强调礼，与孔、孟有所不同，但实质上完全一致。

在君子的修身中，荀子又强调善和是非的作用，其文本是从"以善先人者谓之教"到"多而乱曰耗"。其中提到的善与是非，是仁义的具体体现，这样来论说就使人们对仁义的理解更为具体。荀子说的善与是非，侧重于人与人的交往，这说明荀子说的君子之学的修身不是闭门思过式的修身，而是落实到社会践行层面的修身，这使君子之学的修身更有社会意义。后来的宋明理学也强调修身和心性修养，但侧重于个人层面，不像荀子那样侧重于社会层面，这使宋明理学的心性修养变得孤寂和柔弱。

此篇又把修身与治气养心结合起来，其文本是从"治气养心之术"至"夫是之谓治气养心之术也"一段。读了这一段文本，再看孟子根据仁义之道进行心性修养的说法，他也提到养气养心，但没有把二者有机地统一起来，荀子使二者统一为治气养心之术，是对孟子心性修养思想的发展与深入，使荀子的君子之学在修养层面更为具体和深入，且与人际交往和礼等都融合起来。

此下的文本论说君子之学的修身所具有的社会作用，说明按照君子之学进行修身的人，会使自己具备君子人格，而在社会上体现出超人的气度与胸怀，这使君子人格显得更为高大，即从"志意修则骄富贵"到"虽困四夷，人莫不任"这段文本。

下面又说明修身的层次之高下，其文本从"好法而行"到"然后温温然"。这是说初级的修身只能做一个士，高级的修身才能使人成为君子，最高境界的修身是成为圣人。据以区别的是法、义、类，法是具体的制度规定等，义是法之中的道义，法有形，义无形，能由法而至义，故君子高于士。而圣人又从义通乎类，类即万事万物之大类，即对义的理解已能贯穿于万事万物之一切统类之中。《劝学》中曾说"伦类不通"，这里说"深其类"，就是伦类完全贯通，所以圣人的修身又高于君子。《劝学》说的全粹君子，实际就是伦类全通的圣人。

与法相关的是礼，《劝学》曾说隆礼，此篇进一步说明了礼在修身中的作用，其文本是从"礼者所以正身也"到"不识不知，顺帝之则，此之谓也"。据这一段文本，可知礼法统一，与君子之学密切相关，其根本是顺帝之则。帝之则，正是孔子、孟子说的仁义之道，亦即《劝学》说的先王遗说。

此篇的文本还论说了君子修身与荣辱祸福的关系，这也是《劝学》曾提到的，但此篇说得更为深入，其文本是从"君子之求利也略"至"君子之能以公义胜私欲也"。这一段文本与《劝学》所说一致，而这段文本的重点是说明君子之学通过修身而做到这一点，这使《劝学》说的问题更为具体。

此外，其他篇的文本也对君子之学的核心要旨进行了阐说，如《不苟》篇的文本论说君子能做或不能做哪些事，选择的标准是礼义，君子通过学习而知礼义，故能据礼义做出判断和选择，据此篇文本，可知君子对三种事"不贵"：苟难、苟察、苟传，这说明事情的困难、细察和久传不是判断与选择的标准，因为它们都不等同于礼义，所以君子不贵。

此篇文本还详细而具体地说明了君子应如何做人做事，并将君子与小人对比，由此说明君子为人处世的准则。此篇还有不少文本说到君子与礼义、诚的关系。其后的《荣辱》篇从荣辱角度论说君子如何避辱得荣，也是君子在社会践行层面的问题，又说明荣辱与礼义的关系，还说明君子所学的先王之道与仁义之统不是一般人所能了解的，由此说明君子之所以成为君子，就在于他的所学与众不同。这使《劝学》论说的君子之学在修身（荣辱包括在修身中）层面有了详尽论说。从这个意义上看，《修身》《不苟》《荣辱》等篇与《劝学》为一个有机部分，核心要旨是论说人要进行改造人性的君子之学，使人从禽兽之性上升为君子乃至圣人之性的境界。作为经语的文本并不多，但非常重要，而对经语阐释的文本则很多，属于释经的传文，这对于理解核心的经语是必不可少的。

其他各篇，在文本字面上似乎与君子之学无关，但以君子之学作为全部文本的核心经语来读这些篇章的文本，就能体会到它们仍然是对改造人性的君子之学要旨的阐释。

如《非十二子》批判了一些学者的主张，这是为了强调君子之学要有所选择，要根据先王之道和仁义之统进行分辨和取舍，因为不符合先王之道的学者所提出的学说，使天下混然不知是非治乱之所在，或是不法先王，不识礼义，对这种学说，从事君子之学的人，必须能够分辨，否则就会走入歧途而不自知。这与孔子批异端和孟子辨邪说是一脉相承的。而且此篇的文本还说明了君子应该怎样做，哪些事不能做，都是对君子之学的修身等问题的更详尽的阐说。

《儒效》的文本是说明《荀子》主张的学能够获得的"大儒之效"。篇中以周公为例，说明非圣人莫之能为的大儒之效，可知大儒就是圣人，与君子为同一类人，都是掌握了先王之道与仁义礼义之理的人。又从"效"的角度说明君子圣人之学在治理国家与社会层面的作用，更进一步说明了人要从事君子之学并追求达到全粹境界的社会政治意义。其中不少文本都与《劝学》的文本相呼应，如将治学的人分为士、君子、圣人三层次，如谓通于神明，参于天地，积善而全尽，为圣人，积礼义而为君子等。又言及修身与先王之道的问题、学与行的问题等。

《解蔽》的文本说明君子圣人之学能根据所学的先王之道与礼义之理解除种种"蔽"。"蔽"指"蔽于一曲，而暗于大理"，如《荀子·非十二子》分析各家的"蔽"，就是不能正确理解与掌握先王之道与礼义之理。此篇关于"蔽"的论说，是对《劝学》等篇论说的君子圣人之学的进一步阐释，它们都是一个整体。这些文本不能分割来看，必须完整、综合地解读。

《性恶》的文本，说明荀子主张的"人之性恶，其善者伪也"之理，这是荀子主张的君子圣人之学的人性论前提：正是由于人之性恶，其善者伪也，所以人必须学，通过学而逐步成为君子圣人，为此特别重视礼义的作用。礼义是仁义的具体体现，人性、人的学、仁义礼义之道、君子圣人等，本质上是一个问题，应该把与此有关的文本视为一个整体来做综合的分析解读。篇中又说君子圣人之学要专心一志、积善而不息，圣人者，人之所积而致，与《劝学》所说的积累之意完全一致，同时又分圣人、士君子、小人、役夫四个层次的知，也与《劝学》相呼应。

《君子》的文本，说明通过君子圣人之学而成为君子圣人之人，此种人在社会环境中应贯彻践行仁义之道，如尚贤使能，等贵贱，分亲疏，序长幼，此先王之道也。使君子圣人之学延伸到国家社会层面，将治国理政的有关观念统属于君子圣人之学中，仍未离开《荀子》的核心要旨。

《哀公》的文本，说明人并不都是一样的，所以有庸人、士、君子、贤人、大圣等分别，原因在于人们的学是不同的。就大圣而言，他的学已经是知通乎大道，应变而不穷，辨乎万物之情性，与《劝学》等篇的文本所说完全一致。

以上简单分析了《荀子》若干篇的文本，从形式上说是论文体，其中又含经传体，能从这些文本找出核心要旨之经语，再据此来看其他的阐释性传文，就能把握《荀子》全部文本的核心要旨，并将它们完整地统一起来，从而实现了从文本形式到文本内容的统一，为理解这些文本的思想内容奠定可靠的基础。

第四节 《易传》之《系辞》与《文言传》的文本解读

《易传》的十翼中，以《系辞》与《文言传》最重要，这两篇都成书于先秦，从思想上看，属于儒家所作，而其文本形式也有自己的特点。

一、《系辞》的文本解读

《系辞》的文本，没有一个集中的主题，表明它不是一个人的作品，这与《论语》《孟子》《荀子》《大学》《中庸》都不一样。《系辞》论说的问题比较散，不能形成有经有传的文本形式，其文本是从不同角度论说《周易》所要认识的问题，以及它所使用的一些方法与思路。

第一章文本，从"天尊地卑"到"而易成位乎其中矣"，这一段文本是说《周易》的构成来源于天地万物的基本分类以及相互之间的辩证关系，如乾坤是据天地的高下不同而总结出来的观念，并由此形成了贵贱、动静、刚柔的概念以及它们之间存在的相摩相荡的关系，在此基础上再运用乾坤的普遍现象说明事物的发展变化问题。人们由此而认识和了解客观世界，形成《周易》的结构形式以及用来反映事物发展变化的各种复杂情况，认识其中的客观道理（天下之理），由此而使人类能够有德、有业、有功，这一切都是由于人们通过观察客观世界而形成了《周易》的结构及相关的应用方法。总之，易的形成（易成位）是对天下之理的体现与应用，所以说"易成位乎其中"，所谓其中，就是《周易》的结构及其应用方法。这说明了《周易》结构之形成及其功效作用，可知《周易》既是人认识客观世界的结果，又是用来应对客观世界的复杂事物之发展变化的重要工具。

第二章文本继续说明《周易》是通过观象系辞而明吉凶的工具，所谓吉凶就是失与得之象，与之相关的还有悔吝以表示人类的忧虞之象，变化则表示进退之象，刚柔则表示昼夜之象，六爻之动则表示三极之道，总之，《周易》的结构体系可以使人们观察和认识世界及其各种发展变化的情况，而这一切又都是为了使人类得吉而避凶，减少悔吝忧虞，了解进退动静变化的规律，所以《周易》对人类来说具有非常重要的意义，故人类的优秀分子（君子）就要对《周易》进行深入的学习研究，即观察易之象与研究爻之辞，观其象而玩其辞，观其变而玩其占，要能熟练掌握运用《周易》的技巧，达到趋吉避凶以知进退变化的目的，即"自天祐之，吉无不利"的目的。

第三章文本进一步说明《周易》各组成部分的不同作用，如"象者，言乎象者也。爻者，言乎变者也。吉凶者，言乎其失得也。悔吝者，言乎其小疵也。无咎者，善补过也"，这是《周易》基本的方法准则，这一切都与《周易》的位、卦、辞密切相关，所以想要通过《周易》来认识与了解事物的吉凶动静变化，就必须掌握如何观察与理解位、卦、辞的方法，这已是人们如何学习与掌握《周易》的问题了。

第五章文本说明《周易》的根本道理是阴与阳："一阴一阳之谓道"，这是说《周易》根据阴阳的对立变化来观察事物的发展变化，对阴阳的观察又与人的因素结合在一起，不能只看客观世界的阴阳对立变化，人的因素与阴阳相结合时，最重要的问题是人的善与性，所以说："继之者善也，成之者性也。"因为《周易》的最终目的是了解人类事务中的吉凶变化，所以既要观察客观事物的发展变化的阴阳对立变化关系，又要结合人的善与性的因素，使之与客观世界的阴阳因素结合起来，进行整体观察分析和判断，这就是《周易》的根本要义。前面的文本说明了《周易》的结构以及对客观世界各种事物的分类与观察，这一段文本更深入地讲明《周易》为什么能通过观察客观世界的万事万物的发展变化来判断人类事务的吉凶。阴阳是对客观事物发展变化普遍规律的总结，而人的善与性，使人的思想行动与客观世界阴阳的活动形成对应的因果关系，所以《周易》要把阴阳与人的善、性结合为一体，来观察判断人类事务的吉凶祸福。此段文本还说明了掌握了这个根本道理来应用《周易》，就会获得巨大效用，这就是"显诸仁，藏诸用"，能获得"盛德大业至矣哉"的效果，人的盛德大业离不了《周易》及其根本性原理。《周易》并不是神秘术数，而是揭示世界根本性道理并使人能够认识客观世界万事万物及其变化和它与人事之间的复杂关系的学术成果。人们从来都认为《周易》是占筮工具，没有重视其中深刻的道理，于是把占筮神秘化，舍弃了其中的科学精神。通过对《系辞》相关文本的分析，可以找出《周易》包含的科学性原理，从而打破《周易》神秘论的迷雾。

以上四章文本是《系辞》的核心内容，此下的文本从多方面进一步阐释《周易》对人类的重大作用与价值意义。

第六章文本说："夫易，广矣大矣！以言乎远则不御，以言乎迩则静而正，以言乎天地之间则备矣！"这说明《周易》能解决广大范围内的各种事物对人类事务产生的作用之问题。所以后来《四库全书总目提要》说"易道广大，无所不包"，就正是《系辞》此语的另一种说法。总之，天地之间的所有事物及其与人类事务的关系，全都包括在所谓"广大"的范围内，所以也称之为"备"。《周易》作为人类观察分析认识客观世界万事万物之变化的工具，由于它有科学性的根本原理，从而具备了无所不能的重大作用，这就是《周易》对于人类事务的巨大价值所在。

此段文本又说："夫乾，其静也专，其动也直，是以大生焉。夫坤，其静也翕，其动也辟，是以广生焉。广大配天地，变通配四时，阴阳之义配日月，易简之善配至德。"这是说《周易》的阴阳之理在卦的形态上表现为乾坤，它们更具体地表现出事物的阴阳之理的特点，如乾为阳，特点是"静也专"与"动也直"，坤为阴，特点是"静也翕"与"动也辟"，故二者的作用一个是大生，一个是广生。合起来看，阴阳二者必须具备，不可缺其一，才能使天地万物得以大生与广生。大生，是指阴阳对万物的促生能力的巨大；广生，是指阴阳对万物的促生能力的广泛。广则无所不包，任何情况下的万物都能被阴阳促生；大则无所不能，任何情况下的万物都能被阴阳促生。这样就对前面说的阴阳及其作用做了更具体的说明。其下文本又说"广大配天地，变通配四时"，则是对广生与大生的进一步说明。又说"阴阳之义配日月，易简之善配至德"，是对前面说的"一阴一阳之谓道"及"盛德大业"等文本的进一步说明，这都是经与传的文本关系。

第七章引孔子的话"易其至矣乎"，并说："夫易，圣人所以崇德而广业也。知崇礼卑，崇效天，卑法地，天地设位，而易行乎其中矣。成性存存，道义之门。"这是对《周易》对于人类的作用的进一步解说，仍与前面说的盛德大业相关联，是对盛德大业的具体解说，最后说"成性存存，道义之门"，也与前面说的"继之者善也，成之者性也"相关联，是对此二语的进一步解说。

以上文本是对《周易》整体的解释，以下各章则是对《周易》的一些具体内容进行解说。第八章说明《周易》靠象的形式来观察分析客观世界之事物，即圣人通过"拟诸其形容，象其物宜"的方法把客观事物归纳为各种象，然后再通过《周易》所拟的象来观察分析具体的事物，由此"有以见天下之动，而观其会通，以行其典礼"。再对这些象系（挂）上一定的说明性语辞："系辞焉，以断其吉凶，是故谓之爻"，这样就能言天下之至赜，言天下之至动，使客观事物都呈现出规律而不可乱，为此举了一些实例以说明客观事物的变化，可以使人由此而决定自己的言行，以与事物的变化相合，趋吉避凶，避辱取荣。

第九章文本说明《周易》的具体使用方法，即根据大衍之数五十而逐步形成卦象，以及这种成卦方式与客观事物具有对应关系的道理，说明《周易》用这种方式成卦具有的作用："引而伸之，触类而长之，天下之能事毕矣。"

第十章文本说明《周易》包含四种圣人之道，即"以言者尚其辞，以动者尚其变，以制器者尚其象，以卜筮者尚其占"，人们根据这四种方法灵活使用《周易》的卦与象以及它们所系的辞，由此就可以"参伍以变，错综其数，通其变，遂成天地之文，极其数，遂定天下之象"，这是说明在使用《周易》时要注意的几种重要方法以及它们的作用。此段文本还说明《周易》本身不能主动为人类事务服务，必须通过人的主观使用，才能使《周易》发挥出应有的作用："易，无思也，无为也，寂然不动，感而遂通天下之故。非天下之致神，其孰能与于此。夫易，圣人之所以极深而研几也。惟深也，故能通天下之志；惟几也，故能成天下之务；惟神也，故不疾而速，不行而至。"由此可知人是使用《周易》的主导性因素，人要靠自己的"神"来应用《周易》，这样才能极深研几，进而通天下之志，成天下之务，并能在处理人类事务时做到不疾而速、不行而至的神奇效果。这里说的"神"，不是神秘的能力或方法，而是人类最高深的精神和思维能力，靠这种"神"，人才能利用《周易》来观察分析客观事物的复杂关系及其变化，才能解决人类事务中的各种难题。所谓"不疾而速"和"不行而至"也是一种形容，说明人靠《周易》就能具备神奇能力，如同不用快跑就能比别人更快速，不用行走就能比别人更先到达目的地一样。这都是对所谓极深而研几、通天下之志、成天下之务的进一步说明，所以这样的文本，就可看作对上述文本的解说，也属于经与传之配合。

第十一章文本引用孔子的话说明《周易》对人类的作用，也是对前面说的通天下之志、成天下之务的解说，即"圣人以通天下之志，以定天下之业，以断天下之疑"。并进一步说明《周易》的不同组成部分在这些作用中的不同特点，如"蓍之德圆而神，卦之德方以知，六爻之义易以贡"。还说明了圣人运用《周易》并不是为了个人，而为了天下及众民：吉凶与民同患，明于天之道，而察于民之故。并说明运用《周易》的重点是变通："一阖一辟谓之变，往来不穷谓之通。"此段文本还说明《周易》在构成上的特点，即从太极、两仪、四象、八卦逐步构成，其作用还是为人类"定吉凶"，并通过判断吉凶而"生大业"。这也说明了《周易》为什么能"探赜索隐，钩深致远，以定天下之吉凶，成天下之亹亹"，即更为深入地解说《周易》对于人类的巨大作用，是对前面所说的进一步解说。

第十二章文本进一步解说《周易》与人类的种种关系，如通过《周易》而得到天的保佑，使人吉无不利。之后说明"象""卦""辞"对于人们运用《周易》的重要作用。言辞不能充分表达言说者的意，即书不尽言，言不尽意，所以要靠《周易》的象来帮助人们理解有关事物变化的深意："圣人立象以尽意，设卦以尽情伪，系辞焉以尽其言，变而通之以尽利，鼓之舞之以尽神。"在象与卦（卦也是象）的基础上加上言辞，再由使用《周易》的人根据事物的具体情况加以变通，由此找到对人最有利的因素，这样就可以使人们运用《周易》达到神的境界。这一段文本中还说明了道与器、变与通的问题，是对前面说的人们运用《周易》的进一步解说，即在运用《周易》时，要分清道与器、变与通的不同及其特点。道是

《周易》的根本道理，器是《周易》涉及的各种具体事物。象与卦及各种辞中只说到器，其中包含的道，要靠人们运用精神与思维来把握。前面说的言与意，也可以解释为道与器，意与道都是无形的，不可用具体的形与物来表示，器是指具体的物，所以道与器、言与意必须分清，不能只看到表面有形的东西（器与言），更要通过思考来把握无形的东西，即道与意。把握了道与意，才能变而通之，并应用到实际情况中，在处理和解决天下之民的事务及问题中形成圣人的事业。

第十三章文本是说《周易》的各种要素的性质与作用，如八卦、卦象、爻、所系的辞等，都是《周易》构成中的各种要素，人们通过这些要素运用《周易》以解决人类事务，其中的重要因素是刚柔、变通，以此判断吉凶，这是人们使用《周易》时必须注意的方面，与前面所说都属于《周易》使用上的问题。

第十四章文本说明《周易》的由来及它所概括的世间万物万事的情况，此段又进一步说明《周易》最重要的变通之理："易，穷则变，变则通，通则久"。

第十七章文本说明卦分阴阳的不同及所起的不同作用。阴阳是《周易》的根本原理，但具体到卦，阴阳的表现就有所不同，所以在使用《周易》时，要根据具体的卦来判断阴阳情况。此段文本还说明了人要根据阴阳的不同情况而采取相应的行动，即根据《周易》所表示的阴阳的具体情况来判断与取舍，此时靠的是人的精神与思维："精义入神，以致用也"，在此基础上做到"穷神知化"，这才是对《周易》的最高明的应用。这一段文本还提到善恶的问题："善不积不足以成名，恶不积不足以灭身。"人类事务中的吉凶，本质上是与善恶直接关联的，而人运用《周易》分析判断人类事务中的各种变化及其吉凶，最终是与人的善恶联系在一起的。如果只重视应用《周易》这种工具，而不在善恶上约束自己，则工具不能从根本上改变事态的发展变化，所以说："小人以小善为无益而弗为也，以小恶为无伤而弗去也，故恶积而不可掩，罪大而不可解。"还说到善恶的问题又是与国家的安危存亡直接相关的重要因素。这一段文本更具体地说明了阴与阳的相互作用："天地绁缊，万物化醇。男女构精，万物化生。"绁缊是指阴阳的不断变化与相互作用，男女是阴阳的具体体现。阴阳决定客观事物的化生，男女决定人类生命的化生。《周易》本来要解决事物的发展变化问题，所以以阴阳为根本原理，就是要解决事物化生的问题。通过事物的化生过程，找出适宜的行动方式，使人在事物化生变通之中处于不败之地，趋吉而避凶。可知这一段文本就是对前面说的"一阴一阳之谓道"等文本的解说，"一阴一阳之谓道"是经，这里所说的就是对经的解说，是传。

第十八章说乾坤与阴阳的关系。第十九章说易的兴起是在中古，制作易的动机是因为有忧患。这也是人类发明《周易》一类工具的普遍动机，即人类的生存受到各种外在事物的限制与威胁，于是人类产生忧患意识，为了消除忧患，就要思考发明《周易》一类的工具，以帮助人类应对各种复杂的外在危险与变故。为此此段还说明了一些卦是如何帮助人们解除忧患的，重点是靠人的德。即人凭借着自己的德来面对外来事物的威胁。第二十三章文本也是说易的兴起，认为在殷末之时，周文王利用《周易》而使自己不断壮大，摆脱困境。

第二十章至第二十二章文本说明《周易》成书的有关情况，第一是《周易》这部书的特点是重视变化流动，人要"唯变所适"，重点是要"知惧"和"明于忧患"，这是对第十九章的解说。第二是《周易》这部书的另一个特点是"原始要终"，即要把事物的变化看作一个过程，不拘泥于一点，看到在整个发展变化过程中的不同情况及其转化。第三是要看到《周易》这部书的另一特点，即"广大悉备"，这又可看作对前面说的易的"广矣大矣"的进一步解说。

最后第二十四章文本是说运用《周易》可以帮助人们通过言辞来判断人心的真实情况，即人的言辞与内心的情和谋相关联，人与人相处时，要"知险"和"知阻"，对此要通过人的言辞来观察和判断。人的感情与谋划都藏在内心深处，人们只凭外在的言辞与相关的象，还不能充分了解他人内心的情与谋，这就是所谓险与阻。人们在运用《周易》处理人际关系的复杂事务时，要善于利用《周易》的象、爻、象来分辨人之内心真实的情与谋，否则就会使自己不利。为此还举例说明："将叛者，其辞惭，中心疑者其辞枝，吉人之辞寡，躁人之辞多，诬善之人其辞游，失其守者其辞屈。"希望人们通过这一类的经验实例，更深入地掌握《周易》的运用之妙。

总之，通过分析《系辞》的全部文本，可以看出，其中存在着经与传的不同成分，在对这些文本进行分析时，要注意这种居于不同地位的文本及其互证互解的关系，这样才能更好地理解《系辞》文本，进而理解其中的言外之意。

二、《文言传》的文本解读

《文言传》只对乾坤二卦进行解释，但这种解释有举一反三的示例作用，而且《文言传》还提出了特别重要的概念，这对理解与掌握《周易》有不可忽视的价值。限于篇幅，不对《文言传》的全部文本进行分析，只对其中最重要的"元亨利贞"文本进行深入分析，这是示例式的文本解读。

"元亨利贞"是《周易》的著名命题，研究《周易》的人们对它都非常重视，称为《易》之"四德"。所谓四德，是说这四项是《周易》中衡量吉凶程度的完备标准，如果一卦中四项兼具，就是大吉。但"元亨利贞"如何解释，自古以来众说纷纭。这是因为人们对此四字的解释往往脱离四字的文本环境，孤立地论四字的含义。要对此四字的含义做出正确解释，必须充分了解文本所在的语言环境，并与上下文的文本结合起来进行理解。

孔颖达在《左传正义》①中对《左传》记载的关于"元亨利贞"的说法做了解释：

> 元，长也，长亦大也。亨，通也。贞，正也。
>
> 必有此元亨利贞四德，乃得无咎过耳。无此四德，则不免于咎。
>
> 元者，始也，长也。物得其始，为众善之长，于人则谓首为元，元是体之长，以善为体，知亦善之长也。亨，通也。嘉，善也。物无不通，则为众善之会，故通者善之会也。物得裁成，乃名为义。义理和协，乃得其利，故利者义之和也。贞，正也。物得其正，乃成干用，故正者事之干也。体仁，以仁为体也。君子体是仁人，堪得与人为长，体仁足以长人也。身有美德，动与礼合，嘉德足以合礼也。以己利物，义事和协，利物足以和义也。正而牢固，事得干济，身固足以干事也。此四德者在身，必然固不可诬罔也。

---

① 阮元：《十三经注疏·清嘉庆刊本》，中华书局2019年版。以下引用《左传正义》均用此本，不详列出版信息。

孔颖达又在《周易正义》中对乾卦的"乾，元亨利贞"做了注释，并引用了《子夏易传》的说法："元，始也。亨，通也。利，和也。贞，正也。"现存《子夏易传》虽是伪书，但孔颖达《正义》所引《子夏易传》并非后世流传的伪作，惠栋《周易述》亦引此说以为子夏义，故可相信这是子夏对"元亨利贞"的训释，这一解释与《左传》所载非常相似。

乾卦《文言传》对四字做了更详细的解释：

> 元者善之长也，亨者嘉之会也，利者义之和也，贞者事之干也。君子体仁足以长人，嘉会足以合礼，利物足以和义，贞固足以干事。君子行此四德者，故曰：乾，元亨利贞。

这与《左传》的解释非常相似：

> 元，体之长也。亨，嘉之会也。利，义之和也。贞，事之干也。体仁足以长人，嘉德足以合礼，利物足以和义，贞固足以干事。

其中只有两处不同，即"善之长"与"体之长"，"嘉会"与"嘉德"。在《左传正义》中，孔氏把《左传》的说法与《周易·文言传》的说法融合起来，如说"元"有始、长二义，又说"物得其始，为众善之长，于人则谓首为元，元是体之长，以善为体，知亦善之长也"，这就把《文言传》的说法与《左传》的说法解释得一致了。

《子夏易传》只对"元亨利贞"四字字义给出了简明的训释，孔颖达据此进一步阐释：

> 能以阳气始生万物而得元始亨通，能使物性和谐各有其利，又能使物坚固贞正得终，自然令物有此四种，使得其所。圣人亦当法此卦而行善道以长万物，物得生存而为元也，又当以嘉美之事会合万物，令使开通而为亨也，又当以义协和万物，使物各得

---

① 阮元：《十三经注疏·清嘉庆刊本》，中华书局 2019 年版。以下引用《周易正义》均用此本，不详列出版信息。

其理而为利也，又当以贞固干事，使物各得其正而为贞也。①

在这个解释中，引进了阳气与万物关系的说法，根据《子夏易传》和孔颖达《正义》的解释，可以看出他们理解的元亨利贞已成为万物在自然界的根本存在法则，同时又是圣人必须效法和依循的根本行为法则。依照这种法则，希望达到的目标是使万物元始亨通（元亨）、和谐有利（利）、坚固贞正（贞），这表明此四字实际是在说人类应使万物都得以生长生存、嘉美会合、开通顺亨、以义协和、得理有利、干固贞正等。这种理解，是古人对元亨利贞的基本理解，其依据就在《文言传》中。

《文言传》的说法与上面的解释比较，多了"善"字，这使孔颖达说的"元始"更为明确和具体。其实孔氏已经提到了善："行善道以长万物，物得生存而为元也。"只是不如《文言传》说得明白。此外，孔氏说圣人，《文言传》说君子，本质是一样的。相比之下，孔氏说圣人与万物，《文言传》只说君子而没有提到万物，这是因为《文言传》只是强调君子应该如何做，所以没有出现万物字样。

《文言传》又说：

> 乾元者，始而亨者也。利贞者，性情也。乾始能以美利利天下，不言所利，大矣哉。

这仍是解释元亨利贞，且把四字贯通起来加以解说，不再分开解说每个字。如说"乾元者，始而亨者也"，是把元与亨合起来解说。"利贞者，性情也"，是把利与贞合起来解说。"乾始能以美利利天下"等句，是把元亨利贞四字合起来解说，其中虽然没有直接出现亨与贞字，但已把亨与贞字的意思包括在内，如"能以美利利天下"，这就是说亨（通），"不言所利，大矣哉"，就是说贞（正）。

下面又说：

> 大哉乾乎，刚健中正，纯粹精也。六爻发挥，旁通情也。时乘六龙，以御天也。云行雨施，天下平也。

---

① 十三经注疏整理委员会：《论语注疏（十三经注疏）》，北京大学出版社2000年版，第1—2页。

这几句文本没有出现元亨利贞，但在内容上仍在解说元亨利贞。"刚健中正，纯粹精"是说元，纯粹代表着元始。"六爻发挥，旁通情也"，旁通就是广通，这是说通。"时乘六龙，以御天也"是说利，把利解释成具备了充足的条件。"云行雨施，天下平也"是说贞，平就代表了贞（正）。

其下又说：

> 君子学以聚之，问以辩之，宽以居之，仁以行之。

这是说君子与元亨利贞的关系。君子是学《易》知《易》而能用《易》的人，他的学和问就是对元亨利贞的学习与钻研。聚与辩则说明君子如何学习钻研《周易》，聚指积聚，辩通辨，指分辨，前者是积聚有关《周易》的知识与认知，后者是分辨《周易》的深奥之理。"宽以居之"与"仁以行之"，是学习钻研的进一步发展。宽以居之，是说君子在学习钻研《周易》期间，不急于求成，不汲汲于名利，而是用宽的心态来从事学习与钻研。

对此可以参考《礼记·学记》的说法："大学之教也，时教必有正业，退息必有居。故君子之于学也，藏焉修焉，息焉游焉。"与小学相对而言，大学是高层次的学习。在大学的学习，强调退息必有居，注谓"有居，有常居"，有常居才能随时退而休息，这说明学习不是只学不休息，学习与休息相结合，才能使学习持之以恒，这就是宽的内涵之一。除了必要的休息，还要在学习期间有藏、修、息、游，藏是指怀抱之；修是习，如同自习复习；息就是上面说的退息之息；游如同今天说的散步，在散步中并不停止与学习有关的思考。修、息、游都是宽的表现。

《学记》又说："夫然，故安其学而亲其师，乐其友而信其道，是以虽离师辅而不反也。"这是说宽松的学习环境与气氛，可收到最好的学习效果。安其学，是安心于学习，这是宽的效果之一。其他如亲其师、乐其友、信其道，都是由于宽松才能获得的效果。所以《文言传》说宽以居之，与前面的学和问是不可分割的，都是指君子对《周易》的学习与钻研，只有采取这种宽松的学习方式，才能获得最佳的学习效果。这与《学记》所说可以对应起来，说明这是君子在钻研《周易》元亨利贞深奥道理时必须遵循的方式。

最后的"仁以行之"，也是在说这一问题，指以仁厚之心来践行所学的《周易》及元亨利贞之理。"仁以行之"与学、问、宽三句结合为一，就是钻研学习《周易》元亨利贞的最佳方式。《文言传》一直在说元亨利贞的问题，这里突然出现关于学习的文本，当然不能脱离元亨利贞来理解。

《文言传》又说：

> 夫大人者，与天地合其德，与日月合其明，与四时合其序，与鬼神合其吉凶，先天而天弗违，后天而奉天时。天且弗违，而况于人乎，况于鬼神乎？

这里出现了大人的说法，这是指掌握了《周易》的方法与道理并能付诸实践而取得效果的人，而《周易》的道理之中当然包括元亨利贞的道理，这就说明掌握了元亨利贞之理的人，可以具备与天地合其德等能力，即能与客观事物的发展变化相适应，思想言行都能与之相合，这正是《周易》说元亨利贞之理的用意所在，且与《系辞》说的内容相应，这又证明元亨利贞是对《系辞》的重要义理的具体发明，它们都是《周易》思想义理的重要内容。换言之，乾卦的元亨利贞之理，能让人掌握事物发展变化的规律，人如按照元亨利贞之理行事，由始而通，由义而利，并完全符合贞正之道，以此作为事业之主干，自然就能与天地合德，与日月合明，与四时合序，与鬼神合吉凶，先天后天都不违背天道。所以说，这一段文本是对元亨利贞之理的解说与发挥。

《文言传》又说：

> 亢之为言也，知进而不知退，知存而不知亡，知得而不知丧，其唯圣人乎！知进退存亡而不失其正者，其唯圣人乎！

这里出现了圣人的说法，与前面出现的君子、大人是同一种人，即掌握了《周易》方法及其道理且能用于实际的人，这种人根据《周易》之理（包括元亨利贞）行事，所以能够知进退存亡得丧而不失其正，而这些情况又都与元亨利贞相应，即按照元亨利贞行事，自然就会知进退存亡得丧而不失其正。《文言传》对元亨利贞解说到这一步，就能说明人应按元亨利贞之理行事，如此才能成为君子、大人与圣人。这正是《周易》重视元亨利贞的根本原因。在《周易》的卦中如果元亨利贞同时具备则为大吉，这证明了《文言传》所说不仅适用于乾卦，而且适用于《周易》所有的卦。

乾卦《文言传》对元亨利贞做了充分解说，而乾卦的彖、象又分别从不同侧面阐发元亨利贞之理。彖辞说：

> 大哉乾元，万物资始，乃统天。云行雨施，品物流形，大明终始，六位时成，时乘六龙，以御天。乾道变化，各正性命，保合太和，乃利贞。首出庶物，万国咸宁。

这一段文本说明元亨利贞对万物的作用，最终目标或效果就是使万物各正性命，保和利贞，万国咸宁。而乾卦大象说：天行健，君子以自强不息。这是把元亨利贞用最简洁的话归纳为一句，有一言以蔽之的意味，意谓圣人君子要如天（乾）一样按照元亨利贞之理行事，要以自强不息的精神与态度把元亨利贞之理加以实践、落实，以达到《文言传》和彖辞所说的要求和目标。这就是《周易·乾卦》的基本精神，即以元亨利贞为核心，是圣人君子用来指导一切事务的根本原理。

根据乾卦《文言传》等文本对元亨利贞的解说，可以从中梳理出更多的思想内涵，这是从文本分析进而探讨其中思想义理的尝试，由此可以看出《周易》元亨利贞四字之理的深刻丰富内涵，以下对这些思想内涵稍作疏解。

元亨利贞之理，首先是首出首始的思想。据古人训释，元为始，所以中国古代有元始一语，元始即初始，事物的创始。元始又称首始，彖辞说首出庶物，首出就是始出、创始、创出。所以又有开始、首始之语。这些词汇在元亨利贞之理中的意思是一致的，就是强调创始，创始就是创新。这里既有人的主观重视创始的意义，又有自然界客观方面的意义，即万物资始。元亨利贞之理具有主观和客观两面的意蕴，从主观角度讲，圣人君子要有首出创始精神，从客观角度讲，自然界的万物在这种客观天道的支配下得以资始，它们都能各按自己的本性开始自身的生命过程，生存生长以完成此过程。换言之，万物自身也有首出创始精神，这是它们生命的反映和体现，而人类作为自然界的一部分，应当尊重非人类的万物生命的始出创生与生成权利。

元亨利贞又有万物平等的思想。从逻辑上讲，首出创始的思想就已经开启了万物平等的思想。人与万物都有权利创新创始、首始生成的天然权利，故在自然之物的意义上，人与万物就是天生平等的，没有高低贵贱之分，没有谁能自称自然界的主人。在自然界，谁都不能做主人，大家都是自然界的成员，权利平等。从这种先验平等精神出发，人类应该自省，不能自以为是自然界的主人，为所欲为，不顾其他万物生存生成的权利。所以说《文言传》说"元者善之长"，从元的思想中推出善的思想，而善的思想中最重要的一项就是万物平等。

古人用天指称自然界，就是要人保持对天的畏惧。天（自然界）是人及万物生存生成的环境，人不能成为这个环境的主人。万物平等的思想自然就有人非主人的思想，所以《文言传》说"云行雨施，天下平也"，这里就有在自然界的云行雨施面前天下万物都一样（平等、同等）的意思。

《文言传》又说"六位时成，时乘六龙，以御天"，御天的御是指行，御天不是控制天、统治天，而是行于天中（元亨的亨，义为通，通与行之义相通，可知亨通中包括通行之意，而行于天中，就是这种通行之一）。行于天中，就是活动于自然界之中，这里强调时成和时乘六龙的时字，正好证明人对于天只能利用其时（即天时天势，自然界的形势、时机），不能随意胡作非为，一定要遵守天之时势。彖辞说："万物资始，乃统天。"统天也不是统治天或控制天，而是万物统于天，受天的控制和支配。对古代文本，现代人一定要先把它本来的意思弄明白，才能正确理解其深层思想，若把基本文义理解错了，就会离题万里，错误百出。

元亨利贞之理又重视和，而且是广义的和，不是仅指人际关系的和，《子夏传》："利，和也。"孔氏《正义》："使物性和谐各有其利，以嘉美之事会合万物，以义协和万物。"《文言传》："利者义之和也"，"利物足以和义"。"夫大大者，与天地合其德，与日月合其明，与四时合其序，与鬼神合其吉凶。先天而天弗违，后天而奉天时。"《彖》："各正性命，保合太和，乃利贞。"这些文本本来是分散的，但要综合起来才能看出是强调人与人、人与天、人与万物都要相互和谐，以嘉美之事相会合，以正义协和万物，以义与利相和，使人、万物、自然界都能各正性命（指各种事物的本性与生命），全部事物相互之间达到保合太和的境地，这样才是最大的利（利益）和贞（正义）。可以看出，人天和谐包含两个层面的意思，一是相互之间的和谐，一是各自本身生命的和谐（物性和谐、各正性命），换言之，万事万物及由此组成的自然界都有"他与自"的和谐问题。元亨利贞中的人天和谐，就是要使这两方面的和谐都达到美满。

《文言传》强调大人与天地、日月、四时、鬼神相合，也是人天和谐思想的反映。并且不仅仅是大人要如此，整个人类都应如此。所谓大人、圣人、君子，是整个人类的优秀代表，代表全人类的根本利益和长远利益，是这种利益最正确的代表者。所以大人与天地、日月、四时、鬼神的相合和谐，实质上是整个人类与自然界（鬼神也是自然界中的一种事物，是人的能力不能看到、听到、感知的事物，不是民间所理解的鬼神）的相合与和谐。

人天和谐的思想，还有一点需要点明，这就是《文言传》说的"六爻发挥"，和象辞说的"六位时成"。六爻即六位，是《周易》的专门用语，对此要理解为这是用来比喻人类社会具有不同位置的概念，照现代的概念看，六位、六爻等实质上就是各种社会分工。它们的发挥与时成，是指人们在不同的社会分工位置上各自发挥能力与作用，相互合作配合，遵照自然界的时势机遇与环境等，为人类社会和人天的相合与和谐做出自己的贡献。这是人与人之间的相合与和谐，从整体上看，是人天之际的和谐。

元亨利贞还有相通沟通的思想，这由元亨利贞的亨字体现。亨字非常重要，古人的训释非常简单：亨，通也。后人使用亨通一词，有通俗化的倾向，如说官运亨通、财运亨通、事业亨通等，这都不能代表元亨利贞中的亨通之义，但也反映了亨通之义的一些侧面。亨与元的关系最紧密，所以孔氏《正义》说："始生万物而得元始亨通，必有始才会有通。"事物一旦创始、首始、开始，马上就有亨通与否的问题。若不能亨通，则创始、首始、开始的事物就会半途而废，不能完成它的生命过程。《系辞》说"穷则思变，变则通，通则久"，可以证明这一点，所以说亨通之义大矣哉。

亨通之义又不仅如此，孔氏《正义》："当以嘉美之事会合万物，令使开通而为亨也。"可见亨通与嘉合和谐又有紧密关系。这是说明如何亨通，或云这是亨通的条件。如果人与人、人与天能嘉合和谐，事事物物就能亨通。现实之中人们行事多遇不通难通之障碍，就是因为人与人、人与物不能嘉合和谐。所以人与人、人与物应该相互嘉合和谐，使大家都能亨通而成功。所以《文言传》说："亨者嘉之会也。"嘉之会，既是条件，又是结果，即能够嘉合和谐，人人都能亨通，于是皆成嘉美之事，这就是嘉之会。这是亨通的第二义。

亨通的第三义为旁通，即《文言传》所说："六爻发挥，旁通情也。"旁，广也，故亨通必须旁通广通，不能只求自己的亨通，不管别人的亨通，甚至破坏别人的亨通。元亨利贞的亨通乃是万物的共同亨通，全人类的共同亨通，不是一个人、几个人、一个民族、一个地区、一个国家等的局部亨通。《文言传》说："天下平，以美利利天下。"强调的是整个天下的利益，而不是哪一个人的利益，所以亨通必然是全天下的共同亨通，如此才能称为旁广之通。圣人、君子、大人对《周易》的掌握、理解与运用，按照元亨利贞之理，不是只为自己，所以他们是整个人类的优秀代表，代表着整个人类的共同利益，这就是旁通精神的体现。

《文言传》又说："君子仁以行之。"象辞说："各正性命，保合太和，乃利贞。首出庶物，万国咸宁。"行之的行，不是个人的践行，而是在天下的推行和实行，否则不能称为君子、大人和圣人。这样的行才能称为仁。行的目的是使万物各正性命，全都保合太和，最终使万国咸宁，这就是旁通广通思想的最终目的，也是它最大的思想价值。

将以上三义合起来看，就是一种开放的交通和沟通。若只为一己之通，就不是开放的亨通。若只为个人的亨通，就不会与人和物交通或沟通，也就称不上开放与旁通。没有开放与广泛的沟通，就不会有个人的亨通，更不会有全人类的亨通。

义利统一，也是元亨利贞的重要内涵之一。元亨常常连用，利贞亦常常连用。利贞就是通常所说的利与义，但贞字还有其他意思，所以又不能简单地把利贞与利义等同起来。人们常因孔子说"君子喻于义，小人喻于利"，而误认为儒家只讲义不讲利，这是对孔子的极大误解。君子喻于义，是指君子对于义利关系有正确的认识（喻），不会在求利时忘了义，行不义以求利。小人则不明白义利关系，只顾利而不顾义，所以说小人喻于利。在元亨利贞中，把儒家的义利关系讲得更加清楚和明白，不用担心产生误解。如《子夏易传》训解利字之义为和，这不是子夏独出心裁的解释，而是中国古代文字的本来含义。

《说文解字》解释利字："铦也。从刀，和然后利，从和省。"可知古文利字本来是由和加刀而构成的字，后来人们书写时省掉和字中的口，写成了利。子夏训利为和，实为利字的本义，后来才引申出锋利、铦利、利益等义。利，和也，说明古代中国人以和为最大的利、最重要的利，没有和的利，就不是真正的利。孔子说和为贵，就是出于这种理念。后来学者把利与义对立起来，搞不清楚利与义的实质关系，不敢讲利，只空谈空洞的义，把利字理解为不是光明正大的东西。

利之和或和之利或和与利的关系是怎样的？这里说的和究竟是什么含义？必须根据元亨利贞的内涵才能阐释清楚。古人对元亨利贞的训释不是凭臆乱说。孔氏《正义》说："使物性和谐各有其利。"又说："当以义协和万物，使物各得其理而为利也。"这是利和之和的第一层意思，盖谓使物性和谐（此指每一物自身的和谐）、以义协和万物（此指以义为准则使万物相互之间达到和谐），本身就有两方面的含义。因此可知利和之和，必须符合正义（理）而使物得利。这与一般理解的一团和气、和和气气根本不是一回事，后人或俗人常把这种利和之和庸俗化，这是必须根据古代典籍的文本及训释加以澄清的。所以《文言传》说："利者义之和也。"用

109

义把利与和关联起来了，因此元亨利贞中的利必须与和、义合起来解释，不可只说利，也不可只说和。儒家所讲的义与利，本来就是包含这三个概念为一体的。人们在这三字上面有许多误解，故在此不得不专门加以阐释。

从另一个角度看，利、和、义之间又有另一层关系，这就是《文言传》说的："利物足以和义。"物（人也是物之一种，中国古代的物字本来就有这种含义）在这里是语境里的主体，利物是使物得利，这样的利物，又必须是能够和义的。和义，即是与义相和、相一致，即不可违背于义。这就是利、和、义三者之间的另一层意思。前一句文本的重点在和字上，此一句文本的重点在利字上。强调利必须与义相和，这样就可以看出和字的另一层意思：和是使利与义相和谐而不相矛盾。这对理解古代儒家讲的义利关系，有非常重要的意义。不明白利、和、义三者的相互关系，就不会明白儒家讲的义利关系之和谐和统一，也就不能正确理解孔子说的君子喻于义之含义是什么。从这个角度讲，"利，和也"以及"利者义之和也""利物足以和义"，必须综合起来引为君子喻于义的注脚。

义利统一的和谐还有另一层意思，即利与贞的关系。前面提到利与贞常常连用，《文言传》说："利贞者，性情也。乾始能以美利利天下，不言所利，大矣哉。"象辞说："各正性命，保合太和，乃利贞。"都是把利贞连在一起来说，故对利与贞的关系及含义也要阐释清楚。

"利贞者，性情也"，是说利必须合乎贞正（即义），而利与义又皆须合乎物之性与情，而不能与物之性情相矛盾。若相矛盾，则这样的利与义就是违反人性的东西，就不是合理的，也就不再具有实践性和可能性。近现代以来许多思想家往往提倡一种不合乎人性的义与利，虽然也有一定的理由，但从根本上说没有实践性和可能性，因此不能说是合理的和正确的理论。在这一点上，应该借鉴古代儒家的思路，不要受现代学者的影响：他们不注重义理与性情的统一，而走向好看不中用的空中楼阁，成为空洞而虚无的理论。

下面还有一句重要的文本也不能放过，即"以美利利天下，不言所利"，此种境界的利，才是最大、最高明的利，所以《文言传》感叹道"大矣哉"。元亨利贞中明确含有这样的思想，可谓伟大。说利、和、义紧密不可分，这一句是最好的注脚，同时也可以说正因为具有这样伟大而博爱的思想，元亨利贞才有永恒的生命力和思想价值。不过还要注意：一方面具有以美利利天下的伟大思想，同时还明确说出不言所利，马上就可想到《论语》里的话："子曰：'予欲无言。'子贡曰：'子如不言，则小子何述焉？'子曰：'天何言哉？四时行焉，百物生焉，天何言哉？'"元亨利贞所包含的以美利利天下而不言所利，就是圣人效法天之生万物而不言的精神。

道家老子也有类似说法："万物作焉而不辞（此即以美利利天下），生而不有，为而不恃，功成而弗居（此即不言所利）。"又说："水善利万物而不争"，"圣人不自见、不自是、不自伐"。"万物恃之而生而不辞，功成不名有，衣养万物而不为主。"这些说法在道理上与元亨利贞的以美利利天下而不言所利是一致的。作为圣人、大人、君子乃至君主、侯王，都应该懂得这种道理，并应身体力行之。这也就是《文言传》说的与天地、日月、四时、鬼神之相合的大人所要仁以行之者，这是最大的义。由此可知义从来不是空洞的，而是以美利利天下为内容的，是以不言所利为人格境界的，是以仁以行之为实践态度的。所以说元亨利贞之理的义利是统一的、和谐的、可行的、合理的、高尚的，当然也是伟大的。利贞一定要合在一起说，贞正之利，才是最善最仁的利，而同时也使元亨利贞中的善、仁、义、和等有了根据和内涵，而不再是空洞的、虚无的、可望而不可即的、可言而不可行的。这样的利才能达到象辞所说的各正性命，保合太和。

元亨利贞中还有积极进取的思想。人们普遍认为古代儒家具有强烈的积极进取精神，这在《周易》中也有许多说法，为大家所熟知，此不赘述，这里只用与元亨利贞有关的材料稍加说明。

从元、亨、利、贞四字的基本义训已可看出这种积极进取的精神。如《尔雅·释诂》：初、首、基、肇、祖、元，始也。此几字都有始义，综合来看，都表示事业的开端、创始、奠基、首创、肇始、始祖、元初之义，可谓最能体现积极进取和创新精神的词语。后之学者在这方面多有发挥，如范仲淹名句"先天下之忧而忧"，就是元始首始精神的体现，这里面充满了积极进取精神，自不待言。再就亨通二字字义看，有事业顺畅、顺利、通达、通畅、成功成就之义，而使事业能够如此，背后就有积极进取的干事精神。

再就《文言传》所说的看："君子体仁足以长人，嘉会足以合礼，利物足以和义，贞固足以干事。"孔颖达《正义》解释说："以中正之气成就万物，使物皆得干济。""君子能坚固贞正令物得成，使事皆干济。"这都是积极有为的进取精神之体现。

《文言传》又说："君子学以聚之，问以辩之，宽以居之，仁以行之。"参看《乾》卦九三之爻：君子终日乾乾，《文言传》解释"九三"："君子

111

进德修业，终日乾乾，行事也。"这都是元亨利贞中的积极进取精神的体现，所以能够达到大人的境界，而与天地、日月、四时、鬼神相合而不违。

《文言传》又说：或跃在渊，自试也；飞龙在天，上治也；乾元用九，天下治也；见龙在田，天下文明；终日乾乾，与时偕行；亢龙有悔，与时偕极；以及六爻发挥，时乘六龙，云行雨施等，都是表现在国家社会层面的积极进取精神，可知元亨利贞不仅要人努力做君子，还要人努力为国家社会尽力，希望与时偕行，达到天下治、天下文明、天下平的成功，其积极进取精神是全方位的，不是只局限于个人学业德行的修养。联想到《大学》："古之欲明明德于天下者，先治其国，欲治其国者，先齐其家，欲齐其家者，先修其身，欲修其身者，先正其心，欲正其心者，先诚其意，欲诚其意者，先致其知，致知在格物。物格而后知至，知至而后意诚，意诚而后心正，心正而后身修，身修而后家齐，家齐而后国治，国治而后天下平。"与《文言传》说的君子学以聚之，仁以行之，终日乾乾，进德修业，行事自试，与时偕行，上治天下以及六位发挥，时乘六龙，云行雨施等积极进取精神完全一致。

元亨利贞中又有贞正刚健思想。元亨利贞中的贞字非常重要。古人解释：贞，正也，这说明贞正代表人类社会不可缺少的正义。其实利字里已经包含了义，已见前述。而贞则被阐释为："当以贞固干事，使物各得其正而为贞也。"所以贞字又包含贞固干事的含义，故《文言传》说："贞者事之干也……贞固足以干事。"就是这一层面的意思。此外还有更多的意蕴，如《文言传》说："大哉乾乎，刚健中正，纯粹精也。"中正就是贞正，刚健则出于中正，又称刚强，《乾卦·大象》："天行健，君子以自强不息。"用健和强字，与此刚健之义相关。刚健刚强必须以正义为准则，没有正义就不会有真正的刚健。中国历史上惊天地泣鬼神的正义之士莫不具有正气凛然、威武不屈的气质与风范，这就是刚健中正的体现。孟子的名言"我善养吾浩然正气"，即与《周易》元亨利贞中的刚健中正精神一脉相承。

《文言传》用纯粹之精指刚健中正（亦即贞正）的特性，包含了另一层意思：贞之所以正而刚健，根本原因在于它是绝对纯粹之精。精指事物最核心、最本质的东西，可以说是精华、精髓、精粹。把刚健中正说成纯粹之精，是极高的定性。正是由于刚健以中正（贞正，正义）为前提和准则，所以这种刚健就成为《周易》中最为重要的精神，而它又出于元亨利贞之理的贞字，因此可以说元亨利贞包含贞正刚健的精神。从这种精神出发,《周易》又阐发出忧患思想,即《系辞》所说:"易之兴也,其于中古乎?"作《易》者其有忧患乎?忧患思想后来发展为忧国忧民的匹夫有责、敢于担当的精神,都以刚健中正精神为支撑,否则是不可能提出与做到的。

元亨利贞非常强调"时",这是识时知势的思想,是中国古代智慧的重要组成部分,不是仅仅在元亨利贞中有所体现。仅就元亨利贞来看,它主张的"时"最明显的是《文言传》的"时乘六龙,以御天也"。君子进德修业,欲及时也;见龙在田,时舍也;终日乾乾,与时偕行;亢龙有悔,与时偕极;乾乾因其时而惕,虽危无咎矣。以及大人者与四时合其序,先天而天弗违,后天而奉天时,知进退存亡而不失其正者,都是在阐释"时"的含义。

围绕着元亨利贞提出的"时"的思想包括四个方面:知时、顺时、用时、守正。首先是知时,必须了解时势的变化与发展,明确知道目前的时势是怎样的,这是人对时的认识问题。如进德修业及时,通过进德修业而对"时"有所认识,所以强调及"时",如果不知"时",就不可能做到及时,可知及时之中就含有知时。其他如与时偕行、与时偕极、因其时而惕、奉天时等,都以知时为前提。最后说知进退存亡,进退存亡是人的行动,人如何行动一定要根据客观时势来决定,所以知进退存亡的前提仍然是知时。

其次是顺时,时或时势是客观形势、外在环境,人只能在一定的客观形势下存在和活动,知时是前提,在知时之后,人只能顺时而动。所以说与时偕行、与时偕极、因其时而惕,重点是与时和因其时,这就是顺时的意思。人的行动一定要与时,即顺应时势的发展变化而行动。不能超前,也不能滞后,这里强调的是顺时。又说与四时合其序,先天而天弗违,后天而奉天时,亦是强调顺时。四时虽然是说四季,但不能简单理解为季节,而应该理解为客观时势的发展变化有一定规律,不能不认识和遵循之,在此基础上采取行动,这才是与四时合其序。先天、后天中的"天"仍是指客观环境,包括客观时势,人的行动与客观的环境和时势,在时间上或有一定的差异,亦即先天、后天,这种差异,可以是主观故意的,也可以是客观被迫的,但不管怎样,都要遵守一个原则,就是不违天和奉天时。

再次是用时,这是最重要的部分。知时、顺时,还是被动的,只有发挥人的主观能动性,在知时、顺时的基础上有所行动,此称为用时,才会使"时"于人有意义,否则只能是一个旁观者,没有利用时势有所作为,

113

此是《文言传》主张的元亨利贞所不认同的。所谓时乘六龙以御天，就是用时的典型表达。时乘六龙是说在时势允许的前提下利用各种条件或资源进行行动，御天，前面说过，是行于天之意，即在客观环境中进行活动。这一切都以"时"为前提，这里说的"时"字，包含了知时、顺时、用时等含义。中国古代的语言极其简洁，一定要根据上下文及全篇的整体思想进行整体理解，始能充分认知其中的丰富含义。如这里说的时乘六龙的"时"字，就是一个例子。一个字就包含了非常丰富的内涵，不能对这样的文本做简单的理解，必须联系上下文仔细涵泳，才能体味出其中的深厚思想。

最后是守正，用《文言传》的话说就是知进退存亡而不失其正。归纳起来，就是在用时之时不失其正，这是与元亨利贞的贞密切相关的。关于守正有两层意思，一是不失时之正，二是不失行之正。时之正，就是客观时势本来的态势与性质，人在用时之时，必须遵守时之正，既不可认识错误，也不可不顺应之，这都是不失时之正的内涵。先天而天弗违，后天而奉天时，就是不失时之正。而不失行之正，是人的主观方面的问题，知时顺时只是人对客观时势的认识与顺应，用时才是人自身的主观行动。人的主观行动有各种选择，哪种选择正确，合乎贞正、合乎利义，必须经过人的主观思考与分辨而加以取舍，这里就有不失行之正的问题。思考错误，分辨错误，取舍错误，就使选择错误，就使人之行失其贞正，不合利义，此即动而有悔。所以不失其正中包含不失行之正，不能动而有悔。如有时要潜龙在田而勿用，此时若反之而自试或大用，必然失其正。见龙在田之时，不失其正的态度是时舍，所谓时舍就是及时而居的意思。这里的舍不是舍弃，更不是放弃，也不是不行动，而是有限的行动，舍即居，行动的程度仅此而已，还不到自试大用的地步。乾卦六爻之中的每一爻都有时与行的问题，乾卦的爻辞、象辞及《文言传》做的解释，一一阐明了不同时势下的正确方针，这是不失其正的具体例证，可一一体味之。除了潜龙、见龙二爻，又如：终日乾乾，与时偕行；亢龙有悔，与时偕极；乾乾因其时而惕，虽危无咎矣，都是其例，其中说的与时偕行和与时偕极，一个行，一个极，就表示一个可以大行，一个不能再行了。因其时而惕，是时势不利时的正确方针，此时若不惕，则失其正矣。能因时而惕，故能虽危无咎。

元亨利贞中还有天下文明的思想。元亨利贞所说是人与天（天有二义，一是纯粹的客观自然界，一是《文言传》所说"乾元用九，乃见天则"的天则，即客观自然界的规律）、万物三者的关系。天是问题的起源、初始点，中间环节是万物，人是问题的中心与最终目标。人在天之中，与万物合处，人要达到自己的利益目标，不能不重视天与万物。因此形成了元亨利贞的整套观念，但最终是为了人。人的问题，不是一个人的事情，而是全体人，即整个人类的事情。人类是众多的人相处，这就构成了社会、国家、天下。问题由此发展下来，必然就会有天下的问题，也就是人与人如何相处为最佳的问题。据元亨利贞可以看出对这个问题有明确答案，而且是最合乎全人类整体利益的解决方案，这就是《文言传》说的天下文明，也就是要"各正性命，保合太和"。这一思想非常宝贵，直到今天，人类都应该遵循之而不能违背。

孔氏《正义》阐释子夏训解的元亨利贞四字之义时说："始生万物而得元始亨通，使物性和谐各有其利，使物坚固贞正得终，行善道以长万物，物得生存而为元，以嘉美之事会合万物，令使开通而为亨，以义协和万物，使物各得其理而为利，当以贞固干事，使物各得其正而为贞。"这一大段说的物、万物，既是自然界的物或万物，又是人类社会中的每一个人、所有的人。人就是物，这是中国古代文字的本有之义。所以理解元亨利贞，最终的落脚点是人，是人类，当然作为前提的天与万物是不能忘记的，但最终一定要回到人类的事情上来，这正是中国古代思想的根本特质，是与西方哲学不一样的地方。

天下文明（全人类的每一个人都能各正性命，全人类整体则能保合太和），这是元亨利贞对人的问题给出的最终答案，且是最合乎人类根本利益的答案，这就是元亨利贞中的天下文明思想，这是一种极为伟大的人文精神。

元亨利贞又解释了如何实现天下文明的问题，即《文言传》所说："君子体仁足以长人，嘉会足以合礼，利物足以和义，贞固足以干事。君子行此四德者，故曰：乾，元亨利贞。"首先应该明白，古人说的君子、圣人，在哲学上是指最佳的人，换言之，所有的人都应成为这种最佳的人，即君子、圣人。由此来看君子如何如何，就应该理解为：如果人类的每一个人都成为君子，则下面说的体仁诸事就成为全人类的共同行为，这样才能达到天下文明的宏伟目标。就这几句文本看，应该理解为：人们都应该成为君子，按照如下的准则行事，即体仁就足以长人，嘉会就足以合礼，利物就足以和义，贞固就足以干事。所有的人都成为君子而实行元亨利贞四德，所以乾卦说元亨利贞。

《周易》不是单纯的占筮工具，而是帮助人类认识世界万事万物的运动变化及其规律的思想工具，并使人类能够按照这个思想工具进行行动以求得最大利益而不在过程中发生错误，所以要对元亨利贞做充分的理解，就应在这样的前提下对相关的文本进行分析与阐释。据此来看上面的话，其意味是：人们成为君子，就能够身体力行仁义，这样就足以使每一个人都得到顺利的发展和成长（足以长人）；能够以嘉美之事相合，这样就足以使每一个人的行为合乎礼仪（足以合礼）；能够使人和物皆得利，这样就足以和谐于人类道义（足以和义）；能够贞正坚固，这样就足以开展事业并取得成就（足以干事）。所有的人都成为君子而行此四德，就能达到元亨利贞的整体目标。

这里提到的长人、合礼、和义、干事四者，正是人类文明的应有内涵。换言之，人类文明必须使人发展成长达成自己的目标，这是长人之义；必须使人的言谈举止合乎文明礼仪，这是合礼之义；必须使人的行为合乎道义而且能够获得利益，这是和义之义；必须使人贞正强健具备各种能力以开展事业并完成事业，这是干事之义。

元亨利贞还包含有科学研究的思想，这是今天分析元亨利贞相关文本时必须注意的问题。现代人常常以为中国古代儒家不关心科学，把科学发明斥为奇技淫巧，这是莫大的误解。后代学者不能正确掌握和传承古代儒家的思想精神，一些人用奇技淫巧的罪名来贬低和鄙薄人民的科学发明与创新精神①，但这不是古代儒家的本来义。后世儒学者往往只注重讨论与道德伦理的修养问题相关的概念与思想，而把古代儒家思想系统中许多宝贵而有科学精神的内容舍弃不讲，其实已经不能号称儒家学者，只能是在学术上具有通人意识与知识的学者所蔑称的陋儒。在元亨利贞中就包含有非常可贵的科学研究精神，对此不能不予以重视，必须就相关的文本进行分析而挖掘这种深刻而伟大的思想。

《文言传》说："君子进德修业。"又说："君子以成德为行，日可见之行也。隐而未见，行而未成，是以君子弗用也。君子学以聚之，问以辩之，宽以居之，仁以行之。"就这些文本进行分析，就能看出其中的科学研究思想。

进德修业应如何理解？进德是一回事，修业是另一回事。古代儒家要学习《诗》《书》《礼》《易》《乐》《春秋》，即所谓六艺，其中与德相关

---

① 我的老师张舜徽先生撰有《中国古代劳动人民创物志》，系统论述了中国古代劳动人民在各个方面的发明创造，并将历代劳动人民创造发明的历史与功绩写进他的巨著《中华人民通史》，体现了中国古代学者本来就具有的科学精神。人们如果片面斥责中国古代人民的各种发明创造，只空谈空洞的虚空概念，那就从根本上违背了中国古代文化本来具有的科学研究的精神。

的内容，只是六艺中的一个组成部分，绝对不是六艺的全部内容，所以进德是儒家学者所要研究增进的事情之一，而修业则包含六艺内容的其他部分。大致说来，至少有历史、军事、政治、制度、文学、射御等内容，此皆进德所不能包括的。拙作《儒家学习思想研究》一书，对此有专门论述，可以参看。① 可知修业是内容广泛而复杂的事情，是既需要专业素质，又需要科学研究精神的综合事务。而且进德修业不是一时之事，而是一生之事，这与现代人只知道在上学期间通过接受学校教育，从而把自己限定在一个狭隘的专业范围内的修业观念是完全不同的，而且这种修业观还往往把进德之事舍弃不顾，这已成为现代人关于修业与进德的片面观念。

古代儒家说的进德修业是贯穿整个生命过程的事业，是所谓"日新之业"，所以《文言传》说"君子以成德为行，日可见之行也"。这就是强调进德修业乃是每日都要进行的事情，所谓可见之行是指在进德修业之中要有具体可见的行为，也就是每天都要有具体的学习研究之行为。既是整个人生的事业，就不可能一蹴而就，所以有初级阶段，这就是所谓的"隐而未见"，有中级阶段，这就是所谓的"行而未成"。通过不懈的努力，然后才能逐渐到达大成的阶段，也就是"飞龙在天"。在初级阶段，是积累的过程，厚积薄发，然后才有大成的结果。这样的进德修业及其积累，正是符合科学精神的学习和积累，如果不尊重学习和积累的阶段性，就不是科学的态度。所以必须承认在这样的学习与积累之中已经含有科学精神，作为学习与积累的主导原则。

在学习和积累的过程中还必须具备科学研究的精神，所以《文言传》说："君子学以聚之，问以辩之。""学以聚之"是科学研究的前期准备过程，如收集积累资料和信息，这是科学研究必不可少的准备工作。现代社会任何一项科学研究，都需要全面收集与积累已有的研究成果，这就是学以聚之的内涵之一。此外，在一个专业研究里面，需要相当厚实的专业知识，这也是学以聚之的内涵之一。可以说收集已有的研究成果，是外在的学以聚之，而积累专业的知识，则是内在的学以聚之。二者各有其用，相互配合，缺一不可。

仅有学以聚之是远远不够的，因为还没有展开真正的科学研究，只是为科学研究做了前期准备而已。所以还需要"问以辩之"，作为科学研究的主要阶段。"问以辩之"的问，正是中国人说的学问的问，不是简单的

---

① 刘韶军：《儒家学习思想研究》，华中师范大学出版社2001年版。

讯问、请教等义。问指经过深入思考而产生疑问，形成值得进一步研究的问题。现代科学研究在初期进行设计时，一定要提出所要研究的重要问题，并设想一套方案来解决这些问题。如果连问题都提不出，或不能形成整套的问题作为研究目标，就不可能称为科学研究。现代学术研究必须有问题意识，因此现代的学术研究有时又称为研究课题，课题云者，就是包括问题在内以及解决问题的全套方案。而问题的提出，就是问的结果。问又需与辨相配合，思考而提出问题，然后进行思辨，亦即专深的研究，最后解决问题，得出答案，这就是科学研究的完整过程。所以，问既包含问，又包括答。一字而二义，亦是中国古代文字语言的特点之一。

然后是"宽以居之，仁以行之"，前面已有所论及，在这里从科学研究的角度来看，它们也是科学研究必须具备的条件与态度。宽者，从容也，宽松也，就今天的社会状况而言，就是指科学研究不能急功近利，而要以从容宽松的态度（宽松不是放松，不是松懈，而是指不汲汲于功利的良好心态），居（生活）于所要从事的科学研究之中，而不能把所从事的科学研究当作身外之事，更不能将其用为谋取功利的工具。这就是"宽以居之"在科学研究上的意义，也是古人从事科学研究时提倡的从容优柔的宽松态度。由此联想到晋代学者杜预《春秋经传集解序》所言：

> 将令学者原始要终，寻其枝叶，究其所穷，优而柔之，使自求之，餍而饫之，使自趋之，若江海之浸，膏泽之润，涣然冰释，怡然理顺，然后为得也。[①]

"原始要终"，就是《文言传》说的"学以聚之"之一端；而"寻其枝叶，究其所穷"，就是《文言传》说的"问以辩之"之一法；至于"优而柔之""餍而饫之"以及如"江海之浸，膏泽之润"，则是《文言传》说的"宽以居之"之注脚。不论如何说，最终的目标是"涣然冰释，怡然理顺"，然后有得（科学研究的最终成果）。

至于仁以行之，是对宽以居之的补充，二者相辅相成，在文法上亦是对文，即宽仁以居之行之也，盖谓以宽广优柔、仁厚从容的态度从事科学研究工作，居于其中，行（行指从事，又有坚持之义，不离不弃）于其中，与之合一，不分彼我，以科学研究为全部生命之内容，以全部生命投

---

① 十三经注疏整理委员会：《论语注疏·十三经注疏》，北京大学出版社 2020 年版，第 15 – 16 页。

入科学研究之中，此即"宽以居之，仁以行之"之义涵。

《文言传》的文本中体现出来的科学研究精神，让我们想到中国另一部经典《中庸》，其中说："博厚故高明。"博厚即《文言传》说的"学以聚之"，聚的要求是广博而深厚，而高明则是博厚聚之的必然结果，这里面又要有问以辨之的功夫，即问以辨之是使博厚聚之成为高明，是二者之间不可缺少的必然环节。

《中庸》又说："博学之，审问之，慎思之，明辨之，笃行之。"这五项在《文言传》中都能找到同样的说法，可以互为注脚。《中庸》的博学就是《文言传》的学以聚之。《中庸》的审问、慎思、明辨，就是《文言传》的问以辨之。《中庸》的笃行之，就是《文言传》的宽以居之，仁以行之。

《中庸》又说："君子尊德性而道问学，致广大而尽精微，极高明而道中庸。"尊德性而道问学，就是《文言传》的进德修业。致广大而尽精微，就是《文言传》的学以聚之，问以辨之。极高明而道中庸，就是《文言传》说的与天地、日月、四时、鬼神相合的大人，先天、后天都不违的圣人。

元亨利贞本来就包含这种深厚的科学研究的精神，才使元亨利贞成为不刊之理。所以《周易》相信行此四德，就会使天下万物各正性命，保合太和，全都利贞，而更欲推广于世界，达到万国咸宁、天下文明的理想境界。

以上分析了《周易·系辞》与《乾·文言传》的文本，由此可知，对古代著作的文本的分析思考，是一项非常有意义的工作，这要求研究者必须具备相当深厚的古代汉语的训读能力，并能从事细致深入的内涵分析与探索，这样才能把古代著作文本的分析研究做得深入，并且论之有据，言之成理，不至于停留于粗浅的文字说明或一般化的文字注释上，从而使今天的人们能够从古代著作的文本中获得极为丰厚的思想成果。

另一点就是要把表面上看似分散的文本视为一个整体，将它们综合地联系起来加以解读，才能从这些文本中发现远远超过字面意思的内涵。所以一方面分析这些文本的外在形式，另一方面则从文本形式找出解读它们的有效途径，把对文本的解读做得更为深入，这是今天研究先秦诸子著作的全部文本时必须注意的问题，而据以上对《易传》的有关文本的分析，就能充分证明这一点，由此可知分析文本形式与解读文本内容的内在关系与重要作用。

第四章 先秦道家著作的文本形式与传播变化

第一节 文本形式的分析

先秦道家著作以《老子》《庄子》为主。本章重在分析它们的文本形式、传播变化，第五章意在把三者结合起来，解读其中的文本内容。

一、《老子》的文本形式及其特点

第一章已经简单提到《老子》的文本形式，是一种神秘的自问自答式的自言自述体，类似于对话体和语录体，但又不是纯粹的对话体与语录体。要确切把握《老子》文本里的丰富内涵，必须首先看清楚这种神秘的文本形式。

之所以对《老子》的文本形式提出如上的看法，是根据《老子》的具体文本而得出的。以下用一些具体的文本说明这一点。如第一章的文本：

> 道可道，非常道。名可名，非常名。无名天地之始，有名万物之母。故常无欲以观其妙；常有欲以观其徼。此两者同出而异名，同谓之玄。玄之又玄，众妙之门。

这样的文本不是论文体，也不是《论语》《孟子》那种对话体和语录体，而是模糊了说话人身份的一段文本。对话体，是由两人或两人以上进行问答所形成的文本，由于是对话，故有一个中心问题。语录体，是简短的几句话，是别人听到或记得某位学者的几句名言而记录下来的文本，一般都很简短。而《老子》这一章的文本，不是对话体，也不是语录体。因为语录往往对问题说得不完整，也不透彻，但说话人的身份是明确的。而《老子》第一章的文本，说话人身份不明确，所以不能说是语录体；没有两人及两人以上的问答，所以也不是对话体；但又简洁，所以也不是论文体。此章的文本虽然简洁，但谁在说、对谁说都不清楚，所以这种文本具有神秘性。所说的内容也很玄妙，这也增加了神秘性。根据这几点，可以说《老子》的文本形式有如下特点：

一是神秘性，包括说话人与听话人的身份不明，二者处于很不明确的状态中。儒家著作的说话人与听话人，包括文本内容的主体，都非常清楚，如孔子、孟子、荀子是说话人，他们的弟子或诸侯大夫等是听话人；文本内容的主体，不是君子就是圣人，或是治国者，或是从事儒家学习的人等，因此，他们所说的文本都容易找到理解入口。而《老子》的文本在这些方面都非常模糊，从而使这些文本具有了神秘性。此外，文本的内容也有很强的玄妙性，不是人事与国家社会的具体事物与问题，而是非常抽象的概念与问题，所以西方的哲学家如黑格尔就说孔子的教导都是有关伦理道德的老生常谈，而对《老子》他不这样评价。虽然他也说《周易》不像孔子的教导那样紧密结合人生伦理道德，而有一些具有哲学意味的话语，但具体到《易传》来看，仍是讨论人生与国家社会的概念与问题，所以也不像《老子》的文本那样有强烈浓厚的神秘性和玄妙性。

二是完整性，但又非常简洁。如第一章完整地说明了道的问题，这包括道的常与非常、名的常与非常，道与名有关，又由此引出无和有、天地、万物、始、母、观、妙、徼、同出、异名、玄、众妙之门等一连串的神秘性文本，所以说它虽然简洁，却又具有完整性，而这是对话体和语录体不具备的特点。

三是逻辑性，即从道到众妙之门，是沿着一个逻辑延续下来的，是步步深入的，每一步都在延伸，但又统属于一个逻辑，但其逻辑也有神秘性，这是由它的不可证实性所决定的。如说"道可道，非常道"，其中有独特的逻辑，但这种逻辑是不可证实和验证的，所以这种逻辑性又与神秘性相关，是神秘的逻辑。这样的文本，不像《论语》《孟子》《荀子》《易传》等儒家著作所说的事情那么具体可证、容易把握，也不像它们那样，其中的逻辑是可以证实与验证的。

四是多样性，即内涵的解释是多样的。这是由如上的特点，而使这样的文本在整体上形成的又一个特点。由于《老子》的文本具有可多样解读的特点，所以人们对《老子》文本的解释一直都充满分歧，不能统一，且无法找到一个公认的解释与客观的衡量标准来理解这些文本，故可以从完全不同的角度来展开解读与阐释，由此说出非常不同的阐释话语。

第一章最能代表《老子》文本形式的特点，拿这四个特点看《老子》其他章的文本，也无不尽然。如第二章：

> 天下皆知美之为美，斯恶已；皆知善之为善，斯不善已。故有无相生，难易相成，长短相较，高下相倾，音声相和，前后相随。是以圣人处无为之事，行不言之教，万物作焉而不辞，生而不有，为而不恃，功成而弗居。夫唯弗居，是以不去。

这章也有神秘性，一是说话人与听话人是谁不明确，身份不清楚。文本中虽然出现圣人，但与儒家所说的士、君子、圣人相比，仍是不明确的一种人。儒家说的君子或圣人，是从他们自身出发而设定的一种理想人物，从何开始而到君子圣人，是非常清楚的。但《老子》文本中的圣人则不是这样，这种圣人不是从说话人或听话人自身出发而努力达到的理想人物，而是由《老子》的作者设定的能实现他的思想主张的人，这种圣人不是从一般人逐步提升而来的，而是道的化身，道是神秘的，这种圣人就是神秘的，所以《老子》文本中的圣人不是儒家诸子文本中的那种圣人，二者没有可比性。

二是此段文本具有完整性，即从美与恶、善与不善以及有与无、难与易等事物的相对性而说到圣人的处无为之事等，有论证，也有结论，因此是完整的文本，不像对话与语录那样散碎。而所谓的完整性，又表现在各章的完整文本不能简单地合在一起，组成新的完整性文本，即这种完整性又表现为独立性。

三是具有逻辑性，从前半部分的美恶等说起，沿着同一逻辑而延伸到后半部分的圣人之无为、不言等，有始有终，是完整的文本。

四是具有多义性，如何解读美恶等，如何解读圣人及其无为不言等做法，都是可以多样理解的。各章所说的问题不同，但都具有以上四个特点。

又如第三章：

> 不尚贤，使民不争；不贵难得之货，使民不为盗；不见可欲，使民心不乱。是以圣人之治，虚其心，实其腹，弱其志，强其骨。常使民无知无欲，使夫智者不敢为也。为无为，则无不治。

仍然具备以上四个特点，没有明确的说话人与听话人，不是对话体或语录体，不是论文体，文本中的圣人与第二章一样，文本有完整性、独立性、内在的逻辑性、解读上的多义性，如不尚贤的贤、智者、无为等，都会有多种解读。

按照这些特点看《老子》的全部文本，就可看出《老子》文本形式与其他先秦诸子著作的文本形式有明显不同，但可以根据以上说的文本特点把握这种文本的内容。

一是根据神秘性把握这些文本内容的抽象性，即不要把《老子》文本中的各个用语或概念理解得非常具体，不能把这类用语概念说得那么确切。在解读《老子》文本内容时，要注意第一章所强调的超语言性（不可道、不可名）。

二是根据各章文本的完整性与独立性来解读这些文本段落的中心意旨时，对各章全部文本都要加以关注，找出其中的核心要旨之语以及说明这种核心要旨之语的其他文本。判断这种文本关系的要点是各章中经常出现的"是以"一词，《老子》各章喜欢用"是以"联系各章文本的前后部分，"是以"之后是结论性的文本，之前则是理由性的文本。如第二章、第三章都出现了"是以"，其前是理由性的文本，其后是结论性的文本。有的章不用"是以"，而用"故"，其意味与作用是一样的。如第一章用"故"，与"是以"的作用一样。还有的章既无"是以"也无"故"，但据文意，可以理解为把"是以"或"故"省略了，如第五章：

> 天地不仁，以万物为刍狗；圣人不仁，以百姓为刍狗。天地之间，其犹橐籥乎？虚而不屈，动而愈出。多言数穷，不如守中。

此章文本省略了"故"或"是以"，在"其犹橐籥乎"与"虚而不屈"之间是文本前后部分的分界线，前半部分说理由，后半部分说结论。前半部分是天地如何如何，后半部分则是说圣人如何如何，可知此章的文本在"虚而不屈"前省略了"是以圣人"。可知，《老子》有些章虽然没有"是以"或"故"，但这是省略的结果，从文意与逻辑上分析，仍然是用前述理由、后述结论的文本形式，中间用"是以"或"故"连接起来。此种情况还可举出一些例证，如第八章：

> 上善若水。水善利万物而不争，处众人之所恶，故几于道。

居善地，心善渊，与善仁，言善信，正善治，事善能，动善时。夫唯不争，故无尤。

这章的文本从"上善若水"到"动善时"，都是在述说理由，最后的"夫唯不争，故无尤"，是在述说结论。可知在"夫唯不争"句上省略了"是以"或"故"。"故无尤"的"故"，是对"夫唯不争"的结论，不是对"夫唯不争"之前所说理由的结论。又如第九章：

持而盈之，不如其已；揣而锐之，不可长保。金玉满堂，莫之能守；富贵而骄，自遗其咎。功遂身退，天之道。

此章文本的"故"或"是以"当在"功遂身退"句前，从"持而盈之"到"自遗其咎"，都是述说理由，其后是述说结论。

此类例子在《老子》各章文本中还可举出不少，限于篇幅，不一一罗列。就此看来，用"是以"或"故"，正如现代数学中的"因为……所以……"，"因为……"部分述说理由，"所以……"部分说明结论。《老子》各章文本中大量出现这种文本格式，表明这是《老子》文本形式的一大特点，这跟论文体中的经传体不太一样。经传体用要语作为经语，再用更多的文本作传文来解说经语。而《老子》这种"因为……所以……"体，则是一部分文本述说理由，一部分文本述说结论。从这种情况看，"因为……所以……"体也可以说是《老子》文本形式的一大特点，可与上述的四个特点相并列，而这也是理解《老子》各章文本内容的重要依据。

根据这种文本形式，还可发现有些章本来应是一章，如第十八章：

大道废，有仁义；智慧出，有大伪；六亲不和，有孝慈；国家昏乱，有忠臣。

这一章的文本还没有出现结论性的内容，但其下的第十九章：

绝圣弃智，民利百倍；绝仁弃义，民复孝慈；绝巧弃利，盗贼无有。此三者以为文不足，故令有所属。见素抱朴，少私寡欲。

即可发现，第十九章是接着第十八章说的，二章本来应为一章，这样就可看出其中的分界处是在"见素抱朴"句前，其前为理由，其后为结论，可知在"见素抱朴"前本来应有"是以"或"故"。而把此二章合为一章，才符合上述四个文本形式上的特点，即神秘性、整体性（独立性）、逻辑性与多义性。或曰，这里的文本都是说具体可知的社会政治之事，与儒家所说类似，不能说有神秘性。但《老子》文本的神秘性，一是说话人与听话人的身份不明，二是所说内容的神秘或玄妙。就此处的文本看，其神秘性或玄妙性在于作为结论的文本："见素抱朴，少私寡欲。"儒家也述说社会政治之事，但他们的结论绝不会走到玄妙或神秘的问题上来，而《老子》的文本虽然也述说与儒家诸子同样的事，但结论却是儒家没有的神秘或玄妙之言。儒家诸子讲仁义、智、伪、六亲、孝慈、国家、忠臣、圣、智、民利、巧利、盗贼等，都只会就这些事情得出他们的结论，如行仁义、孝慈、忠智等，却不会说到素朴、寡欲、绝学等事情上来。即儒道二家从同样的事情开始论说自己的主张，但最后的结论却是截然不同的，这种不同，不是行不行仁义，而是说到完全不同的事情上去了。

根据以上的分析，可以说《老子》全部的文本形式是有自己的特点的，不仅思想内容与儒家或法家等完全不同，而且其述说问题的方式和形成的文本形式也是完全不同的。而《老子》文本的这种特殊形式，正是用来解读《老子》全部文本思想内容时完全不能忽略的因素，这在研究《老子》文本以及其中的思想内容时，是非常重要的问题，对揭示其思想的内容有着特定的意义。

二、《庄子》的文本形式及其特点

如第一章所说，《庄子》的文本形式是以三言（寓言、重言、卮言）为特点的，人们对此三言有不少解释，说明三言问题是研究《庄子》文本的重要问题。第一章已经解释了什么是三言，这里再归纳一下，以便分析《庄子》的文本形式问题。

简要地说，寓言就是借用寓言故事来说明道理。重言是借助于重要人物的话语或口吻来强调自己的主张。卮言是对自己的主张用大量的反复的话语来进行说明。而三言又是相互重叠着配合运用的，不是截然分开单独使用的，由此构成了《庄子》文本形式的基本特点。同时，三言又与经传体配合着来应用。因为《庄子》文本是论文体，各篇都为论文体，在这种论文体中综合地使用三言，再配合经传体，由此形成《庄子》文本形式的整体面貌。

下面以《逍遥游》为例，说明文本是如何将论文体、三言、经传体综合为一种统一的文本形式的。

此篇开始说的鲲鹏之大、高、远，属于寓言，下面又说蜩鸠、朝菌、蟪蛄、楚南冥灵、上古大椿、彭祖长寿、汤之问棘、冥海天池、大鱼大鹏、斥鷃、宋荣子、列子御风等，都是寓言，但用了这么多的寓言来反复论说大小之辩与有待无待，这又是卮言，到"故曰：至人无己，神人无功，圣人无名"，则是上述一连串的寓言、卮言所得出的结论，反过来说，结论为此篇的核心要旨之语，即属于经，而上述反复使用的寓言、卮言，则属于传。

此篇并不满足于此，在点出核心要旨之语后，又来述说其中的道理，则用了重言的文本形式，如尧与许由、肩吾与连叔的对话，是借助于名人之口来说其理，这即合乎重言的方式，且又反复不已，是卮言形式，宋人适越，尧见神人，惠子、庄子论有用无用等，都是以卮言形式来对此篇核心要语进行阐释，其中蕴含了经传体的论说方式。可知此篇综合运用了三言的文本形式，以阐说"至人无己，神人无功，圣人无名"之义。

《逍遥游》是《庄子》最典型的篇章，其文本形式也最为典型。以此为例，即可明白《庄子》的文本形式的特点，要探讨这些文本中的思想要义，不能不分析这些独特而怪异的文本形式，并且在分析文本内涵时不能受寓言、重言、卮言的内容迷惑，而忘了把握它们阐述的核心要义。在此基础上把内篇各篇中的核心要义把握清楚，并把内七篇作为一个整篇来看待，就能得到《庄子》的基本思想。然后再来看外篇和杂篇，就能看出是对内篇核心要义的进一步发挥与阐释，但多少已与内篇核心要义有所不同，所以说是庄子后学的作品。

《庄子》外、杂篇中最重要的篇章是《天下》篇，近代以来，有不少学者反复专门考察论证《天下》篇的种种问题，但看法并不能统一，其中的原因有很多，但与没有重视《天下》篇的文本形式有一定关系。从文本形式上看，《天下》篇与《庄子》其他篇还有所不同，要专门分析一下。

《天下》篇是论文体，不用寓言、重言、卮言的文本形式，即此一点，就可证明它不是庄子本人所作，而是道家后学的撰作。《天下》篇的论说形式与《荀子》《韩非子》《商君书》一样，都有简洁的核心要语，其余的文本是对核心要语的阐释，属于典型的经传体。这种类型的论文体，是战国时代诸子著作文本形式的主要范式。这说明《天下》篇问世的时代要晚于《庄子》内篇及外、杂篇中的不少篇章，应当是《庄子》各篇中最后成书的一篇。

《天下》篇的核心要语是什么？这要仔细分析篇中的文本才能看出。此篇开始时提出方术与道术的不同，然后对何为方术、何为道术的问题做了一番论说，在此基础上，最后形成一个明确的结论：道术将为天下裂。这一句文本不但是这一段论说的结语，还是整个《天下》篇的核心要语，篇中的其余文本都是用来阐释核心要语的传文。

这一段文本首先提出的问题是什么是道术，这就是原于一的圣王之术。① 这里的术就是学，道术是圣王原于一的神明之学，方术是诸子各家之学，是从一偏来论问题的学，如说他们是"多得一察焉以自好，譬如耳目鼻口皆有所明而不能相通"，皆有所长，但不该不遍（不完整完备），不过是一曲之士，与道术相比，方术就是只知其一而不知其余的学，若偏执于方术之学，最终的结果就是使道术分裂破碎。

开篇第一段文本说明了方术与道术各是什么以及它们的差别，由此推出"道术将为天下裂"的结论，这就是全篇的核心要语，而核心的核心只是道术二字。其他的文本是对核心要语的阐释，因此此篇可以称为"经传体"，而且不用寓言、重言、卮言的方式，是纯粹论事说理的论文体，是与《庄子》其他篇文本不同的文本形式。

把握了《天下》篇的文本形式，就能从整体上完整地掌握此篇全部文本的根本意旨，故对解读《天下》篇的思想内容有极重要的意义。

说到《庄子》文本形式问题，还有一点要注意，这就是《庄子》现存各篇的文本要作为一个整体来看待，虽然各篇的作者不一，成书的时代不一，但在根据各篇文本考察其中的核心要语时，一方面要参考该篇的传文性质的文本，另一方面则要参考其他篇的相关文本，就是说要从整体上综合解读这些文本，当然要注意各篇的文本形式的特点，但要把对文本形式的关注与解读文本内容的努力结合起来，从整体上综合阐释这些文本，才能使文本形式的分析与文本内容的分析有机结合为一体。后面第五章的第二节，在对《庄子》的文本内容进行分析时，会以圣人这个核心要语为例，将《庄子》内、外、杂篇相关文本综合进来进行整体解读。

---

① 此段文本中的天人、神人、至人、圣人都是掌握了道术的人，君子、邹鲁之士、缙绅先生则是未掌握道术的人，只是属于一偏之学的人，只知百家之学的人。文本提到的内圣外王之道，即圣王之道术，内圣外王之道就是道术。这段文本用道术无乎不在、备、配神明、醇天地、育万物、和天下、泽及百姓、明于本数、系于末度、六通四辟、小大精粗、其运无乎不在等语说明道术的完备性、神明性、遍在性，都是阐释道术这一核心要语的传文。

第二节　文本传播的变化情况

一、《老子》在传播过程中的变化

《老子》一直有通行本，主要分为河上公注本与王弼注本两大系统，此二版本在文本上有差异，但整体来看没有根本性的差异。虽然如此，这也从一个侧面反映了《老子》在传播过程中存在着一定的变化。

朱谦之有《老子校释》之作，当时虽然没有简帛本《老子》，但他收集与分析的资料已经非常全面，简帛本《老子》出现后，这些新材料也不能否定他做的分析判断，所以至今仍值得参考。在《老子校释》后，他有一篇《老子史料学》发表在《世界宗教研究》2002 年第 2 期，此文最早刊于 1964 年 6 月《东北学术演讲录》（未正式出版），可知这是他在《老子校释》后的看法，所依据的就是《老子校释》中的分析，这是相当有分量的研究成果。此文说，《老子》在先秦成书，在汉代经刘向等人重新编定，即《七略》所说：刘向雠校《老子》书二篇，《太史公书》二篇，《臣向书》二篇，凡中外书五篇，一百四十二章，除重复三篇六十二章，定著八十一章，上经三十七章，下经四十四章。此处所说是据《道藏》宋代谢守灏《混元圣纪》所引，董思靖《老子集解》也说《老子》是由刘向定著二篇八十一章，之后又由葛洪有所损益，而失刘向所定《老子》旧貌。

据这些资料可知，西汉刘向对《老子》做了全面的编辑整理，后来出土的简帛《老子》在刘向编定八十一章《老子》之前，而刘向所定本就是后来的通行本，之后又分化为河上公注本与王弼注本。

朱氏据《七略》所说，认为汉代刘向整理《老子》时，《老子》版本不是一种，实有三种，即太史公的一篇本、刘向的二篇本和《老子》二篇本，所以才说中外书五篇，即三种的五篇，这说明自先秦《老子》问世后，传至西汉时已有三种不同的版本，其中的章数不一样，有不少是重复的，所以刘向除其重复，只有八十一章了，再在此基础上分为上下二篇（刘向本与《老子》本都是二篇，太史公本一篇，刘向从众而定为二篇）。

经比较就可发现简本还没有分上下篇，是传播过程中的早期版本形式，帛本已分篇，是传播过程中的后期形式。且早期版本在章数上也不全，可知早期版本是不完整的，到汉初帛书本就基本定型了，再到刘向校书时，根据多种不同形态的版本确定为一种形态的版本，这样就成为后来传世的通行本的祖本。这是《老子》最初定型之前的基本情况。此外，西汉时还有严君平的七十二章本，但没有刘向所定的版本有权威性，所以没能在后来传播起来。再后来还有吴澄分的六十八章本，只是个人之见，从全部文本来看，并没有什么差别。

所以朱氏认为《老子》不是一人所能作，后来的通行本是后人不断纂辑成书的，是荟萃多人的材料而成的。这一看法符合历史实际情况。他根据《史记·老子韩非列传》《仲尼弟子列传》及《汉书·艺文志》《战国策》《大戴礼记》《孔丛子》等书中资料分析了《老子》是由哪些人纂辑的，他通过分析史料形成自己的看法，要点是说老莱子晚于老聃，他的著书，据《史记》来看，是得之传闻，即使有所论述，也已归入《老子》今本之内。太史儋在孔子后一百多年，和孔子问礼的老聃绝非一人，说他是《老子》的作者，不如说《老子》经过长期流传，才由太史儋把老聃、老莱子等人的原始材料和他自己的新材料累积而成。总之《老子》开始于孔子之先的老聃，完成于战国中叶。今本《老子》反映了春秋及战国时代的思想，而最宝贵的部分形成于春秋之末。

朱氏说到已有学者如武内义雄认为后来通行的《老子》是由种种材料荟萃而成，但没有注意到所荟萃的原始材料，即《史记》本传中的三位老子著作。朱氏说有两点可以证明今本《老子》是由不同的传本合成的，一是《老子》中多重复语，证明各派所传的本子不同，二是《老子》的最早解释书已不同，这证明各派取舍不同，如《庄子》内、外、杂篇引述老聃的话与《韩非子》的《解老》《喻老》所引老聃的话，看法大不相同。

因此，他认为《老子》在传播过程中出现不同的解释，与解释者依据的《老子》版本不同有关，证明当时已有不同的版本。

朱氏认为，虽然《老子》是纂辑的书，由三种不同的材料整理而成，其中有不同的看法，似乎有内在矛盾，但就大体来看，可以说是相同的。这一看法也非常重要，因为人们只注意不同版本的差异，而忘了它们的共同性。如简本与帛本有差异，简帛本又与通行本有差异，但这些差异不能从整体上否定《老子》是同一部书，其文本表达的主旨是相同的。这是分析研究《老子》版本与文本差异时的根本点，不能因为有几个字的不同，就要否定以往的整体看法。《老子》在传播过程中的变化是次要的，它的共同性是主要的，这是不可忘记的。

朱氏还提出一个非常重要的看法，即《老子》成书与传播过程中不断被他书引用，如《战国策》中魏武侯与颜周引用的《老子》，都是后来的竹简本《老子》所没有的，这有两种可能：一是楚简本不是完本，只是选本；一是竹简本在世时《老子》还没有像后来那样包括更多的文本。这说明《老子》在传播过程中有不同的版本，不同版本的文本有很多不同（这与思想主旨不同不是一回事）。

总之，《老子》问世之后，在长期传播过程中形成了不少版本，文本上也有一定差异，这就是《老子》在传播过程中形成的变化之主要特点。

据朱氏考察，《老子》成书时期有三种版本：老莱子本、老聃本、太史儋本，三种是一脉相承而来的，最后合成一个《老子》。不是一书的不同版本，而是编成此一书时的三种来源。

之后有《七略》中言及的太史公一篇本、刘向二篇本、《老子》二篇本，此一时期还有后来出土的竹简本、帛书本、《道德指归》本。这是同一书的不同版本，与成书时期的三个来源不一样。这一时期的多本，是现在所知道的，估计还有不知道的版本，如简本、帛本都是刘向校书时没提到的，属于民间流传的版本。因为刘向校书时所见的版本，是皇家收藏的版本，与民间流传的版本属于两个不同的系统。

刘向校书时，定为二篇八十一章，从成书到多本流传再到刘向编定，《老子》在传播过程中已有复杂的变化，整体来说是两个系统：皇家收藏系统与民间流传系统。

再后来主要有河上公、王弼、傅奕、范应元四本。王弼本应该是从刘向编定本传下来的，劳健《老子古本考》对大量传世本进行对勘，确认了傅奕本和范应元本与王弼本相近，其他的后世传本则多以河上公本为宗。所以朱谦之认为河上本属民间系统，王本属文人系统。文人系统就是皇家收藏系统，是官方本，经过士大夫润色整理。朱氏认为严遵《道德指归》本与河上本接近，傅奕本为王弼本的发展。刘向校书时没有提到严遵本，可知它是民间本。

除了朱谦之，民国时期劳健《老子古本考》对传世《老子》版本做了彻底清理，搞清楚了唐宋以后《老子》版本的相关情况。劳健《老子古本考》之前有清代毕沅《老子考异》，校对了河上公本、王弼本和《韩非子》所引、《淮南子》所引以及唐开元石碑本和《道藏》中的各本，记录文本异同，但考校并不完备。清末发现了敦煌古写本《老子》残卷，罗振玉收集到六朝写本残卷和唐写本残卷等，将这些写本合起来，只缺第六、

七、八和五十六等章，加上唐代的景龙碑、开元碑、景福碑、广明碑本，共有十五种版本，皆在唐代以前，劳氏据这些版本，参考《经典释文》中的资料，来校勘王弼本，参考了宋范应元《古本集注》等，引征的材料上自《韩非子》，下到宋代陈景元，共三十余家。经过比校诸本，证明傅、范本与王本相近而互有长短，诸唐本多宗河上，但亦有差异，可知实际上只是河上公、王弼两个系统，由此又有不少衍生版本。

还有蒙文通《老子征文》，引了《庄子》《解老》《喻老》《吕氏春秋》《淮南子》《文子》《史记》《汉书》《道德指归》《广弘明集》《文选注》《太平御览》等的相关资料，又参考唐景福碑本、龙兴碑本和《经典释文》中的资料，并与傅奕古本、范应元古本对照，将这些资料收集起来，罗列在《老子》各章正文文本之下。蒙氏与劳健的考证相似，但不如劳健收集的资料完善。蒙氏还有《晋唐〈老子〉古注四十家辑存》，通过不同的注文也能看出不同版本之间的差异。

日本对《老子》也有研究，岛邦男对《老子》版本的考察，成果为《老子校正》，日本汲古书院1973年版。此书对《老子》全部文本进行详细校勘，目的是对传世《老子》全部文本进行彻底校正，从中考察出善本，据善本考定《老子》的正文，并按时代顺序考察其中出现的变化。此书汇集了传世文献中所有与《老子》文本相关的资料，包括三大类：第一类为《老子》征引，即古代各种典籍中引用《老子》正文者；第二类为各种古代文献的注和类书中征引《老子》文本者；第三类为《老子》各种版本的文本，分严遵本、想尔注本、王弼本、傅奕本、河上公本、唐玄宗本六大系统，每个系统都有不同的版本。他认为六大系统出自严遵本与想尔注本两个系统。

岛邦氏对《老子》全文的校勘以《道藏》王弼本为底本，校各本异同与缺佚。为了说明校正的根据，又设注解和校正，注解列出想尔注、王弼注和河上公注的注文，说明注文的异同，又在河上公注末尾附记其出处。校正叙述各本校正的情况，严遵《指归》缺上篇，故引用诸书采引的严注，下篇则可据《指归》校正。他认为《老子》全书每一文字的异同，都与六个系统的各本有密切关系，故据各本校正文字，又列出各书对《老子》的征引，以与各本的校正进行参验。根据这番校正，岛邦男的结论是：

（1）严遵《指归》与王本、傅本比校，可知严本之旧。

（2）想尔本只存上篇而缺下篇，据成书于齐的天宝本而知下篇的经文。

（3）王弼本受河上本的影响而改易甚多，但能据严本、想尔本及傅本而复王弼本之旧，因而，《老子》上篇的校正以王本为定本。

（4）傅奕本也有后人的许多改动与增添，但文本仍有助于校正严本与王本。

（5）只有河上本保存了旧貌，它是据想尔本而改窜的伪书，但其中有不少文字保存了严本、王本之旧，是可参考的本子。

（6）唐玄宗本由想尔本和河上本取舍而成，有不少资料有助于了解想尔本之旧。

总之，《老子》的正文，上篇以王本的校正为定本，下篇以严本的校正为定本。

岛邦氏考察梳理了《老子》由刘向写定之后传播中的变化情况，并根据所能找到的所有资料校正了《老子》的全部文本。

对刘向写定之前的《老子》版本和各本的源流演变，岛邦氏也做了梳理，他认为《老子》不是老聃一人的作品，而是约在300年间由几个人完成的书。到汉代刘向写定之后，在长期传播过程中，全书的文本有了许多变化，有时是有意的改动。其中比较重要的改变，是张鲁为便于诵咏而改动，后由上清道将仇岳编成的伪书当作真的《河上公注章句》，又把河上公注本作为《老子》的正本。到唐陆德明时又以王弼本为《老子》的正本，但陆德明所见的王本已受到河上公注本的影响而有变化。傅奕知道王本已被改动，欲存《老子》古本之貌，故依据严本和王本校定了古本，但后人对此本的改动最多。唐玄宗依据葛玄本并参以河上公本完成了唐玄宗御注本，李约、陆希声杂糅王本与河本，使《老子》文本有了很大变化。宋人对河上公注本毫不怀疑，王本在徽宗政和时期文字谬误甚多，晁公武曾叹几乎不可训读。此后《道德真经次解》的无名氏撰者，根据唐代遂州龙兴观碑的文本与河上公注本对比，录下《异同字》二篇，这是陆德明之后对《老子》校定的开始。南宋彭耜依据徽宗政和御本，比校陆德明王本、河上公注本及其他诸本，而作《释文》，《释文》优于明人的考证，是清人校定《老子》的先驱。

总起来看，岛邦男的研究对考察刘向之后《老子》传本的变化非常有意义，国人对这方面问题的研究还没有到如此细致的地步，所以在论说《老子》在传播过程中的版本变化时，不能不加以参考。

以上根据朱谦之、劳健、蒙文通、岛邦男等人的研究成果，大致理清了《老子》的成书及其后的传播流变，再加上近年来人们关于简帛本《老子》的考察研究，可对《老子》在传播过程中的种种变化情况有一整体的了解。

在传播过程中，《老子》的版本变化当然就引起了文本的变化，这方面的变化，分为两种情况，一是简帛本与传世本的文本差异，二是传世本之间的文本差异。简帛本的文本变化，近年已有不少专门的研究，但它们与传世本不是一个版本系统，所以差别比较大，传世本之间的文本差异，由于同出于汉代的写定本，所以虽有文本的差异，也不如与简帛本的差异大。简帛本与传世本之间的文本差异，不是同一版本系统在传播过程中的变化，而是不同版本系统在传播过程中的变化，根据两个不同版本系统的文本差异，更能看出《老子》问世后在传播过程中的变化之大。

传世本之间的文本变化，可根据陆德明《经典释文·老子音义》、朱谦之《老子校释》、蒙文通《老子征文》和劳健《老子古本考》来了解，简帛本与传世本之间的文本变化与差异，可据刘笑敢的《老子古今》所做的校对来了解。

对传世本之间的文本变化情况，略以蒙文通《老子征文》的资料来做说明。蒙氏在《凡例》中说"本编正文以傅奕《道德经古本篇》为底本，参以范应元《老子道德经古本集注》，择善而从"，如果傅与范互异，用傅则征范，用范则征傅，如果是傅、范之外的他本的文本有差异者，则傅与范并征。《庄子》与《文子》等书中的"老聃言"或"老子曰"与今本《老子》明显不同者，则不征引，没有明说是《老子》言但文句与今《老子》相合或相近者，也加征引。至于为什么不用河上本或王弼本，蒙文通认为河上本与王弼本都没有经过认真校勘，坊间流传的此二本都经后人窜乱，非河、王所用原本，故不征引，而仅征引唐宋所见河、王之本，即傅、范本。

蒙氏《征文》只列各本的文本差异，并不考证判断，这样做更利于后人考察不同版本中的文本差异，由此看出《老子》的文本在传播过程中的变化情况。如第一章，以傅奕本为准，正文是"道之可道，非常道也。名之可名，非常名也"，与通行的河、王本并不相同，主要是多出"之"和"也"字。在《韩非子·解老》篇即作"道之可道，非常道也"，说明后来的傅奕本与先秦《韩非子》的文本相同，而《淮南子》和《文子》则引作"道可道，非常道，名可名，非常名"，但《淮南子》也有引作"道可道者，非常道也"的，《文子》也有作"非常道也""非常名也"的。但他说傅、范并无"之"字"也"字，这就与《凡例》所说不相符合了。因为《凡例》说正文以傅奕本为底本，那么第一章的正文应是傅奕本，是有"之"与"也"字的，怎么又专门说明傅本与范本并无"之"字与

"也"字呢？核对劳健的《老子古本考》，对此二句并没有说各本的异文，朱谦之《老子校释》也没有说各本有没有"之"和"也"字的异文，他们似乎对有无"之"字"也"字并不重视，以为这是虚字，可有可无，而未加关注。其实这并不是一个可以忽略的问题，因为据各书所引，可以看出不同时期的《老子》版本的文本差异。如果《韩非子》引作"道之可道，非常道也"，有"之"字和"也"字，而后来的不少版本中没有此二字，则说明《老子》早期的版本中有"之"与"也"，后来的版本在传播中省略了此类虚字，这就是《老子》在传播过程中形成的文本变化之一例，这种文本变化是由后来的人加以改动的。

第一章接下来二句，蒙氏《征文》作"无名者，万物之始也"，《史记》引用时也是如此，说明这是早期的文本。但《道德指归》中"万物之始"却为"天地始"。如果《史记》是用官府本（刘向校《老子》时有太史公本），则证明严遵《道德指归》是民间本，二者文本差异较大。据蒙氏《征文》，傅、范本都是"无名天地之始"，看来蒙氏《凡例》说的正文以傅本为底本，竟是并非如此的，不知这是什么原因。《文选》李善注也引作"无名天地之始，有名万物之母"，都与《史记》所引不同，而它们都晚于司马迁时的《老子》。帛书本作"无名，万物之始也，有名，万物之母也"，甲乙本同，又与《史记》所引同。竹简本无此章文本，无法比对。但据现有的资料看，《史记》本与帛书本是早期文本，其他传世本是后期变化了的文本，按第一章有无"之""也"的情况看，这又是在后来的传播中被后人改动的。

再看下面的文本，帛书作"故恒无欲也以观其妙，恒有欲也以观其噭"，传世的河、王、傅本"欲"下都没有"也"字，由此可知早期本多有虚字，后来传世本多无此类虚字，当是传播中被后人删去了。

接下来帛书作"两者同出，异名同胃，玄之又玄，众妙之门"（乙本，甲本大体相同），而传世本又与之不同，如王本作"此两者同出而异名，同谓之玄，玄而又玄，众妙之门"（河、傅本大体同）。这种情况同样说明早期本与后来的传世本在文本上有明显差异，后来的传世本被后人改动过。这种情况被刘笑敢称为文本改善、文本趋同、语言趋同等（见他的《老子古今》的导言），我们这里不评价这种传播中出现的文本变化与改动，是优是劣，但趋同之说则不敢从，因为据劳健、蒙文通、朱谦之及岛邦男的研究，后来的文本并不是趋同，而是分歧很多，只是几种常见的传世本如河上公本、王弼本有趋同的情况，傅本与范本流传不广，谈不上趋同与否的问题。但如蒙文通在《老子征文·凡例》中所说，坊间各种河上公本与王弼本皆经后人窜乱，非河、王所用原本，这也是不可否认的事实，所以若据这样的河、王本，也不能轻易下结论。

楼宇烈对王弼注本做了整理研究，即《老子道德经注校释》，由中华书局于 2008 年出版，王卡对《老子道德经河上公章句》做了整理研究，点校本由中华书局于 1993 年出版，此二书可以用来了解现在人们对此二本的认识。

楼氏在《校释说明》谈到这个问题，他认为有好几处王弼的注文与《老子道德经》的原文不一致。用通行本对看，发现《老子》原文也有少许不同，但仍与王弼注文对不上。是否王弼注遭到后人改动了？或王弼做注释时所用的《老子道德经》别有所本？也就是说，魏晋时期的《老子道德经》文本与唐宋以后通行的《老子道德经》文本不完全一样？到 1973 年长沙马王堆汉墓帛书《老子》出土，才得到了解答。王弼注文中与《老子》原文对不上的地方，都可以在帛书《老子》甲乙本中找到相应的原文。可知包括张之象本在内的历代通行的王弼注本中的《老子》原文，都被后人按通行本《老子》改过了，因而出现王弼注文与《老子》原文不一致的情况。这说明王弼注所用的《老子》是一个古老的版本。

这也说明必须对王弼注所依据的《老子》文本进行综合校勘，同时校勘王弼注文，在现在的通行本中，此二者都有不少被后人改动的文本。但楼氏《校释》只校释了王弼注文中的问题，没有根据王弼注文校释《老子》原文与王弼注文不一致的地方，而王弼注文及王弼依据的《老子》正文都有被后人改动的地方，这是两个问题，应该都要进行校释。另外，王弼注的文本中还有许多隐藏的问题，只据各种资料对校还不一定能看出来。如第一章"道可道，非常道，名可名，非常名"的王弼注：

> 可道之道，可名之名，指事造形，非其常也。故不可道，不可名也。

楼氏《校释》分析了"指事造形"应如何理解，对"故"字列出了《道藏》中的《集注》本的异文为"其"。但这一条王弼注文如果仔细读起来，就可发现文意并不完整，即注文中的"可道之道"到"非其常也"，只解释了原文的"道可道"和"名可名"的"非其常"，其下的"故不可道，不可名也"，并不是对"可道之道""可名之名"的解释，而是在说"常道""常名"，但在注文却没有出现"常道""常名"的字样，就直接说"不可道""不可名"，这就与"非其常也"以上的注文接不上，"故"

字也显得没有着落。换言之，"故"不是对"可道之道""可名之名"的总结，而是对"常道""常名"的总结，但在"故"字之前没有说"常道""常名"，就直接用"故"字来做归纳总结，这在文意上就有所欠缺。如果要补足文意，就应当说："故常道不可道也，常名不可名也。"这样才能与前面说的"非其常也"的道与名形成对比。总之，这条注文不能直接从"非其常"的道与名直接说到"不可道""不可名"的问题，中间是有所欠缺的。

现在考察的问题是先秦诸子著作文本的问题，王弼注已不属于这个问题的范畴，所以我们只关注《老子》文本在后世传播过程中的变化与改动的问题，而据楼氏的《校释》，就能证明后世通行的王弼注本《老子》的文本也有不少被后人改动了，至少不是王弼当时所见的《老子》原本。

王卡点校河上公本《老子》，在其前言的第三部分"河上公章句之传世版本"专门说明了河上本在传播过程中的版本问题。据他所说，《河上公章句》自东晋南朝起就广为流传，到唐初已有不同版本，如《经典释文》引用了《河上公章句》的河上本和河上一本，宋谢守灏《混元圣纪》记载唐初傅奕考校《道德经》众本，勘数其字，就有齐处士仇岳家传《河上丈人本》和《河上公》本，字数也有不同，成玄英也有相关记载，而隋代萧吉和释法琳的著作中也引用河上注文，有不见于今本的文字。自此以后，历经传抄、翻刻、校点、节录、引述，其中变化与异同就更多了，相关的版本与文献就有数十种之多，王卡将宋以后的各种版本大致分为六大类，而在这些版本之间存在着很多的文本异同，就是在宋以后的传播中形成的文本变化（包括后人的有意改动和无意改动），王卡根据这些资料做了校点，列出众本的文本异同，由此可知宋以后河上公注本有太多的文本变化。

由以上的研究成果可知，《老子》从成书流传到今天，可分为成书时期、多本时期、定本时期、传本时期四大阶段，每一阶段都有不同的版本（文本差异包括在其中）。这说明在长期的传播过程中，现在所看到的《老子》已与最初的《老子》有了很大不同，这些不同，有的只能根据零星记载进行推断，而不能确实地了解实际的具体情况，这在前三个时期都是如此，而到最后的传本时期，人们出于不同的目的与方法而使《老子》出现了更多的版本与文本变化，其中不少是出于人为的有意改动，有些是人们无意中形成的讹误、倒错、衍脱等。历代学者一直关心这些问题，做了不少资料收集工作与版本和文本的考察校勘工作，为后人留下了丰富的整理研究成果，但其中仍有很多问题没有解决，今天研究《老子》的文本及其内容，对此不能不有所了解，在此基础上才能谨慎地解读现在所能看到的《老子》的全部文本及其内容。

二、《庄子》在传播过程中的变化

《庄子》在传播中的变化不如《老子》复杂，但也有不少问题一直引人注意，而不能彻底解决。如《庄子》内外杂篇之分，与《庄子》的原貌是什么关系，现在三十三篇中被认为是伪书的部分，也未能得到有力的证据而得以彻底解决。所以现在人们研究《庄子》，还是把内外杂篇笼统地合为一体，虽有人只承认内篇是庄周本人所作，但也未必就是如此，外杂篇如果不是庄周本人之作，却一直把它们合为一书，也让研究者不能有效地利用现在《庄子》的全部文本。

吴承仕《经典释文序录疏证》（中华书局 1984 年版）根据《序录》所说，对《庄子》自汉代至唐代的版本变化情况做了梳理，《序录》依据《史记》所载："庄周依老氏之旨，著书十余万言，大抵皆寓言，归之于理，不可案文责也。"所谓"不可案文责"，是说《庄子》的文本大多是寓言，对此类文本不能按字面意思理解，应该看出文字背后的内容。陆德明说道：

> 后人增足，渐失其真。故郭子玄云：一曲之才，妄窜奇说，若《阏奕》《意修》之首，《危言》《游凫》《子胥》之篇，凡诸巧杂，十分有三。

这就说到《庄子》版本的变化情况了，他又说：

> 《汉书·艺文志》：《庄子》五十二篇，即司马彪、孟氏所注是也，言多诡诞，或似《山海经》，或类占梦书，故注者以意去取。其内篇众家并同，自余或有外而无杂。

这说明到郭象时，《庄子》一直是汉时五十二篇，这是官方的著录，按刘向整理皇家图书的情况看，这是皇家收藏的《庄子》版本。但五十二篇内有被郭象认为有许多内容不是《庄子》的，而汉代以来的注家也都"以意去取"，一致的地方是都有内篇，至于外篇和杂篇则看法不同，或存或取，到郭象才整理为三十三篇的版本，即后世流传的版本。而五十二篇本的一些篇章，在郭象三十三篇本中就被删除了，如《序录》列出的《阏奕》《意修》《危言》等篇。吴氏对这一情况做了疏证，认为《汉书·艺文志》著录的五十二篇，并没有分为内外杂篇，《释文》说到班固认为有的章在外篇，吴氏则认为《庄子》书分内外篇，为刘、班旧次，可知汉代《庄子》五十二篇本是已分内外篇的，此即司马彪、孟氏注的五十二篇本。郭象删定为三十三篇，保存了内外杂篇的分类，这是自汉代以来就有的分类。可知自汉代到晋代的郭象，《庄子》只是篇数上有变化，内外杂篇的划分则没有变化。

吴氏还指出，高诱的《淮南子》注说是三十三篇（经核对高注，应是二十三篇），这个材料令人怀疑，因为与《汉书·艺文志》及《释文·序录》不相符。如果只有二十三篇，也明显与《汉志》所记相差太远。高注此文可能是后人根据郭象本三十三篇之数做了修改，而在后来的传抄过程中，又将三误为二，所以这条材料不可据。

吴氏相信五十二篇《庄子》，是班《志》之旧目，可以认为是秦汉间人所为。与现行郭象本相比，多出《阏奕》《意修》《危言》等篇，而据史书记载，北齐杜弼注《惠施》篇，也是郭象本所没有的。

《序录》又分别对郭象之前的注家版本做了著录，其中有：晋代崔譔注本，晋代向秀的注本，晋代司马彪注，晋代郭象注，晋代李颐集解，不详何时人孟氏注，南朝宋处士王叔之义疏，吴氏认为王穆夜即王叔之。

根据《经典释文·序录》及吴氏《疏证》，可知《庄子》自汉代五十二篇本到晋代郭象三十三篇本，一直有内外杂篇之分，但篇数最后被郭象删定为三十三篇。

关于《庄子》版本从汉到晋的演变，情况大致如上，其他学者也有许多考证推测，都不能超出这些资料所反映的情况。在这些资料中，还没有出现真伪的问题，后人则提出真伪的问题，但没有早期的资料做支撑，只能是推测与猜疑，都不足为据，也不可成为定论，与其纠缠于这种不可能论定的真伪问题，不如下功夫好好研读郭象本三十三篇的全部文本，以此为基础来研究《庄子》反映的思想内容。

朱锋《〈庄子〉真伪的考论与思想系统的划分》[《复旦学报（社会科学版）》1995 年第 5 期] 一文认为，人们关于庄学研究的争论囿于《庄子》真伪的考论，为此人们提出不少方法与见解，但他们是带着先见着手考据。因此他认为，带有主观性的考据不能作为庄子思想研究的起点，从自身的主观前提来考论，难以给庄子研究以坚实基础。因此，《庄子》研究应从文本出发，从文本中的矛盾入手，划分出四个思想系统，以此作为切入点，对这些思想系统进行研究，这样就可避免庄学研究中因考证结论的不同而引出的《庄子》思想研究的争论。至于他根据《庄子》文本所分的四个思想系统，则不一定是定论，但从文本出发来考察文本反映的思想，则是很有道理的思路，值得肯定。

对《庄子》全部文本进行综合分析解读，考察内外杂篇中相关文本在论述同一个主题时的异同，辨别庄子本人对一些问题的原初看法以及庄周后学在庄子思想基础上引带出的后发思想，这是从文本出发研究《庄子》思想的正确途径。后面第五章第二节考察《庄子》内外杂篇中与圣人有关的文本，来辨明庄子本人及其后学在圣人问题上的不同认识，是用文本分析方法探讨庄子思想的一个示例。

此外，自宋代王应麟起，人们就不断搜集《庄子》的佚文，但既然从五十二篇删减到三十三篇，在各种古书中引用的《庄子》文本必然会有超出三十三篇者，则人们搜集的所谓佚文，也不足以证明就是郭象本三十三篇的佚文，所以也不能用所谓佚文来否定现存的郭象本。郭象本有唐代成玄英的疏一直流传，这说明《庄子》的版本自郭象删定以来，就没有多大的变化，是最稳定的版本。现在研究《庄子》，只能以郭象三十三篇本为准，其他的材料不足以改变三十三篇本《庄子》的文本及其内容。

近年人们的研究有所深入，对探讨《庄子》版本的演变也有一定启示。如黄华珍《庄子音义研究》（中华书局 1999 年版），是对《经典释文》中《庄子音义》的综合研究，在考察《经典释文》不同版本的基础上，探析了其中《庄子音义》的相关情况，他相信能通过《庄子音义》探索《庄子》五十二篇本。另外，参考《经典释文·序录》等古籍中关于《庄子》篇目结构变化的记载与线索，就能以《庄子音义》出发来探索复原《庄子》五十二篇本。这是很好的设想，但如吴氏《疏证》所考，只能得知有些篇章是郭象三十三篇本之外的篇目，而《庄子音义》引用的各家注与音，也非常零散，再加上人们对《庄子》的辑佚，将这些资料全部综合起来，也不足以完整考察出五十二篇本的本来面目，想由此来复原五十二篇本，恐怕是无法完成的任务。

中国台湾学者刘荣贤《庄子外杂篇研究》（台湾联经出版公司 2004 年版），考察了《庄子》成书后的流传演变情况。他认为外杂篇的研究应以段落为单位，一方面考察外杂篇材料产生的时代，另一方面考察外篇与杂篇的不同，在此基础上考察内外杂篇材料的移易分合及其分类，但又认为《庄子》书中材料的分合不足以影响内外杂篇的基本结构，这样的思路似乎自我矛盾。他的主要目的是想证明外杂篇的材料以无君、黄老、述庄为三大宗旨，但这样分析外杂篇的思想内容，似乎还没有深入全部文本的内部之中以求获得这些文本反映的思想内容，且外杂篇与内篇又有什么关系，也没有专门探讨说明。

据上所述，《庄子》在传播中发生的根本变化是郭象从五十二篇本删定为三十三篇本，由此就成传世的通行本，配合成玄英的《疏》及《经典释文·庄子音义》的有关材料，成为人们研究《庄子》的基本材料与对象。《庄子》对中国文化的影响，也是由三十三篇本所造成，五十二篇本几乎没有什么影响。所以现在研究《庄子》只能依靠三十三篇本，对五十二篇本的探索，不能成为《庄子》研究的主要问题，对外杂篇文本的移易分合的探讨，不足以影响内外杂篇的基本结构，而专门的探讨也对整体研究《庄子》全部文本及其思想内容没有多大意义。

《庄子》在传播中除了版本变化外，还有文本的变化，这方面的情况可由《经典释文·庄子音义》的记录来考察，又可根据郭庆藩《庄子集释》和王先谦《庄子集解》等著作了解其中的情况。以下略以三者示例一二，以见其概。

《庄子音义》记录了隋唐之际一些《庄子》版本在文字上的异同，对了解当时的《庄子》文本的情况，颇有帮助。

如《庄子音义》记载逍遥亦作消摇，可知这是一个双声叠韵词，具体写成什么字形，没有固定规定，所以字形上会有不同写法，但这不影响对这个词的理解。既知它是双声叠韵词，则又不可分开来解释，如成玄英《疏》提到顾桐柏、支道林、王穆夜的相关解释，都是把逍与遥分开解释，其实应该根据该篇的文本解释逍遥，既不能分为二字来解释，也不能脱离全篇文本来解释。如郭庆藩认为：逍遥二字，《说文》不收，作消摇者是，其根据是其他古籍中有作消摇的例子。但此二字既为双声叠韵词，各书作消摇或作逍遥，都是有的，不能据此类资料确定必须作消摇而不能作逍遥。如他引《文选》注有作消摇的例子，但同样是《文选》注也有作逍遥的例子，正误难以遽定。且不管怎么写，二字组成的这个词的意义，则是无法动摇的。所以此类追究文字写法的考证，对研究《庄子》的文本及思想内容，没有多大意义。

《庄子音义》所载多为各本异文，此类异文在清代乾嘉学者看来大多是声近声同之假借字，如北冥的冥，本亦作溟，北冥即北海。各家有不同解释，如嵇康："取其溟漠无涯也。"梁简文帝："眢冥无极，故谓之冥。"东方朔《十洲记》："水黑色谓之冥海，无风洪波百丈。"冥与溟即假借字，作为海之名，似乎作溟比较恰当，但也不一定，因为二字的意义也非常相似，所以当作哪个字，是没有硬性规定的。此类异文，在《经典释文》中记得最多，这也是古代书籍传播中普遍的现象，不是《庄子》特有的文本变化。人们正是读古书多了，多见此类文字假借，所以看到很多字都知道是假借，而不会直接照字面来解释。此类在《庄子音义》中还有不少，如何厝的厝又作措，相吹的吹崔本作炊，所冯的冯本亦作憑，杯崔本作盃，济本又作齐。

也有一些异文不是假借字，确实是不同的两个字，如鲲，崔譔认为，鲲当为鲸，鲲与鲸都表示大鱼。这并不会引起文意的变化，这类异文对《庄子》文本的理解没有根本性的作用。此类不同的字，有时也会影响文意，如学鸠本又作鷽，本或作鷽。郭庆藩《庄子集释》："崔云：学读为滑，滑鸠，一名滑雕。司马云：学鸠，小鸠也。李云：鹘雕也。《毛诗草木疏》云：鹘鸠，班鸠也。"从一个学字变出若干个字，字形差异也很大，释义也不同，这就会影响到对《庄子》文本内容的理解。

还有些异文表明古代文字演变的问题，如鹏，崔音凤，云："鹏即古凤字，非来仪之凤也。《说文》云：朋及鹏皆古文凤字也，朋鸟象形，凤飞群鸟从以万数，故以鹏为朋党字。《字林》云：鹏，朋党也，古以为凤字。"这说明鹏与凤古音相同，故凤又写作朋或鹏，而朋与鹏也是同音假借字，凤是本字，朋和鹏是假借字。《说文》说朋及鹏都是古文凤字，实际上是说朋与鹏是凤的假借字，从文字本身来说，它们并不是一个字。这一类的异文，已与《庄子》的文意没有关系了，只要知道《庄子》用鹏来表示大鸟就行了，鹏与鲲都是表示大，以与小相对而言。

以上简单考察了《经典释文》所记的《庄子》文本差异，可以看出，在传播中文本出现了不少变化，这为理解《庄子》文本的内容带来一定的困难，虽然其中有些文本变化能说明其变化的原因，如音同音近的假借字，或字形相近的文字变化，或文本字形音义都有变化的一组字，但也有一些文本的差异是完全不同的字，再加上各家对不同文本做的不同解释，都表明在传播中《庄子》文本的变化既多，在理解上也会相应地产生一定的影响。

版本与文本上的变化，当然会对文本内容的理解造成一定影响，但文本的基本情况不会因版本与文本的差异而产生根本性的变化。这一点必须加以肯定。在承认《庄子》整体上没有发生根本性变化的基础上，就能对现在所能看到的全部文本进行深入的整体性、综合性解读，这是研究《庄子》文本及其思想内涵的根本性前提。但在遇到某些不同文本会对文意的理解产生歧义时，则要注意《庄子》在传播中的文本变化情况，利用前人收集和探讨的成果，考察此一文本究竟应做何解，从而为文本的内容解读奠定坚实基础。我们不赞成不对《庄子》的文本做深入细致和整体综合的解读就只据其中某些话语而做无限的引申与发挥的研究方法，因为那样的发挥是与《庄子》的本来意旨不相符的，阐释出来的东西已经不是《庄子》文本所表达的思想，这样就已不是《庄子》研究，而是用《庄子》来讲我们的思想了。

第五章　道家著作文本内容的解读

第一节　《老子》全部文本的核心要旨

　　《老子》的文本表面上看非常多样，但它们既然整合为一部书，则必然都会服从于一个统一的核心要旨。这个核心要旨是什么？很多人都会说是道，如果纯粹是论道，则《老子》就是一部纯粹的哲学书，但《老子》的文本中又有许多地方是说圣人，说圣人对道的根本精神的掌握，并将其应用于国家社会的治理，这就不能以道为《老子》全书文本的核心要旨了。在道与圣人的关系上，圣人为主，道为圣人的思想武器，没有圣人，道是无意义的。因此，可以说《老子》全部文本的核心要旨是圣人掌握道、应用道的问题。换言之，《老子》不是西方那种纯粹的哲学著作，而是完全符合中国古代思想特点的圣人治国之书，道虽然非常重要，但没有圣人，道就是空话。

　　《老子》的道的根本精神是无为，圣人把握了无为之义，应用于治理天下国家，于是在《老子》中，道、无为、圣人就是三位一体了，而圣人是这个一体的中心，道与无为是由圣人来掌握和运用的工具。《老子》说的圣人不是后来宋明理学家说的那种只知个人品德修养的圣人君子，而是与侯王相统一的。侯王分为现实中的不理想的侯王和理想的知道行道的圣人，与圣人相统一的侯王是后一种侯王。《老子》全部文本所说的内容并不复杂，就是这几点，要从整体上综合解读，就必须首先明确《老子》的这种核心要旨。

　　郭店楚简《老子》出现以后，有人说其中有些字与通行本《老子》不一样，要重新改写以前的中国古代思想史。这种看法未免过于夸大个别文本的差异对理解《老子》全部文本的作用。另外还有人讨论楚简《老子》与通行本《老子》的关系，这也不是研究《老子》的核心问题。因为楚简

《老子》与通行本《老子》虽然在章数和字数上有一定的差异，但二者的核心要旨没有不同。换言之，二者的文本所说的思想主张完全一致。无论哪一种《老子》版本，其全部文本的核心要旨无非是将道、无为、圣人（包括侯王）作为一个有机整体来阐述的，将这个核心要旨简要概括起来，就是如下的一句话：圣人（理想的侯王）是掌握了道（道的核心是无为）的道理，并能运用到治国治天下的实践中。《老子》全部文本都是为了说明这个思想主旨，不管分析《老子》哪一段文本，最终都能归结到这个核心要旨上来。以下根据《老子》的全部文本来说明这一点。

首先来看《老子》中说的圣人与侯王是什么样的人。在《老子》文本中，共有二十一章出现了圣人，仔细品味这些章，才能知道《老子》中圣人的含义。归纳起来，老子的圣人包括对己与对人两个方面：

对己的要求很多，如不言，信言不美，善者不辩，功成不居，功成而不处，虚，守中，后其身，外其身，不自见，不自是，不自伐，不自矜，自知不自见，自爱不自贵，不欲见贤，为而不争，不争，守雌，归于婴儿，守黑，守辱，归于朴，去甚去奢去泰，无为无执，见天道，不行而知，不为而成，好静，无事，无欲，光而不耀，终不为大，为无为，事无事，味无味，为而不恃，难事大事作于易、细，不争，知不知，知者不博，等等。有的章既说圣人，又说有道者，有的章通过圣人的话提到社稷主、天下王，柔弱胜刚强，不责于人，不积，为人与人。

对人（民）的要求同样很多，如不尚贤，让民虚心实腹、弱志强骨，为腹不为目，使民无知无欲，使民自化自正自富自朴，使民淳淳，处上而民不重，处前而民不害，天下乐推而不厌，以百姓心为心，为天下浑其心，对百姓皆孩之，救人救物，用为官长，对民不仁，欲上民必以言下之，欲先民必以身后之。

总起来说，圣人对己对民，都是无为不争，柔弱，无欲不知，功成不居，不自是不自见，而又是见天道的人，是有道者，是社稷主，天下王。

还有不少章的文本出现了侯王或与侯王有关的内容，据此可知侯王是守道的人，守道就要无为而无不为；又是得一的人，得一就是得道，而为天下贞，使天下为臣，天下自定，万物为宾，万物自化；又能知止而不殆，以贱为本，以柔弱胜刚强，不做强梁之事，以牝之静胜牡，能功成事遂，百姓谓之自然，这样的侯王就是太上的；是掌握国之利器的人，是治人事天的人，治人就是治民，事天就是遵行大道，能重积德，因此可以有国，可以长久；是治大国的人，若烹小鲜，就是按照道的无为来治国，是以道莅天下的；是治理大邦的人，大邦就是大国，是治民的人，不以死来惧民，这也是无为之治的表现。治民而不能食税太多，治民而不能有为，不然民就是难治的，还有不用什伯之器、舟舆、甲兵等，都是无为之治的表现，第六十章提到圣人，没有提到侯王，但此章说治大国，可知是侯王。

《老子》中的圣人与侯王实际上是同一种人，都是指得道的人、有道的人和守道的人，都是按照道来治身治民治国的人，都是实行无为之治的人，包括柔弱、不争、好静、无事、无欲等，可知《老子》所说的圣人与侯王是同一种人。还要注意：《老子》说的侯王，不是现实社会中的侯王，而是老子设想的理想的侯王，这种理想的侯王，已经达到了圣人境界，因为他们掌握了道，故与圣人相统一。这种侯王就是圣人式的侯王。在这里，侯王与圣人是一个整体。可以说，《老子》说的圣人，就是他设想的理想的侯王，他所说的侯王，就是已经得道而能行道的圣人。

《老子》有的章中没有圣人侯王一类的文本，但对这些章进行整体解读，就能梳理出共同的东西，即从人与道的关系上说明一种特别的人，《老子》用了多种名称：以道佐人主、有道者、能用兵、要得志于天下、要取天下、修之于天下、闻道而行之、善为道者、保此道者、为道的人、无为而无不为的人、修道的人（五十四章的修之就是修道）、含有厚德的人、具有玄德的人、不行不道之事的人、治国而坐进此道的人、治民的人、我道大的人（表现为我有三宝）、能成器长的人、具有上德而无为的人、行于大道的人等。从有道、善为道、闻道、保此道、为道、修道、坐进此道、行大道、我道大、无为而无不为、有玄德厚德、治国治民及得志于天下、修之于天下等事项看，可知圣人和侯王为同一种人。这种人的特点，就是有道、行道、修道、为道、无为无不为、治国治民、取天下治天下。

还有一些章不直接说人，而是说道、善等，综合分析这些章的文本，可看出它们的内容都与圣人侯王及闻道、为道、得道、行道、修道、治国治民、无为无不为等事相一致，这些章可分为两类：

一类是论道（或天之道，或善）及与道直接相关的某些问题，如有无、玄妙、玄牝、谷神、功遂身退等，这些章说的道包括如下的道理：不可道、不可名、无形而不可见、强为之名、独立不改而周行不殆、有与无、反与弱、玄妙、玄牝、冲渊、虚静、复归、自然、上善、不争、功遂身退、功成而不有、为而不恃、长而不宰，道贯穿古今、自今及古而不去，为道纪，人要唯道是从，人从事于道则同于道，人要法自然之道，大道泛而大，万物尊道贵德，为玄德等。这些内容又可分为三个方面：一是说道的特点与本质属性，二是说道的规律与作用，三是说人与道的关系。《老子》说道不能脱离人，所以要从人的角度来看道的问题，这就与圣人和侯王部分的闻道、为道、修道、行道等直接相关，可以说这些没有直接提到圣人或侯王的章所说的道与人的关系，就是道与圣人和侯王的关系。

另一类是论治国治民、治身、无为等事，根据这些章所说，可知这些内容的要点包括：一是人的自身修养，如抱一（即守道）、专气致柔和涤除玄鉴，要做到无身，这样才能寄托天下，要知足知止，要清静冲虚，要如婴儿，要有愚人之心，要昏昏闷闷，要自知自胜，要善摄生，要守柔，要不言，要和光同尘，要柔弱；二是要以道来爱国治民，这就是无为，要为雌和无知，也是无为的表现，治国要不废大道，否则天下大乱，治国要绝弃圣智仁义巧利，要见素抱朴，少私寡欲，绝学，不可以身轻天下，要执大象（大道），天下才会归往，治国的人要知道有道（道之出口），以至柔治天下，要无为，治天下要有道，道为天下母，守其母则不殆，要慎终如始，要不武不怒不与，为人之下，要不争，用兵要为客和退尺，要勇于不敢。

从这里所说的人与道的关系以及道的根本属性上看，都与前面所说的圣人式侯王是一致的。可知《老子》的全部文本都是统一到圣人式侯王的核心要旨上来的。

限于篇幅，不能把《老子》的全部文本一一分析论证以说明如上的看法，但如果把《老子》的全部文本统一起来加以解读，就必须承认其中的核心要旨就是论说圣人式侯王掌握了道的无为精神并能运用于治国治天下，如果不把握这一个核心要旨，《老子》的文本就是杂乱分散的，就是具有神秘性述说性质的文本之集合，但把握了这个核心要旨，就能把这种文本形式的全部文本综合起来加以解读，从而得到其中的核心要旨。把《老子》中的文本分散地拿出来解释，就必然会把《老子》解释得千人千面，不知所云。换言之，不管《老子》的文本形式怎样神秘而与众不同，只要回到文本之中，就能看出这些文本是一个整体，必须综合解读，从中找出核心要旨，而不要被种种话语所迷惑，而不知寻找这个核心要旨。

第二节　《庄子》内外杂篇文本中的"圣人"分析

崔大华在《庄子歧解·自序》（中州古籍出版社 1988 年版）中对历史上《庄子》文本的注解方法做了总结，他认为历史上的《庄子》注释方法可分几类：第一类为义解法，阐释《庄子》的义旨，对字句、名物不求甚解，如郭象《庄子注》、成玄英《庄子注疏》等。第二类为考据法，根据先秦典籍和两汉注疏来考证或校勘《庄子》文本中的名物、训诂、文字等，此法以清代乾嘉学者最为通行，此法于《庄子》难以理解的文本有所疏解，但于《庄子》义旨则未暇阐发。第三类为孤解法，根据自己的独立理解，或选择前人的观点，提出自己认为最合理的解释。第四类为集解法，采录多家的注释，汇集于《庄子》文本下。

崔氏认为这几种方法都不能令人满意，他提出新的歧解法：先找出古代学者们的分歧，再分析导致分歧的原因，如角度或方法的不同、思想派别的不同等。用歧解法兼采义解和考据的长处而避其短处，由此了解历代《庄子》注的发展演变，在此基础上能揭出《庄子》思想的丰富内涵。

崔氏的方法似乎没有提到对《庄子》全部文本进行解读，这是最重要的问题，不应忽略。其实研究《庄子》文本及其内容，当然要参考前人的种种成果，但最基本的方法是紧紧贴合《庄子》全部文本的本来意旨，找出其中表达核心要旨的文本，再分析其他文本是如何阐发核心要旨的。所以不管是用义解法、考据法还是孤解法与集解法解释《庄子》的前人成果，都要加以参考，这样才能把《庄子》全部文本理解透彻。文本的核心要旨是经，其余的阐发性文本是传。对《庄子》的全部文本，不能一视同仁，必须从文本形式的角度分出经与传的不同，才能把《庄子》的全部文本贯穿起来，进行整体的综合性阐释。

限于篇幅，这里仅对《庄子》关于圣人的文本进行分析，即圣人是理解《庄子》全部文本的核心要旨。

一、《庄子》内篇中"圣人"相关文本及其解读

《庄子》所论圣人，包括不同的文本，如神人、至人、天人、大人、

德人、道人等，这是《庄子》文本中有关圣人的第一个特点。此外，《庄子》不同篇中圣人的含义并不相同，因为其中是引用不同学派中的圣人说，如《盗跖》引用了孔子的圣人，故此篇的圣人不是《庄子》的圣人。因此，在分析《庄子》文本中的圣人时，首先要把《庄子》的理想人格的圣人等名称的含义弄清楚，其次则把《庄子》文本中涉及其他学派的圣人与《庄子》所说的理想圣人区别开。

《庄子》文本中的圣人是他设定的理想人格，对这种理想人格之圣人，《庄子》文本中经常会出现相关的阐说，这就是确切了解《庄子》理想人格之圣人的文本依据。《庄子》还有许多地方只提到了圣人等名词，而没有对这种圣人进行解释，对此要将《庄子》中有关圣人的全部文本综合起来加以考释，综合解读。

在《庄子》中，有关圣人的定义，以内篇《逍遥游》《齐物论》为主要依据。《逍遥游》对圣人的说法如下：

> 若夫乘天地之正，而御六气之辩，以游无穷者，彼且恶乎待哉！故曰：至人无己，神人无功，圣人无名。

圣人与至人、神人是同一种人，共同特点是无待，由无待而无己、无功、无名。虽然文本有所不同，但所指的人及本质属性是统一的、一致的，所以应该理解为同一种人，而不是三种人。这是根据《庄子·逍遥游》的全部文本得出的《庄子》关于圣人及至人、神人的基本理解，《逍遥游》的其余文本也都是阐释这种圣人的。如肩吾与连叔的对话，包括其中接舆的话，其中说的神人、之人，都是与圣人、至人、神人同样的人，特点就是无待和无己、无功、无名。把这些文本综合起来看，就能归纳为《逍遥游》的核心要旨。《齐物论》进一步阐释圣人是怎样的人，篇中的圣人都与《逍遥游》的圣人相同。据此二篇，可归纳出《庄子》的理想圣人的特点：

（1）圣人不肯以物为事、不从事于务，表现为：对外在事物存而不论，论而不议，议而不辩。

（2）圣人对外在事物的这种态度的本质，是照之于天而休乎天钧，即一切顺乎自然，不采取人为区别，这与无己、无功、无名完全一致。

（3）《庄子》认为圣人这种态度最为可取，因为它不同于众人的役役于外物，所以能参万岁而一成纯，不像众人那样为外物所累，这说明此篇的主旨是要人通过齐物的思维之路，达到逍遥的圣人境界。

　　此篇还有一处文本提到大圣："万世之后而一遇大圣知其解者"，这里的大圣与上述的理想人格之圣人是同一种人。

　　从《人间世》到《应帝王》，其中所说的圣人，也要与《逍遥游》《齐物论》的圣人合起来理解，如《人间世》说："名实者，圣人之所不能胜也，而况若乎！"名与实本来就不是一回事，不同的事物又有不同的名与实，如果要区分、分辨它们，就会使人的思想混乱，所以《庄子》主张圣人不要纠缠于事物的名与实。所谓的"所不能胜"，是说对于事物的名实之辨，实在是无穷无尽，难以统一，因此要像《逍遥游》《齐物论》中的圣人那样，无己、无功、无名，不纠缠于事物的名与实。《人间世》又说到神人、至人对待外在事物的态度，与前面的圣人、神人没有不同。但此篇又提出了圣人成和圣人生的问题，这不是无己、无功、无名，可知这种圣人不是《庄子》的理想人格之圣人。对《庄子》中的圣人文本，随时要注意具体情况具体分析，不能简单地一视同仁。还有一些文本，虽然字面上出自仲尼之口，如此篇仲尼说的至人，则仍与《逍遥游》说的至人、圣人、神人为同一种人。可知《庄子》文本中的圣人并不都是同一种人，这要根据具体的文本语境来判断。

　　《德充符》中，仲尼说王骀是圣人，特点是不教、不议、有不言之教，与《逍遥游》《齐物论》说的圣人相符，可知这是《庄子》的理想圣人。此篇哀公说的至人是孔子，不是《逍遥游》的至人，应该分清楚，不要混为一谈。此篇无趾说的至人，是得道的人，是《庄子》的理想圣人。而所说的孔子，主张好学和慕教，至人认为这是对自身的桎梏，可知这不是《庄子》理想的圣人。此篇"圣人有所游，而知为孽"一段，说圣人不用知、约、德、工等，对此要靠天鬻，一切顺乎天然，不尚人为。这就是《庄子》的理想圣人，与《逍遥游》《齐物论》相符。

　　《大宗师》说到真人，但先说至再说真人，可以理解至就是至人的至，与《逍遥游》所说的至人无己、神人无功、圣人无名联系起来看，可知与这里说的真人一致，同为得道的人。其后又说这种真人不逆寡、不雄成、不谟士，都是无己、无功、无名的表现，可知这里的真人就是至人、神人、圣人，是知道、得道的人，登假于道，正是说这种人已知道、得道。此篇还说古之真人，其寝不梦，也是在说这种人知道、得道、无己、无功、无名。其中又说到圣人，可以证明真人就是圣人，也就是至人、神人。这里说到圣人用兵，似乎不是无功、无名，但圣人只是不得已而用兵，也是无己、无功、无名的表现。圣人的用兵是不失人心，利泽施乎万世的，与一般人的用兵是为了求功、求名不同，可知圣人虽然用兵，也仍

149

是无功、无名的。此篇又说古之真人，其状义而不朋，其中的不朋、不承、不坚、不华、忘言，仍是无己、无功、无名的表现，其中的与天为徒，指知天之所为的人之所为，要顺乎天道，不与天道相反或对立，所以说天与人不相胜。天与人不相胜，是说人与天不相胜，人不能与天相对立而求胜，这就是顺乎天道，这样的真人与《庄子》理想的圣人是一致的。此篇又说圣人将游于物之所不得遁而皆存，物之所不得遁而皆存和万物之所系而一化之所待，都是说道本如此，而理想的圣人不游于物而游于道，要与道相符，不再役役于物，仍是无己、无功、无名之意。此篇又说有圣人之才而无圣人之道，有圣人之道而无圣人之才。有圣人之道，就是得道；圣人之才，是有才而未得道。后面说的撄而后成者，就是已得道的圣人。这种人，物已经不能触犯和干扰他。宁，就是无己、无功、无名的境界。撄而后宁，是不受物的约束控制，不为物累，这就是所谓的宁，仍与《逍遥游》的至人、神人、圣人是同一种人。

《应帝王》说圣人之治，要求圣人必须做到正。圣人的正，就是与道相符，否则就是不正，可知圣人之治的正，就是指不逞人为的无为，仍然是《逍遥游》里的无己、无功、无名，可知圣人之治，就是人按照道的无为原则来治天下，这样的人就是《庄子》理想的圣人。圣人治天下，如同用兵，也是不得已而为之，这仍然是要与道的无为相符的。现实的帝王费心劳力治天下，不与道的无为相符，所以不是确乎能其事，因此就不是圣人按照道的无为所达到的治。圣人之治天下，重点是说按道的无为来治，是顺乎天道的治，故与无己、无功、无名本质是一致的。从这个意义上说，《老子》的无为而治，不是不治，而是无己、无功、无名的治。根据《庄子》说的理想之圣人及圣人之治，就可知道无为而治的本来含义。这也可以看出《庄子》与《老子》的相通之处。此篇又论胥易技系，劳形怵心，这是现实帝王的劳形怵心之治，与圣人的无为之治完全不同，根本原因是《庄子》理想的圣人按道行事，如果不得已而来治天下，就会无己、无功、无名，这就是圣人的无为而治，而不像现实的帝王，劳形怵心以治天下。圣人之治又称明王之治，明王即圣明的帝王，他的治是无为而治，这种治，在此篇而言，就是功盖天下而似不自己，化贷万物而民弗恃，与《老子》的"作而弗始，生而弗有，为而弗恃，功成而不居，功成事遂，百姓皆谓我自然，生而不有，为而不恃，长而不宰"是完全一致的。《庄子》与《老子》说的无为之治，仍是要治天下的，所以《天下》篇才会提出内圣外王，而《庄子》内篇要有《应帝王》篇。此篇又说无为名尸，无为谋府，这一段文本说明圣人治天下是体尽无穷而游无朕的，所以能如此，是因为圣人所受乎天，受乎天，就是得到了天道。其中说到无见得，是指圣人并不把自己受于天的道向人们宣扬或炫耀，这才是无为、无己、无功、无名。篇中还提到至人，与圣人是同一种人。既说圣人与天不相胜，又说圣人能胜物而不受伤。天指天道，圣人顺从天道，对世界万物要超然其上，不受它们的约束和限制，所以圣人对万物能不将不迎，能胜物而不伤。这仍与无己、无功、无名、无为相一致。

据上所述，可知《庄子》内篇的圣人是一种理想人格，特点是无己、无功、无名、无为，不肯以事为务，对事物不议、不论、不辩、不教、不言，不尚知谋、工巧，一切顺乎自然。

二、《庄子》外杂篇中"圣人"相关文本及其内涵

在此基础上再看外杂篇的圣人、真人、至人、神人、大人、天人等文本，就可以根据文本分析这些名称的特定含义，再与内篇的圣人相比较，就可看出外杂篇的圣人与内篇的圣人并不完全相同，而是由庄子后学加以发展和变化的。

《庄子》外篇各篇的圣人，有的时候是说儒家的圣人，有的时候是说道家的圣人，这比内篇的圣人，在内涵上有了发展变化。内篇的圣人，是庄子本人的理想人物之圣人，道家的圣人，则掺杂了老子的圣人思想，是庄子后学加以发挥的思想。这种庄子后学的圣人，会有一些内篇圣人未言及的内容，限于篇幅，这里只说庄子后学的圣人较内篇的圣人有所不同的地方。

《在宥》说圣人观于天、成于德、出于道，与内篇圣人相符，但又说圣人会于仁、薄于义、应于礼、接于事、齐于法、恃于民、因于物，则是内篇圣人所没有的内涵。又说无为而尊者天道也，有为而累者人道也，仍符合内篇的圣人。可知庄子后学对庄子思想，有继承也有变化，不太一致又没有完全背弃。

外篇各篇中的圣人大体如此，这里不一一展开分析①。总之，外篇说的圣人在思想脉络上与内篇一致，但又在内篇的基础上增添了更多的内容，属于庄子后学对庄子本人思想的发挥，这说明庄子学派在圣人的认识上是有所发展的。而所增添的内容，一方面，引用了不少《老子》的说

---

① 外篇及杂篇中的圣人，笔者另有专文进行分析，此处从略。

法，使《庄子》的思想与《老子》的思想混合起来，形成了道家的圣人。另一方面，又有不少内容与后来的道教修行有关，强调虚静恬淡、寂漠无为，是对神仙家的吸收，符合道家向道教演变的轨迹。

杂篇与内篇的思想差别更大，如内篇很少出现老子或老聃，外篇逐渐出现，杂篇出现了关于老聃之道的专门论述，如《庚桑楚》专门论述老聃之道，认为得老聃之道的人就称为圣人，但对这种圣人的描写，与内篇的圣人不一样，表明杂篇的作者对庄子学说已不能严加遵守，而与老聃之道相混合，而且又有一些不同的说法，这与庄子本人的思想有所不同。下面只就杂篇《天下》篇中的圣人文本进行分析。

《天下》篇的核心要旨是道术，具体来说，就是关于圣与王的术，其特点是原于一，而为神明之学。就此与内篇的圣人进行比较，可看出《天下》篇的圣人或圣王之术，不是庄子本人的思想，是庄子之后的学者发展变化出来的新学说。《天下》篇认为这种原于一的神明之学，是最高、最本源的学说，对它有所分割和偏离的就是方术之学。

此篇说的圣与王，本质上统一，但又分成内圣外王，是在内外的不同的表现，与内篇说的圣人相一致，因为内篇圣人在不得已的情况下也要治国治天下，这就是对外为王，但内在的本质是圣，所以说内圣外王。这里所说的圣与王是统一的，是一事之两面，本身也是不可分割与偏离的。所以《天下》篇仍然是沿着内篇提出的核心要旨在发展变化，故与内篇是一个整体，但又有一定的差别，所以要分为内篇与杂篇。

《天下》篇提到圣、王、天人、神人、至人、圣人、君子，从圣到圣人，是同一层次的人，君子是低一层次的人。从这个意义上说，《天下》篇的圣人虽然有不同的名称，但本质上与内篇的圣人相一致，只是又用道术来作为圣人的特有的规定，这比内篇有所发展变化。《天下》篇的其余文本就是对这种圣人及其道术进行论说的传文，这些传文都要与圣王、道术进行比较来加以理解，这是把握《天下》篇全部文本的要点。

后人对《天下》篇的内圣外王有不同解释，并不一定符合《天下》篇文本本来的意旨。如牟宗三《心体与性体》，认为宋明理学是性理之学或心性之学，这就是内圣之学①。由此可知，后世学者解释《天下》篇的内圣外王，是根据自己所研究的问题，为《天下》篇的内圣外王添加了另外的意义。这说明，后世学者对内圣外王的解释，是没有严谨地根据《天

---

① 牟宗三：《心体与性体》，上海古籍出版社 1999 年版，第 3 – 5 页。

下》篇的全部文本，而是根据自己所掌握和理解的其他学说做出的发挥性解释。

要真正准确地把握《天下》篇的内圣外王，以及《庄子》的圣人观念之含义，只能严格地根据《庄子》的文本来论证，不能借外为说，偏离《庄子》文本的本来含义。简单地说，杂篇的圣人比外篇的圣人，与内篇的圣人相比，差别更大，主要特点是混入了老聃之道。《天下》篇认为最符合完备道术的学派，是关尹、老聃学派，而不是庄子的学派就充分反映了这一点。老聃之道对治天下的问题更为关心，这与内篇是最大的不同之处。内篇《应帝王》也谈治天下，但这在整个内篇中不占主要地位，不能与《逍遥游》的圣人及相关治天下的内容相比。内篇的治天下，重点是要远离现实，追求个人逍遥，对治天下的重点是避开而不是参与。这与杂篇说老聃之道的治天下相差很大。而《天下》提出的道术和内圣外王之道，是内篇没有的，也表明二者不可能是同一人的学说。

总之，杂篇的圣人较内篇增加了更多的内容，特点是与后世道家道教乃至神仙家追求长生和身体性命的修养接近。庄子是道家思想发展史上的早期人物，重视的是个人的无为逍遥，不想让外物束缚自己，所以治天下的问题在内篇中是次要的内容，他想通过逍遥解决人生中的难题，不像后世道家或道教在神仙长生思想中寻求出路。

第六章　先秦法家著作的文本形式与传播变化

第一节　文本形式的分析

一、《商君书》① 的文本形式

《商君书》的文本形式比较简单，首先是叙事体，如《更法》篇叙述秦孝公与公孙鞅、甘龙、杜挚三人讨论变法的过程，文中各人所说虽然也有自己的观点与主张，但还不能说是完整的论文，所以此篇是叙事体的文本形式。《定分》篇叙述了公孙鞅与秦孝公的对话，也是叙事体。秦孝公提出如何立法令，使吏民皆明知，用之如一而无私的问题，公孙鞅加以回答，从这个角度看是叙事体，但此篇的文本绝大部分是公孙鞅对这个问题的论说，故从这个角度上看，也可视为论文体。

其次是论文体，如《垦令》篇，所论的中心观点是必须实行垦土令，并为此而论说了相关的各种问题，结论是"草必垦"，是一篇主题鲜明的论文。《农战》篇也是论文体，论国家实行农战政策的好处以及相关的方法，结论是"国之所以兴者，农战也"，"圣人知治国之要，故令民归心于农"。《去强》篇论如何使国家变强，结论是必须重农重刑，国要富，更要强，为此要让国无怨民，以刑去刑。《说民》篇论如何引导民众，结论是要让怯民勇而勇民死，让民所求利者只有一途，即一心从事农战。《算地》篇论让民专一务农，做到垦田足以食其民，都邑遂路足以处其民，山林薮泽溪谷足以供其利和足以畜，这样就可做到粮给而财有余，民作而畜长

---

① 贺凌虚注译：《商君书今注今译》，商务印书馆 1987 年版。以下引用《商君书》均用此本，不详列出版信息。

足，然后让民能够通过参与作战而致功名，同时要用刑禁邪，用赏助禁，这样才能富强。其他如《开塞》《壹言》《错法》《战法》《立本》《兵守》《靳令》《修权》《境内》《弱民》《外内》《君臣》《禁使》《慎法》等篇也是论文体。

最后是经传体，如《徕民》篇，先提出先王制土分民之律，这是全篇的经，然后用秦国的实际情况来说明如何制土分民，此外还引用了齐人东郭敞的事例加以说明。《赏刑》篇先提出圣人治国要壹赏、壹刑、壹教，这是全篇的经，然后对这三者分别阐述，这是全篇的传，在阐释性的传中又引用历史事例，使传的内容更为丰富，加强了对经的解释。《画策》篇的经是主张"以战去战，虽战可也；以杀去杀，虽杀可也；以刑去刑，虽重刑可也"，然后用历史事例来解释经的主张，此篇的主张还有多条，如"制天下者，必先制其民者也；能胜强敌者，必先胜其民者也"，这是经，然后分条阐释如何"制其民"和"胜其民"，从而做到使民从令如流，死而不旋踵。

在论文体中也多用经传体，如《修权》篇首先提出国之所以治者三：法、信、权，然后分别解释法、信、权的含义及其在治国上的不同作用，这就构成了此篇文本中的经传关系。再如《定分》篇的经是法令的问题，对此则从不同角度论说之，这就成为传。如此篇中说"法令者，民之命也，为治之本也，所以备民也"，这就是阐释治国必立法令，且必使吏民"明知而用之，如一而无私"的主张，篇中还有更多的内容来说明这一主张，都可看作释经的传文。

二、《韩非子》^① 的文本形式

《韩非子》的论文形式以单独成篇的论文体为主，各篇都有一定的主题，在不同的篇章中又有经传体的关系；此外还有专门收集和汇聚资料事例性的篇章，此类可称为资料事例体；又有叙事的文本形式，可称为记事体，但在叙事之中也有论述思想观点的内容。以下分开来看这些文本形式的情况。

第一种是论文体，此类的特点是一篇主要阐述一个论点，主题鲜明，

---

① 王先慎：《韩非子集解》，中华书局 1998 年版。以下引用《韩非子》均用此本，只标篇名，不详列出版信息。

所论集中，能形成一个结论，是典型的论文体。如《难言》篇论向君王进言的困难，结论是"故君子难言也，且至言忤于耳而倒于心，非贤圣莫能听"。《爱臣》篇论爱臣太亲则必危其身，结论是明君要防范爱臣，要备不虞。《主道》篇论道和人君之道，结论是明君必须知道守道行道，而后才能治理好国家并保证自身的安全。《有度》篇论明君治国要以法为准，通过奉法而使国强，结论是"刑重则不敢以贵易贱，法审则上尊而不侵"，由此而使国家得到治理而变强。《二柄》篇论明主制臣的两个工具：刑与德，结论是君主要去好去恶，使群臣见素，保证君主能控制群臣。《扬权》篇论君主要按道的精神"去甚去泰，身乃无害"，结论是"权不欲见，素无为也"。《孤愤》篇论智术之士不被理解的愤恨。不被理解故孤，而自己的智术不得应用故愤。《亡征》篇论国家败亡的各种征兆，结论是君主必须能服术行法而兼天下，这样才可称为万乘之主。《三守》篇论人主必须能够三守，而三守就是所谓服术行法的三个重点问题，结论是"三守完则三劫止，三劫止塞则王矣"。其他如《初见秦》《备内》《南面》《饰邪》《解老》《观行》《安危》《守道》《用人》《功名》《大体》《难势》《问辩》《定法》《诡使》《六反》《八说》《八经》《五蠹》《显学》《忠孝》《人主》《饬令》《心度》《制分》《存韩》等，都是论文体。从整体上看，论文体所占比重最大。

第二种是经传体，此类的特点是提出一个观点作为经，然后对经进行阐释，如用历史事例作为传来对经之所论加以解释。论文体中有时也会举例，但都非常简洁，而经传体所用事例则非常详细，这是二类应用事例的不同之处。

《八奸》篇论人臣有八种方法成其奸，结论是君主必须了解这八奸以加防范，保证君权在手，治国成功。《十过》篇论十种过失，是造成君主身危而国家败弱的大害，这个观点属于经，而为了说明经之观点，对十过都列出了具体的历史事例加以证明，而事例就是解释经的传。《说难》篇与《难言》篇类似，论智术之士向君主进言而论说事理的困难，这是此篇的经，而又引用事例加以说明，所以此篇整体上看是经传体，与纯粹论说事理的论文体不同。《奸劫弑臣》篇论奸臣的用心及其方法和危害，结论是明君必须充分了解奸臣的用心及手段，并知如何防范，而使身与国都能安全。其中也引用了一些事例来解释所论的主题（经），故也是经传体。《喻老》篇与《解老》篇不同，《解老》主要是解释《老子》的话语所包含的含义，《喻老》也是解释《老子》的话语之义，但引用很多事例来作比喻性解释，故称为喻，与《解老》注重解释道理有所不同。由此也可理解，为什么同样是解释《老子》，要写一篇《解老》，又写一篇《喻老》。所以《喻老》篇是经传体，所论观点为经，所引事例则为传。

《内储说》《外储说》篇是典型的经传体，因为文中明确分出经与说的部分，在经的部分也是先述总体的观点，然后分释经的不同内容，再用说来对各条的经进行进一步的解说。但在各条的说之中，又汇聚多条事例，这一点与资料事例体相似，但资料事例体所收集的事例，并没有直接用来说明某种观点，即还没有用作解释经的传。

《难》篇是特殊的经传体，其中没有明显的经，而是列述众多的整体，表面上看是资料事例体，其实不然。例如晋文公欲与楚人战而召子犯询问，这一段文本最后的"仲尼曰"，就是其中的经，而前面的晋文公之事，则是阐明经义的传。在形式上，是先传而后经，故与一般的经传体有所不同，但不能因此而看不到它的经传体特点。不过《难》篇各段也有只有事例而无论说者，即不是纯粹的经传体，有的文本则是经与传混在一起，没有明确的区分。所以说《难》篇是特殊的经传体，既不纯粹，也不一致。

《问田》篇也是特殊的经传体，篇中先述徐渠问田鸠的事，又述堂溪公问韩非的话，最后是韩非自己的话，这才是本篇的经，前面的都是传，属于传前经后。

《说疑》篇也是经传体，前半部分主要是论说，属于经，后半部分主要是列举事例，属于传。但后半部分也有论说，属于经，所以整篇看来是经传体，但形式不纯。

第三种为资料事例体，特点是收集较多事例，汇集成篇。如《说林》上下篇，全是不同的事例，收集起来汇集成篇，是典型的资料事例体。《内储说》《外储说》也有资料事例体的成分，但它已明确分了经与说，故列为经传体，而与没有分出经与说的资料事例体相区分。

第四种是记事体，特点是记述某项事情，与资料事例体的不同之处在于记事体所记事项较少，事例体记述事例则较多。如《和氏》篇记述和氏璧之事，又记吴起、商君变法而被害之事，由此说明君主与变法的关系问题。

出现这些文本形式的原因，是战国时期士人为了游说诸侯而论说自己的政治主张，为此要专门撰写有关篇章，由此形成论文体，为了增强说服力，而综合运用经传体和资料事例等，在其著作形成与传播的过程中，又有后人增加进来的篇章与内容，所以又出现了后人所说的真伪问题。

第二节　文本传播的变化情况

一、《商君书》在传播过程中的变化

对《商君书》进行文本分析之前，要对此书的流传情况有所了解。据蒋礼鸿《商君书锥指》（中华书局 1986 年版）的《叙》，《商君书》今存二十四篇，不是全部出于商鞅自撰，且有讹脱。这种情况在古籍传承过程中是不可避免的，虽然其中不免会有法家学者的补充与改动，但此书整体上反映了商鞅的法家思想，则是没有疑义的。所以蒋氏《叙》中说："属辞质直而一律，宗旨贯通而不杂。"就算其中有后人补充改动者，据蒋氏说，"其书必汉以前人所造，非后之浅陋者所能伪为"，故可断定其书"要为近古，不失商君之意与其时事者也"。

民国以来，人们对以前一直完全相信的古籍等多取怀疑态度，也有不少学者认为《商君书》是伪书，这在当时成为一股风气，人们都以能疑古为时尚而趋之若鹜。但同时也有不少学者并不跟风随流，能保持冷静的态度而对古代典籍进行深入而认真的分析研究。台湾商务印书馆 1987 年出版的贺凌虚《商君书今注今译》所附《商君书及其基本思想析论》对《商君书》的真伪问题做了推究，其中提到陈启天在《商鞅评传》第六章第三节 "《商君书》的各篇分析"，将全书一篇一篇地加以分析，认为属于商君自撰的有《垦令》《境内》2 篇，疑为自撰的有《说民》《开塞》《战法》《立本》《兵守》《修权》《赏刑》《君臣》《禁使》《慎法》10 篇，后人节录的有《去强》1 篇，后人推衍的为《农战》《壹言》《错法》3 篇，后人记述的为《更法》《定分》2 篇，后人伪托的为《算地》《靳令》《画策》《弱民》《外内》5 篇，他人撰作的为《徕民》1 篇。

贺氏又综合多人的考察，为全书各篇做了断定，认为由后人记述的有《更法》，疑商鞅自撰的有《垦令》《算地》《开塞》《慎法》，商鞅徒属或法家后学所作的有《农战》《去强》《壹言》《错法》《说民》《战法》《立本》《兵守》《徕民》《画策》《弱民》《外内》《君臣》《禁使》，后人杂凑或记述的有《靳令》《定分》，无法确定是商鞅自撰还是法家后学所作的有

《修权》《赏刑》《境内》。基于这种情况，他认为可把全书看作从战国时代到汉初的商鞅及其后学共同发展出来的学说。

先秦的典籍，经过秦火之后都曾有一定程度的流失或失传，至汉代刘向等人校理群书，对当时还存在的先秦典籍做了一定的清理。据现存一些书的《叙录》看，刘向都会对其中的重复或相似的部分进行合并，并根据相关的内容对篇章做出重编，所以经过刘氏校书之后而定型的先秦典籍，都不可能原封不动地保持本来面目，都有一定程度的变化。所以这些书中的篇章或文本内容，都不会绝对是题名作者的人自撰，而应看作汉代整理之后的改定本。对这种情况，张舜徽在《中国文献学》（河南人民出版社1982 年版）做了专门的说明，认为刘向对这些书籍整理时，有几种情况，一是传抄的来源不一，而形成不同的版本，二是传抄过程中出现不少不同的字，三是古人抄书多取内容相近的篇章抄在一起，四是传抄的古书多无篇题，五是传抄的古书不分章节，六是传抄的古书编次前后不一致，这说明当时保存的图书是一大堆丛杂散乱、编次不同、没有篇题、错字很多的传抄本。刘向等人校书做了如下的工作：广罗异本，仔细对勘；彼此互参，除去重复；校出脱简，订正讹文；整齐篇章，定著目次；摒弃异号，确定书名；每书校毕，写成《叙录》。

这说明经过整理的书，已与原来面貌有了很大改变，不可能再与原来的样子相同。也说明没有经过整理的书籍，就是杂乱无章的，还不能说是具备完整形态的书。汉人整理图书，还包括对相关内容的文本进行合并汇总，重新分出篇章、目次及确定书名、篇名等。所以后人看到的先秦古籍都不是原来的样子，有了很多变化。后人不能恢复先秦古书的本来面貌，只能就刘向等人整理过的形态来看这些先秦古籍。对《管子》《墨子》《韩非子》《商君书》这些书而言，都经过刘向等人的校勘整理，所以后来看到这些书，都不可能是先秦的本来面貌。在此情况下，想确定《商君书》的原貌是根本不可能的。后人关于其书的真伪考察，关于哪些篇出自商鞅之手、哪些篇出自他人之手的考察，只能是猜测，根本不可能真正解决这些问题。正因为如此，对《商君书》的文本分析，不能在所谓真伪问题上过多纠缠，只能对现在《商君书》的文本进行分析研究，由此探讨这些文本所要阐述的思想内涵。

对《商君书》文本进行分析，由此解读书中的意旨，不失为研究《商君书》的基本方法。在对《商君书》的文本进行分析时，参考了贺凌虚的《商君书今注今译》，因为此书吸收了众多学者的研究成果，如陈启天、朱师辙、王时润、严万里、王叔岷、阮廷卓、俞樾、孙诒让等，因此值得加以参考。

二、《韩非子》在传播过程中的变化

学者曾提出《韩非子》真伪的问题，仔细分析后，可以确认其中绝大部分都不能定为伪作，这是分析《韩非子》文本及其思想的前提。对《韩非子》各篇进行完整的文本分析，是为了确认此书的思想主旨是什么及包含怎样的内容，只有经过完整的文本分析，才能全面而准确地把握《韩非子》的思想内涵。以下首先说明《韩非子》的真伪问题。

《韩非子》内容丰富，篇章众多，但今本《韩非子》中的篇章真伪混杂，引起了学者的特别关注。梁启雄《韩子浅解·前言》（中华书局 1960年版）认为，今本《韩非子》中，大部分篇章成于韩非本人之手，也有不是韩非的作品而混入的，如《初见秦》篇；也有前半篇是韩非的作品，后半篇是别人的作品，如《存韩》篇；也有后人纂集《韩子》各篇现成的语句，略加增减或修改，凑合成篇的，如《人主》篇和《二柄》篇；也有像是战国末或秦汉间法术家的文章，混入《有度》篇，又混入《管子·明法》篇；也有本来是公孙鞅的作品，见于《商君书·靳令》篇，被抄入《饬令》篇。这都是《韩北子》的大问题。对这些篇，梁氏都有专门考证。而就《史记》提到的各篇，他认为各篇难免有后人增加或乱改的文句，《内外储说》六篇问题更多。但他仍然暂定《史记》提到的十篇为《韩非子》的真作品，并用这十篇作为韩非子作品的准则，从思想体系和文本语法上来衡量其余各篇，分为五类：

一为似是韩非本人的作品，有《显学》《定法》《难热》《难一》《难二》《难三》《难四》7 篇。

二为没有多大问题的篇章，有《南面》《说疑》《问辩》《六反》《诡使》《八经》《八说》《和氏》《奸劫弑臣》《难言》《亡征》《喻老》《爱臣》《心度》《三守》《备内》《饬邪》《八奸》18 篇。这 18 篇和上面的 7篇，加上司马迁所举的 10 篇，共 35 篇，在现存 55 篇中占大多数。梁启雄认为这些篇是《韩非子》中问题比较少的篇章。他提出，不能只据篇中的文字或文句就怀疑为伪，因为这种情况是长期不断传抄传刻中出现的问题，也有后人主观的窜改和增益，但这只是现存文本中少量的情况，从整体上看，还不能因此而判断为全伪。如《饬邪》篇中一再称先王，有人认为称先王的思想与韩非子的思想体系不合，所以断定《饰邪》为伪作，但在最可靠的《五蠹》中，也有"先王胜其法不听其泣"的句子，其他各篇也有先王的字样，若仅据出现先王二字就断定一篇为伪，是不谨慎的。因为先王可以指上古德治主义的前王，也可以指中古法治主义的前王，不能根据篇中一点局部性的毛病，就否定全篇。

三为文体不同而思想体系相同，如《主道》《扬权》两篇。这两篇是韵文体，与其他篇不同，但思想体系并无不同，且此二篇中所用的概念如"名""形""术""道""常""赏""罚""虚""静""参"，与其他篇字义多相同，所以也不能只据文体形式来做判断。

四为篇中局部有问题的，如《解老》《问田》两篇。梁氏认为《解老》有儒家思想，与韩非思想体系不合，还有"工人数变业"一节，说"治大国而数变法则民苦之"，和韩非的"法与时转则治"的主张不同，因此梁氏认为此种文本是后人的补充，但不能因此而怀疑《解老》全篇是伪作。《问田》篇出现了韩非与堂谿公的对话，而二人的时代相隔太远，也让人怀疑这不是韩非的原文。这类问题，如果仔细分析，也都不是判定作伪的根据。如说"治大国而数变法"与"法与时转则治"的主张不同，对此二说应更细致地分析。前者是反对数变法，重点是数，即屡次、多次，换言之就是频繁，而后者的重点是时，即根据时势的变化而及时变法。两者所说的问题不同，一是反对频繁变法，一是要根据时势的变化而及时变法，这都是如何变法的问题，不是要不要变法的问题。因此可以看出两者所说并不矛盾。至于堂谿公在韩非之前甚久而不可能有二人对话的可能，则不能拘泥于文字，此类文本不能当作史实来看待，这是先秦诸子论说他们的主张时习惯使用的寓言方式，这在《庄子》《列子》中都大量出现，不能因此而说《庄子》《列子》的相关篇章都是伪作。这种寓言式的行文方式，完全可以借用历史上的某人之名而虚拟与他的对话，所以并不是认定为伪作的根据。

五为思想和文字与其他篇有点不同的篇，有《十过》《用人》《安危》《功名》《忠孝》《大体》《守道》《观行》《制分》9篇。所谓的不同，只是"有点"，不是完全不同或基本不同。如果只是有点不同，则大体上还是相同的，所以也不能怀疑它们是伪作。只能说其中有些文本的说法与其他篇有所不同，但对此类文本都要进行具体分析，才能确定究竟有多大的不同，是根本性的不同，还是此有彼无的不同。如梁氏说《十过》篇列举的十种过错，与韩非的法术思想没有密切关系，所列举的例证也与其他篇引述的不全同，因此就怀疑此篇有一点问题。对这种情况，应该看到，韩非的思想不可能仅是法术思想，而是还有其他方面的思想，所以不能因为与法术思想没有密切的关系就怀疑它的真实性。引述的例证也完全有可能不是全部一样的，这在行文上是完全有可能的。

从梁氏的分析看，《韩非子》在整体上是可信的，至少大多数的篇是可信的，还有些篇的部分文本可能有让人怀疑的地方，但这只是局部的情况，且并不是完全不可能出现的情况，所以也不要轻易据此种情况而怀疑它们的真实性。基于这种分析，笔者对《韩非子》采取信任的态度，除了明显可断定不是韩非之作的篇，如《初见秦》《存韩》，其他都要对其文本进行深入认真而具体的分析，由此判断文本表达的思想，再来对照各篇思想方面的异同情况。

《史记》的《老子韩非列传》，包括庄子、申不害，将这几人合为一传，说明司马迁认为韩非与道家思想相近，也可说韩非的思想与道家有渊源关系，这也可从《韩非子》有《解老》《喻老》篇得到证明。《韩非列传》说韩非喜刑名法术之学，而其归本于黄老，作《孤愤》《五蠹》《内外储说》《说林》《说难》十余万言。传后有司马迁的评论："韩子引绳墨，切事情，明是非，其极惨礉少恩。皆原于道德之意，而老子深远矣。""皆原于道德之意"，是指庄、申、韩三人思想源于《老子》的道德之论，并不是专指韩非一人而言。据司马迁所评，可知韩非的思想特色是"引绳墨，切事情，明是非"，又"极惨礉少恩"，但都"原于道德之意"，对太史公的说法必须进行分析。

所谓引绳墨，是指一切以法令为准，这意味着不讲人情，与后面的惨礉少恩相关。所谓切事情，是指所论之说都密切与治国的事务相关，不是空谈某种道理。所谓明是非，是指根据法令对各种事物的是非加以清楚地判断，这是执行法令的基础，一旦明是非，则严格执法，这就是引绳墨。所以引绳墨、切事情和明是非，是一回事，即一切都按法令严格判断是非而执行之，不考虑人情，所以必然是惨礉少恩的，即执行法令严格而毫不讲人情，若不能惨礉少恩，则法令不能彻底执行，法治就成为一句空话。

就这四句而言，就是韩非的全部思想主张，后人只从惨礉少恩一句批评《韩非子》及法家，是对法令之治的严重歪曲，也是造成中国为人情社会的根本原因，人情社会使国家法令成为空话，是对法令与法治的严重破坏。所谓原于道德之意，是说《韩非子》的思想来源于《老子》的道德之论，但从《解老》与《喻老》二篇对《老子》的解释看，他并不是完全遵循《老子》思想，只是在强调由圣人侯王治国方面继承《老子》，而在如何使治国更为有效上对《老子》思想加以发展，提出由君主以法治国的主张，而从道家演变为法家。

根据以上的分析，可以看出此书的主旨是关于君主以法治国的问题，基本思想是要让君主具有最高的权与势，为此要用一切方法和手段维持君主的权与势，同时用法术来控制臣下，控制的根本手段就是赏罚并用。

第七章　先秦法家著作文本内容的解读

第一节　《商君书》以法为核心的文本解读

《商君书》各篇文本，据各篇主旨可分为两大类，第一类是关于变法和以法治国的问题，此类包括如下各篇（篇序据内容有调整，不是原书的篇序）：

《更法》篇，论必须变法，兼驳不能变法。

《开塞》篇，论必须变法而用刑赏以治国。

《赏刑》篇，论如何用刑赏来治国，

《修权》篇，论变法治国的三个工具：法、信、权。《史记·商君列传》中专门说到信的问题。

《壹言》篇，论变法治国必须统一言论，不允许各种言论扰乱民心。

《错法》篇，论国家如何执法，使变法治国得到彻底执行。

《靳令》篇，论如何严格执法。

《画策》篇，论为什么要变法治国。

《境内》篇，论如何以法治国。

《外内》篇，论如何以法治民。

《君臣》篇，论以法治国必须界定君臣关系。

《禁使》篇，论如何让官吏守法做事，不为奸慝。

《慎法》篇，论如何以法治国。

《定分》篇，论如何执法。

可知《商君书》关于以法治国的思想包括四个方面的内容，一是君主必须变法，以法治国；二是君主如何根据所立的法来执行法令，使法令不被架空或失效；三是在以法治国的过程中，必须注意官吏的奸慝问题，防止官吏营私舞弊、玩弄法令以谋私利；四是在以法治国的过程中，必须注意思想言论的统一，不允许非法的言论扰乱民心，从而影响法令的执行。所以以上各篇，可根据文本内容而分为四类：①《更法》《开塞》《赏刑》《修权》《画策》；②《错法》《靳令》《境内》《外内》《慎法》《定分》；③《君臣》《禁使》；④《壹言》。以下对这些篇的文本进行分析，以求弄清楚《商君书》关于变法、以法治国和如何执法等问题的思想意旨。

一、君主必须变法而以法治国的各篇文本之分析

《更法》篇说明治国必须变法，篇中记载公孙鞅（即商鞅）等人与秦孝公议变法，商鞅论国家应该变法以图富强，篇中说明变法的必要性及其好处："法者所以爱民也，礼者所以便事也。是以圣人苟可以强国，不法其故，苟可以利民，不循其礼。"结论是："治世不一道，便国不必法古。"此篇的内容，见于《史记·商君列传》。篇末有"遂出《垦草令》"，下一篇就是《垦令》，可知此二篇前后相续。

《开塞》篇说明必须变法而用刑赏来治国，与第一篇为同一问题。所论变法治国，从民众的自然习性及其相互关系入手加以分析，认为在第一个阶段，民众只知亲亲而爱私，由此形成纷争。对此情况，"贤者立中正，设无私，而民说仁"，这就发展到第二个阶段，属于"亲亲废，上贤立"的阶段，其特点是有贤者为民众立了中正的规矩与标准，使民众产生纷争时能据以调整以避免形成混乱。这个阶段的规范是以仁和无私为主的，即以无私和仁为中正的标准，但并非最好的办法，这是因为仁还是以私人的爱利为基准，虽有贤者也不能用仁和无私从根本上解决民众以私人爱利为基础的矛盾，所以还会出现混乱。于是到第三阶段，特点是由圣人为民众各自的利益做出区分，民众对此区分必须遵守，于是形成各人的本分，人们都要守本分，不可逾越，这就是立禁，所立的禁必须由官与君来统一和执行，以防民众不顾其分，侵害他人的利益。

对这三个阶段，商鞅总结为"上世亲亲而爱私，中世上贤而说仁，下世贵贵而尊官"。亲亲而爱私，可以说是自然私利状态，人们只知自己的私利，而不顾他人的私利，相互侵夺伤害是不可避免的。上贤而说仁，是一种进步，人们懂得了对他人要仁爱，不能只顾自己的私利而侵害他人。

但这种知仁爱以待人，需要人们自觉遵守，没有强制性，所以人们还会破坏这种以仁爱为基础的人际关系，所以也不是可靠的办法。还要发展到第三阶段，即要在人群中建立官与君的权威（包括他们立的禁条），而他们的地位高于一般人，所以称为贵，必须让一般人对贵者尊重与听从。这就有了强制性，人们若不服从，就会被贵者根据所立的禁条加以惩罚，由此来处理私人之间的利益纠纷，以免产生人际关系上的混乱。

这三个阶段，是商鞅对人类社会的发展进步的分析，合乎历史事实。然后他总结了三个阶段的不同及相互关系。三个阶段是前者否定和取代一个，不断发展进步，也可以说是一个否定之否定，即先有私，后则使私无行，但不可行，于是又回到私，但要分出每人的私之界线，使人们遵守之。这个过程就是：私—否定私—承认私，但私与私之间必须有分界，为此由贵者立禁条，强迫人们遵守之。故最后的私，是有分界的私，是有禁条限制的私。

商鞅认为之所以会出现三者的不断发展变化，不是人们单纯为了与以前不同（事相反），而是民众之间的利益纠纷出现了不可解决的弊端，而不得不做出改变。随着人类社会的发展变化而不得不采取不同的办法来调整和处理人与人之间的利益关系，最后形成必须有绳的状态，绳就是禁，也就是后来通称的法。这说明贵者制定禁条与法令，是社会发展的必然结果，而这样做才是王道。

这一思想否定了儒家仁爱仁义的思想主张，在如何治国和管理民众利益的问题上，商鞅提出的君主立法以治理国家与社会的思想主张，更尊重社会现实情况，而不是寄希望于美好而难以实现的仁爱之道，这就超越了儒家，也间接否定了不太容易施行的道家无为之治的思想主张。①

以上说明了治理民众到第三阶段就要由君主等贵者来立禁条以治民，这正是当时社会发展所能达到的阶段，故当时的法家也只能从君主以法治国的角度来论述法治的问题，这都是以君主治国为前提的，在当时是不会令人产生怀疑的，故在法家所论的以法治国的思想中，都只能是由君主来实施，而在法家所论的以法治国的理论中，都要阐述君主如何以法治国的问题。

此篇也有文本分析了这个问题，从"王道一端而臣道亦一端"至"故

① 后来独尊儒术，也不是完全否定法家以法治国的主张，只是在以法治国的制度之上穿上一套仁义教化的美丽服装，配合法治而教化民众，使之不致产生犯上作乱的念头，以便更有效地实施法治。

以［知］王天下者并刑，力征诸侯者退德"一段文本，是说王道（君道）与臣道（民道）不同，君主要根据民众的情况实施不同的治理。民有愚和知两种情况，而君主就要根据情况采用知或力的方法来治理民众。不管怎样的情况和方法，"所绳则一"，绳就是用一定的法制来治理民众。法就是绳，也就是前面所说的禁条。法、绳、禁条都要由作为贵者的君主建立，所以不管民众是知是愚，都要有君主建立的绳（禁条或法）来治理。

这就说明了法治的必要性和由谁来实施法治。不管是神农还是汤、武，不管是以知王天下者还是以力征诸侯者，对于民众都是要建立禁条（法、绳）来进行治理的。而所谓的禁条（法、绳）无非是刑与德（赏）两条，或并刑，或退德。根据学者们的注释，并读为屏，意为屏除，退指摈弃，这里不能机械地理解为废除或废弃，只能理解为偏重于刑与德的一端而已。也就是说，对并刑、退德的解读，必须与文本中的"所绳一也"相应。这一段文本所要说明的就是君道与臣道"所道则异，而所绳则一"的问题，这是这一段文本的核心意旨，后面的文本在理解上都必须符合这个核心意旨，所以并刑与退德，只是"所绳则一"的不同情况，各有所偏重，而不是完全废弃刑或德；只是在刑德并用的情况下，有所偏重而已，所以一个是并刑，一个是退德。

另从实际情况上设想，任何一个君王治理天下臣民，都不会只用刑或只用德，而只是或偏重于用刑，或偏重于用德。即使以提倡仁治的儒家来说，孔子也是主张执政时要用刑的，孟子论治天下时也是要诛独夫民贼的，可见并不会只用仁德而不用刑罚。以提倡法治的法家来说，他们也是非常明确地说明必须兼用刑赏，也不是只用刑罚而不用恩赏的。从这个角度说，后人批评法家惨礉少恩，把法家治国说成只知严酷用刑，是不符合历史事实的。

这样分析此处的文本，就可以看出，此处所说的"所道则异，而所绳则一"是一条准绳，基于此来理解并刑与退德，才能把握其本来意旨，不至于产生误解。对先秦诸子著作中的文本，在理解时，必须结合上下文，结合整段文意，不能只就片言只语，孤立地加以解释和发挥。

此段文本提到的神农和汤、武，一个是教，一个是征，教者是针对民的知，征者是针对诸侯的力，采取的方法不一样，这就是"所道则异"，但最终是为了按自己的意志或禁条来统一治理天下，这就是"所绳则一"。至于是偏重于用刑还是偏重于用德，则根据民或诸侯的情况而定，这不会影响他们的根本目的。一般研究商鞅思想的学者，只注意下面说的圣人不法古，不修今，而不会对这里所说的并刑和退德的问题深入探讨与分析，这就不是全面的文本分析，就会形成断章取义的弊病。

在说明了君王要根据民或诸侯的不同情况而采取不同的方法来治理天下的问题之后，才会有下面进一步的论述，这一段文本从"圣人不法古，不修今"，到"非明主莫有能听也，今日愿启之以效"。对圣人不法古等文本的分析，要根据上面说的"所道则异，而所绳则一"的宗旨来进行。这里的圣人，当然是指在治国上采取了最高明方法的君主，也就是商鞅认为的按他的治国方案来治国的君主。从这个意义上看，这与《老子》论的圣人侯王是同一种思路。不法古，不修今，就是指不拘泥于古与今，不把古与今作为决定治国方针的根据，而以臣民的不同情况和君主所处时代的天下大势的特定情况作为决定治国方针的根据，这就是商鞅的意思。所以在商鞅变法思想中，没有法古或修今的问题，后来的人们纠缠于是法古还是修今的问题，可以说根本没有正确理解《商君书》的文本。

这一段文本说得非常清楚，圣人之王不法古、不修今，二者都与时势不合，所以都不可取，故不能拘泥于古今。圣人之王治国的根据是要合乎时与势，每个时代都有不同的时势，圣人之王只求合乎当时的时势，所以每个时代出现的圣人之王，都是根据当时的时势而采取合乎当时时势的正确方针，所以才可以王，由此总结出来的道理就是"兴王有道，而持之异理"。商鞅对当时的秦王进言，就是要他懂得这个道理，而不要拘泥于古今。后来的学者评论当时的思想，认为主张法古者为保守复古，主张修今者就是进步，这同样是拘泥于古今，而未能仔细分析当时的时势。只据古今来论君主的政策是不是合理，思想家的主张是不是合理，是不对的。

商鞅认为这个道理塞之久矣，但它仍然不能被废弃，仍是有效的道理。历史上的圣人之王有的偏重于用力，有的偏重于用德，但不能认为用力就是错误的，用德就是绝对正确的。后来的学者也往往拘泥于用力或用德的问题上，同样也是没有正确理解商鞅的主张。

根据商鞅的主张，圣人之王根据当时的时势，或取之以力，或持之以义，而实际上持之以义者也必须用力，如周取代商，后人一味说周王仁义，难道周王没有用武力来消灭商吗？所以，评论前人的思想主张，不能简单地拘泥于用力用仁或法古修今的这些不完整的文本，而应完整地解读思想家表达自己思想主张的全部文本，准确地掌握他们用文本所表达的思想主张之本来意旨。

圣人之王取天下治天下，不法古不修今，而应根据当时的时势来做出适当的决定，采取合乎当时时势的方针，这才是商鞅的本来意旨，也是符合历史与逻辑的思想主张。只有如此分析文本，才能准确理解商鞅的意旨，从而完整准确地理解他的思想主张，并进而做出合乎历史与逻辑的评价。

此篇以上所论，都是为了说明当时的秦王必须变法，根据当时的天下形势采取正确的治国方针，让秦国富强起来，从而在天下诸国的竞争中取得优势，取得最后的胜利。通过论述这样的道理，也就为商鞅提出变法治国的主张奠定了坚实基础，使之成为有理有据的方案。在今天看来，也就可以正确评价商鞅的变法及其历史的和理论的价值。故从这个意义上看，此篇所论是商鞅变法理论的核心部分，不可忽视。

此篇以下又说明了不同时代下民众的情况，这又与前面所说的民众有不同的情况呼应起来了，这一段文本从"古之民朴以厚，今之民巧以伪"，到"以其所好，必败其所恶"。

这一段文本说明民众在不同时代下有着完全不同的情况，不能一概而论地讨论民的问题，也不能机械地用古今为标准来决定治国的方针大计，法治中的刑与赏，要根据时势的实际情况来决定它们在法治中占的分量，并不能千篇一律地推行严刑峻法或施行仁爱德政。不讲时势与条件而一味地主张某一方面，都是片面的、机械的，都是不正确的。

但从民性的角度看，治国必须用法，使民知所禁，不至于放纵无规矩；使民知所畏，不至于为了私利而不顾国法，这实际上是对民最大的利，也是国之最大的义。用法治民，使民不敢放纵，不敢为私利而不顾国法，最终是对民有利的，对他们而言是利，对国家而言是义。以法治民，就是此段所说的"正民"，即用法使民趋于正而不至于邪，这才是于国于民都有利而无害的正义之治。据此说来，治国君主不用根据古与今或义与利等抽象概念，只需根据不同时势下的民众的实际情况，用法治理，使民众知道畏法，而不敢放纵为邪，才是正道，才是以法治国的题中之义。

下面又说刑赏多少的问题，从"治国刑多而赏少"，至"义合于暴也"。这一段文本说明以法治国的根本不是刑赏的多少问题，而是以法使民不敢放纵为邪的问题，根据民众对法令的遵守和违犯的实际情况执行刑赏，该多就多，该少就少，不能拘泥，这才是以法治国的唯一正确之义。只有如此执法、治国，国才能得治而必强，最终使天下统一，这才是最大的德（至德），到了这一步，刑就是德，义就是暴，二者辩证地统一起来了。

商鞅这一论述，非常深刻，比那些只知执着于字面上的仁德与刑罚的片面之义而大加论议者高明多了。此段文本中杀刑的"杀"，有学者考证，应为"效"，"效"就是明的意思。反于德的反，就是返，就是归。"义合于暴"的合，就是同。前一段文本中说"世所谓义者，暴之道也"，此段文本中的"义合于暴"，都证明义与暴都是相对的，究竟何为义，何为暴，不能孤立地只据字面意思来分析，应该根据义与暴在实际情况中的具体内容来确定究竟是义还是暴。在不同的时势下，义会变成暴，暴也会变成义，所以说"世所谓义者，暴之道也"，主张义合于暴、刑反于德，二者会随着时势的实际情况而与字面之意相反。不少人从字面上理解不了义者暴之道和义合于暴的文本，于是就把道字解释为首字，用《老子》说的"礼者忠信之薄而乱之首"来解释，① 就完全背离了此篇的本来意旨。不少学者据儒家思想评论商鞅之论，也是片面的，没有完整理解《商君书》的全部文本，故此类论议都有根本的不足与漏洞。

下面又接着篇首所论的民众之性以及治民的三阶段之说而论述君主治民必须有法以为治，从"古者民藂生而群处乱"，到"藉刑以去刑"。这一段文本是对全篇的总结，从篇首所说的治民三阶段，到此处所说君主治民必以法，全篇文本之意旨前后呼应。这里说的上、主、君，就是篇首说的贵；这里说的法，就是篇首说的禁和篇中说的绳。此处非常明确地说明治民的问题发展到第三阶段，要以君主来治民，而君主治民的唯一手段与方法就是法，有主而无法，其害与无主同，有法不胜其乱，与无法同，说明君主治民必须用法，而且不能只满足于立法，还要把法完整彻底地贯彻下去，即把执法的问题解决好，这里的最大问题就是去奸。这里把去奸的问题提出来了，后面则有专篇说明如何去奸。而去奸本身也是法治的问题，所以说"去奸之本莫深于严刑"，严刑就是以法治国，而法治的根本宗旨就是"以赏禁，以刑劝，求过不求善，藉刑以去刑"，这几句再次把法治的刑赏之间的辩证关系说出来了：藉刑以去刑，可知刑本身并不是目的，去刑才是最高目的，如果实现了这个目标，刑之暴就成了义之利，这就是前面说的义合于暴、刑反于德。前后文本的意旨完全相通，这样分析此篇文本，就可深刻理解商鞅法治思想的要义，而不会形成误解。

《赏刑》篇说明如何用刑赏治国，与以法治国为同一问题，实际上也是《开塞》篇的进一步论说。此篇开始处说圣人为国要壹赏、壹刑、壹教，三个壹是这段文本的要点，并说明了三壹的作用是无敌、令行、下听上，目的是赏至于无赏，刑至于无刑，教至于无教，这与《开塞》篇所论是前后一致而贯通的。壹就是一，《商君书》中多次用壹来表示一。

---

① 见蒋礼鸿：《商君书锥指》，中华书局 1986 年版。

所谓壹赏，就是"利禄官爵抟出于兵，无有异施"，这一段文本直至"明赏之犹，至于无赏也"而结束。据文本可知，壹赏就是将国家的利禄官爵专一用于奖赏作战有功的人员，而不要奖赏给做其他事的人。简单地说，国家法令中规定的奖赏应该专一用于特定对象，而不要乱加应用。不管是怎样的人，只要他出死力为君主作战且有功，君主就要根据法令对他进行奖赏，而不能奖赏其他人。如果国家把奖赏专一于作战有功人员，则会使国家的军队作战无敌于天下。

所谓壹刑，是指刑无等级，无论任何人，在刑法面前都是一样的。此段文到"明刑之犹，至于无刑也"而结束。根据这段文本，可知所谓壹刑，就是对任何人都用统一的刑罚，不因人的官职、等级等而在处刑罚时有所不同。简单地说，对所有的人在处以刑罚时都要一视同仁，不加区别。执法必须如此严格，才能充分发挥法令的应有作用，如果把人情世故以及等级等情况掺杂进去，就不是真正的以法治国，刑罚的作用就会大打折扣。

所谓壹教，是指无论任何事，都不能让人有独立的私议。此段文本至"明教之犹，至于无教也"而结束。根据这段文本，可知所谓壹教，是指国家只能用一种观念教育民众，不能用多种观念教育民众。具体地说，就是"当壮者务于战，老弱者务于守，死者不悔，生者务劝"，即用这种统一的教使民心专一于为国作战，而不要有与此不同的观念或主张散布于民众之中，从而影响他们专心为国作战的信念。壹教的问题，又可参见《壹言》篇，二者属于同一个问题。《壹言》篇的说法，详见后面对该篇文本的分析。

此三个壹是一个整体，即引导民众专一于为国家作战，由此获得奖赏，违背者即予以刑罚，在思想上则要进行统一的教育，使民心不乱，全国齐心协力于国家的农战。此篇最后总结说：这就是所谓的参教（参就是三），其下的文本是说三教只有圣人治国才能做到，因为圣人知万物之要，从而懂得治国之要，通过国家的法令使民众专一于国家的农战，即所谓的致万物，集中全国的人力物力及人心于国家的农战上面，这样做的话，就会是"寡教而多功"，不用花费太多的教育引导，就能取得最大的功效。从这个意义上说，圣人作为君主来治国，就是做到这三个壹而已，再简单一点，就是用统一的法令引导民众为国家的农战尽心尽力，使国家由此获得最大的效益。后面关于《农战》篇的文本分析，会专门说明商鞅"抟（专）壹（一）于农战"的意旨。该篇的壹，与此篇的壹，意思是相同的。

《修权》篇说明君主治国的三项重要工具：法、信、权，与君主变法治国为同一问题。此篇开始处明确提出国家的治理靠法、信、权三者，这是本篇的核心要语。文章写道："国之所以治者三：一曰法，二曰信，三曰权。法者，君臣之所共操也；信者，君臣之所共立也；权者，君之所独制也，人主失守则危。"这是第一层的解说，主要说明法、信、权三者的基本含义，即法由君臣共同掌握和使用；信由君臣共同建立，这一点可据《史记·商君列传》的相关记载来证实；权则是由君主独自掌握和运用的手段，君主如果丧失了权的掌握与运用，则危险。这一点与韩非相同。

然后对三者进一步解说，说明三者的更多含义，从"君臣释法任私必乱"，至"故臣不蔽主，而下不欺上"。这一段文本说明君臣必须共同掌握法以治国，但立法执法都必须明确无误，不能有漏洞，更不能让私人情感掺杂其中，否则法治就变成了空谈。君主在掌握法和用法之外，还要比臣多一个手段，就是权制。权制不是权谋，这里用权制二字解释权字，意义非常明确。韩非的权还含有权谋的内容，但商鞅的权就是权制，这可以理解为君主特有的威权，所以说"权制独断于君则威"，二句合起来就可以理解为权威。它超过了君臣共有的法，但高明的君主不能让权干扰法的执行，而是要保证法的彻底与完整执行。

信是君臣与民众之间的信任与诚信，即君臣说到就要做到，不能用任何理由或借口不执行已明文建立的法令。这就是君臣对于民众的信。《史记·商君列传》里记载的内容就说明了这一点。君臣对民众讲信用，民众就会按照君臣的命令和法令去做事，而不会采取种种手段来违抗之，所以就能使国家的事功成而无奸邪。这三者都与君主有关，所以君主要爱权重信，不以私害法，这是一个高明的君主必须做到的。能做到这三点，治国就会成功，各种弊端就会避免。综观中国历史，失败的君主之所以不成功，就是没有很好地掌握这三者，不能善用法、信、权三者。这也从反面证明了商鞅提出的法、信、权三者，确实是君主治国的不可缺少的工具与手段。

此篇后面进一步说明如何掌握和应用法、信、权三者的问题，最根本的是不能释法而任私议，否则国就要乱。所以，法者，国之权衡也，一切事物都要由法来衡量之，即以法论知、能、贤、不肖，这是君主分辨臣下的问题，也必须依靠法，而不能用私议："先王知自议私誉之不可任也，故立法明分，中程者赏之，毁公者诛之。诛赏之法，不失其议，故民不争。

此外还说明了君主任私议的种种害处。这些害处，总结起来有两类：一是隙，一是蠹。隙是官吏营私舞弊而造成上下离心，蠹是官吏欺上瞒下鱼肉百姓，成为危害民众的蠹虫，其危害都是使国家的法令不得贯彻执行，最终使民众不能为国家的农战尽心尽力，使国家富强的目标不得实现。释法而任私议，是对法、信、权三者的破坏，最主要的还是由于君主不能坚持执行法治又不能很好地使用威权，从而造成了君与民之间的信用关系。在古代的社会制度下，君主是治国的关键人物，他能不能把法、信、权三者用好，是国家能不能治理好的关键。数千年的中国古代王朝史的兴亡废替之关系，也正在这里。可以说，商鞅对这个问题的论述，真是一针见血，抓住了关键。

《画策》篇说明君主要制定以法治国的国策，与变法治国为同一问题。此篇也追溯了人类社会发展的历史阶段，认为君臣以法治民是历史发展的必然结果，如神农以前的时代，民众生活处于自然状态，刑政不用而治，甲兵不起而王，此时不用制定法令以治民。之后由于人类社会的发展，出现了以强胜弱、以众暴寡的现象，于是在位的君主如黄帝之类，开始"作为君臣上下之义，父子兄弟之礼，夫妇妃匹之合，内行刀锯，外用甲兵"，这就是君主制定法令以治民的开始。用不用法令，不是由君主个人意志所决定的，而是因为时变，君主治民都要适于时。随着人类社会的发展变化，战争与刑杀都是不可避免的治国手段，所以"以战去战，虽战可也；以杀去杀，虽杀可也；以刑去刑，虽重刑可也"，这说明君主制定法令以治国是社会发展的必然需求，不能用仁义道德加以评判。

此篇用这样的论述说明了君主制定法令而实行以法治国的必然性与必要性，这是《画策》篇的主要意旨。之后说道："能制天下者，必先制其民者也；能胜强敌者，必先胜其民者也"，这是说君主制定法令以治国的主要目标是制民、胜民，即让民服从于君主制定的法令，这就像人冶金陶土一样，让金与土按人的意愿制成适用的形状。这就说明了君主制定法令以治民的根本性质，是使民听从于君主之命，使君主能靠法令控制民众，使他们听命于自己的意愿而为己所用。

之后说明如此做的作用所在，即可以使君主称王而不被人战败，保持和扩大国家的疆域，这被称为名尊地广，反之则是名卑地削，前者是胜利之王，后者是败亡之君。为了保证成为胜利之王而不成为败亡之君，君主就必须制定法令以治民，在此基础上使民勇，"壹民于战"，即君主要靠民的勇及能尽力为君主作战而达到上述的目的。可知此篇的意旨仍然与变法以治国的根本宗旨相一致，并与其他各篇的意旨相贯通。君主通过法令治民，目的是"壹民于战"，这就是民之见用，即为君主所用。通过法令使"民之见战也，如饿狼之见肉"，这就是使民乐战，由此君主就可称王。君主制定的法令，最终要使民对于战争不仅不怕，而且乐之，在作战中能做到"父遗其子，兄遗其弟，妻遗其夫，皆曰：不得，无返。又曰：失法离令，若死我死。"这就是君主制定法令以治民的最大效果，可使民作为三军之众，从令如流，死而不旋踵。这与前面所说的"治民之本，法也"是完全一致的，这也说明了前面说的冶于金、陶于土，就是让民听从君主的意旨而不怕为国家作战，乐于且勇于作战。由此可以清楚地看出商鞅变法以治国的根本用意所在。

此下的文本则说明了君主仅仅制定出法令也不能保证法令的彻底执行并达到制定法令的原初目的："国之乱也，非其法乱也，非法不用也。"这就是说国之乱的原因不是法乱，也不是不用法，而是在于"国皆有法，而无使法必行之法"，国家制定不出使法必行之法，也就是说，任何的法，最终都要由人来执行，但并不能保证这些法令必行，即由人执法的过程中，必然会出现许多问题，使法不能真正执行。这就好比国皆有禁奸邪、刑盗贼之法，而无使奸邪、盗贼必得之法，说明君主所定的法令，本身不能保证法令必然得到执行，也不能保证法令完全达到目的。这是以法治国中的最大问题。为了解决这个问题，商鞅认为必须在法治中强调"刑不善而不赏善"，即侧重于惩罚人们的不善，而不是侧重于奖赏人们的善。其目的是"不刑而民善"，要达到这个目的，只有靠刑重，"刑重者，民不敢犯，故无刑也。而民莫敢为非，是一国皆善也，故不赏善而民善"。通过刑重而达到不刑而民善、不赏善而民善的目的，这是商鞅变法以治国的根本特点，所以以法治国绝不能讲仁义恩慈，只能靠重刑使民不敢犯，莫敢为非。这仍与前面所说的冶于金、陶于土相一致，即靠法令来改变民众的心志，使他们完全服从于国家的意志，最终达到一国皆善的目标，而这就是最大的恩慈。

此篇又说明了君主制定法令、执行法令中要做到明："明者无所不见，则群臣不敢为奸，百姓不敢为非。"而这又与前面所说的权（君主的权威）有关。即君主要具有最高的权威与相应的手段，使人不敢欺瞒，这样才能做到明，并由此使臣不敢为奸，百姓不敢为非，这就是权与法的结合之效果。

君主要做到明，又必须是圣人："圣人知必然之理，必为之时势。故为必治之政。"可知君主的明不仅与权有关，又与他本身的素质有关，要能知必然之理，需要相应的文化素质与头脑智慧，这又是以法治国的根本关键，没有这一条，其他都不得真正落实与执行。

在所谓"知必然之理，必为之时势"的问题上，有一点是可以事先明确而不会误解的，即"知仁义之不足以治天下也"，也就是说不能用儒家那一套主张。在知必然之理和必为之时势的基础上，君主制定法令，才能使法令得到贯彻执行而不会产生种种奸与非，同时还要有信："圣人有必信之性，又有使天下不得不信之法"，这又与前面说的法、信、权三者相呼应。他还专门说明了所谓的义不是儒家说的义："为人臣忠，为人子孝，少长有礼，男女有别，非其义也……圣王者不贵义而贵法，法必明，令必行，则已矣"，可知他所谓的义还是法，是法的明确无误和法的彻底执行。

此篇文本说的这些道理，都是君主制定法令而以法治国时必须事先懂得并切实掌握的，由此也可知商鞅的变法治国，并不是简单地制定一套法令，而是周密思考了许多与以法治国相关的问题，对各种可能出现的问题，都要事先加以思考，并提出解决的办法，才能使所定的法得到严格与彻底的执行，而这也是商鞅关于君主法治思想的最大特点。后之研究法治问题的人们，应对《商君书》的文本进行分析而加以掌握和理解，才能真正把法治问题研究得透彻和完整。

二、君主如何执法的各篇文本之分析

这一类包括《错法》《靳令》《境内》《外内》《慎法》《定分》《君臣》《禁使》等篇，主要说明君主如何根据所立的法来执行法令，使法令不被架空或失效，这与前面各篇中的有关内容相呼应，是法家提出的以法治国思想中的重要内容。

《错法》篇说明如何执法，包括三个方面：错法、举事、赏行："古之明君错法而民无邪，举事而材自练，赏行而兵强。此三者，治之本也。"篇首提出此论之后，下面即对此进行解说，属于论说结合的文本形式。从"错法而民无邪者，法明而民利之也"，到"为国而能使其民尽力以竞于功，则兵必强矣"，这段文本说明，错法指制定并颁布法令，使民明知法令为何。且法令要能使民得利，所以才会有第二条的"举事而材自练者，功分明"以及"民尽力"的效果。所谓举事，即君主要举办国家大事，如农战就是当时君主所要举办的最大的事。由于有相应的法令使民众知道如何参与农战而使自己得利，民众就会根据法令的规定来参与君主所要举办的农战之事，尽心尽力，使自身的才能得以充分体现，这就是"材自练"。这也说明只要君主制定明确而对民众有利的法令，再举办相关的大事，民众就会积极参与，发挥各自的才能，而不需要君主和官吏的督促，这是调动民众最大积极性的最好方法。治国的君臣，一定要懂得这个道理，不要去做无效的督促或监督之事。如此的错法、举事必然会使民众在参与中做出贡献，即所谓的事功或军功，于是就必须有第三项的赏行。可知此三者是一个整体，从错法到举事再到赏行，就能使国家所要发展的农战之事得到成功，国家的富强就会实现。而这就是商鞅变法的最大目的，是他实行法治的最大效果。

下一段文本说明国家都有土地和民众，这是实行变法以治国而使国家富强的基础，有了土与民，君主以法治国，就可以富强，反之就必然贫弱。国家之所以有强有弱，根本原因是君主治国还是乱国："有地而君，或强或弱者，乱治之谓也。"所谓的治，就是有道，有道就是以法治国，这样的国家，"地足容身，士民可致也。苟容市井，财货可众［聚］也"。所以，"有土者不可以言贫，有民者不可以言弱"，如果有土有民还使国家贫弱，那就是君主治国无道，也就是不能以法治国。这样的有道和无道，也与儒家和道家说的治国之道根本不同，结合《商君书》全部文本看，他说的有道，只能解释为君主以法治国。以法治国，就是要让地诚任，不患无财，民诚用，不畏强暴，即通过明确的法令而使本国的土地与民众发挥最大作用，也就是在农战方面进行努力，使土地生财富，民众敢作战，这也就是国家富强的基本含义。

君主以法治国的最终目的，是德明教行，则能以民之有为己用，由此可知商鞅说的德与教，在文字上与儒家无不同，但在含义上则根本不同，乃是指通过以法治国使民为君主用，在农战两方面增强国力。

之下又说明使民为君主之用的法治，无非就是刑赏，但要使法治得到彻底执行，还要君主在执法而用刑赏时注意有关问题，即从"人君有爵行而兵弱者"到"法无度数而事日烦，则法立而治乱"一段文本。

这段文本是说君主设立法令，不一定就必然能使法令得到彻底贯彻执行，达到应有的效果，其原因就在于君主"先便请谒而后功力"，"民不死犯难而利禄可致"，"法无度数而事日烦"，这三种情况都是因为君主有私心而使法令得不到彻底贯彻执行，所以虽立法令而达不到应有的效果。可见，是不是真正地以法治国，并不是看君主是否已立法令，而要看君主是不是彻底执行法令，不以私心破坏法令的实施与执行。所谓的私心，就是臣下投君主之所好，使君主为了一己之欲望而不按法令办事，从而形成君主随意听允臣下的请谒、随意赐予臣下利禄、随意颁布与法令相反的诏令（法无度数）的情况，所以最终必然是虽有法令，虽有刑赏，而国家并未得到良好的治理，国家也不能变得富强。所以君主在以法治国的问题上，必定要排除自己的私心，一心只求国家的富强，彻底执行所立的法令，才能使法令起到应有的作用。其下的文本中明确说出了无私德，这就是前面说的君主不要因私心而随意对臣下赏赐利禄官爵，可知这是君主以法治国中的一个重要问题。所以君主在制度上建立法令，也不能必然保证法令得到彻底执行，因此在以法治国的过程中，必须注意无私德的问题。把无私德的问题解决好了，以法治国才能真正落实，收到臣忠君明、治著兵强的效果。此段文本中还说"不任其德"，这里的德也是私德，不是儒家或道家说的道德的德。不任其德的德既是私德，则任其力的力就是法令之力，就是君主以法治国时所要运用的法、信、权的"权"之力，而不是儒家学者批评的暴力。前面把权解释为君主的权威，结合这里的任其力，就可以更确切地理解权的含义。

下面的文本又说到慎己，是对无私德的解释，慎己和无私德，都是为了使所立的法令得到彻底执行，即所谓"度数已立，而法可修"。度数就是法令中的具体规定，法可修，就是法能得到彻底执行。还用离朱与乌获的事例，说明臣下在执行法令时会掺杂自己的私心，而使君主所立的法令得不到彻底执行。这一段文本是说君主立法以治国，但臣下执法时未必能做到与君主同样的用意，这就是离朱不能以明目易人之目，乌获不能以多力易人之力的意思。

又提到"圣人之存体性"，是说圣人式君主所具有的体性，不能使臣下变得与自己一样。之所以如此强调这个问题，旨在说明君主立法以治国之后，如何使臣下在执法过程中做到与君主同样的用意，还是非常现实的问题，君主不能忽略不顾。所以在以法治国的问题上，还存在着君主如何通过自己的权威之力来使臣下不敢在执法过程中营私舞弊而使法令不能彻底执行的问题，这是商鞅在论以法治国的思想时非常注重的问题，是所有研究以法治国的人们在思考问题时必须注意的问题。

这一问题，在中国古代历史的现实环境中已经演绎成所谓吏治的问题，这是整个中国古代历史都无法避免的重大问题，是使君主最为头疼而无法彻底解决的问题。纵观中国古代历史，可以说，一个国家或一个王朝能不能保持强盛而不致走向衰败，根本原因就在于吏治的好坏，而不在于有没有法令律例。因为法令律例历朝历代都可以在文本上清清楚楚地书写出来，并且可以不断补充和完善，而吏治的问题，虽然不断有人在思考并论述，但在实际中怎样才能做到最好的吏治，仅靠文本上的法令律例是远远不能解决的。这样看来，此段文本中最后说的"圣人之存体性，不可以易人，然而功可得者，法之谓也"，就只能解释为：圣人式君主对于法令的想法和用意，不能直接让臣下也变得与自己一样，所以要想取得使国家富强的效果，只能在立法上把吏治的问题考虑进去，用周密而有针对性的法令律例，使臣下不敢借法生奸而破坏君主立法以治国的本来用意，这样才能使君主为了国家富强而立的法令得到彻底执行，取得功效，而这才是所谓的法的完整意旨。

对于这样的文本，如果只用一般性的注释和今译的方式加以论述，是无法揭示其中包含的这些意旨的，如贺凌虚今译："圣人存有圣善的体性，但不能用来变化别人使之圣善，然而国君却可使人建立事功，那是由于立有法令的关系。"张觉《商君书全译》的今译："圣人所具有的本身特有的德才，也不能把它转移给别人，但是功业仍然可以取得，这是因为靠了法治啊。"高亨《商君书注译》的今译："圣人所具有的才能也不可以给予旁人，但是可以建立功业，就是由于有法度。"石磊、黄昕《商君书译注》的今译："圣人自身所具有的特殊禀性，也不能转换给别人，但是功业却可以建立，这是因为凭借法治啊。"读了这样的今译，可看出都只是对文本的字面意思做了翻译，没有说明圣人不能改变他人的体性与靠法治而取得功业的相互关系，这就是今译的不足之处，不能也未想到去揭示文本中的丰富意旨，这种情况，对照我们的文本分析，就可以清楚地看出。所以我们对文本的分析，就是必须超过一般的注释与今译，而把文本中所包含的这些丰富而深刻的意旨揭示出来。

《靳令》篇说明如何严格执法，与《错法》篇后半部分所论述的问题密切相关。因为此篇的文本与《韩非子·饬令》篇的内容大部分相同，靳可释为饬，故二语都是整饬法令的意思，指对法令执行中的奸慝障碍进行整饬，故人们一直认为二者有互抄的关系，但谁抄谁，则无一致的看法。此外，此篇的文本又与《去强》篇和《说民》篇有不少相同之处，这说明《商君书》的文本不可能由一人完成，而是汉代学者根据类似的文献整理而成的，因此其中有重复之处，或与他书相同之处，是在所难免的。但这并不影响我们对《商君书》各篇文本的分析，因为文本分析的目的是通过对文本的解读而厘清这些文本所要表述的思想内涵，而不是考证篇章之间或各书之间的相互关系，也不是考证一书的真伪问题。

此篇开始时是说法治中的吏治问题："靳令则治不留，法平则吏无奸。法已定矣，不以善言害法。"根据此处的文本，可知此篇的主旨是说使吏无奸的问题。与吏无奸相关，可知法平指法令的执行公平正直，没有私邪的干扰。治不留，是说法治不会被稽留。留，高亨认为即拖延，也就是滞留。蒋礼鸿没有直接解释留字的含义，但说"法令强固，不可侵坏"，可知留是侵坏之意，亦与拖延、滞留义通。再结合无奸来看，无奸就是法治的顺畅通行，反之的留就是滞留拖延，不得顺利执行的意思。再把此二句合起来看，就应当是"靳令法平则吏无奸而治不留"，这样理解古文中的上下二句，称为互文见义，即上下文本互相补充，合成一个完整的句子，以说明其文意，是古文中常见的行文方式，在文本分析时，一定要注意将这样的句子合起来按照互文见义的方式来分析和理解，才能避免片面理解。

而"法已定矣，不以善言害法"二句也非常重要，不可忽视。此二句是说法令确定之后，不能轻易听信各种花言巧语（善言）的说法而干扰君主执法法令的意志，从而妨害法令的执行。这也与《商君书》提出的"壹言"思想相通，说明所谓的靳令和法平，都与壹言有关，即不能让人们的花言巧语妨害法令的执行。换言之，如果不把这样的问题提出来，则所谓的靳令和法平就会落入空谈，不知从何做起。由此看出商鞅论述问题，思考非常严密，没有漏洞。

此篇开始时的几句是全篇文本的根本意旨，下面的文本对此展开解说，所以这也是论与说相结合的行文方式。如："任功则民少言，任善则民多言"，这就等于解释了什么是不以善言害法，多言就是善言的一种表现形式，即民众对法令有许多议论的话语，这都是对法令执行的干扰，会引起法令的稽留滞留等恶果，所以才要靳令而使法平，才要不以善言害法，而任功使民少言，则是不以善言害法的具体方法，即用有功即赏的法治而使民众减少对法令的议论，从而保证法令的贯彻执行。

以下的文本则从其他方面说明如何保证法令的贯彻执行而不受干扰，如"以刑治，以赏战"一段文本，是说法令不出刑赏二端，要正确使用刑赏，侧重于针对民众的过失而进行惩罚，而不是侧重于奖赏民众的善行。此二句在其他篇中也曾出现，但在此则要与上下文结合起来进行分析，不能单纯看字面上的文字相同，就认为出现在不同地方的含义也完全相同。此二句出现在此篇，与靳令而使吏无奸的问题结合起来，则可知此处这样说，又侧重于对官吏执法中的奸邪（即"过"）进行预防与惩治，所以这里说的刑治，就侧重于用刑治吏。这里的"不革"又与上文的"不以善言害法"相关，不革即不变，法立而不变，就是不能因人们多言而听之以变，这是执法的坚定性，强调法令的权威性，而不是以人们的言论为准，随意改革已定立的法令。

下面文本中的"则显民变至齐殊"等字，各本有不同的异文，人们的断句和理解各不相同，这一段文本的断句为"法立而不革则显，民变诛，计变诛，止贵变殊"，其中有三句说到"诛"（殊也是诛，音同互通），都以变诛为句。一些学者认为这一段文本中有许多讹误之字，不好断句和理解，如贺凌虚、高亨、蒋礼鸿、石磊等人都有专门的考释，诸人从不同的文字上做多种解释，很难说谁的看法正确。对这段文本，应该结合上下文来分析。上文说要使法令不滞留，吏无奸，法既定之后，不能让人们的各种言论来干扰它，更不能因此而随意改变它。这与《农战》篇说的"其君惛于说，其官乱于言"以及"说者成伍，烦言饰辞，而无实用"一段文本，都是说君主不要轻易听信人们的议论与纷纷纭纭的各种言论，这会影响执法。此外还有如下的文本："行治曲断，以五里断者王，以十里断者强，宿治者削。"《去强》《说民》篇也有类似的文本，把这些说法与上文所说的情况结合起来看，就可以理解为：据法断事，不要听多言，家断和君断，是所听多少之分，是听言的范围大小之分，所听的范围越小，不同的议论就越少，距事实就越近；反之，听言的范围越大，不同的言论就越多，距事实就越远，所以在以法断案（断事）的时候，范围越小越能掌握事实，而不受过多的言论的影响。五里十里之断，意思也是如此。而日治夜治和宿治，则是时间上的长短之分，与空间上的范围大小之分，在以法断事上的意义是一样的。时间越长久，各种言论就越多，时间越短，言论就越少，故应在事情发生之后的最短时间内断案，所以日治好于夜治，夜治又好于宿治。日治是在事发的当天就断治，夜治则是拖到当天夜里才断治，而宿治则是过了一夜才断治，所以时间越长，对断治越不利，这与空间越小越有利，越大越不利是一个道理。

说完了这个道理之后，又提出："以刑治，以赏战，求过不求善"，这也是执法时的一个问题，即侧重于惩治过失，而不是侧重于奖赏。这层意思，前面已有分析，此略。在说了上述的道理之后，才提出"法立而不革"的问题，可知"法立而不革"的问题与上述各种情况属于同一类，都是执法中的问题。后面说："国无奸民，则都无奸示［市］，物多末众，农弛奸胜，则国必削。"根据前面和这里的文本来看"法立而不革"一段文本，就能体会到那必是在说明执法中的问题，即要使执法减少吏与民的奸，保证农的专一，这就是不要农弛奸胜，正与前面说的治不留、吏无奸相应。

为了这一目的，一是要不以善言害法，要任功而使民少言；二是要在断法时减少人们的言论，减少拖延的时间；三是要侧重于惩治过失；四是减少吏民的奸。如果把这几点把握住了，就好解决"法立而不革"一段文本中的问题。这就是说对这一段文本要从立足于减少吏民的奸这一点来理解。为此可以肯定的一点是，不能把"显"与"民"断在一起，上下文所说只有民，没有在民之中还分出显民和不显的民。所以不管对显民如何解释，都是不符合这里的上下文之意旨的。且与奸合在一起的，此段文本中有"吏无奸"和"国无奸民"，可知有奸吏和奸民，此外不会有什么显民。所以可以断定这里不能把"显"与"民"合在一句中。

下面的文本从民变到自伐，各家也有很大分歧，最主要是中间几句不好判断，因为其中究竟作何字，大家看法不一。但仍要与防止民之奸的意思结合起来加以理解。这里有两处都可作"变诛"，而又有"变殊"之语，故此三者应视为同一语，即变诛。诛为诛杀，即上文所说的刑。这样就可知这几句是说对民的诛。为什么要诛？应当是民有奸，而三句中都有变字，则变应与奸有关。也就是说变是不正常的情况，故属于奸，若不变，则是正常的情况，就不是奸。这样理解三句中的变，就可说是指奸。于是民变诛，计变诛，就可解读为民有奸则诛之，民用计为奸则诛之。计指计谋，即用来违犯法令的奸计。贵与民相对而言，即应是上文的吏。

《开塞》篇第三段说圣人立禁设官以治民，称之为上贤废而贵贵立，又说贵贵而尊官，可知官即贵，贵与民是相对而言的不同社会成员。而这里的"贵变诛（殊）"，与"民变诛"又是同一种意思，即官吏为奸（变而不正常）就要用刑法诛之。于是这几句就可统一为"民变诛，计变诛，贵变诛"，都是与上文说的以刑治的求过，而吏与民的奸就是过，在执法过程中侧重于用刑惩罚吏民的奸之过，与上文说的执法不要使治不留和要使吏无奸正是相应的。

这里最难解释的是止字，因为三句中只有一个止字，无法与三句的情况结合起来。因此要对止字之义加以考释，止可训为至，《字汇·止部》："止，至也。"因为止的本义是指足，引申有行和行至某处的意思，所以止可训为至。止又通之，如这些学者考证中曾引的《诗经》中的"高山仰止"，其中的止字有的本子作之。但无论是训至还是训之，在这里都可以讲得通。若作之，就应属上，即"民变诛，计变诛之，贵变诛"，三个诛，只有一个诛下用了之，可以看作三个诛下都可以有之字，但为了避免重复而做了省略。若作至，则应属下，即"民变诛，计变诛，至贵变亦诛"，亦字根据文本的语气可以补上。这样就可以使这三句都得到解释，而与上下文的意旨相统一而连贯。

下面的"使百都之尊爵厚禄以自伐"，则应属下，与"国无奸民"至"授官予爵出禄不以功，是无当也"的文本为一段，因为这一段文本都是在说用官、爵、禄来奖赏的问题，这也是用法治吏和治民中的问题，与前面说的用法治吏与民的奸，统属于执行法治的问题。只是这一段文本说得更为具体，如农弛奸胜，就是指民众大多从事商业，而在商业活动中多有奸商行为，这就是农弛奸胜。国家的法治，就是要惩治这种农弛奸胜的现象，而农弛奸胜，也正是前面所说的民变，可知民变就是指民为奸，对此国家当然要用法令加以诛杀惩治。而"民有余粮，使民以粟出官爵，官爵必以其力"，就是对上文的"百都之尊爵厚禄以自伐"的解说。贺凌虚认为："伐，功，自伐，自立其功"，这就是让民通过用自己的余粮来获得官爵，所以说是自立其功，是以自己的力来获得官爵，即靠自己的务农而有余粮，由此可以获得官爵。可见上下文的说法完全相合。

国家用法令让民众通过自己的农业产品获得官爵，是商鞅变法的重要内容。为达此目的，要防止民为奸，即不努力从事农业而投机于商贾，那样就是"农弛奸胜，则国力必削"。实行法治，就是为了防止这种情况的出现。所以法治就是要用国家的官爵激励民众务农，如果不用官爵厚禄激励民众，就是所谓的"授官予爵出禄不以功"。这段文本中的"四寸之管无当，必不满也"，是一个比喻，是说管无底（当指底），则无法盛物，必漏光。这是比喻执行法令要有一个不能忽略的底，即上文所说的使吏民无奸，这样才能使法治得以真正地实现，不至于有法治之名，而无法治之实，犹如一根管子没有底，所有的东西都漏光了。而在法治中，如果授官予爵出禄不以民众的农战之功，就是无当，即无底，而使法治成为空话。之所以要这样做，就是要使农不怠，防止农弛奸胜。这样把上下文合为一个整体来分析，就能对其中的难字难句形成合乎整体文本意旨的理解，从而掌握《商君书》此篇文本的本来意旨。

此篇下面的文本说明六虱的问题："国贫而务战，毒生于敌，无六虱必强。国富而不战，偷生于内，有六虱必弱。"之所以提出六虱，仍然是对吏民之奸的说明，即吏民之奸是多样的，故六虱形容其奸之多样性。以法令防止吏民之奸，就可使国家富强，否则就使国家贫弱。这里是先说另一个问题："国以功授官予爵，此谓以盛知谋，以盛勇战。以盛知谋，以盛勇战，其国必无敌。国以功授官予爵，则治省言寡，此谓以法去法，以言去言。"这段文本里的盛字，前人解释不得要领。或解释为长，指增多，或解释为盛多，这都不合乎此篇用此字的意思。上文用管作比喻，要求管子要有底，才能使盛装的物不致漏光，这里的盛，就是用管子盛物的盛。盛的本义是指盛在器中的谷物，引申为把物品放在容器内的意思，故管内装物就叫作盛，盛字的这一义项，直到今天也仍在使用。所以上文说管子盛物必有底，而这一段则说盛知谋、盛勇战，并说以盛知谋，以盛勇战，这表明盛字在这里是做动词使用的，即盛装知谋与勇战。

是盛装什么人的知谋与勇战呢？根据上文所说，可知是盛装民的知谋与勇战，即国家通过法令而根据民的农战之功以授官予爵，这就好比管子的底，可以盛住民众的知谋与勇战，按上面所说的，如果国家对民众授官予爵出禄不以功，就相当于管子无当（底），当然盛不住物品，相当于国家授官予爵出禄没有起到应有的作用。所以国家对民众授官予爵出禄必以功，才能盛得住民众的知谋与勇战，也就是说使民众的知谋和勇战都为国家所用，而使国家富强。结合上下文，可知此处所说的盛知谋、盛勇战、以盛知谋、以盛勇战，是指国家用据功论赏的法令来对民众授官予爵和出禄，这就好像用有底的管子盛装住民众的知谋与勇战之力。若不是根据民众的农战之功来授官予爵出禄，就是一个没有底的管子，盛装不住民众的知谋与勇战之力，国家的富强就会变成一句空话。总之，是要按这样的意思来执行，才能使其国必无敌，而这样的执法，就是以功授官予爵，目的就是前面说的不要使治不留而要使吏（民）无奸，不以善言害法，任功则民少言，所以这里又说："以功授官予爵，则治省言寡，此谓以法去法，以言去言。"正与前面的文本相对应，可知此篇的文本，其意旨是前后呼应而贯通的，而对这些文本的分析，必须要把全篇的文本合为一个整体来解读，才能准确把握其中的意旨。

在如何对民授官予爵出禄的问题上，即如何在执法中对民加以奖赏的问题，要有一个不可缺少或违背的"底"，即必须根据民众的农战之功，而此篇所说的六虱，就是在论述这个问题时引出来的，这与《去强》篇说的六虱有所不同，一是用来说明的问题不同，二是六虱所指也不同。所以，二篇都有六虱之名，但文本的意旨完全不同。这是在分析本篇的六虱时需要注意的。

本篇所说的六虱与国家如何在执法中对民众授官予爵出禄密切相关，这一段文本从"国以六虱授官予爵"至"不为利禄之故战，此亡国之俗也"。这一段文本说明了国家对民众的授官予爵，不能根据六虱来授予，这是对上述要根据农战之功来授予官爵的主张的进一步论述。所谓六虱，即礼乐、《诗》《书》、修善、孝弟、诚信、贞廉、仁义、非兵、羞战，字面上看是九，但其中有些可以合为一，如礼乐《诗》《书》为一，孝弟诚信为一，非兵羞战为一，再加上修善、贞廉、仁义，就是六项。这里的六虱，与《去强》的六虱不同："三官者，生虱害者六，曰岁、曰食、曰美、曰好、曰志、曰行。"本篇所说的六虱，是指扰乱国家执行法令的各种学说或观念，主要是儒家和墨家的思想观念，这主要是对民众的影响，而

《去强》篇说的六虱，主要是指官吏与商人方面的问题。此篇把六虱与授官予爵的问题放在一起说，是说这些不合乎法治的思想主张会对法治产生不利的影响，使民众不专一于农战，这会对以农战为基本国策的商鞅变法造成不利的后果，如"君务于说言，官乱于治邪，邪臣有得志，有功者日退"，就是这类不利的后果。

本来商鞅变法的目的是要对民众的农战之功进行授官予爵的奖赏来激励他们专一于农战，由此而使国家富强。但若民众受了六虱的影响而不专一于农战，则农战得不到发展，而授官予爵若不给予农战有功者，反而用来授予擅长六虱的人，则国家不可能富强。所以说"守十者乱，守一者治"。守十就是对六虱等事都要去做，守一（壹）则是专一于农战之事。民众是从事于六虱等多种事情，还是专一于农战，这不是民众本身的事情，而是直接关系到国家能不能富强的问题。所以商鞅的法治对于民众的奖赏，主要是想通过奖赏他们从事农战而使国家富强，若受六虱的影响，人们不专一于农战，则国不得治而只能是乱。

在变法国策已经确定之后，君主如果喜好六虱等事，就会使用来追求国家富强的法令得不到真正实现，所以在法已定的情况下，君主如果喜好六虱，结果就只能是亡国。在法令已定的情况下，君主一定要重视使法令得以彻底执行的问题，不能让六虱一类的思想扰乱民心，妨碍法令的执行。把这个问题解决好了，才形成民毕农而国富、"兵民毕竞劝而乐为主用"的局面（毕，全部），这才会使国家走上富强之路。以上所说，都是为了说明国家的变法，最佳效果是通过授官予爵而激励民众专一于农战，其次才是有刑有赏，再次则是民对于国家的法令以及农战之事恶之忧之羞之。喜好六虱之事，而不乐于从事农战，用各种方式躲避农战，如果形成这样的局面，国家就会危险而最终灭亡。可知这是强调变法以治国时要使法令得到彻底执行而让民众专一于农战，对于六虱的防备与制止，是非常重要的事情，君主不能对此掉以轻心，忽略不顾，误认为那只是思想文化的事情，却看不到这些扰乱民心的礼乐、《诗》《书》和非兵、羞战的思想主张会对变法治国方针造成如此严重的破坏作用。此篇提出的这一问题，对治国的君主们，永远都是值得高度重视的大事，不可忽视。

此下继续对六虱问题进行论述，把六虱细分为十二，即六虱所列的各项可以再分，故又可称为十二。如果国家存在着六虱，最大的恶果就是使民众无心于农战，国家不能变得富强，所以"必贫至削"。而六虱如果对民众的影响发展到更严重的程度，即所谓"成群"，则君不能以法治其臣，官不能以法治其民。六虱等事一定要禁止，所谓"十二者成朴，必削"，朴字各家解释不同，当据《尔雅·释木》的解释："朴，枹者"，郭璞注："朴属丛生者为枹"，所以《小尔雅·广诂》说："朴，丛也。"丛生即指多。所以"十二者成朴"，即是说十二者很多，因此国家必然削弱。正因为六虱必须禁止，更不能让它们丛生繁多而成为风气，所以要使国家兴盛的君主，就不能让六虱在国中存在并蔓延。民众专一于农战，当然就是"其国多力而天下莫能犯也。兵出必取，取必能有之，按兵不攻必富"。这就是说国家禁止了六虱，就会有强大的兵力，用它作战会无往不胜，不用来作战，国家则会富裕。

对于官吏来说，他们如果不沾染六虱，也有莫大好处，即他们不论功多功少，都不会因为六虱的关系而有毁损，他们也是全靠"功"来获得官爵，而不是靠能说会道的"辩言"，那些擅长花言巧语的人也不能比有功的官吏获得更好的官爵。对于官吏同样是看他们的"功"来定官爵，这是法治在吏治上的体现，使官吏同样要靠自己的力量、能力来完成更大更好的事功。总之，无论是民众还是官吏，君主都要求他们为国家出力，无论是农是战，还是完成职责，都要用"功"来体现他们的努力，而君主根据他们的功之多少而授予相应的官爵，这就是法治的基本精神。如此治国，就是好力而不好言，六虱就是好言的表现，禁止六虱，就是使吏与民都不崇尚空谈之言，而努力于事功，这样的国家才能在国与国的竞争中处于有力的优势地位，从而可以出一取十，使他国难以攻击本国。这样就说明了为什么要禁止六虱而鼓励农战事功的道理，为商鞅的变法理论提供了富有逻辑的论证。

其下又说到法治中的刑赏所占的分量，要重刑少赏而不要多赏轻刑，这与前面说的执法侧重于刑而不是赏是一致的，虽然刑与赏是法治必不可少的两个手段，但二者的比重不同，所收的效果也完全不同，前者的效果是"上爱民，民死赏"，后者的效果是"上不爱民，民不死赏"。所谓死赏，是指民众愿意为赏而死，即作战中为难得的赏而拼死。如果赏多而易得，民众就不会如此，所以要重刑而少赏，使赏显得难得，不得不以拼死作战的方式去获得。赏对于民众来说，就是利，国家的法治要让得到赏与利的途径只有一条，而不能有多条，这就是"利出一空者其国无敌，利出二空者国半利，利出十空者其国不守"。空就是孔，孔就是洞，指可通过的途径。一空就是一孔，即只有一个孔道可以使民众获得赏与利。若孔道太多，民众就不会通过拼死作战来获得赏与利，所以对国家来说就会是孔越多而国越不利，故其国不守。

然后又说明了用刑与六虱的关系："重刑，明大制，不明者，六虱也。

六虱成群，则民不用。"所谓大制就是国家之法，侧重于用刑，是国家实施法治的基本准则，如果对这一点不清楚或持有糊涂认识，就会让六虱成风，法治成为空话，法治不能得到彻底执行，民众就不能为国所用，国家的农战政策就得不到实现。所以法治中侧重于用刑，是为了不使六虱成风，为了使民众能为国家尽力从事农战。这样的法治，不仅对国家有利，也对民众有利："是故兴国罚行则民亲，赏行则民利"，执行刑罚而使民众对国家有亲近感，执行奖赏而使民众因此可获利。对于后者，容易理解，对于前者，则似乎不易说通。对其中的道理要进行分析，即国家执行刑罚，可使犯罪者减少，这会使国家社会对于民众来说有安全感，所以他们因此而对国家亲近。

在执行刑罚时，还要注意一点："行罚，重其轻者，轻其重者"，"轻其重者"四字，学者们认为是衍文，依据是此四字与"重其轻者"矛盾，《商君书》一贯强调执法侧重于用刑，所以不会有轻其重者的情况，只能是重其轻者。通过重其轻者的用刑方法，可达到轻者不至、重者不来的效果，所以说这是以刑去刑，用刑的目的不是用刑本身，而是使刑罚减少，甚至是根本没有刑罚。这也可以看出上文为什么要说"罚行则民亲"。如此用刑，就会收到刑去事成的效果，即不用刑（刑去）而可使事情办成。如果相反，罪重刑轻，就会使刑至事生，即虽然用刑（刑至）而仍有罪行发生。这两句里都有"事"字，但意义不同，"刑去事成"的事指应该做的事，"刑至事生"的事指不应该做的事，也就是犯罪之事。这里说明了有两种用刑的方法，一个是正确的，一个是错误的，正确者可以以刑去刑，错误者则会是以刑致刑，其国必削。在论述六虱问题时，主要是与法治中的用刑问题相关联的，所以会在此篇后半部分专门论述如何在执法中用刑的问题。把如何用刑的问题说清楚了，就可看出商鞅变法的法治特点，也可以看出他对法治问题的思考是非常周密而且具有可行性的。

此篇最后说："圣君知物之要"，这里把圣人与君主合为一体，故用了圣君的说法。"知物之要"，就是知治国之要。这个要就是以法治国，而执行以刑为主，目的是引导民众专一于农战。懂得了治国之要，所以"其治民有至要，故执赏罚以壹辅仁者，心之续也"。这里的仁，不是儒家说的仁，而是以法治国使民众减少犯罪、通过农战获得赏利的仁，即通过法治而由国家给予民众的好处，这也与前面所说的民亲相应。因为国家通过法治而行此种仁惠，所以民众对国家亲。前面的亲与这里的仁，应当合起来加以分析，都是以法治为前提的亲与仁，所以与儒家说的仁完全不同。故这里说"执赏罚以壹辅仁"，明确地说是以法治（执赏罚）来辅仁，且用了"壹"字，表明这是唯一的方法。

对于"心之续"，学者们的解释各不一样。笔者认为，这里的"心之续"要与下文"圣君之治人也，必得其心，故能用力"联系起来分析。这里的治人，就是上文的治民，必得民心，是指让民众在法治下也要保持对国家的亲爱之情，而不是仇恨之心，所以这里仍是与前面说的民亲和辅仁相联系的，可知得其心就是得到民众爱国之心，而这就是圣君通过执赏罚而壹辅仁来使民心延续。由此可知上面说的"故执赏罚以壹辅仁者"，与"心之续"也是一个因果关系，即因为圣君执赏罚以壹辅仁，所以能使民众爱国之心得以延续。

如果做到这一步，当然也就会是民众能用力，即民众为国家用力于农战。通过民众的用力，其结果就是"力生强，强生威，威生德，德生于力"，即圣君通过执法而使民众有爱国之心并能延续下去，由此而愿为国用力，这样就必然使国家变强，而在诸国竞争中变成强者而有威势，在这种威势上才能形成真正的德，所以说"德生于力"。这里所说的德，也不是儒家的德，而是指法治国家通过本身的强而形成的威德。这样由强而产生的威德，是圣君独有的，也就是说只有圣君通过法治才能得到这样的民心、民力、国强及其威德，在此基础上，"故能述仁义于天下"。这说明商鞅的变法不是单纯的酷法酷刑，而是要让天下都享受这种变法所形成的威德，而这才是真正的仁义，与儒家说的仁义完全不同。

此篇从六虱问题说到圣君如何执法，最终说到由这样的执法而获得的效果，竟是"述仁义于天下"。高亨先生对这一点做了正面的解释：法家反对儒家所谓的仁义，但并不弃绝仁义，认为实行法治，社会治安，就是做到仁义了。这表明法家的仁义与儒家的仁义完全不同，人们不能只看到文本中出现了仁义二字，就说法家的商鞅不应该有关于仁义的思想，因此其书中出现此类文本就说明这不是商鞅之作，这种看法说明人们没有仔细分析《商君书》中的仁、仁义等语的确切含义，只是根据字面的意思就来评论《商君书》的文本与思想，这样的认识缺乏认真深入的文本分析，是站不住脚的。

《境内》篇也是说明如何以法治国的问题，主要内容是根据一国四境之内的民众的具体情况来论述如何执法，其方法就是使全国之民不论男女全都登记姓名，由国家掌握，"生者著，死者削"，在此基础上加强对民众的管理，并根据他们的具体情况来安排役事及其日期时限等。为此，还规定了民众的爵的等级及相应的官名，以及根据这些爵的等级与官职而安排他们的"役事"及按功赐爵的问题。可知此篇是商鞅变法中关于民众户口管理及让他们为国家服役和作战的具体规定。高亨总结此篇有六个方面的内容：①国家要登记全国的户口。②按照爵位等级给予服役的奴仆的办法。③军队的组织、军官的等级及所率兵的数目，在战争中立功行赏、有罪处罚的标准，升爵增禄的规定，论功行赏的措施。④有爵位的人在有罪时的审判和处理。⑤有爵位的人死去，按照等级增加坟上的树木。⑥攻打别国城邑的战斗布置，敢死队的编制和行赏处罚。

这是说明如何管理和使用民众作战的问题，其中说的爵位以及刑赏等问题，都是法治中的问题，由此可以看出，商鞅变法以农战为中心，而对如何使民众由农转为战，也制定了非常细致周密的法令，此篇只不过是这种情况的一种反映，并不能说是秦国有关法令的全部内容，但可以举一反三，由此了解商鞅变法把农民变成军队战士的做法。这种思想其实源于当时各国普遍采用的办法，也为后世王朝所沿袭，如《荀子》《管子》中就有相关的论述，但商鞅的不同之处，是把这种方法与他的以法治国密切结合起来，用刑赏进行控制和运用，从而使得这一方法在秦国变得更为彻底、有力、有效。这正是商鞅与其他诸子的不同之处。

《外内》篇说明如何以法治民，主要论述民众的内外之事，外事指对外作战，内事指在国内从事农业生产。无论外事内事，都要靠国家的法令来使民众做好，"民之外事，莫难于战，故轻法不可以使之"，"民之内事，莫苦于农，故轻治不可以使之"。外事内事都不能轻法轻治，此处一个说轻法，一个说轻治，也应用互文见义的方法综合起来加以解读，也就是说不可轻视法治。商鞅变法的中心是使民众集中到农战上来，所以民众的农战之事，都是法治之事，把农战与法治紧密结合为一，是商鞅变法的特点。历来各朝都有农战之事，但没有用法治来控制农战，故农战缺乏控制而不能使民众之力集中于农战上，不能使农战发挥最大作用而为国家服务。商鞅用法治来控制农战，这是他的创举，故秦国由此而变成当时强国之一，最终统一天下。

此篇提出外事内事都不能轻法轻治后，又对此论加以解说，首先解说轻法的问题。轻法是指"赏少而威薄"，"淫道不塞"。赏少而威薄，都是君主的问题，即君主不能通过法令来使赏成为激励民众尽力作战的动力，同时也使君主的权威对民众的作用显得太薄而少，又使淫道得不到堵塞，则导致民众不能集中力量为国作战。这就是君主轻法而使民众不能做好外事（为国作战）的意思。

什么是淫道，也做了说明："为辩知者贵，游宦者任，文学私名显之谓也。三者不塞，则民不战而事失矣。"可知淫道都是不能引导民众一心为国作战的做法，一是让能言善辩而多有知识的人取得了尊贵的地位，二是任用游说而取得官职的人，三是让文学之人和有私名的人具有了显赫的名声，这三种情况都属于淫道，这说明以法令让民众通过作战而取得尊贵地位、取得官职、获取名声才是正道，与之相背的都是淫道，而以上述三种为最。君主以法治国，必须严格执法，堵住这三种取得尊贵和官职与名声的情况，不让民众受此淫道的引诱，而遵守国家的法令一心为国作战，这样才不是轻法，而是重法，即重视法治。

在民众的外事问题上，君主轻法的表现有两个方面，一是赏少，一是威薄，二者都会造成恶果："其赏少，则听者无利也，威薄则犯者无害也。"听者即听从的人，犯者即犯法的人，赏少对听从的人不利，他们没有得到应得的赏利，威薄对犯法的人无害，他们虽然犯法而未受到应得的惩罚。这都是君主轻法的表现，也是法治不彻底的表现，有法令而不严格执行，就会有这样的结果，而这不利于国家的农战也是显而易见的。所以君主以法治国不能轻法，要严格执法。

接下来继续说明轻法的危害："开淫道而以轻法战之，是谓设鼠而饵以狸也，亦不几乎！"这是说君主设法令以治国，却开淫道而轻法，好比想捕鼠而用狸作为诱饵，这是根本不能达到目的的，以此说明开淫道和轻法，是对以法治国的严重妨害。在分析了不能开淫道和轻法之后，得出结论："欲战其民者，必以重法。赏则必多，威则必严，淫道必塞，为辩知者不贵，游宦者不任，文学私名不显。赏多威严，民见战赏之多则忘死，见不战之辱则苦生。赏使之忘死，而威使之苦生，而淫道又塞，以此遇敌，是以百石之弩射飘叶也，何不陷之有哉？"这一段文本清楚说明君主以法治国必须重法而不能轻法，必须堵塞淫道而不能放纵淫道。重法的表现就是赏多威严，赏多就是对民众作战中的功劳毫不吝啬地给予应有的官爵禄利，威严就是对于犯法的人必须毫不心慈手软地给予严厉的惩罚，这才是正确的执法之道，才能使以法治国收到应有的效果。

以上说明对民众的外事方面要如何执法，以下则说明对民众的内事方面要如何执法。前面说"民之内事，莫苦于农，故轻治不可以使之"，这里着重说明什么是轻治："其农贫而商富，故其食贱者钱重，食贱则农贫，钱重则商富，末事不禁，则技巧之人利，而游食者众之谓也。"民众的内事是集中人力物力从事农业生产，这也需要国家的法治加以控制，目的是不要形成农贫而商富的情况。而轻治则正相反，即法治如果不能保护民众的农业生产，而让不从事农业生产的人如商人发财致富，那么从事农业生产的民众就会处于贫困境地，这就违背了商鞅变法以治国的根本目的。法令保护农业生产，就要使食重而钱轻，不能做到这一点，就会使食贱而钱重。这里的食，应该是指粮食。食是实实在在的物质生产，而钱则是与物质生产脱节的，所以古代中国都以农业生产粮食为本，而以经商牟取金钱之利为末，本末不可颠倒，否则就会形成食贱钱重的局面，导致国家的农业生产无人积极参与，这就会使国家的实力受到削弱。所以在以法治国的情况下，如果君主轻治，就是对法治的破坏，不能使民众专一于农战，而让牟取钱利的商人富，从事农业生产的民众贫，这正与实行法治的根本目的背道而驰。所以此篇在说明了如何以法治促进民众的外事之后，又专门说明了如何以法治保护民众从事内事的积极性。这都属于如何执法的问题，在法令确立之后，这就是最大的问题，君主必须高度重视，不可轻忽。

此下说明了为什么君主轻治会使民众不愿务农而使商人赚钱容易，说明了君主为什么不能在民之内事上轻治的道理，这是由于民众务农本身就是最辛苦而赢利少的事，而商人和技巧之人则轻松容易得多，要想让国家真正富裕，就只能靠农业多产粮食，而不是靠商人和技巧之人多赚取金钱或多制作技巧之器。所以君主要用法令来使国内的商人和技巧之人尽量少，使务农的民众尽量多，由此而使民众生产的粮食尽量多，国家因此就可富裕。

其下又说明了如何才能做到这一点，第一是"欲农富其国者，境内之食必贵，而不农之征必多，市利之租必重"，即要靠法令而使国内粮食价高，对不从事农业生产的人征税则要多，对在市场上经商谋利的人的租税必须加重，这就是压制商人和技巧之人而保护农业生产。第二是"民不得无田，无田，不得不易其食"。这是要用法令保证民众有田，如果民众没有田，就不能从事农业。所以国家用法令保护和支持民众从事农业生产，一是使粮食价高，二是保证民众有田，同时用重税压制商人和技巧之人，这样就可使"食贵则田者利，田者利则事者众。食贵，籴食不利，而又加重征，则民不得无去其商贾、技巧而事地利矣"。通过这样的分析，他的结论是"民之力尽在于地利矣"，这就是商鞅用法令引导民众专一于农战的思想，最后总结说："故为国者，边利尽归于兵，市利尽归于农。边利尽归于兵者强，市利尽归于农者富。故出战而强，入休而富者，王也。"这说明民众的外事内事，都是符合国家需要的，而国家的法令则要有效地保护民众从事外事内事的积极性，并保证他们从事农战而能得到实际的利益。这表明《商君书》不仅包括治国的理论，还包括治国的具体方案与措施。

《慎法》篇也是说明如何以法治国的问题，此篇的特点是着重说明君主执法过程中要注意防范奸邪之人的干扰。此篇首先提出："凡世莫不以其所以乱者治，故小治而小乱，大治而大乱，人主莫能世其民，世无不乱之国。"这是说世上国家的君主在治国问题上都不得其法，所以虽然想方设法来治国，结果却是小治而小乱，大治而大乱，然后对这一论点进行解说："奚谓以其所以乱者治？夫举贤能，世之所治也，而治之所以乱。"据此说来，人们通常都用儒家的观念来治国，即选拔所谓贤者让他们担任国家的官员，让他们根据自己的理念来治国。商鞅认为，这样治国只能让国家陷于乱的境地。且越是相信贤者能治国，国之乱就越严重。各国之所以不能得到治理，根本原因就在于此。

他又分析了为什么用贤者治国会是如此的原因："世之所谓贤者，言正也，所以为善正也，党也。听其言也，则以为能，问其党，以为然。故贵之不待其有功，诛之不待其有罪也。"这说明贤者治国只会相信并任用赞同他的人，由此结成党，而听不进其他的意见。在此情况下，国家的刑赏都以贤者及其同党的意见为准，而不是根据人们的实际功劳与罪过进行刑赏，所以就不能让认真努力而有功的人具有积极性，没有真正犯罪的人却受到刑罚，这就是刑赏不公，起不到刑赏应有的作用，所以这样治国必然使国家走向混乱。

对于其危害也做了具体说明："此其势正使污吏有资而成其奸险，小人有资而施其巧诈。初借吏民奸诈之本，而求端悫其末，禹不能以使十人之众，庸君安能以御一国之民？"即以贤治国势必会使污吏得以借用而助成他们的奸邪，会使小人借以施展他们的奸诈。如果吏民都能借以大行其污及奸，则国家必不能得到治理，而庸主靠所谓贤者治国，必不能管理全国民众，国家必然不能富强。这就从反面说明了君主必须以法治国，不能相信和重用所谓的贤人。所以他再次强调明主治国不可以须臾忘于法，以法治国，就能"破胜党任，节去言谈"，同时"使吏非法无以守，则虽巧不得为奸，使民非战无以效其能，则虽险不得为诈"。可知以法治国，是最好的防止吏民奸诈的方法，这与以贤治国形成明显对比。所以他下结论说："法任而国治矣。"

《定分》篇也是说明如何执法的问题，重点是开篇时提出的问题："法令以当时立之者，明旦欲使天下之吏民皆明知，而用之如一而无私，奈何？"这个问题实质上是如何让国家的民众都能在明确知道君主所立法令的情况下忠诚地遵守法令，任何一个国家的立法，都会遇到这样的问题，所以这是具有普遍性的问题，是君主以法治国而如何实现法治的根本性问题。

　　商鞅认为君主所立的法令必须通过官吏来执行，要让官吏确实知晓法令之谓。文本作"朴足以知法令之谓"，朴字表示实，即确实知晓法令，作为执法的官吏不能对法令知之不全或知之不准，这是官吏执法的基础。其次是要让执法的人各任相应的官职。执法的官吏不得忘记所执行的法令及其内容，否则即以所忘之法令名罪之。这是说执法的官吏必须对所执行的法令负责，执行不到位，就按所执法的法令本身来治他的罪。这样有一个好处，即不必再定另外的法令来治这种执法不到位者的罪。

　　此外还要注意执法的连贯性，即"主法令之吏有迁徙物故"，要有人通过学习而继续执行其法令，对于继任者的学习法令，也有严格的程式和规定，他们必须数日而知法令之所谓，"不中程，为法令以罪之"。这就使执法具有了严肃性，使继任者不敢怠慢。再者，就是要对敢于随意改动法令的人定以死罪："有敢剟定法令一字以上，罪死不赦。"这是使法令具有至高的威严，让人不敢轻易冒犯。另外，执法的官吏必须对官吏及民众询问法令予以清楚的回答："以其故所欲问之法令明告之"，不是隐瞒或含糊回答。这也是一个在执法问题上的重要问题，因为在任何时代，都存在着执法的官吏不积极认真，不能清楚准确回答吏民询问法令的情况，这在今天也是屡见不鲜的，即轻忽怠慢民众的询问，甚至不能清楚地向吏民宣示法令内容。为了防止此种现象的发生，商鞅认为要有具体的办法来使执法的官吏不敢这样做，其办法就是："各为尺六寸之符，明书年月日时、所问法令之名，以告吏民"，即执法的官吏要把自己执行的法令清楚、完整地书写下来，分成左券和右券，主法令之吏，"以左券予吏之问法令者，主法令之吏，谨藏其右券木柙，以室藏之，封以法令之长印"。这样可使人们明确了解国家的法令之内容，可与执法的官吏对质，由此以防止执法的官吏不忠实于法令。如果执法的官吏不这样做，同样以吏之所问法令之罪，各罪主法令之吏，同时也可使执法的官吏在物故后，继任者有所凭据，能够掌握明确的法令继续执法。

　　此外，"法令皆副置"，即都要有副本，君主要把副本严密保存，同时，"一岁受法令以禁令"，即每岁都要让执法的官吏从君主那里接受一次法令，这可使执法的官吏及其他的吏民都能随时保持对国家法令的了解，防止执法官吏对于法令的内容的轻忽、遗忘或隐瞒。

　　此外还要设置一整套的执法官职，从最高的天子到各级官吏，都要有主持执法事务的法官，即专门负责执法的官员。再加上前面所说的办法，最终要使"吏不敢以非法遇民"，民又不敢犯法，有了这样一套严密的执法制度及程序，就可使"天下之吏民，虽有贤良辩慧，不能开一言以枉法，虽有千金，不能以用一铢"，由此防止天下的官吏贪赃枉法，使那些"知诈贤能者，皆作而为善，皆务自治奉公"，这样才能达到最佳执法效果，使君主所定的法令真正起到应有的作用，不管天下多大，民众多少，都能达到易治的效果。对这样的执法，概括起来，就是一句话："所生于法令明白易知而必行。"这一思想非常重要，一方面使国家的法令明白易知，谁也不能随意乱加解释，乱加隐瞒，使所有的人都知道国家法令的内容，另一方面，则是使法令必行，而不是有法而不依，有法而不执法，这样才是真正的以法治国。

此篇在说明了如何执法的问题之后，又进一步说明法令对于民众和国家的重要性："法令者，民之命也，为治之本也，所以备民也。"这里指出了三点，一是法令为民之命，二是法令为治国之本，三是法令用来备民。为民之命，是说法令是民众生命的根本保障，无法令，民众无法相处而进行生产生活，所以说法令是民之命。法令为治国之本，是说治国不能没有法令，这是易知的道理，但总有人在治国的问题上忽视法令的重要作用，就不能不让人怀疑这种治国思想的正确性和可行性。法令备民，备是防备，对民众的防备，这一解释似乎没有疑义，但贺凌虚把备注释为防，说备民即卫民，就解释错了。这里的文本中已经说了法为民之命，这就是法令保护民众的意思，与贺氏说的卫民意思相同，所以备民就不能再解释为卫民，不然就前后重复了。他之所以这样解释，是因为对防备民的说法存有疑虑，这是没有准确理解《商君书》的表现。所谓备民防民，就是指防备民众作奸犯科，所以要用严密严格的法令来使民众不敢冒犯法令，不敢用自己的奸诈来犯法，这就是备民的含意。在这里，不能用儒家仁爱思想来解释备民，否则就不能准确理解商鞅法治思想的深刻含义。

下文又进一步说明法令不可轻忽而废弃："为治而去法令，犹欲无饥而去食也，欲无寒而去衣也，欲东〔而〕西行也，其不几亦明矣。"文本中的幾字在简化字里写成几，二字在古代是完全不同的两个字，所以在分析这段文本时不能按简化字的几来理解。此处幾是近的意思，指与治国的目标不近，即远离。总之，君主治国，是不能弃去法令的。

法令之所以对于治国这么重要，是有内在原因的，这就是下一段文本说的名分未定与已定的差别。其下文本中形容名分的定与未定，用了比喻："一兔走，百人逐之，非以兔为可分以为百，由名之未定也。夫卖兔者满市，而盗不敢取，由名分已定也。"名分未定，即所有权未定，人们都可以追逐以取之，名分已定，即所有权已定，人们就不能随意夺取，可见法令就是对事物的名分做出的规定。国家有法令，就通过法令使人与人及各种事物的名分得到确定，从而使他人不能随意夺取与侵占，这就是法令的根本属性，所以说法令是民之命，是为治之本，又是用来防备民众互相侵夺。故下文又说："名分未定，尧、舜、禹、汤且皆如鹜焉而逐之，名分已定，贪盗不取"，可见法令规定的名分，是任何人都不能逾越和破坏的，这就是法令使为治成为可能的根本原因。反之，如果"法令不明，其名不定，则天下之人得议之"，所谓的议不是单纯的议论，而是谋划夺取的意思。前人对此议字多未注释，石磊认为：议，评议。这不符合此段文本原意，是望文生义。对文本的分析，必须确切弄清楚文本中每个字的确切含意。《广雅·释诂》四："议，谋也。"《尚书·周官》："议事以制，政乃不迷。"《诗经·小雅·斯干》："无非无仪，唯酒食是议。"孔颖达疏："唯酒食于是乃谋议之。"就是议有谋划以取得之意的例证。前面文本说尧舜等人如鹜焉而逐之，就是追逐而夺取的意思，此处文本说"法令不明，其名不定，天下之人得议之"，正是从上文接下来的，意谓如果法令不明，其名不定，人们就都可以谋划而追逐之。古人常用这种说法，后来形成一个固定的词汇，即逐鹿，《史记·淮阴侯列传》"秦失其鹿，天下共逐之"，这里的鹿就是名分未定之物，所以人们都可谋议追逐以求取得之，与此处所说的"天下之人得议之"的意思相同。

其下文本说"其议，人异而无定"，这正说明人们各怀鬼胎以追逐之。又说："人主为法于上，下民议之于下，是法令不定，以下为上也。此所谓名分之不定也。"这段文本中也出现议字，人们从字面上看，似乎议就是对人主所定法令的评议，其实不能这样理解。因为当时君主立法令以治国，民众是不可能评议的，只能遵守和执行。所谓的议，是因为法令不定而使名分不定，于是人们因为法令的不严密和不严格而产生了利用法令漏洞谋取个人私利的念头，这才是"下民议之于下"的本来含意。

当国家法令不定或不够严密的时候，人们马上就会有钻空子以谋取好处的想法，这就是议之于下。君主立法令是想用法令来治国治民，但所立的法令不定，下民议之于下，就会形成以下为上的局面。所谓以下为上，即本来下民应当服从遵守在上的君主所定之法令，这是上为上、下为下的正常局面，但当这些法令不定而让下民有了谋议之心，这就相当于下民骑到君主法令之上了，所以说是以下为上，这意味着法令没有应有的权威与威严，让下民不把它们放在眼里，而有了机会乘于其上，所以形成以下为上的局面。而这种局面的出现，归根结底，还是名分不定造成的。名分不定的危害还不只是以下为上，而是会令人们产生更大的野心，即"名分不定，尧、舜犹将皆折而奸之，而况众人乎？此令奸恶大起，人主夺威势，亡国灭社稷之道也"。也就是说，以下为上只是开始，接下去就是奸恶大起，野心家蜂起，都要逐鹿王权，所以说是亡国灭社稷之道。

此篇又从名分说到更多的问题，因为名分关系到人与人、人与物的关系之分寸，对此历代圣人是有一定说法的："先圣人为书传之后世，必师受之，乃知所谓之名"，即人们对于名分的理解，是受先圣的规定而形成的，这可以说是人们关于人与人及人与物复杂关系的传统观念，这是不能随意加以改变的，所以说必须师受先圣人的规定。如果"不师受之，而人以其心意议之，至死不能知其名与其意"，这说明不根据先圣人关于名分的规定，则人们对于人与人及人与物的关系之认识就会形成混乱，没有一定之规，都各以自己的心意来谋议之，如此一来，天下国家如何形成治理的规范？所以，所谓的名分，是指人们历代以来相承而传的普遍规范，是不可由人们各据己意来随意谋议之的。这又说明君主所定的法令，也不是完全根据自己的心意来制定的，也要遵守自古以来圣人所定所传的名分，这就为商鞅制定治国的法令找到了客观的依据，也可以说是商鞅以法治国的理论基础。

先圣人所定所传的名分及其观念和规范，是不以人们的意志为转移的，可以说这些是古代中国社会在长期的历史发展过程中形成的民族的共同观念。对于商鞅思想的理解，这一点是不能忽视的，也是必须要明确指出来的。

此篇进一步说明法令制定之依据来自先代的圣人，而且后世的君主在此基础上制定法令来治国治民，就是合理的，为此则要说明如何对这种法令加以贯彻执行，以使它发挥应有的作用："圣人必为法令，置官也、置吏也，为天下师，所以定名分也。"这是说君主治国必须以圣人为榜样，来制定法令，然后设置官吏，让这些执法的官吏作为天下人的师，教育天下人懂得什么是国家的法令，法令都有什么内容，人们应该怎样遵守法令，不至于违法犯法而被治罪。所以这样做，最终还是要定名分，即让人们知道人与人、人与物之间的相互关系及其分寸。有了这样的思想基础，法令才会得到遵守，法治才会得到执行。这说明商鞅对法治问题思考得非常深入和细密，相关的问题他都纳入思考的范围，并综合在以法治国的整体观念之中。而这里所说的名分，也是儒家常用的概念，但商鞅说的名分，与儒家大不相同，由此亦可看出法家与儒家的根本区别，以及他们的思想在治国治民问题上的巨大差异。

其下进一步说明了名分定的作用，即"名分定则大诈贞信"一段文本，这段文本清楚说明了法治的根本是名分定，这可使大奸诈之人不敢为奸而变得贞信，使巨盗之人不敢为盗而变得谨恳诚实，由此使他们各自守法（自治即自己管住自己，不去犯法）。大诈与巨盗都能如此，一般的民众就更会守法自治了。由此可以看出法治的关键是如何执行所定的法令，而其基础就是使人们知道人与人及人与物的名分，遵守名分所立的界线，不做超越名分的事，这样就会使国家得到治理，所以说"名分定，势治之道也"。在势乱的情况下想加以治理，只会越治越乱，在势治的情况下进行治理，才会越治越好。圣人式的君主，是要做到治治，而不是治乱的。所谓治治，就是在势治的情况下治理国家，而治乱就是在势乱的情况下治理国家，前者会收到治国的应有效果，后者则会造成与君主治国愿望相反的结果，即国家大乱，而且是越治越乱。

这一思想极为重要，它说明了不是采取了措施来治国就一定能治理好国家，关键是在治国时处于怎样的局势下，是势治还是势乱。以法治国的君主对此如果不能有清楚的认识，则他的治国就只能是势乱而治之愈乱。所以，对于历史上的君主之治国，不能单纯地看他采取了什么措施，而应看他是在势治的局势下来治国，还是在势乱的局势下来治国。这一思想对于分析、观察和研究中国古代历史，有重要意义。

此篇最后一段文本也非常重要。这段文本说："夫微妙意志之言，上知之所难也。"这是说君主治国，不能靠微妙意志之言。什么是微妙意志之言？微妙者，难以清楚说明者也。意志者，仅凭自我愿望想法以思考问题者也。上知即上智。此二句是说在治国问题上，不能崇信那些微妙意志之言，而应有具体详明的说法，且要根据先圣传承下来的观念与规范。由此可知，微妙之言就是空谈玄论，意志之言就是主观想象之言，此二者都是以法治国的君主要严格防范的。换言之，以法治国，就要使法令明确清楚，具体准确，让民众都能听得懂，这样才能让吏民执行与遵守。如果是微妙之言，则吏民难以理解，于是难以遵守和执行。如果是意志之言，也会让吏民无法猜测和想象，更是难以遵守和执行的。

其下又进一步说明君主立法令来治国，不能让法令玄妙难知，而要让法令明白易知，才能得到民众的理解与遵守。其文本从"不待法令绳墨而无不正者"到"不可以为法，民不尽贤"。这段文本是说人不靠法令规矩而能保持正确无误，是少之又少的，君主治国，不能靠这种极少数人的自觉，所以必须靠法令，强迫民众遵守和执行。而且法令不能只有智者贤者才能理解，而大多数的民众都不能理解，如是这样，所立的法令就不可以为法，这是因为民众不可能都是智者贤者，所以君主立法令，不能靠民众的智与贤。

　　这一思想，就是商鞅以法治国的基础，正与儒家相反。儒家希望提高人们的自觉性来自我约束以遵守仁义道德，但这是不现实的，因为绝大多数人不是智者和贤者，而是只知服从于一己之私欲，谋求私利，与所谓的智与贤有极大的距离，要想让他们都成为有自觉性的智者贤者，以此作为遵守和维护礼治的基础，则是完全不现实的。商鞅清楚地看到了这一点，不相信人们能靠自己的道德修养来遵守国家和社会的仁义礼智信，只能靠严密严格而毫不讲人情的法令来限制、控制、防备民众，所以只能靠法令治国，即让法令来强迫人们遵守仁义道德，而不能依靠人们自觉遵守和坚持仁义道德。这就是法家与儒家的根本区别之处。

　　后世许多儒家学者都一再强调人们的自我约束与修养，强调人们通过自我修养来向圣贤看齐，希望由此而使国家社会走向良好状态，这种主张的愿望是好的，但与社会现实则是格格不入的，完全不具备实现的可能性，所以儒家学说被人们鼓吹了数千年，也不能让人们都成为自觉遵守仁义道德的人。这样的历史事实就证明了儒家学说的不可行性，反而证明了法家学说的可行性。可以说，儒家是抽象的理想主义，法家则是严峻的现实主义。通过《商君书》这里的文本就可读出法家思想的基本精神，而对比出儒家的幻想性。

　　这一段文本中也有省略，应该在分析时予以补足，即不靠法令绳墨而无不正的人，在所有的人之中只有极少的千万分之一，所以圣人治国如果靠这千万分之一，就等于是让人们都成为智者贤者才能理解君主制定的法令，这是不可以为法的，因为民众不全都是智者贤者，所以这是不可行的。后面把智者贤者分开来说，其实在分析时应该合并起来加以理解，这才符合现代汉语的表达习惯。

　　正因为有如上的道理，所以下面又有一段文本，即"故圣人为法必使之明白、易知、名正"。这段文本是说具有圣人水平的君主（这里一再用圣人指代君主，如同《老子》中的圣人侯王）制定法令时必须让法令明白易懂而且名义正确，让愚昧的民众全都能了解这些法令，还要设置主持法令的官吏，作为天下民众的老师，以便在民众对法令产生疑问进行咨询时加以解说，让天下的万民不会陷于因不了解法令而形成的危险之中。

　　这就说明了商鞅以法治国思想的特点，不是一味地用严刑峻法来使民众害怕，而是建立让民众充分理解法令的基础，从而使民众能够很好地遵守法令而不违法犯法。这样的法治，哪里是什么残酷无情呢？可以说，后世儒家士人对商鞅等人的以法治国思想的责骂，都是只看到以法治国严厉性一面，而完全忽视了其中要让民众了解法令而不犯法以受惩罚的一面。他们对于商鞅以法治国的评价是片面的，是不合乎历史与思想之实际情况的，因此他们的批评是站不住脚的。

此下又说以法治国的另一个特点："故圣人立天下而无刑死者，非不刑杀也，行法令明白易知，为置法官吏为之师，以道之知，万民皆知所避就，避祸就福，而皆以自治也。"这段文本是说圣人式君主立法令要让法令明白易知，并设置主管法的官吏，作为民众的老师，以引导民众，使民众理解法令的内容，从而使万民都知道哪些事可以做（就），哪些事不可以做（避），由此躲过灾祸，得到福喜，于是民众就可以靠自己而办好自己的事（自治），这是民众能够理解并遵守法令的必然结果，也正是君主立法令以治国的根本目的。可知商鞅的立法以治国，并不像儒家所批评的那样，只知以残酷的刑杀而使民众畏惧。但既立法令，如果有人犯法，则仍不手软，坚决执法，而不是一味地讲人情、温情而不用刑杀。由此说明了法家以法治国如何执法用法，并批驳了儒家的那种以仁义道德为导向的治国方案，从而表明了法家思想的基本意旨。

所以此篇最后说："故明主因治而终治之，故天下大治也。"这里所说的明主，就是圣人式君主，即达到了圣人水平的君主，这一概念与《老子》并无二致，但关于圣人的定义则自有不同。商鞅的圣人式君主之治国，能如此立法执法用法，从而可使国内处于治而非乱的局面，在此基础上加以治理，就会是由治以治，这与前面所说的"名分定，势治之道也……势治而治之则治"是相呼应的，只不过这里换了说法："因治而终治之"，其实与彼处所说的"势治而治之则治"是同样的意思，而这样才能达到天下大治，也就是圣人之治的目的，这就说明了如何执法才能使以法治国不犯错误而收到应有的效果。

总之，这些文本对立法之后如何执法才能使法治彻底实现的问题，做了充分而完整的阐述，必须对这些文本进行深入而仔细的分析解读，才能准确理解《商君书》关于以法治国的理论与主张，才能准确理解商鞅变法在中国历史上的意义与理论价值，才能不被后世儒家的片面指责所造成的迷雾遮住眼睛而认清历史真实，才能真正认识法家商鞅法治学说的价值。

《君臣》篇主要说明以法治国必须使君主、官吏和法治三者相互配合，要用法治中的赏功使民众专一于农战，这是以法治国中的重要问题。此篇开始时说明人类社会最初未有君臣、上下之时，民乱而不治，发展到后来出现了"圣人列贵贱，制爵位，立名号，以别君臣上下之义"的情况。但由于"地广民众，万物多，故分五官而守之"。君主设立官吏以治民，但仅此还不够，因为民众多而奸邪生，"故立法制、为度量以禁之"，这说明君主加上官吏还需要一定的法令，才能有效地治民。在这一阶段，就有君臣之义、五官之分、法制之禁，要使君臣及官吏和法令三者有效配合，则是不可不慎的。

虽然有了君主、官吏和法令三者，但未必能相互配合，因为"处君位而令不行则危，五官分而无常则乱，法制设而私善行则民不畏刑"，所以为使三者配合一致而有效地治民，就要使"君尊则令行，官修则有常事，法制明则民畏刑"，重点是"法制不明，而求民之行令，不可得也"，要使君尊，必须要在民畏刑而服从法令的基础上，"民不从令，而求君之尊也，虽尧、舜之知，不能以治"。能让君尊官修而法制明，才能真正实现以法治国，所以"明主之治天下也，缘法而治，按功而赏"，这是法治的重要方面，因为"凡民之所疾战不避死者，以求爵禄也"。所以用赏功的办法来实行法治，是必不可少的，能使法治起到应有的作用："明君之治国也，士有斩首捕虏之功，必其爵足荣也，禄足食也。农不离廛者，足以养二亲，治军事，故军士死节，而农民不偷也。"这说明法治的赏功，是保证民众专一于农战的必要手段，而专一于农战是法治的最大目的。

但君主执行法治，并不能做到上述的程度，还存在着不少问题，君主往往有法不用，不以民众的实际功劳来行赏，所以不能使法治成为促进农战的有效手段。为此，需要君主对民众进行正确的引导："道民之门，在上所先。故民，可令农战，可令游宦，可令学问，在上所与。"上所与，是在上的君主用什么引导民众，是用赏功的手段促进民众专一于农战，还是其他，这里存在着巨大差异，虽然都是用赏，但所赏的不是农战之功，则仍不会起到应有的作用："上以功劳与，则民战，上以《诗》《书》与，则民学问"，是赏学问《诗》《书》，还是赏农战的功劳，会收到完全不同的效果。因为民众本身是趋向于利的："民之于利也，若水于下也，四旁无择也。民徒可以得利而为之者，上所与也。"这说明民众为了得利，都是随着君主引导什么而决定的，所以君主一定要以农战之功作为引导，促使民众专一于农战，这才是真正的法治，不然就是"释法制而任名誉"，虽然也使用了赏的办法，但不是真正的法治。所以君主要想实现真正的法治，必须严格按照法令来实行赏功，这说明君主定的法令在赏功方面必须有具体而清楚的规定，才能使民众按照法令来专一于农战，民众的一切活动都必须"中法"，即符合法令的规定，而法令的所有规定，无非就是引导民众专一于农战，而不是让他们去做游宦和学问等事，这样的法治，才能达到"国治而地广，兵强而主尊"的效果，才是治之至，对这样的问题，人君不可不察。此篇仍是在说明君主如何执行法治。

《禁使》篇的"禁使"二字指法治中的赏与罚："人主之所以禁使者，赏罚也。"而如何实施赏与罚，则要根据人们的功与罪，即"赏随功，罚随罪"。这里的重要问题是赏高罚下，君主对此必知其道。所谓的高，是指功高、功多、功大，所谓的下，是指功低、功少、功小。所谓的道，是指实施赏罚的方法，主要是指势与数："凡知道者，势、数也。"

君主实行法治必须从法、信、势三方面着手，这里则对这一问题进一步论述，说明势与数的重要作用："先王不恃其强而恃其势，不恃其信而恃其数"。势与数二者中，势更重要，为此举了例子以说明之："飞蓬遇飘风而行千里，乘风之势也。探渊者知千仞之深，县绳之数也"，可知所谓的势是外在的形势与条件。要善于借助外在的形势与条件，而使自己的行动得到更好的发挥："托其势者虽远必至"，这说明势的重要性，君主执法要懂得用势的好处："得势之至，不参官而洁，陈数而物当。"参即叁，与三同，三泛指多，清代汪中《述学·释三九》说："凡一二之所不能尽者，则约之三，以见其多。"《论语》的举一反三、三思而后行，其中的"三"都指多，不能机械地理解为一二三的三。有人把参官解释为一种官名，则不准确。"不参官而洁"，指不用设很多的官就能把事办好。洁，整洁，不杂乱。陈数的陈，用也，数，指规律。"陈数而物当"，是指使用符合规律的方法就能把事物做好。与"不参官而洁"二句合起来看，就是说依靠势的作用，不用多费人力，抓住事物的规律，就能省事省力而效果好。这都是说明君主执法中利用势的作用，可以省事省力而把治民治国之事办好。

下面提到"多官众吏"，是对"参官"的最好解释。"官立丞监"，就是设置众多的官吏。设置众多的官吏，本来是想利用他们来对民众执法的，但众多官吏也想在执法中谋取自己的私利，这就不能达到设官禁人的目的。这说明执法仅靠多设官吏是不行的，还要由君主利用势，仅靠众多的官吏来执法，是"仅存之治"，意指仅能使君主与国家存在而已，这样的治是效果极差的治。而势的利用，则要靠数，前面解释的数是指事物的规律，而不是指君主的权数，这里的"通数"，就是精通事物的规律。如果君主精通事物的规律，按照这些规律来行法治，就不会是"仅存之治"，而是能让法治发挥最大作用。但是数只有在势的前提下才能发挥作用，因为势是保证君主使用其权力的保证，否则无法用数，无法真正执行法治，所以君主通过牢牢掌握势来用数，就是"其势难匿"，即其势无法被人掩盖或遮蔽，这是实行法治的根本保证。有了势与数而所行的法治就是真正有实效的法治，就会使最大盗也不敢、不能为非，所以君主贵势，对势给予最高的价值。这又是商鞅法治思想的特色，即必须由掌握着势的君主来主持法的执行，才会是真正的法治。

其下又说明如何稽验吏的奸邪，为此先列出一种看法："人主执虚后以应，则物应稽验，稽验则奸得。"这是道家的学说，其中的虚与后，都是道家的观念，如《老子》说"致虚极，守静笃，圣人后其身而身先，外其身而身存，欲先民，必以身后之"。这种说法主张君主虚和后，以此来对应事物的变化，稽验人们的奸邪。商鞅对此种说法表示不能赞同："臣以为不然"，然后说明其中的道理："吏专制决事于千里之外，十二月而计书以定，事以一岁别计，而主以一听，见所疑焉，不可蔽，员不足。"这段文本是说官吏远离君主而执法，一年进行一次汇报和考核，君主只能根据这些资料来判断官吏执法情况，这是"不可蔽"的，因为"员不足"。学者们如贺凌虚、高亨都认为这里的蔽指决断，员指物数，即实际的证据。这是说要君主以虚和后来应对官吏执法治民等事，是不可行的，因为那样不可能掌握官吏执法治民的相关情况，只靠一年一次的考核与查验，是不足为证的。

下一段文本为："物至则目不得不见，言薄则耳不得不闻。故物至则变，言至则论。故治国之制，民不得避罪，如目不能以所见遁心。"这是说目与耳所见所闻是有限的，必须靠物至和言薄（薄，逼近，言薄是指言论传到了你的耳中而使你听到，这与物至是互文见义，且下文也说物至和言至），才能使目和耳看到和听到，而心之所知超过了目所见与耳所闻，所以不能只凭目所见和耳所闻来了解情况并做出决断。这仍是接着上面说的君主对官吏情况的见与闻都非常有限，在这种情况下，君主只能在物至和言至时才能加以辨析与评论（变通辨）。君主虽然受此限制，但他仍要让治国之法令得到彻底执行，而使"民不得避罪"，即民不能躲避掉他们犯的罪，这是说法令得到彻底执行。下文有"民人不能相为隐"的说法，正是对此句的解释。要做到这一点，正像耳目不能根据其所见所闻而逃避心的控制。这里的心指君主，耳目指官吏，官吏对民众情况的了解如同耳闻目见，但最后的判断决断则要靠心，即靠君主综合官吏所掌握和汇报的情况做出最后的判断与决断。上文说君主对有关情况是不可蔽和员不足的，结合这里的文本所说，可知此处所说是对上文所说的补充，即君主只靠官吏的汇报和他们在当时当地做出的专制（指官吏在各地独立做出的决断）是不足够的，但又要让法令得到彻底执行，使民不得避罪，所以君主要把各地官吏的专制决断以及相关的执法情况综合起来，如同心对耳目的所见所闻进行综合判断和决断一样。这说明君主可以根据各地的官吏提供的资料进行综合性分析判断，而做出超过各地官吏专制决断的更高的决断与判断。而这正是心与耳目的不同之处。这说明在执法问题上，君主要做最后的综合决断，不能被各地的官吏所蒙蔽和限制。所以这里所说的问题，仍然属于君主如何使法治得到彻底执行的问题，因此下面的文本接着说明这一问题："今乱国不然，恃多官众吏。吏虽众，同体一也。夫同体一者相不可。且夫利异而害不同者，先王所以为保也。"

上面说官吏各管一事，但都如同耳目一样，对情况的掌握与了解是片面的，不完整的，所以君主执法不能靠众多的官吏，否则国会乱。这个问题还有另一方面，即"吏虽众，同体一也"，这是说吏的人数再多也是同一种体，即他们在本质上没有什么差别，这与君和臣有着本质差别的情况不一样。因此接着指出吏虽众而同体一的根本不足之处是他们"相监不可"。相监不可，即不能相互监督，不能靠官吏的人数多来防止他们在执法过程中的种种问题。"利异而害不同"，也是说明众多官吏虽为同一体，但彼此之间仍存在着不同的利害关系，这也会导致官吏在执法中形成种种奸邪。因此需要"先王所以为保"来进行补充。高亨解释："为保，建立官吏与官吏、人民与人民互相保证的制度，一人犯罪，保者连坐。"这正是中国古代社会保甲制度得以产生的理论根据。即因为官吏与民众太多，他们之间存在着不同的利害关系，不能靠他们相互监督以避免形成各种奸诈，所以要建立互保连坐的制度，以弥补这种现实中的重大缺陷，这也正是对上文说的"民不得避罪"的最好解释。

有了相保连坐的制度，以保证法令的贯彻执行，才能形成至治而不是乱国的良好局面："至治，夫妻、交友不能相为弃恶盖非，而不害于亲，民人不能相为隐。"这是说在至治的情况下，也就是建立了互保连坐的制度后，人们不能因为亲缘关系而保证亲人弃恶盖非，也就是说人们的亲缘关系并不可靠，还是要靠严格的法令制度（此处特指互保连坐制度），才能让人们的恶与非不得隐瞒，而这也是对亲人的不害。这里的"民人不能相为隐"，正与上文的"民不得避罪"相对应，这是法治要达到的效果之一，而其方法就是不靠亲缘关系而要靠互保连坐的法律制度。这才是彻底的法治，是实现至治的必要条件。

下面继续从君臣关系分析这个问题："上与吏也，事合而利异者也。今夫驺虞以相监，不可，事合而利异者也。若使马焉能言，则驺虞无所逃其恶矣，利异也。"这里明确指出上与吏是事合而利异的，事合即同是做治国之事，利异是指君主与官吏的根本利益并不相同。能明确指出这一点，说明对君臣关系有着非常清醒的认识，即君主不要奢求官吏会与自己同心同德，而要清楚地知道双方是利益不同的人。说明了这一点，才能正确阐述在法治中如何处理君臣关系。

骀虞都是君主手下的官吏，要让他们互相监督，是不可能的。这是因为他们的利益与君主不一样，所以他们只会站在自己的利益立场上来做事，而不会站在君主的利益立场上，所以不能指望他们相互监督。骀虞是另一种事合而利异的情况，整体上说，官吏与君主都是事合而利异的，从官吏的关系上说，他们也是事合而利异的，这都决定了他们不能从共同的利益出发来做事，而是在做相同的事情之中，各怀鬼胎，谋求不同的利益。就骀虞而言，他们都参与管理君主的马，但马不能说话，所以君主不能通过马来了解骀虞的真实想法，如果马能言，骀虞无所逃其恶。这说明骀虞在为君主做事时，本身就会在君主看不到的情况下做出不合乎君主利益的事，而做符合自己利益的事。这是在法治中的官吏中普遍存在的情况，他们根本不会与君主同心同德，为君主的利益服务，而只会为自己的利益做事，而又不让君主知道其中的奸情。所以此篇明确指出官吏与君主的利益不同，而这就会对彻底执行法治造成极为不利的局面。对于此，君主必须充分认识与了解，不要相信手下的官吏会对自己忠心，只能把他们都看作心存异念的一群人。

其下又说："利合而恶同者，父不能以问子，君不能以问臣。吏之与吏，利合而恶同也。夫事合而利异者，先王之所以为端也。"这里说的利合而恶同，是指利益相合而罪恶相同，对这种情况，父不能问儿子而得知真实情况，君不能问官吏而得知真实情况，这说明人们都会从自己的利益出发来决定如何对付别人，儿子对于父亲，官吏对于君主，都是如此。所以不能指望儒家的想象，以为人们会以仁义道德来要求自己，那是极不现实的幻想，现实情况是人们只会根据自己的利益来说话和做事。在商鞅看来，官吏与官吏是利合而恶同的人。上面说他们利异，这里说他们利同，在字面上似乎矛盾，其实不然。上面说的利异，是说他们各自的利益不同，这里说的利同，是从官吏与君主相对的角度来说的。官吏作为与君主相对的同一种人，他们的利益与君主不同，而他们自身的利却是相同的。

先王之治，是以利合而恶同为其开端的，这是说最好的治国首先必须认识到官吏作为君主的对立面是一群利合而恶同的人，以这种认识作为君主治国的前提，以防范官吏作奸犯科。这一点，与西方近代以性恶论为基础而展开的政治学非常相似。而中国的儒家是以性善论为基础而展开其政治学说的，这就是法家与儒家的根本区别，所以儒家强调德治，法家强调法治。但商鞅的法治又有更多的实际考虑，不满足于仅仅提出法治的主张，而是深入探讨如何使法治贯彻到底并取得应有的效果。所以此篇说的君主与官吏的利益不合，就有非常重要的理论与现实意义，而且这也是在长期的历史过程中一再得到证实的。

此篇最后说："民之蔽主，而不害于盖。贤者不能益，不肖者不能损，故遗贤去知，治之数也。"这里说的治之数，与上文说的势与数前后呼应，可证即是治的规律和准则。篇首提出势与数的问题，篇末则以治之数加以总结，说明君主理解与掌握治之数在以法治国中是非常重要的问题，不能停留在关于法治的一般论述上。

上面分析了官吏与君主在利益上是根本相对的，所以君主以法治国的重要问题就是要了解官吏的这种情况，而从法治的角度对此加以防范，不要相信官吏会对君主有忠诚之德。这里则说"民之蔽主"，则从官吏扩大到民众，也就是说，不光是官吏与君主的利益相反，所有民众的利益也与君主不同，所以也不要相信民众会自然地对君主持有忠诚之心，民众只会根据自身的切身利益来决定对待事物的态度和采取相应的做法，这就是"民之蔽主"的含意。

下面的"不害于盖"不好理解，高亨认为盖当作监，他解释此句的含意为：臣民虽然都想蒙蔽国君，但这对于互相监视并无妨碍。贺凌虚、蒋礼鸿也各有不同的看法。对此句应该结合上下文进行解读，前面一直论述君主与臣民的利益不同，法治的目的是不让臣民避逃其罪，下面二句说"贤者不能益，不肖者不能损"，这是说法治的制度既定，为达到根本目的，就要坚持严格执法，不让臣民为了自己的利益而危害君主的利益，所以这种以法治国的制度是不能因为贤者或不肖者而有所损益的，因此君主要彻底实行以法治国，就要遗贤去知，即不要尊崇贤智之人而用之，只能相信严格的法令及其执行，这是治国的根本之数（规律与准则）。这就是上下文整体的含意，而"不害于盖"是紧接着上面说的"事合而利异者，先王之所以为端也"而说到"民之蔽主，而不害于盖"的，因此贤与不肖都不能损益之，所以不能依靠贤与不肖来执行法治，而只能靠法治本身来治国，这就是治之数（规律与准则）。从这样的文脉来看"不害于盖"的意思，就有线索可寻。因为上文有"夫妻交友不能相为弃恶盖非"的说法，这里又出现了盖字，这两个盖字在使用上不应该不同，所以这里的盖仍应是指掩盖，这也与蔽主的蔽相应。把上下文综合起来理解此句，就应该是只要君主掌握了臣民与君主利益不同而臣民必然只会为自己的利益着想和谋取利益的道理，则臣民虽然想用种种手法来蔽主，但也不能掩盖其非。可知"不害于盖"，即是说臣民想蔽主的愿望，不会妨害他们掩盖其非（即蔽主）的事实。因为君主知道臣民不可能不蔽主，也不可能不掩盖其非，所以只要他们必然会有蔽主的愿望与行动，就不会妨害他们掩盖其非的事实。只有这样理解，才能把下面的贤者不能益几句说得通，才能说明这就是治之数。

总之，《禁使》篇的重点是说明君主要如何执法，以使臣民的恶与非掩盖不住。君主也不要幻想臣民会与自己同心同德，以此为基础来定法执法，才能防止臣民蔽主盖非，而使法治得以实现。

在执法过程中，还有统一思想和言论的问题，专门论述这一问题的是《壹言》篇。此篇主要说明在以法治国的过程中，要让民归心于壹，壹即专一于农战，要让民心都集中到农战上来，而不受其他事情的诱惑。

此篇提出君主立国治国要靠制度、治法、国务，目的是让民从制，官无邪，民喜农而乐战。制度、治法和国务三者是统一的，要达到三者的目的，必须坚持设荣名、置赏罚之明，不用辩说私门而功立，这样才能使民喜农而乐战，换言之，就是君主尊农战之士，对辩说技艺之民和游学之人则要下而贱之。由此说明法治的关键是用农战引导民众，激励民众，把民力集中农战上来，而不能让民众受辩说技艺和游学等与农战不相符的事情的影响和干扰。

此篇中说，这就是让民壹务，即专一于农战之事，并且靠君主的法令而使其家必富，身显于国，除此之外，不能再有其他的途径让人达到家富身显的目的。也就是说，"上开公利而塞私门，以致民力，私劳不显于国，私门不请于君"，这就是杜绝让民不通过农战而富显的途径，只有这样做，才能使"上令行而荒草辟，淫民止而奸无萌"，所以商鞅变法治国能"抟民力而壹民务"，而使国强，这是事本而禁末，因此国家可富。所以，圣人之治国，能抟力，能杀力，抟力就是集中民力，使之专一于农战，这是为了富国强兵，而所谓杀力，是以事敌劝民，即通过法令的奖赏而鼓励民众参加战争。所以"治国者贵民壹"，民壹就是专一于农战，这要求民众朴：民壹则朴，朴则农，农则易勤，勤则富。为此，明君要秉权而立，垂法而治，以得奸于上，而官无不，赏罚断，而器用有度。若此，则国制明而民力竭，上爵尊而伦徒举。这是说君主以威权和法令治国，要得奸于上，使官无不正的奸邪。在防止官吏奸邪之后，才能使法令得到彻底执行，而使民力尽为国用，民众都能起来为国尽力。所以，"圣人之为国也，不法古不修今，因世而为之治，度俗而为之法，故法不察民之情而立之则不成，治宜于时而行之则不干"，所以，"圣王之治也，慎为、察务，归心于壹而已"，可知此篇就是说明法治的中心任务是让民众归心于壹，专一于农战，使国家得以富强。

第二节 《韩非子》篇章分类及其文本解读

前文已对《韩非子》的文本形式做了简单分析，以下主要解读不同篇章的文本内容，与前面侧重分析文本形式有所不同。

一、事例资料性的《说林》《内外储说》《难》等篇

事例资料性的篇是在叙述事例后，附上相关论说，但重点不是论说某种思想主张。如《说林》上、下篇收集了大量事例，是用来论说各种主张的材料。此二篇主要是记载相关事例，只在一些事例后附有简单论说。如"管仲、隰朋从于桓公而伐孤竹"一条，后有简单论说；"纣为象箸而箕子怖"一条，后有简单论说，此外大多数事例都没有论说。

《储说》分若干篇：《内储说》分上、下篇，《外储说》分左上、左下、右上、右下篇。储说也是各种事例的储备与集合。但《说林》没有分类，《储说》做了分类，且先提出相关的论点，再用事例进行说明。论点称为经，例证称为说，是最典型的经与传（说）合成的文体。

《内储说》上篇名为"七术"，下篇名为"六微"。七术是说君主如何运用七种法术控制臣下的问题：众端参观（参考和观察多种情况）、必罚明威（有罪必罚以表明君主的权威）、信赏尽能（有功必赏以让臣下尽其所能）、一听责下（全面听取各种说法而对臣下加以督责）、疑诏诡使（用疑诡的方法使臣下无法看透君主的意愿而行奸诈）、挟知而问（已知而故问，由此使臣下不敢欺骗君主）、倒言反事（用说反话等方法对值得怀疑的人与事进行测试和验证以了解臣下隐瞒的奸情）。六微是指六种会危害君权和破坏法治的隐蔽之事：权借在下（君权被臣下盗用）、利异外借（君与臣利不同而臣借助外部势力以谋求己利）、托于似类（臣下假借似是而非的事欺骗君主）、利害有反（人们利害相反，臣下加以利用，危害君主或他人，以谋私利）、参疑内争（内部的臣下制造多疑局面而进行争斗）、敌国废置（按照敌国的意愿而任免大臣）。六微是臣下所为而隐瞒于君主者，七术是君主所用以要求和防备于臣下者。

　　《外储说》左上篇没有给出标题，只用经与说分开。经一是说人主听言不能被外在的美妙与远大所迷惑，要能分出真正的药酒忠言而听之。经二是说人主听言要有实际内容和明确的目的，不能听空泛无用之言。经三是说对人们的言论一定要考察其中实际的用意与相关的真实情况，不能只据字面而做空洞的理解，且要使之适合于自己的需要。经四是说将功名赏于臣下时不能超出法之外，所以国家不能奖励于国无用的居学之士。经五是说执法必须严格按照法的规定，不能因君主的心情而随意改变。经六是说明君主要从小信做起，才能有大的信用，而君主的信主要体现在根据法令进行赏罚上。

　　《外储说》左下篇也是分为经与说，没有标题。经一是说君主要严格根据法令来赏功罚罪。经二是说君主对臣下要靠权势法术，不能靠信任，"有术之主，信赏以尽能，必罚以禁邪"。经三是说君与臣必须有严格的界线，不能失臣主之理，君主还要"不易朝燕之处"，这是为了加强君权。经四是说君主要明察群臣，不要听信左右的人，严格根据法令进行赏罚。经五是说君主对臣下要实行赏罚，防止臣下侵逼和朋党相和。经六是说"公室卑则忌直言，私行胜则少公功"，因此要加强君权和国家之公。

　　《外储说》右上篇也没有标题，分经与说，主要论说君所以治臣的问题。经一是说君主的"势不足以化则除之"，"善持势者，蚤绝其奸萌"。所谓"势不足化"，指"赏之誉之不劝，罚之毁之不畏，四者加焉不变，则除之"，即对无法用势来控制的臣，就要尽早除掉。经二是说君主不要表现出自己的好恶，以防臣下加以利用而惑君。经三是说要执行法术必须痛下决心，不要被温情左右："能使人弹疽者，必其忍痛者也。"

　　《外储说》右下篇也没有设标题，分经与说，主要是说君主如何根据法令来控制臣下。经一是说"赏罚共则禁令不行"，即赏罚之权不能与臣共用。经二是说"治强生于法，弱乱生于阿，君明于此，则正赏罚而非仁下"，即君主必须严格用法控制大臣，而不能用仁义。经三是说明主鉴于外、鉴于上，必须得当，否则会犯错误。经四是说人主"守法责成以立功"，即靠法来责臣，使臣不得不尽职尽力，这样才能治国成功，所以说"明主治吏不治民"。经五是说"因事之理则不劳而成"，即不能只凭自己的主观愿望，而要根据事物的本来之理来行事。

　　《难》分为一、二、三、四篇，也是收集相关的事例，先述其事，然后再就其事加以论说，对事例中的某些人的说法和观点加以驳难，以阐述君主治国的思想。

　　《难一》举了九个事例，论述如下的事理：

（1）君主要能看出臣下对问题的回答是否得当，"所问高大，而对以卑狭，则明主弗受也"。所谓高大，是指国家的万世之利，君主要根据这一道理来判断臣下的功过是非及其能力。

（2）君主要如圣人一样明察在上位，使天下无奸，而不是用德化来衡量圣人的治国。在此基础上使用赏罚，"赏罚使天下必行之"，而不要有名无实。

（3）君主"庆赏信而刑罚必"，举功于臣而奸不用，君有道则臣尽力而奸不生，君无道则臣上塞主明而下成私。不要让臣重而擅主，否则君令不下究，臣情不上通。此外，明主之道，一人不兼官，一官不兼事，卑贱不待尊贵而进，大臣不因左右而见，有赏者君见其功，有罚者君知其罪。

（4）君主要善赏罚，使百官不敢侵职，群臣不敢失礼，上设其法，而下无奸诈之心，如此则可谓善赏罚。明主赏不加于无功，罚不加于无罪。

（5）君主不能失君道，如"非其行而诛其身"，"非其行而陈其言，善谏不听"等；人臣也有待君之礼："君有过则谏，谏不听则轻爵禄以待之。"

（6）臣的仁义是指"忧天下之害，趋一国之患，不避卑辱"，"不失人臣之礼，不败君臣之位"，君主要以这种仁义来看待臣下。

（7）君主应正确执法，对罪人不可救，"救罪人，法之所以败也，法败则国乱；若非罪人，则劝之以徇，劝之以徇，是重不辜也"，这都不是正确的执法。

（8）臣治国不可以无君，"国无君不可以为治"，臣不可"不务尊主明法，而事增宠益爵"，这都不利于君主治国。

（9）君主用臣要有术，如此则"两用不为患，无术，两用则争事而外市，一则专制而劫弑"。

《难二》共有七个事例，论述如下的事理：

（1）君主用刑必须得当，才有最好的效果："刑当无多，不当无少"，即不以多少为准。而用刑能否得当，则必须有术。

（2）君主用法，不能赏无功和不诛过，"赏无功，则民偷幸而望于上，不诛过，则民不惩而易为非，此乱之本也"。

（3）君主的智应该是体道，无为无见，不使人疑之。

（4）君臣要合力治国，"五霸所以能成功名于天下者，必君臣俱有力焉"，不能专靠君之力，也不能专靠臣之力。

（5）君主通过官职任贤，用爵禄赏功，"设官职，陈爵禄，而士自至，君人者奚其劳哉"，还要"以度量准之，以刑名参之；以事遇于法则行，不遇于法则止；功当其言则赏，不当则诛；以刑名收臣，以度量准下，此不可释也"。总之，君主不是靠自己的能力与操作来得到和任用贤人，而是靠完善的法制做到这一点。

（6）君主如何听人言："小人无义，必不能度之义也；君子度之义，必不肯说（悦）也"，是说听人之言，要度之义，不能凭好听就为之喜悦，这样就不能分辨人之言是不是正确的。

（7）君主用人靠赏罚："赏厚而信，人轻敌矣；刑重而必，夫人不北矣。"是说靠赏罚而使人不怕死、不战败。

《难三》共有六个部分，还另有两段议论，论述如下的事理：

（1）君主求言，易被进言者顺其意而说之，这并不能达到君主求言的本来目的，反而会对君主造成不好的影响。

（2）君主不能被臣下的花言巧语欺骗，不能自以为贤明而对臣下宽宏大量，仍应严格按法行事，才能保证国家的长治久安。

（3）对君主来说，有三种真正的危难，一是"必借人成势，而勿使侵害己"，二是"贵妾不使二后"，三是"爱孽不使危正嫡，专听一臣而不敢偶君"。总之，不要让臣下（包括贵妾与爱孽之子）的权势过高过大，形成对君权的危害。

（4）君主治国不能用惠，使无功者受赏，有罪者免，这会使法败而政乱，还要能"见小奸于微"，"行小诛于细"。臣下会用选贤之名蒙蔽君主，所以君主必须自己选用贤人，并且"论之于任，试之于事，课之于功。故群臣公政而无私，不隐贤，不进不肖"，这样才能发现贤才，不被蒙蔽。另外君主有三种事不能做："为君不能禁下而自禁"，"不能饰下而自饰"，"不节下而自节"，而应做到三点："使人无私，以诈而食者禁；力尽于事归利于上者必闻，闻者必赏；污秽为私者必知，知者必诛"，为此需要知下："知下明则禁于微，禁于微则奸无积，奸无积则无比周，无比周则公私分，公私分则朋党散，朋党散则无障距内比周之患，知下明则见精沐，见精沐则诛赏明，诛赏明则国不贫。"总之，都是论君主要知下且能治下。

（5）君主如何知下之奸？要靠制度与法令来了解国内的各种情况，而不能靠私下的耳目和自己的聪明智虑，正是老子所说"以智治国，国之贼"的具体应用。

（6）明主之治国，任其势，要保证其势不可害。

（7）君主不要把自己的好恶表现出来："好恶在所见，臣下之饰奸物以愚其君，必也。"对臣下的饰行，要靠君主洞察："明不能烛远奸，见隐微，而待之以观饰行，定赏罚，不亦弊乎？"这是防止臣下愚弄君主的问题。

（8）说君主如何用法和用术："人主之大物，非法则术也。法者编著之图籍，设之于官府，而布之于百姓者也。术者，藏之于胸中，以偶众端而潜御群臣者也。故法莫如显，而术不欲见。是以明主言法，则境内卑贱莫不闻知也，不独满于堂；用术，则亲爱近习莫之得闻也。"

《难四》分四部分，每一部分先述历史事例，驳其中的论点，再提出自己的论点，论述了如下的问题：

（1）君主与臣各有自己的名分，不能逾越，不能让臣夺君。

（2）君主要明而严，则群臣忠，这是君主控制群臣的方法之一。

（3）君主用刑必须与罪相当，不能"大诛报小罪"，否则就是"狱之至"，"狱之患，故非在所以诛也，以仇之众也"，是说用刑过度会引起众人的仇恨，这是用刑不当的表现。由此可知韩非也不是不顾实际情况而一味滥用残暴的刑法，所以说："怒其当罪，而诛不逆人心"，"诛既不当，而以尽为心，是与天下为仇也"。

（4）君主必须辨别真正的贤才而用之，"非贤而用之，与爱而用之同。贤诚贤而举之，与用所爱异状"。

这一类的篇章属于《韩非子》收集资料的部分，其中也有相应的论说，可与其他专篇相配合。从这个角度看，《说林》《储说》《难》等篇是《韩非子》其他专篇的解说资料。先秦诸子著作往往有论（经）与说（传）的分工，但还没有专门收集的资料性的内容，《韩非子》在这一点上具有独特之处。从这些不同类型的文本来看，先秦诸子撰写著作时做了多方面的准备，经过精心思考才最后得以完成。今天研究先秦诸子著作文本中的思想内容，对这些不同类型的文本，要做专门的分析与解读。

二、臣向君进言困难的《难言》《孤愤》《说难》等篇

这些篇为同一类，即论述臣欲向君主进言而有困难或遇到各种阻碍的问题，这对君主以法治国是不可忽视的问题，因为这种进言是对君主以法治国有利的，如果被某些人从中作梗而阻挡下来，就会削弱君主以法治国的效果。所以，对这一类篇章所论述的问题，也应理解为与《韩非子》全部文本宗旨相一致的必要内容，不能单纯认为这是韩非抒发个人内心愤懑的文章。

《难言》篇论述臣对君的进言很难得到信任，对这一问题的结论是：

"愚者难说也，故君子难言也，且至言忤于耳而倒于心，非贤圣莫能听"，这是说君主需要具备圣贤的水平，才能分辨出哪些人的进言是正确的，是有利于自己治国的，哪些人的进言是不正确的，不能帮助自己以法治国。

《孤愤》篇论说真正的智术之士、能法之士得不到君主赏识的问题，从一个侧面说明现实的君主不能真正认识道而成为合格的君主，从反面证明君主必须据道行事。智术之士是知道用道的人，必须与知道用道的君主合作。篇中说明智术能法之士之所以不得君主赏识，在于有当途者从中作梗以破坏智术能法之士与君主的沟通，使君主听不到智术能法之士的声音。这从反面证明《八奸》《扬权》等篇中说的君权被削弱而臣权过度的危害，即"主上卑而大臣重，主失势而臣得国，上与欺主，下与之收利侵渔，惑主败法，以乱士民，使国家危削，主上劳辱"。所以对此篇不能简单地只理解为韩非在表达愤慨之情和势孤之感。

《说难》篇与《孤愤》篇同说一个问题，又可以与《难言》篇互参。此篇强调说之难在于君主不能知所说之心。所说之心，指进说的人的真正本心。《难言》与《孤愤》篇主要是说智术能法之士出于正道之心而进说，而《说难》篇主要是说进说之人不能出于正道而怀有私心，如出于为名高者、出于厚利，君主对于这种不出于正道的进说，不可不察。此种不出于正道的进说，在战国时代非常多，韩非认为君主必须加以辨察，以免受欺上当。这也是为了加强君权而提出的问题，说明此种篇章所论，都紧紧围绕着加强君权的主旨而展开，不能把这些篇章割裂，这是分析《韩非子》全书文本时必须注意的问题。

此外，《和氏》篇论说了据正道而向君主进说的法术之士受到当途者迫害的问题，这与《难言》《说难》《孤愤》等篇为一个问题。这个问题一方面是说从正面进言之难，原因在于君主不能理解进言者之言；另一方面则是从反面说明进言者被当途者加以阻挠和迫害，同样造成正道之言无法传达给君主。不管从哪一方面说，都使君主无法得到正道的启示而使其权势削弱，从而使治国收不到应有效果。所以此类篇章都与加强君主权势而使之有效治国的问题紧密相关，所以此篇最后说："此世所以乱无霸主也。"

从以上文本分析可以看出，它们的主旨都与《韩非子》全书论述君主以法治国的思想相一致，是这种思想的必要组成部分，人们对它们的理解，不能与全书的主旨割裂开来，这样才能正确把握这些篇章的原本意旨。

三、论君主以法治国的各篇

　　君主以法治国，是《韩非子》的根本主旨，这一问题涉及许多细节，必须对这些篇的全部文本进行细致分析，由此了解韩非子这一思想的完整内容，这样才能充分掌握《韩非子》的思想内涵，避免一些简单分析所产生的片面之见。《韩非子》说的君主以法治国，是一个完整的系统，包括若干方面，各篇都有侧重，分别说明这一思想的一个方面：第一是君主必须以法治国。第二是以法治国，主要用赏罚两种手段。第三是君主为了以法治国，必须具有最高权势，而不能让臣下权势太大。第四是君主为了控制臣下以防其奸，必须用术。第五是君主为了让全国都遵守法令，必须打击破坏法治的言论与行为。第六是君主必须掌握道，以法治国就是以道治国的体现。

　　《爱臣》篇主要论说第三点，故提出君主对臣不能太亲，不能让臣太贵，否则主道衰亡。为此，君主一要保持君主身之至贵，位之至尊，威之重，势之隆，即保持自身的贵尊重隆；二要对臣"尽之以法，质之以备"，即全面用法要求和控制臣，使他们不能危及君主的权势。

　　《主道》篇主要论君主之道。要根据道来做君主，道为万物之始，是非之纪，君主要据道而知万物之源和善败之端。具体做法是虚静以待，令名自定，令事自定，即君主不要定名定事。更具体地说就是"君无见其所欲"，"无见其意"，就是"明君无为于上"，"虚静无事"，"人主之道，静退以为宝"，不自操事，不自计虑。此篇所论，与《老子》关系密切，说明韩非思想来源于《老子》，属于上述第六点。

　　《有度》篇①论治国要有法度，主张奉法以治国："奉法者强则国强，奉法者弱则国弱。"国家要制定公法，不能让私曲干扰公法："能去私曲就公法者，民安而国治；能去私行行公法者，则兵强而敌弱"，总之是要奉公法，废私术。法是用来让臣执行的："审得失有法度之制者，加以群臣之上，则主不可欺以诈伪，审得失有权衡之称者，以听远事，则主不可欺以天下之轻重。"要防止群臣废法而行私重，轻公法。对臣的选择，君主也要使法择人而不自举；对臣的功，君主要使法量功而不自度。一切以法为准，就是所谓的法度、有度。此外，执法时还要注意"法不阿贵，绳不

---

　　①　此篇与《管子·明法》篇有不少相同之处，可以把二篇进行比较。

挠曲"，"刑过不避大臣，赏善不遗匹夫"。治国治民的最好办法就是法。这些主张充分体现了《韩非子》的法家思想，也解释了要惨礉少恩的理由和根据。此篇属于上述第一点。

《二柄》篇说的二柄指刑与德，即罚与赏，这是君主用法的两个根本手段，而且主要是用来控制臣："明主之所导制其臣者，二柄而已矣。"二柄要由君主自己来使用："人主自用其刑德，则群臣畏其威而归其利。"用二柄控制臣，就是用法来控制臣，这与《有度》篇说的用公法治臣治国治民是一致的。此篇属于上述第二点。

《扬权》篇论君权的重要及如何保持君权。君主要按照道来"去甚去泰，身乃无害，权不欲见，素无为也。事在四方，要在中央。圣人执要，四方来效。虚而待之，彼自以之"。君不同于群臣，是故君臣不同道，为此要不断削弱臣，而保持君权："为人君者，数披其木，毋使木枝扶疏，木枝扶疏，将塞公闾，私门将实，公庭将虚，主将壅围。"此篇属于上述第六点。

《八奸》篇配合《扬权》篇，论说防止臣以奸破坏君权的问题，属于上述第四点。篇中具体列出了"人臣之所道成奸者"的八术，即臣用种种方法来削弱君权，而使臣的权势增强。并说明了君主如何识别臣的八奸以及如何破除八奸的办法。

《十过》篇论说十种过错对君主权势的削弱：行小忠、顾小利、行僻自用、不务听治而好五音、贪愎喜利、耽于女乐、离内远游而忽于谏士、过而不听于忠臣而独行其意、内不量力而外恃诸侯、国小无礼且不用谏臣。此篇列出十过之后，在后面一一分疏，则所言十过之文为经，后面的分疏之文即为传。就所说的十过而言，在根本上是与道相违背的，这又说明了《韩非子》主张的君主要以道为准则，不可违背，与《主道》篇形成互证互解的关系。此篇属于上述第三点。

《奸劫弑臣》篇论说种种对君权造成危害的臣对君主的恶劣影响，属于上述第四点。"凡奸臣皆欲顺人主之心以取信幸之势者也"，由此奸臣得乘信幸之势以毁誉进退群臣，如果人主不能"有术数以御之也，非参验以审之也，必将以曩之合己信今之言，此幸臣之所以得欺主成私者也"，且主必蔽于上而臣必重于下，对君权造成严重破坏。其危害还表现在群下不得尽其智力以陈其忠，百官之吏不得奉法以致其功，这既对君权造成削弱破坏，又对国法造成破坏，都是对君权与国家的严重危害。因此君主要"明于圣人之术，而不苟于世俗之言，循名实而定是非，因参验而审言辞"，从而使得"百官之吏亦知为奸利之不可以得安也"，这是防止奸臣的方法之一。此外则要使用严刑和重罚。此篇从防止奸劫弑臣的角度再次强调君主必须用严刑重罚来治国，而不能用儒家的仁义爱惠来治国。这种思想来源于《老子》，但比《老子》有了重大变化，即从无为发展到使用法令（严刑重罚）来治国。因为单纯的无为还不能防止和制止大臣的奸劫弑臣等种种邪恶，所以必须用法治国，这是《韩非子》对《老子》的发展。

《亡征》篇论各种亡国的征兆，共四十七种，这是从反面告诫君主必须用道治国，具体而言就是以法治国。所以此篇最后说："万乘之主，有能服术行法以为亡征之君风雨者，其兼天下不难矣。"服术行法，就是用法术治国，这是道在治国上的具体应用。此篇属于上述第一点。

《三守》篇论君主必须三守，即防止三种情况以免臣势增强而削弱君权，若能守住这三种情况，才能国安身荣。三种情况总体上就是君主不要把一些机密政事泄漏给近习能人，防止这种人掌握了机密政事后阻隔大臣与君主的正常沟通，从而使人主无威，而使杀生之机、夺予之要在大臣。如果君主不能防止这种情况，就为"三守不完"，"三守不完，则劫杀之征也"。可见此篇仍是强调要加强君权，防止臣权增强，是从反面说明如何维护君权的问题。此篇属于上述第三、四点。

《备内》篇论君主防备太子弑君篡位的问题，主题仍是巩固君权。对此提出的方法是"按法以治众，众端以参观，士无幸赏，无逾行，杀必当，罪不赦，则奸邪无所容其私"，即据法来治理众人，参考各种情况，一旦确定某人有罪，则必据法杀之，这样才能使奸邪无所容其私。此篇属于上述第三、四点。

《南面》篇论君主治国的问题，为此提出几项原则，一是明法，二是责实，三是变古。明法就是人主要明法以制大臣之威，不能释法而以臣备臣，否则就会使大臣们"相爱者比周而相誉，相憎者朋党而相非，非誉交争，则主惑乱矣"。君主要据法来控制大臣："人主使人臣虽有智能，不得背法而专制，虽有贤行，不得逾功而先劳，虽有忠信，不得释法而不禁，此之谓明法。"在责实上，君主必须"使人臣必有言之责，又有不言之责。言无端末、辩无所验者，是言之责；以不言避责，持重位者，是不言之责也。人主使人臣言者必知其端以责其实，不言者必问其取舍以为之责，则人臣莫敢妄言矣，又不敢默然矣，言、默皆有责也"。由此防止大臣不尽心其职。在变古方面，不是一味地变或不变，而是要符合正治的根本要求："变与不变，圣人不听，正治而已。"也就是从治国的根本目标出发，思考变与不变。但不能因为是古的就认为绝对不能变。以上三事，都是君主治国的重要原则。此篇属于上述第一点。

《饰邪》篇，饰即饬，即整治之意。此篇论君主要整饬某些邪恶之事，即迷信占筮、恃仗大国、玩弄智巧，这都不合乎以法治国的原则，所以都是邪。君主不能依靠龟策鬼神，为此君主要"尽力于亲民，加事于明法"。不能依仗大国，在举了很多实例后，总结道："此皆不明其法禁以治其国，恃外以灭其社稷者。"在玩弄智巧方面，提出"小知（智）不可使谋事，小忠不可使主法"，若使小忠主法，则"必将赦罪以相爱，是与下安矣，然而妨害于治民者也"。对于小智，认为"治国之道，去害法者，则不惑于智能，不矫于名誉矣"。可知仍要以法治国，而不依靠智能。所以说"释规而任巧，释法而任智，惑乱之道也"。而君主在以法治国的方面，则要"明于公私之分，明法制，去私恩"。最后说"公私不可不明，法禁不可不审"，这样才能整饬各种不合乎正道的邪术邪事。此篇属于上述第五点。

《观行》篇论君主观察自己与他人的行为，一是为了了解自己的长处与短处，二是为了了解他人的实际能力，并以法为标准来决定应该如何用人。这都是君主为了治国不出错误。对于自己，要以道正己，如果身失道，则无以知迷惑，可见道是观察判断自己的行为是否正确的唯一标准。对于他人，要懂得"智有所不能立""力有所不能举""强有所不能胜"的道理，因此对他人不能过度要求。在观己与观人的问题上，"明主观人，不使人观己"，根本的准则是"以法术则观行之道毕矣"，即观人观己都要以法术为准。此篇属于上述第一点。

《安危》篇论国家的安与危，提出安术有七，危道有六。国家安危的根本是法："法所以为国也，轻之则功不立，名不成"，最终是国不安而有危。国家的安危与是非紧密相关：安危在是非，不在于强弱。是非充分体现在法之中，所以君主要以法治国："明主之道忠法，其法忠心，故临之以治"，可使国安。此篇属于上述第一点。

《守道》篇论守国之道，与上篇的安危相关，守国就是使国安。守国之道就是依靠法："圣王之立法也，其赏足以劝善，其威足以胜暴，其备足以必完法。"赏与威是法的两翼，缺一不可，二者都必须完备，不能有缺漏，否则不足以劝善胜暴。所以人主离法则危。又说："立法非所以备曾、史也，所以使庸主能止盗跖"，可见治国不是靠君主个人的能力，而是靠法，能懂得这个道理，"则守国之道毕备矣"。此篇属于上述第一点。

《用人》篇论君主为治国而用人的问题。君主用人的根本还是法："善用人者，必循天顺人而明赏罚"，明赏罚就是用法，所以说："释法术而任心治，尧不能正一国"，这都是说明治国不能废弃法术。而在用人问题上，法术就是赏罚，所以说："明主立可为之赏，设可避之罚"，故贤者劝赏，不肖者少罪，这是说君主的法术之赏罚，是臣子们能够做到的，这样的赏罚才有可操作性。又强调君主对于法术必须坚持执行，不能随自己的心意而妄行："释法制而妄怒，虽杀戮而奸人不恐……故至治之国，有赏罚而无喜怒，故圣人极有刑法。"此篇属于上述第一、二点。

《功名》篇论君主的立功成名，需要四个条件：天时、人心、技能、势立。天时是外在的时势，人心是民众的心愿，技能是相关的方法和能力，势立是君主的权势。只有德行而没有权势，则不能立功成名。位就是君位，有位才会有权势。这一点，比儒家孔孟更符合社会现实，所以司马迁说韩非子切事情。此篇属于上述第三点。

《大体》篇论治国的根本。大体指最大的本体，即今天说的根本。篇中说："不以智累心，不以私累己，寄治乱于法术，托是非于赏罚"，这都是说以法治，而不是依靠智；法要公正，不要为私。法与天理、成理、自然相一致，它们就是道的体现。这说明《韩非子》的法来源于道家的道，所以又说：牧天下者因道全法，澹然闲静，因天命，持大体。闲静与天命，都是道的体现，大体也与道相关，所以最后说：以道为舍，治之至也。此篇属于上述第一、六点。

《难势》篇论君主如何用势来治国，对慎到关于势的学说进行辩难。首先是不能释贤而专任势，"势者非能必使贤者用己，而不肖者不用己也，贤者用之则天下治，不肖者用之则天下乱"。"以国位为车，以势为马，以号令为辔，以刑罚为鞭策，使尧舜御之则天下治，桀纣御之则天下乱，则贤不肖相去远矣。"说明君主本身的贤或不肖，才是决定性的因素，不能只靠势来治。此篇属于上述第三、五点。

《问辩》篇论"言行而不轨于法令者必禁"。"明主之国，令者，言最贵者也；法者，事最适者也。言无二贵，法不两适，故言行而不轨于法令者必禁。"用法令作为唯一标准来判断言行的正与误，这是君主治国的重要依据。此篇属于上述第五点。

《问田》篇分两部分，第一部分论君主选择官吏要经过实际任职的考验，关键是要靠主有度、上有术，"无毛伯之试，州部之关，岂明主之备哉？"第二部分论法家人士推行法治应不避艰险。这部分以堂谿公与韩非对话的方式行文，故有人认为这不是韩非本人所作，但可视为韩非后学对韩非学说的论说，与《庄子》外篇一类的文章相似。这一部分认为"治天下之柄，齐民萌之度，甚未易处"。但"立法术，设度数，所以利民萌、便众庶之道也。故不惮乱主暗上之患祸，而必思以齐民萌之资利者，仁智之行也"。此篇属于上述第一、四点。

《定法》篇论君主运用法、术的问题，对商鞅和申不害的法、术思想进行了分析，认为申不害主张术，商鞅主张法，但申不害未尽于术，商鞅未尽于法。法与术必须结合使用，缺一不可："术者，因任而授官，循名而责实，操生杀之柄，课群臣之能者也。此人主之所执也。法者，宪令著于官府，刑罚必于民心，赏存乎慎法，而罚加乎奸令者也。此臣之所师也。君无术则弊于上，臣无法则乱于下，此不可一无，皆帝王之具也。"此篇属于上述第一、四点。

《说疑》篇论君主要善于识别臣下各种疑惑不明的行径，即君主的禁奸之法："太上禁其心，其次禁其言，其次禁其事。"最根本的方法是"远仁义，去智能，服之以法"，同时君主还要用术，与法相配合。具体而言，一种臣能说会道，对此人主要明于臣之所言，别贤不肖如黑白。一种臣徒有高名，不为君主所用，上虽厚赏，无以劝之，上虽严刑，无以威之，这种人不能重用。一种臣"疾争强谏以胜其君"，圣王皆不能忍，也不能任用。一种臣朋党比周以事其君，隐正道以行私曲，也不能任用。一种臣思小利而忘法义，掩蔽贤良以阴暗其主，挠乱百官而为祸难，是危害最大的臣。还有一种臣可称为霸王之佐，夙兴夜寐，卑身贱体，明刑辟、治官职以事其君，进善言、通道法而不敢矜其善，有成功立事而不敢伐其劳，不难破家以便国，杀身以安主，这种臣要重用。由于臣有种种不同，所以圣王明君要内举不避亲，外举不避仇。君主还要能明于臣之所言，否则即使辛劳治国，国犹自亡。又列举了人臣的五奸：偋用财货赂以取誉，务庆赏赐予以移众，务朋党徇智尊士以逞，务解免赦罪狱以事威，务奉下直曲、怪言、伟服、瑰称以眩民耳目。总之，此篇论说君主对臣下的分辨与禁制，这是执行法与术的必要内容。此篇属于上述第四、五点。

《诡使》篇与前面《说林》的"七术"之一疑诏诡使字面上相似，但此篇说的诡使与彼不同，指名实不符的种种情况，都属于诡，即名与实相反，并造成了人们的种种迷惑。此篇从"圣人之所以为治道者三，一曰利，二曰威，三曰名"的角度论述此事，认为"利者所以得民也，威者所以行令也，名者上下之所同道也"，不能使"上之所贵与其所以为治相反"，要使君主与臣下在名的问题上做到同道，不能"下之所欲与上之所以为治相诡"，才能使名得到正确的运用，否则会名不副实，起不到应有的作用。为此，说明了许多名不副实的情况，如高、贤、重、忠、烈士、勇夫等，还有窭、愚、怯、不肖、陋、正、廉、齐、勇、愿、仁、长者、师徒、有思、智、圣、大人、杰等，都要一一考察符合其名的真实情况，以便正确使用名。

此外还说明了许多行为虽被人们称誉，但实际上并不真正合乎国家利益，这也属于名实不相符。如君主用刑罚来治国，但人们尊重私行义者；社稷需要安静，但任用躁险谗谀者；国家需要信与德，但陂知倾覆者得到任用；国家以耕农为本务，但"綦组锦绣刻画为末作者富"；为国家作战而死的士之孤饥饿乞于道，而优笑酒徒之属乘车衣丝，诸如此类的情况都是名实不符，不符合国家利益，但人们惑于其名而不能正确辨别。

在列出了这些名实相诡的情况之后，又进行正面阐述，以说明君主应该如何做。如刑罚与行私义的问题，要立法令以废私。所以要坚决执行国家的法令刑罚，而不能称誉私行义者。为此引用了《本言》中的说法："'所以治者，法也。所以乱者，私也。法立则莫得为私矣'，故曰道私者乱，道法者治。"这是说种种名实相诡的情况，都是出于私，是不合乎国家所立的法，而国家所立的法为公，所以公与私不能并立，私必须服从公。上述各种名实相诡的情况，都要按照这个道理加以辨别和纠正。此篇属于上述第五点。

《六反》篇论六种奸伪无益之民受到称誉，六种耕战有益之民受到訾毁，这是是非颠倒（反），应该加以纠正。这与下一篇《八说》，都侧重于纠正颠倒是非的说法与做法，正是司马迁说的明是非。六种是非颠倒的情况包括"六誉"和"六毁"。"六誉"指降北之民被尊为贵生之士，离法之民被尊为文学之士，牟食之民被尊为有能之士，伪诈之民被尊为辩智之士，暴憿之民被尊为磏勇之士，当死之民被尊为任誉之士。"六毁"指死节之民被毁为失计之民，全法之民被毁为朴陋之民，生利之民被毁为寡能之民，整谷之民被毁为愚戆之民，尊上之民被毁为怯慑之民，明上之民被毁为谄谗之民。如果一个国家对奸民赞赏，对益民漠视，就是颠倒是非的尊或毁，君主应该根据国家的公利纠正过来，不能使"名赏在乎私恶当罪之民，而毁害在乎公善宜赏之士"，如果不加以纠正，则"索国之富强，不可得也"。在这些是非颠倒的事情上，"学者皆道书策之颂语，不察当世之实事"，推波助澜，君主对他们应该依法惩处，这也是纠正是非颠倒时不可忽略的。此篇属于上述第五点。

《八说》篇批判八种是非颠倒的说法，提醒君主不可采信这类说法。这八种说法也是是非颠倒，与六反相似。把为故人行私的，称为不弃；把以公财分施的，称为仁人；把轻禄重身的，称为君子；把枉法曲亲的，称为有行；把弃官宠交的，称为有侠；把离世遁上的，称为高傲；把交争逆令的，称为刚材；把行惠取众的，称为得民，这都是是非颠倒的说法，且对国家的法治造成破坏："不弃者，吏有奸也；仁人者，公财损也；君子者，民难使也；有行者，法制毁也；有侠者，官职旷也；高傲者，民不事也；刚材者，令不行也；得民者，君上孤也。"这八种颠倒是非的说法，是"人主之大败"，所以要纠正过来，才能成为"人主之公利"。

此外，又说明君主"任人以事，存亡治乱之机也"的道理，在任人上君主要有术："无术以任人，无所任而不败。""无术以用人，任智则君欺，任修则君事乱，此无术之患也。"任人的术包括"贱得议贵，下必坐上，决诚以参，听无门户，故智者不得诈欺。计功而行赏，程能而授事，察端而观失，有过者罪，有能者得，故愚者不任事。智者不敢欺，愚者不得断，则事无失矣"。

又说明了君主与一般人的不同："匹夫有私便，人主有公利。不作而养足，不仕而名显，此私便也。息文学而明法度，塞私便而一功劳，此公利也。"所以君主要"错法以道民"，"赏功以劝民"，这样才能使"官不敢枉法，吏不敢为私利，货赂不行，是境内之事尽如衡石也。此其臣者有奸必知，知者必诛。是以有道之主，不求清洁之吏，此务必知之术"。此篇属于上述第五点。

《八经》篇论君主治国的八条原则（经）。八经如下：因情、主道、起乱、立道、参言、听法、类柄、主威。因情指"凡治天下，必因人情"。因人情是为了赏罚可用，而赏罚可用就能使禁令可立，"君执柄以处势，故令行禁止"。主道是指"与其用一人，不如用一国。故智力敌而群物胜，……下君尽己之能，中君尽人之力，上君尽人之智"，这是君主治国之道的一条根本原则。起乱是指有六种能造成国家祸乱的人：主母、后姬、子姓、弟兄、大臣、显贤。为了不让这些人造成国家的祸乱，君主必须"审公私之分，审利害之地，奸乃无所乘"，这是保证国家不出祸乱的根本原则。立道是指君主必须懂得参伍之道："行参以谋多，揆伍以责失。"这是指君主治国要多方参考、分析与衡量、检验，为此还有具体的办法，即"参言以知其诚，易视以改其泽"一段文本所说。这都可以视为君主治国的术。参言是指"明主，其务在周密"，不要把自己的喜怒表现出来："喜见则德偿，怒见则威分"，所以"明主之言隔塞而不通，周密而不见"。"上下贵贱相畏以法，相诲以利"，"为君者有贤知之名，有赏罚之实"，这样才能控制臣下，治好国家。听法是指"听不参则无以责下，言不督乎用则邪说当上"，所以君主对于各种说法言论都要参互验证、衡量与分析，防止被臣欺骗，"有道之主，听言督其用，课其功，功课而赏罚生焉"，"任事者知不足以治职，则官收"。"言必有报，说必责用"，使臣下不敢乱说空谈。类柄是指一切以法为准，听从于法。如果不这样，就会是"官之重也，毋法也；法之息也，上暗也。上暗无度则官擅为，官擅为故奉重无前，奉重无前则征多，征多故富。官之富重也，乱功之所生也"。所以君主一定要维护法的权威，不能让官重于法而牟取私利，而法的根本就是赏罚。主威是指君主的威势、权威。君主治国要维护主威和法制，不能对此二者造成破坏或削弱："行义示则主威分，慈仁听则法制毁"，即君主不能行仁义，只能用法令，不然就会"君轻乎位而法乱乎官，此之谓无常之国"。此篇属于上述第一、三、四、五点。

《五蠹》篇论五种对国家有害的蠹虫，即学者、言谈者、带剑者、患御者、商工之民。学者是指法家之外的儒家学者，言谈者是纵横家，带剑者是指游侠，患御者是指逃避兵役的人。儒家学者即所谓"美尧、舜、汤、武、禹之道于当今之世者"，即要君主以古代先王为榜样来治国，而韩非则主张根据现实情况来治国，不能机械地以古代先王为准，所以说："圣人不期修古，不法常可，论世之事，因为之备……事因于世，而备适于事……而今欲以先王之政治当世之民，皆守株之类也。"并说明儒家所说的先王之政，不过是仁政，而仁之不可以为治亦明矣。又说"今学者之说人主也，不乘必胜之势，而务行仁义则可以王，是求人主之必及仲尼，而以世之凡民皆如列徒，此必不得之数也"。篇中说"儒以文乱法，侠以武犯禁"，所以儒与侠都是治国的蠹虫。此二者都违犯国之法，按照法治，必须予以取缔。又说明法是为公，儒与侠都是为私："古者苍颉之作书也，自环者谓之私，背私者谓之公，公私之相背也"，在文字上就表现出来了。儒家学者的显荣，是匹夫之美，属于私。对这种人，如果无功而受事，无爵而显荣，为有政如此，则国必乱，主必危矣。所以君主不能贵文学之士，不能养游侠私剑之属，若这样做，是世之所以乱也。君主对于言谈者，不能"说其辩而不求其当焉"，"美其声而不责其功"，因为这种人"务为辩而不周于用，故举先王言仁义者盈廷，而政不免于乱"。对这种人如果加以重用，就会使境内之民皆言治而国愈贫，言耕者众，而执末者寡也，境内皆言兵，而兵愈弱，言战者多，被甲者少也。这样会导致"事智者众则法败，用力者寡则国贫"的局面。对于商工游食之民，君主要使这种人少而名卑，不然就会使"聚敛倍农而致尊过耕战之士，则耿介之士寡而商贾之民多矣"。对于患御者，如果不用法令加以惩罚，就会使他们"积于私门，尽货赂，而用重人之谒，退汗马之劳"。这五种人都是对国之公利有严重危害者，所以称为五蠹："此五者，邦之蠹也，人主不除此五蠹之民，不养耿介之士，则海内虽有破亡之国，削灭之朝，亦勿怪矣。"

此篇属于上述第五点。

《显学》篇论当时的显学——儒与墨二家。此二家皆自谓真尧、舜，"今乃欲审尧、舜之道于三千岁之前，意者其不可必乎！无参验而必之者，愚也。弗能必而据之者，诬也。……愚诬之学，杂反之行，明主弗受也"。此二家的主张相反，一家主张侈，一家主张俭，故为杂反，人主如果听信二家之说，则"海内之士，言无定术，行无常议"，所以说"杂反之学不两立而治，今兼听杂学缪行同异之辞，安得无乱乎？"又说儒家仲尼观容服，听辞言以分辨士的贤愚，但这样辨别出来的士，"试之官职，课其功伐，则庸人不疑于愚智"，说明那不是真正的治国之士。所以韩非主张"明主之吏，宰相必起于州部，猛将必发于卒伍。夫有功者必赏，则爵禄厚而愈劝；迁官袭级，则官职大而愈治。夫爵禄大而官职治，王之道也"。真正的王之道是这样的："圣人之治国，不恃人之为吾善也，而用其不得为非也。恃人之为吾善也，境内不什数，用人不得为非，一国可使齐。为治者用众而舍寡，故不务德而务法。"这就是法家与儒家的根本区别。所以韩非认为"言先王之仁义，无益于治；明吾法度，必吾赏罚者，亦国之脂泽粉黛也。故明主急其助而缓其颂，故不道仁义"。此篇属于上述第五点。

《忠孝》篇论孝悌忠顺不足以治国。韩非认为人们误以为尧、舜之道为是而法之，但在这种名义之下，实际却是有弑君，有曲于父的情况，所以人们称道的尧、舜之道实际上是反君臣之义，乱后世之教的。之所以这样说，是因为"尧为人君而君其臣，舜为人臣而臣其君，汤、武为人臣而弑其主、刑其尸，而天下誉之，此天下所以至今不治者"，他们的这些行为是反君臣之义的。在韩非看来，君臣之义不可乱，"所谓明君者，能畜其臣者也；所谓贤臣者，能明法辟、治官职以戴其君者也"。这就是说，君不可君其臣，臣不可臣其君，君臣之分不可搞乱。为此则要"上法而不上贤"，不能舍法任智。所谓的法，就是用来维护君臣之分、之义的。儒家提倡忠孝，是"为恬淡之学而理恍惚之言"，而"恬淡，无用之教也，恍惚，无法之言也"，都不能用来治国。此篇属于上述第五点。

《人主》篇论君主的权势与任用法家人士以治国。维护君主的权势，就不能让大臣太贵，左右太威，臣下的贵与威，等于削弱了君主的权威，他们就可以无法而擅行，操国柄而便私。所以君主必须掌握最高的权势，"万乘之主、千乘之君，所以制天下而征诸侯者，以其威势也"。君主的威势若转移到臣下手里，君主就没有威势了，而臣下就可以利用这种威势胡作非为了。又说明法术之士与当途之臣的不相容，这在《孤愤》篇中已经提到，这里进一步加以阐释。这两种人之所以不相容，因为"主有术士，则大臣不得制断，近习不敢卖重，大臣左右权势息，则人主之道明矣"。所谓术士，指法术之士，即用法家的思想与方法帮助君主治国的人，而大臣和近习则是当途之臣。如果法术之士得到君主的信任，就会阻止大臣近习专权，从而保证君主的权势不被削弱。是用法术之士还是用大臣与近习，完全取决于君主。此篇属于上述第三、四点。

《饬令》篇论君主维持和执行法令的问题。法令制定之后，要由君主来维护它："饬令则法不迁，法平则吏无奸。法已定矣，不以善言害法。"所谓善言，指花言巧语。这是说法令既定，就要坚决维护与执行，不要随意改变，这样就可使官吏中没有奸诈。此篇属于上述第四点。

《心度》篇论君主治民以法为本，不以民心为本："圣人之治民，度于本，不从其欲，期于利民而已。"度于本，犹言本于度，度即法度，谓以法度为本。其欲，指民心的欲望。这是说以法为本，而不是以民心的欲望为本。以法度为本，根本目的是利民，这并不违背民众的愿望。如何在治民时用法？"明主之治国也，明赏则民劝功，严刑则民亲法。劝功则公事不犯，亲法则奸无所萌。故治民者，禁奸于未萌"，这样以法治国，就能达到利民的目的，"故法者王之本也，刑者爱之自也"。前面说的度于本，就是这里说的"法者王之本"。为什么治民要不从其欲，因为"民之性，恶劳而乐佚，佚则荒，荒则不治，不治则乱，而赏刑不行于天下者必塞"，所以君主必须坚定地以法治民，而不要顾及民之欲。此篇属于上述第五点。

《制分》篇论君主治国必须法重而可以至乎令行禁止，为此君主要分爵制禄，则法必严以重之。所谓制分，就是要由君主用法令制定相关的爵禄名分，用严格的法令加以执行，这就是"法必严以重之"。从根本上说，君主严格执法才能合乎人们的根本利益，所谓"法重者得人情，禁轻者失事实"就是这个道理。法令制定的爵禄名分，就是执法的依据，"治国者，其刑赏莫不有分，有持异以为分，不可谓分"。持异以为分，就是对分的不同解释，可知分必须明确而不可随意解释，这是执法时的重要问题。不能对此有清醒的认识并在实践中坚定遵守这一原则，则有法也会等于无法。所以说："治国者莫不有法，然而有存有亡，亡者，其制刑赏不分也。"制刑赏不分，就是在刑赏上不能制定明确而唯一的爵禄名分标准，而在执法时随意用爵禄名分进行刑赏。这样的法不完备，执法上过于随意，所以有法等于无法，国家不能得到有效治理。又说："治法之于明者，任数不任人。"所谓数，就是法令的规定。所谓人，就是执法的人。执法必须严格遵守法令的相关规定，而不是靠执法的人来解释法令，这也是制分的内容之一。前面说的各国有法而或存或亡，根本原因就在于执法时是任数还是任人。因此在这一问题上，强调"有术之国，去言而任法"。去言就是不让执法的人用言辞解释法令，任法就是让执法的人必须严格遵守法令的规定。所以后面又说："释法而任慧者，则受事者安得其务？"所谓释法就是任人而用言，破坏了法之分，而使法不能得到正确和严格的执行。如此执法，"务不与事相得，则法安得无失而刑安得无烦？是以赏罚扰乱，邦道差误，刑赏之不分白也"。可知，此篇主要论说执法问题，国虽有法，如不能正确执法，法也起不到应有的作用，国家也治理不好。这一问题属于上述第一点，是从如何执法的角度论述君主的以法治国问题。

四、如何看待《韩非子》的思想主旨

以上对《韩非子》全书各篇文本进行了分析，在此基础上根据各篇主旨做了一定的分类，通过各篇所说的不同问题，可以看出韩非子在论君主以法治国的问题时具有全面而完整的思考，故写出了这些篇章，用富有逻辑的文本阐述这一思想宗旨。而且这些文本的内容，也都与司马迁对他的评论之语相符，由此也可理解韩非子的法家思想并不是人们通常认为的"极惨礉少恩"，而是在君主如何以法治国的问题上有着深刻而全面的阐释，其中许多说法都能结合社会的实际情况，体现了"切事情"的特点。又能辨别不少说法的似是而非，看出其中的不合理之处，而予以辩驳，从而使他的以法治国的思想显得更为完善和合理，这又与司马迁所说的"明是非"之特点相合。

韩非的以法治国，强调严格执法，不能因人情而让法为之让步，且赏罚都极为明确细致，对犯法或有罪之人，惩罚极为严厉，不讲情面，这就让人们认为韩非的学说"极惨礉少恩"。如果仔细分析《韩非子》的全部文本，并思考其中的逻辑，就会看出以法治国且严格执法，就不能讲人情，就要少恩，这样才使法令得到彻底执行，才能使法令起到应有的治国作用。如果在法治上还要讲人情，为人开恩，那就不是真正的法治，即使在今天也必须承认这一点。所以用这一点批评韩非的以法治国主张，是不对的。

另外，也有人批评韩非主张用术，认为这是权术，是阴谋。这种看法也值得再思考。韩非的术不是孤立的，一定要放在他的整个的君主以法治国的思想中来看，术不过是防止臣下为奸以危害君主权势并破坏法治的手段，对于君主以法治国的最大公利来说，如果存在着能对它造成破坏和危害的东西，就可以用各种方法与手段来防止和制止它们。从君主以法治国而使国家富强的角度看，术作为手段与方法，是无可厚非的。对于治国的君主来说，凡是破坏和危害国家公利的人，就是国家的敌人，对于敌人，如同军队作战，只要能战胜敌人，任何手段方法与谋略都可以使用。从这个意义上说，术是不能一概而论而加以反对的。

还有人认为韩非是反智的，认为在中国政治思想史上的反智论在法家是最充分和最彻底的。他们所谓的反智论，就是指摧残智性和压制知识分子的主张。这种反智论的批评，其实也是对韩非思想的误读。韩非作为欲为君主进言的有智之士，这是提出法家是反智的人士不能否认的吧？韩非提出的法家思想，如果不是智又没有智，又怎能形成一家之说并建立相应的理论且成为中国古代思想中的一种智慧呢？韩非作为具有智性的知识分子，也是认为法家是反智的人士所不能否定的。韩非所提出的法家思想的集大成学说，是中国古代政治思想史上的重要智慧成果，这也是持反智论者所不能否定的。仅从这些事情上，就能证明《韩非子》的思想不是反智的。此外，他确实主张采取严厉的法令手段禁止和打击某些学派或人士的思想言论，但他所反对及打击的思想言论，并不能代表所有的智与知识分子。就《韩非子》中有关的文本看，其中对于危害君主权势和国家法治的多种思想言说，都提出了批判，主张不能让民众或士人持有和散布这类思想言论并以此获得赞誉，认为这样的人及其思想主张就会成为法治社会的蠹虫。对韩非这样的主张扣上反智的大帽子，显然不符合《韩非子》全书文本表达出来的思想内涵。不能因为有些思想主张及持此种思想主张的人受到了批判和禁止就说这是反智。因为所谓的人类智慧以及相关的知识分子是多样的，要看他们是否对国家的发展有利而决定对他们的态度。不能因为你作为一个知识分子而提出对国家发展不利的学说和思想就不惩罚你、限制你，如果对此而用反智论的帽子来批评，那就是把所谓的反智片面化了，这不是真正的反智概念，而是对反智概念的歪曲使用。

总之，对于《韩非子》的全部文本都应该进行仔细深入的分析与解读，才能完整和准确地了解其中的思想内容，而不至于从某种片面的立场做出片面的理解与批评。

第八章　先秦墨家著作的文本形式与传播变化

第一节　文本形式的分析

一、《墨子》篇章的文本形式

《墨子》的文本形式比较复杂，大体上可以分为论文体、经传体、寓言体、叙事体四类。以下简单说明这些文本形式在书中的相关情况。

首先是论文体。《亲士》篇论士与贤对国家的重要性，在论述之中也时常引述事例，这与明显的经传体是不同的。《修身》篇论君子的修身与道德标准问题。《所染》篇论人的后天变化与环境的关系，这与修身有关，篇中以论为主，但也引用了一些事例，可以看作对经说的传解。《法仪》篇论法仪与天下从事者的关系，无法仪就不能成其事，并说明法仪就是法天，也引用了历史上的人物为例，说明这一论点。《辞过》篇论述圣人治天下必须在五个方面实行节俭，并说"俭节则昌，淫佚则亡"，节俭是篇中主要的经（主张），并分为五个方面来论述，则可以看作对经说的传解。《三辩》篇论圣王与乐的关系，引用历代君王的事例，说明"乐逾繁者，其治逾寡"，所以乐要少，但又不是绝对的无乐。篇中引用先王之例，也可以说是篇中经说的传解。《尚贤》篇论尚贤的问题，认为王公大人要想治理好国家，必须尚贤事能，要务众贤。这是全篇的经语主旨，为此用更多的文本对这一观点加以分析论述，其中或用历史事例，或引古代典籍，这都是对经说的传解，所以这样的论文体中包含着经传体。《尚同》篇论人们的义有太多分歧而不同，所以主张尚同，即把人们的义，同一起来，对此经说又做了多方面的论证，这就是对经说的传解，其中也引用了一些古代典籍，合乎古代为经作传的标准形式。《兼爱》篇，论述圣人治天下之所以经常发生动乱，原因在于不相爱，所以主张要兼爱，为治理天下奠定基础。篇中运用了经传解释法，可知《墨子》的论文体篇章中不能不包括经传体。其他如《非攻》《节用》《节葬》《天志》《明鬼》《非乐》《非命》《非儒》篇都是论文体，其中都用了经传法。

明显的经传体篇章，如《经》上下篇与《经说》上下篇，就是最典型且最明显的经传体，《经》为经，《经说》为传，二者结合起来才能看懂所说的含意。《大取》也是经传体，篇中对诸多名词概念进行解释，名词概念是经，对它们的解释是传。如权，"于所体之中而权轻重，之谓权，权，非为是也，非非为非也，权，正也"，这里的权就是经，对权的解释就是传。此外还解释了爱、利、害、求、性、义等概念，可知此篇就是典型的经传体，但又与《经》和《经说》篇的形式有所不同。不明显的经传体，如《七患》篇论述国有七患，并对七患分别解释。

据上分析，虽然《墨子》可以分为论文体与经传体，但论文体中也经常使用经传法，这与明显的经传体有所不同。

寓言体的篇章，如《耕柱》篇，叙述了墨子与耕柱子、巫马子、子夏之徒等人的对话，还有叶公子高与仲尼的对话，以及高石子、公孟子、鲁阳文君、骆滑牦等人的事迹，在叙事中讨论相关的问题，这与《庄子》的寓言式篇章是一样的，故称之为寓言体。

叙事体与寓言体类似，但叙事体中的人物都是实有其人的，寓言体中的人物多是虚构的，这是二者的区别。叙事体如《贵义》篇、《公孟》篇、《鲁问》篇、《公输》篇等，说明了墨子对于不同事物的相关看法。《备城门》《备高临》《备梯》《备水》《备突》《备穴》《迎敌祠》《旗帜》《号令》《杂守》等篇也是叙事体，但侧重于记述有关器物的制度与制作，所叙的是物，与前面那种记叙人们对话的内容有所不同，但总体上都是叙述事或物的，故仍可归为一类。

二、以往人们对于《墨子》的文本构成及思想的研究

《汉书·艺文志》记载《墨子》为71篇，后世分卷，卷数不一，但卷数不能确定为篇数，这是两回事。今本《墨子》只有53篇，不是汉代《墨子》的全书。由于历代学者对《墨子》研究不够，故今本《墨子》文本中还有太多问题，影响人们的阅读与理解。虽然清代学者有一些考证，但也不能解决文本中的全部问题。孙诒让《墨子间诂》是对《墨子》文本

的全部研究与考证，但也不能说已把文本中的全部疑难都解决了，所以梁启超在《墨子学案》（商务印书馆 1921 年版）中认为其中"不可解的地方仍不少"。梁氏认为"全书出于墨子自著者很少"，但这并不影响今天的人们通过解读《墨子》全书文本来理解其中包含的思想内容及其主旨。对《墨子》全书文本进行分析，目的只是通过这些文本来了解其中所要说出的思想主张及其基本意旨。

胡适研究《墨子》时，对其中的篇章做了归纳，梁启超对他的归纳做了如下的分类：

> 《亲士》《修身》《所染》三篇非墨家言，乃出于伪托。
>
> 《法仪》《七患》《辞过》《三辩》四篇是墨家记墨学概要，能提纲挈领。
>
> 《尚贤》《尚同》《兼爱》《非攻》《节用》《节葬》《天志》《明鬼》《非乐》《非命》，是墨学的纲目、《墨子》的中坚，是墨子的门下弟子所记，非墨子自著，各篇又分上中下，但文义大同小异，可能是墨家不同派别各记所闻。
>
> 《非儒》，不是记墨子之言。
>
> 《经》《经说》《大取》《小取》，统称为墨辩，是讲论理学（逻辑）的，是述墨子口说，有后学增补。
>
> 《耕柱》《贵义》《公孟》《鲁问》《公输》，记墨子言论与行事，体裁类似于《论语》。
>
> 《备城门》至《杂守》11 篇，专言守御的兵法。

对今存《墨子》的文本中关于逻辑、兵法的各篇，本书暂不做分析，而主要是对其他各篇文本进行分析，主要目的是弄清楚这些文本中包含了什么思想内容，其思想的主旨是什么，由此来把握今本《墨子》的文本及其思想内容的关系。

《墨子》的文本中也多有自我解说的情况，这是先秦诸子著作中行文的普遍现象。如《经》与《经说》，就是最典型的例子，其他篇中也有这种情况，在各篇的文本分析中自会提及。

关于墨子的思想或哲学，人们已有不少研究，这些研究多关注墨子思想或哲学的问题，主要根据《墨子》的有关文本对其中的思想加以归纳，如胡适的《中国哲学史大纲》，论述了墨子的三表法、墨子的宗教、墨子的哲学方法，又论述了别墨、墨辩与别墨、墨辩论知识、论辩等问题。①
梁启超对墨子也有不少研究，如《墨子学案》主要论述了墨子的兼爱观
念、实利主义的经济学说、宗教思想、社会组织法、实际践行的问题、逻
辑学与其他科学的问题等；《墨学微》主要论述了墨子宗教思想（包括尊
天之教与鬼神教和非命说）、实利主义（包括以利为目的的思想，节用节
葬和非乐，以利为手段的思想）、兼爱主义、政术、实际践行等。钟泰的
《中国哲学史》，写于 1928 年，主要论述了兼爱、非攻、节用、天志及墨
经的问题。蒋维乔、杨大膺的《中国哲学史纲要》，写于 1934 年，把古代
哲学分为不同流派，如自然主义、人为主义、享乐主义、苦行主义、神秘
主义、理性主义等，把墨子列为苦行主义哲学。

　　20 世纪五六十年代，侯外庐主编的《中国思想通史》（第一卷），论
述了前期墨家的思想、阶级论和天道观、唯物主义的认识论、逻辑思
想等。②

　　冯友兰《中国哲学史新编》，主要论述了墨翟和前期墨家的哲学思想、
尚贤和尚同的思想、功利主义的道德观和经验语义的真理论、兼爱及非攻
的阶级调和论、天志及明鬼的宗教思想、前期墨家向后期的转化等。③

　　任继愈主编《中国哲学史》，在 20 世纪 60 年代问世，到 1997 年出了
修订版，关于墨子主要关注如下问题：墨子的社会观和认识论，与兼爱、
非攻、尚贤、尚同相关的政治思想，社会思想和历史观，经验论的认识
论，与天志、明鬼有关的宗教思想。④ 任继愈又主编《中国哲学发展史》
（先秦卷），主要论述了墨子思想体系的内在矛盾、社会政治主张的内在矛
盾及墨学的阶级性、哲学思想的内在矛盾及在认识史上的地位等问题。⑤
北大哲学系中国哲学教研室《中国哲学史》（2001 年修订版），主要论述
了墨子社会政治思想、经验论的认识论、宗教思想，与任继愈《中国哲学
史》所论基本相同。

　　李泽厚《中国古代思想史论》有"墨家初探本"一篇，主要论述了墨
子的思想是小生产劳动者的思想典型和墨家思想的并未消失的问题，涉及
的问题与其他中国哲学史类著作没有不同。⑥

---

①　胡适：《中国哲学史大纲》，商务印书馆 1926 年版。

②　侯外庐主编：《中国思想通史》（第一卷），人民出版社 1957 年版。

③　冯友兰：《中国哲学史新编》，人民出版社 1998 年版。

④　任继愈主编：《中国哲学史》，人民出版社 1963 年版。

⑤　任继愈主编：《中国哲学发展史》（先秦卷），人民出版社 1983 年版。

⑥　李泽厚：《中国古代思想史论》，人民出版社 1985 年版。

　　我国台湾学者唐君毅的《中国哲学原论（原道篇）》，主要论述了墨子的义道，包括：兼爱——以义说仁的义道，兼爱为客观的义道，非攻、节葬、节用、非乐——人民生存及经济生活中的义道，尚贤、尚同——社会政治上的义道，天与鬼神的义道及天、鬼神与人的交互关系的宇宙的义道，非命——无限制的绝对义道，然后说明了墨学中的义道之大的问题。劳思光《新编中国哲学史》，写于 20 世纪 60 年代，主要论述了兼爱、天志与权威精神，尚同与国家论以及与非攻、非儒、非乐相关的文化观，还论述了墨辩的问题，包括逻辑问题与名家理论、逻辑理论、知识问题等。

　　美国史华兹《古代中国的思想世界》（哈佛大学出版社 1985 年版），认为墨子思想是对其他思想学派的挑战：墨子相信当时存在着很错误的东西，而儒门后学正是这种错误内容的化身，所以他认为墨子思想基本上是对儒学的挑战。但他着重论述的还是人们一再提及的那些主题：命、天和鬼神，功利主义的伦理观，功利与礼和音乐，贤人，逻辑学和科学。

　　简单归纳以往中国哲学史一类著作关于墨子思想的论述，可以看出他们的着眼点是思想中的主张与观点，而不是《墨子》的文本及其分析，且所论述的墨子思想的主张与观点，也仅限于《尚贤》《尚同》《兼爱》《非攻》《节用》《节葬》《天志》《明鬼》《非乐》《非命》等篇，此外有学者还涉及了《墨子》中与逻辑学和科学知识相关的篇章。这样的研究自有其价值，但不能说明《墨子》的全部文本所包含的思想内容，只能说是片面的研究。因此，还要回到《墨子》全书各篇全部文本的分析之中，由此看这些关于墨子思想的认识与《墨子》全部文本是不是完全相合，更要根据《墨子》的全部文本来说明其中包含的思想内容。

第二节　《墨子》在传播过程中的变化

一、《墨子》在传播过程中的变化

　　对《墨子》全书文本进行分析之前，要说明这些文本的学术价值。一般认为今存的古书中多有真伪问题，题名《墨子》的书，不能全都看作墨子本人的作品，因此就要有所取舍，不用对其中的全部文本进行分析与研究。这种看法并不科学，因为今人所认知的先秦诸子著作中的真伪与作者的问题，都是各执一词的，并不能形成公认的结论。而且既然有所取舍，就会舍掉对部分文本的分析与研究，从而不能发现这类文本中包含的思想内容，这本身就会影响到人们对《墨子》全书的理解与认识。

如果有了这类先入之见，自然不能客观全面地分析现在的《墨子》的全部文本，也就不能真正认识现存《墨子》的全部内容。所以一定要重视对《墨子》全书文本的整体分析，由此认识清楚《墨子》的全部思想内容，在此基础上，再来评价和判断。

还要注意一个问题，现在研究《墨子》思想，是先假定有墨子其人以及此人一定撰有一部著作，再从现存《墨子》中寻找符合这一设定的文本，以此为基础分析所谓墨子其人的思想。但这一假定并没有什么可靠性。两千多年后的人遥想两千多年前的人与事，真的可靠吗？在此基础上的种种设想与推测，都有极大的猜测性，并不真实可靠。所以在对现在《墨子》全部文本进行分析前，一定要把这种设定抛弃，不受这种设定的束缚。

现在来说，最可靠的资料就是今存《墨子》的全部文本，尽管流传过程中会产生种种问题，如文本衍脱误讹倒错以及后人混入等，但作为一本书，其整体思想内容及主要意旨是不会有根本性变化的。若有根本性的变化与不同，也不可能合为一书而流传。

对一部先秦诸子著作进行文本分析研究之前，必须首先承认这部诸子著作的全部文本是有整体性和统一性的。以此为前提再来分析其中的全部文本，才能看出这些文本中的基本主旨。而且从基本主旨再到具体的文本的解读与分析，相互之间也是有着内在关联的，是可以互证的。

基于这种认识，对《墨子》全书各篇文本进行分析解读，由此认定这些文本说了什么，又有怎样的基本主旨，从而证明它们是不是有统一性，是不是一个有机的整体。

对《墨子》全书文本的分析，本书主要依据李渔叔《墨子今注今译》（台湾商务印书馆 1974 年版），李氏此书参考了清代以来学者对《墨子》的考证研究成果，如清代乾嘉学者王念孙父子、毕沅、张惠言及后来的俞樾、陈澧、孙诒让，他们贯通《墨子》全书，考证精详，其中的古训古音，得到前所未有的解决，对墨家思想也能一扫传统的误解曲解，尽量阐释其内涵。

李氏还对治学不严谨者做了批评：那些标奇立异、层出不穷的谬说，往往积非成是，足以淆惑听闻。严格来说，那些所谓治墨专家，不但于墨学一无裨补，甚且颠倒黑白，成为墨学的罪人。他们大率主见太深，排比和研判的功夫不够，动辄下结论，假设既纯陷错误，证解亦随之而全部偏差。还有一些章句小儒，从《墨子》中摘一二古书奇字异文，自矜创获，强为疏释，实则胶柱鼓瑟，无一可通。近人陈衡恪（陈寅恪之兄）曾说："今日之谈中国古代哲学者，大抵即谈其今日自身之哲学史者也。其言论愈有条理系统，则去古人学说之真相愈远，此弊至今天之谈墨学而极。今日之墨学者于任何古书古字，绝无依据，亦可随其一时偶然兴会而为之改移，几若善博者能呼卢成卢，喝雉成雉之比，此近日中国号称整理国故之普通现象，诚可为长叹息者也。"① 有鉴于此，李渔叔认为今日整理墨学，"一方面应该接受前辈学人精密的治学方法与创见，及其收获，加以发扬光大，一方面应该把那些诐辞谬说，从慎思明辨上，予以廓清。使真正的墨家思想体系，及墨子本人的孤怀宏识，得以重新显示于今日"。②

李氏能对清代以来人们研究《墨子》的情况做出比较客观而公允的评价，因此他的《墨子今注今译》对《墨子》全书文本的注释就有了可靠的根据，故据此本所定的《墨子》文本进行分析。

总之，对《墨子》全书文本进行分析，所要依靠的就是这些严谨研究与考证的成果，对于只从哲学角度来对《墨子》中一些话语进行阐释的成果，只能作为参考，而不能作为文本分析的依据。

二、存有疑义诸篇的文本分析

《墨子》全书的根本宗旨是阐述君主如何治国并达到最佳效果的问题，分析各篇的文本，要围绕着这个根本宗旨来展开。

《亲士》篇言重视贤士对国家的重要性，是从治国的角度来论贤士问题，所以说："入国而不存其士，则亡国矣。见贤而不急，则缓其君矣。非贤无急，非士无与虑国，缓贤忘士，而能以其国存者，未曾有也。"这几句就是此篇的主旨，后面进一步阐释这个道理："逼臣伤君，谄下伤上。……臣下重其爵位而不言，近臣则喑，远臣则唫，怨结于民心，谄谀在侧，善议障塞，则国危矣。桀纣不以其无天下之士邪？杀其身而丧天下。故曰：归国宝，不若献贤而进士。"这一段文本可以证明此篇所说的

① 李渔叔：《墨子今注今译·墨学导论》，台湾商务印书馆1974年版，第1－2页。
② 李渔叔：《墨子今注今译·墨学导论》，台湾商务印书馆1974年版，第2页。

重视贤士是与君主治国保国紧密联系在一起的，可以说此篇所说的贤士的问题完全归属于君主治国的根本问题。

之后又说"太盛难守"的问题，仍是君主如何守住国家的问题。因此继续说明君主用人为臣，一定要让其臣胜其任而处其位，胜其爵而处其禄，并比喻这种贤士为臣犹如"良弓难张，然可以及高入深；良马难乘，然可以任重致远；良才难令，然可以致君见尊"，这与前面说的重视贤士一脉相承。最后说明君主要认识这种贤士作为人才不可能与一般人相比，他们是大德之人，足以覆万物。

《修身》篇与《亲士》篇密切相关，是说贤士如何成为出众的人才而为君主治国所用。此篇开始处说明士之修身以成为出众的人才，即在有学的基础上重视以行为本。行为本，是指士之所学能用于实际，而不只是空谈。如要近者亲、亲戚附、事有终始、举物而明等，都是其学的行，这与后来的儒家学者说的践行儒学的仁义道德完全不是一回事。所以在其下说，"是故先王之治天下也，必察迩来远，君子察迩而迩修者也"，这说明贤士所具备的能力就是君主治国所需要的能力，所以君主要尊重并任用这种人才。之后又说明了这种贤士具备君子之道，他们不断修身而使自己的能力不断增长，"力事日强，愿欲日逾，设壮日盛"，"贫则见廉，富则见义"。最高的境界就是圣人，这种最高的人才，自身要具备如下的品质：志强、言信、据财能分人、守道笃、博学、明辨是非、多能而不伐功、心辩而不繁说等，这样的人"可以为士于天下"，所以君主治国要用这种人才。

《亲士》与《修身》两篇虽然表面说士的问题，实际上是说这种贤士为君主治国所必需的人才，把这两篇的文本所要表达的思想与君主治国的主旨联系在一起，就能确定它们在《墨子》中的地位，而不应只看字面上的亲士与修身就把它们看作与《墨子》思想不相合拍的篇章。

《所染》篇的文本也要这样理解，此篇有"子墨子言"的说法，于是人们根据这种说法而确定它不是墨子所作，或是墨子弟子所记。这样的认定方法太表面了，没有任何说服力，不能作为判断先秦诸子著作的作者与时代的根据。此篇用墨子的口吻来说话，言人的变化与外界的关系："子墨子言见染丝者而叹曰：染于苍则苍，染于黄则黄，所入者变，其色亦变。五入必而已则为五色矣，故染不可不慎也。"但紧接着说，"非独染丝然也，国亦有染"，主题马上转到国的问题上来。所谓的国，就是君主治国的问题，所以此篇说："舜染于许由、伯阳，禹染于皋陶、伯益，汤染于伊尹、仲虺，武王染于太公、周公。此四王者所染当，故王天下，立为天子，功名蔽天地。""齐桓染于管仲、鲍叔，晋文染于舅犯、高偃，楚庄染于孙叔、沈尹，吴阖闻染于伍员、文义，越句践染于范蠡、大夫种。此五君者所染当，故霸诸侯，功名传于后世。"这里说的"所染"与上两篇所说的君主重视和任用贤士治国同属一个问题，是一个整体，主旨是君主治国必须用贤士，即具备多方面能力与素质的高级人才，这种人才称为圣人，是所谓贤士的最高层次。所以此篇说："故善为君者，劳于论人，而佚于治官。"即君主治国的最重要问题是发现与使用贤士，而不是吏治。此外还说明了"非独国有染也，士亦有染"的问题，即士要选择友人，以使自己染于贤良之人。

《法仪》篇也有"子墨子曰"的文本，但这仍不是确认此篇是否属于墨子所作的关键根据，还是要看此篇文本都包含怎样的内容，与其他各篇的文本所说是否一致。

此篇说："天下从事者，不可以无法仪。无法仪而其事能成者，无有也。"这里所说的法仪，就是做事时不可不遵守的规矩。既称为法，就表明它是不可不遵守的。仪则表示它是做事的规矩或规则。所以下面说："百工为方以矩，为圆以规，直以绳，正以县。无巧工不巧工，皆以此五者为法。巧者能中之，不巧者虽不能中，放依以从事，犹逾己。故百工从事，皆有法所度。"这就证明所谓法仪，就是做事的规矩或规则，必须加以遵守。但这只是一般之论，此篇说法仪的问题，最终还是要与君主治国的事情结合起来，所以说："今大者治天下，其次治大国，而无法所度，此不若百工辩也。然则奚以为治法而可？"这里说的治天下和治大国，不是君主治国（包括国家的外交）的事情吗？这是此篇说明法仪的着眼点。并把法仪的关键提出来："法不仁，不可以为法。"也就是说法仪必须合乎仁，而前面说的百工或巧工则与仁无关，可知那是比喻性地说明法仪对于做事的重要作用，而不是专门来说百工或巧工如何根据规矩绳悬来制作各种器物的问题。对此篇所说的法仪，必须这样解读。所以在经过一番论述之后，归结为"天下之为君者众，而仁者寡"，可知所说的法仪问题，是以君为中心的，即天下的君主甚多，但大都是法不仁的君，而真正的君主是不能以不仁为法的。之后说明了君主当以什么为法，即"莫若法天。天之行广而无私，其施厚而不德，其明久而不衰，故圣王法之。既以天为法，动作有为，必度于天。天之所欲则为之，天所不欲则止"。这说明君主治国必须法天，这样的君主才可以称为圣王。这就更为明确地把法仪与君主联系在一起，说明法仪的问题就是君主以何为法的问题。之后又进一步说明法天的具体含意是什么："天必欲人之相爱相利，而不欲人之相恶相贼也。奚以知天之欲人之相爱相利，而不欲人之相恶相贼也？以其兼而爱之，兼而利之也。"这就与墨子所主张的兼爱联系起来了，由此可证明此篇是墨家的文献，符合墨家的思想主旨。此篇最后说："昔之圣王禹、汤、文、武，兼爱天下之百姓，率以尊天事鬼，其利人多，故天福之，使立为天子，天下诸侯皆宾事之。"这就把法仪和君主治国要法天、以仁为法、兼爱人等说法完全统一起来了，并与福祸问题也联系起来了："爱人利人以得福者有矣，恶人贼人以得祸者亦有矣。"这就说明君主治国的法仪问题中包括兼爱、法天、法仁、国家的福祸等内容，由此也就说明了君主治国为什么要有法仪，而且法仪必须是法仁、法天、兼爱的问题。这样分析下来，完全可以证明此篇是墨家的文献，不管是不是由墨子本人亲手撰写，都不能否定这一事实。

《七患》篇也有"子墨子曰"字样，根据文本，可知"国有七患"都是与君主治国密切相关的问题。此篇又专门说明五谷的重要性："凡五谷者，民之所仰也，君之所以为养也。故民无仰则君无养，民无食则不可事。故食不可不务也，地不可不力也，用不可不节也。"这里所说的与所主张的节用等应有联系。又从粮食的储备说到国家的军备："库无备兵，虽有义，不能征无义。城郭不备全，不可以自守。心无备虑，不可以应卒。……故备者，国之重也。"这里所说与《墨子》的兵法战备问题密切有关，故此篇说食、兵、城是国家不可缺少的东西："食者，国之宝也。兵者，国之爪也。城者，所以自守也。此三者，国之具也。"为此特别主张节用、节葬、非乐等，可知《墨子》主张的尚贤、兼爱、节用、节葬、非乐等思想，本来都是与君主治国密切相关的，不可对它们做孤立的、分开的解释。

《辞过》篇是谈圣王的问题，从古代圣王说起，历数他们为民做过的事，如作宫室、作衣服、作饮食、作舟车等，并且说明圣王发明这些东西的本意是什么，如"作为宫室，便于生，不以为观乐也，作为衣服带履便于身，不以为辟怪也"，但后来的君主作宫室衣服等，却违背了圣王发明这些东西的本意，不是"节于身，诲于民，是以天下之民得而治，财用可得而足"，而是"必厚作敛于百姓，暴夺民衣食之财，以为宫室台榭曲直之望、青黄刻镂之饰"，这就使得"其财不足以待凶饥，赈孤寡，故国贫而民难治也"。这表明墨子论圣王作宫室衣服等，本来是要节用而不是为了奢侈，所以说"君实欲天下之治，而恶其乱也，当为宫室不可不节"，这就表明此篇的主张与墨子节用的主张完全一致。从节用出发，"故圣人之为衣服，适身体，和肌肤而足矣，非荣耳目而观愚民也"。从节用出发，是为了使"其民俭而易治，其君用财节而易赡也"，由此保证国家的"府库实满，足以待不然；兵革不顿，士民不劳，足以征不服。故霸王之业，可行于天下矣"，可知墨子主张的节用，仍然属于君主治国的问题，并不是孤立地讲节用。而他之所以讲节用，又是为了告诫现实中的君主，因为他们只顾生活奢侈，不注意节用，并使整个国家的民众都变得追求奢侈和淫僻，从而使国家大乱。所以说："君实欲天下之治而恶其乱，当为衣服不可不节。"此外饮食、舟车也都同样不可不节。总之君主所用的一切，都要节用、节俭，而不能像小人那样奢侈淫佚，总之就是"俭节则昌，淫佚则亡"。可知此篇主要是说君主要节用，这才是治国的正道。

《三辩》篇说到墨子主张"圣王不为乐"，这就是墨子非乐的主张，可知也是与君主治国的主旨相一致的，此篇说明了圣王为什么不为乐的道理："尧、舜有茅茨者，且以为礼，且以为乐"，其后的汤、武王、成王在立为帝王之后，则"因先王之乐，又自作乐"，但周成王之治不若武王，武王之治不若成汤，成汤之治不若尧、舜，因此他认为"其乐逾繁者，其治逾寡。自此观之，乐非所以治天下也"。可知此篇简明扼要地解释了"圣王不为乐"的道理，是《墨子》非乐思想的简要解释。

第九章 《墨子》^① 的文本内容分析

第一节 重点篇章的文本分析

本节分析《墨子》重点篇章的文本。重点篇章是指论证《墨子》主要思想的篇章，也是人们研究《墨子》时最看重的篇章。以下对这类篇章进行文本分析，以揭示它们的意旨都是为说明君主治国时的种种问题。虽然分为多篇，但实际上是一个整体，不可分割，在根本主旨上也与前面几篇存有疑义的篇章相一致。

一、《尚贤》篇的文本分析

《尚贤》篇分为上中下三篇，实际上是一篇，以下根据它们的文本分析其中的思想主旨。

此篇开始处提出君主治国为什么不成功的问题，墨子的回答是："是在王公大人为政于国家者，不能以尚贤事能为政也。"所以君主治国要想成功，按墨子的看法，就要尚贤，而且"国有贤良之士众，则国家之治厚；贤良之士寡，则国家之治薄。故大人之务，将在于众贤而已"。这就是本篇尚贤的主要意旨，不仅要尚贤，还要有众贤，让贤良之士的人数众多。一般儒家都主张尚贤，但没有说贤士要众多，这是墨家与儒家的不同之处。

这里的尚贤与前面的《亲士》《所染》篇说的君主要尊重贤士和让贤

――――――――

① 李渔叔：《墨子今注今译》，台湾商务印书馆1934年版。以下引用《墨子》均为此本，只标篇名，不详列出版信息。

士帮助君主治国是完全一致的，可知彼二篇也一定是《墨子》的文本，而本篇的更多文本包含的思想意旨也都与《亲士》《所染》篇一致。

此篇先说明君主治国必须用众贤，然后又说明了使用众贤的方法，即众贤之术，基本原则就是"富之、贵之、敬之、誉之"，要把众贤士视为国家之珍、社稷之佐，君主要有这样的认识，才能真正做到尚贤。

又说明了君主尚贤是与义密切相关的，"古者圣王之为政也，言曰不义不富，不义不贵，不义不亲，不义不近"，也就是说，君主所认可的众贤都是合乎义的人，所以才亲之、重之、用之，这也会使众贤都以义要求自己，以成为君主所认可的贤才。君主与贤士都不可不为义，影响所至，"远鄙郊外之臣、门庭庶子、国中之众、四鄙之萌人，闻之皆竞为义"。可知此篇所说就是君主治国以尚贤为重要政策，并以义来规范贤士，由此引导国人都以义作为自己的行为规范。此思想比儒家通论的尚贤更为具体而有内涵。

同时，君主的尚贤还要有相应的具体措施，即"列德而尚贤，虽在农与工肆之人，有能则举之，高予之爵，重予之禄，任之以事，断予之令"，要使尚贤达到如下的效果，"以德就列，以官服事，以劳殿赏，量功而分禄"，并使"官无常贵，而民无终贱，有能则举之，无能则下之"，这才是真正彻底的尚贤，这种说法也比儒家说的尚贤具体而翔实。

还根据历史事实列举了一些君主用贤尚贤的实际效果，即"虽在于厚禄尊位之臣，莫不敬惧而施；虽在农与工肆之人，莫不竞劝而尚意"，即不仅使君主治国有效，而且能影响和带动大臣与民众，这也是儒家讲尚贤时很少提到的。所以此篇说君主无论是得意还是不得意，都要做到贤士不可不举，更针对儒家的说法而提出："尚欲祖述尧、舜、禹、汤之道，将不可不以尚贤。夫尚贤者，政之本也。"可以说这是对儒家的主张提出的一个问题，把尚贤称为政之本，说明《墨子》把尚贤作为君主治国的最重要的因素来提倡。

《尚贤》中篇说"今王公大人之君人民、主社稷、治国家"，必须尚贤，可知《墨子》说的尚贤本来就是君主治国问题的组成部分，人们谈论《墨子》的尚贤，就必须与君主治国的问题放在一起说，不能孤立地论述尚贤的问题。对《墨子》中的其他问题，如兼爱、尚同、节用、节葬、用兵的守城攻防和逻辑等，也都要与君主治国的核心宗旨结合起来分析，不能割裂开而做孤立的评价。对先秦诸子著作的文本中表达的种种主张，都要找出它们的核心主旨是什么，然后再一项项具体分析，才能准确把握这些文本要表达的思想意旨是什么，这是今天对先秦诸子著作的全部文本进行分析时必须遵守的准则。

此篇主要说明"何以知尚贤之为政本"的问题，是接着《尚贤》上篇来论述问题的。对这个问题的回答是："自贵且智者为政乎愚且贱者则治，自愚且贱者为政乎贵且智者则乱，是以知尚贤之为政本也。"这个说法的意思就是：凡是贵且智的人管理统治愚且贱的人，国家的政治就会安定，反之就会乱。换言之，君主要用有智慧的人来治国，不能用愚蠢的人来治国，而贤士就是有智慧的人，所以君主就要用这种有智慧的人。这种道理说起来非常简单而易懂，但现实中的君主却做不到，其根本原因就是君主喜欢人们阿谀奉承，于是就把这种人当作人才而加以重用，这样做就是用愚且贱的人管理真正有智慧的人。这种情况是历朝历代层出不穷的，君主们从来不能改掉自己喜欢被阿谀奉承的毛病，做不到尚贤。对于这一点，《墨子》也已看到，所以此篇说："圣王甚尊尚贤而任使能，不党父兄，不偏贵富，不嬖颜色。"这里列出的三个"不"，就是要防止重用亲戚、贵族与富人、阿谀奉承的人。尚贤必须对"贤者举而上之，富而贵之，以为官长；不肖者抑而废之，贫而贱之，以为徒役"。但关键还是如何分清贤者与不肖者，《墨子》也做了说明："圣人听其言，迹其行，察其所能，而慎予官，此谓事能。"即要分清贤与不肖，通过观察他们的言论与行动，分辨他们的能力，在此基础上根据不同的能力而谨慎地给予官职，这是尚贤用贤的具体方法和准则。为此还要区分人才的不同能力，"可使治国者使治国，可使长官者使长官，可使治邑者使治邑"，如果君主这样做了，就可以使国家、官府、邑里都有国之贤者了。

在所有的国家事务中都尚贤用贤，其好处是通过贤者的治理而使国家从各个方面收获最大利益："贤者之长官也，夜寝夙兴，收敛关市、山林、泽梁之利，以实官府，是以官府实而财不散。贤者之治邑也，蚤出莫入，耕稼树艺，聚菽粟，是以菽粟多而民足乎食。故国家治则刑法正，官府实则万民富。上有以洁为酒醴粢盛，以祭祀天鬼；外有以为皮币，与四邻诸侯交接；内有以食饥息劳，将养其万民，外有以怀天下之贤人。是故上者天鬼富之，外者诸侯与之，内者万民亲之，贤人归之，以此谋事则得，举事则成，入守则固，出诛则强。"三代圣王尧、舜、禹、汤、文、武之所以王天下、正诸侯，正是因为他们这样做了。

《墨子》更进一步说明尚贤的"行之术"，所谓的法是基本的方法，所谓的行之术则是更为具体可行的手段，"既曰若法，未知所以行之术，则事犹若未成"。具体的行之术就是"置三本"。所谓三本就是："爵位不高则民不敬也，蓄禄不厚则民不信也，政令不断则民不畏也。"圣王和明君

"唯毋得贤人而使之，般爵以贵之，裂地以封之，终身不厌"。而贤人们得到圣王与明君的信任与重用，则"竭四肢之力以任君之事，终身不倦。若有美善则归之上，是以美善在上，而所怨谤在下，宁乐在君，而忧戚在臣"，于是圣王明君与贤士们共同合作治国。《墨子》由此为人们描绘出了君主尚贤治国的美妙图景，这就是《尚贤》中篇的文本所要表达的主要内容。如果不把君主治国与尚贤合在一起来看，则尚贤就会成为空话，没有实际意义，也就完全丧失了《墨子》提倡尚贤的本来用意。

此篇还说明了君主治国如果不能尚贤用贤的恶果，那就是天下之贤人不能至乎君主之侧，而只会是不肖者围着君主，"使治官府则盗窃，守城则倍畔，君有难则不死，出亡则不从。使断狱则不中，分财则不均。与谋事不得，举事不成，入守不固，出诛不强"，最终的结果就是君主失国，社稷倾覆。

此篇还说明了君主治国为什么要用贤人的道理，即君主不可能对任何事情都熟悉和擅长，治理国家也有众多的事务，君主不可能什么都懂，所以要用各种具有智慧与能力的贤人。尚贤并不是墨子一家的主张，以尚贤为政之本者，也是儒家提倡的圣王之道，是儒家重视的先王之书中的主张，如儒家书中就有"求圣君哲人，以裨辅而身"，"聿求元圣，与之勠力同心，以治天下"的说法，而且儒家的先王之书也记载了他们所崇尚的古代圣王尚贤用贤的事迹，都是儒家推崇的尚贤使能为政的实例。

又说明了君主"为政乎天下也，兼而爱之，从而利之，又率天下之万民以尚尊天事鬼，爱利万民。是故天鬼赏之，立为天子，以为民父母，万民从而誉之曰圣王"。可知《墨子》的尚贤与兼爱、尊天事鬼等主张是统一的整体，相互之间密不可分。若不这样做就会得到惩罚："身死而为刑戮，子孙离散，室家丧灭，绝无后嗣，万民从而非之曰暴王。"还说这些贤能之人，是天之所使，这与《墨子》说的天志相统一："天之所使能者谁也？曰若昔者禹稷皋陶是也"，为此并引用了儒家经典、《吕刑》、《周颂》中的说法，如说这些贤能之人帮助其君治国的成绩"若日之光，若月之明，与天地同常"，因此可以说"圣人之德，盖总乎天地者也"。这就等于说君主尚贤治国是符合天地之意的。

《尚贤》下篇继续说明君主如何尚贤治国的问题，是要君主明确地用赏贵政策来激励贤能之士，并举例来说明，总之，是要使贤能之人受到劝勉，使不贤能的人受到罚抑。

另外要注意，对于所谓贤能之人，不能光看他居处言语皆尚贤，更要看他临众发政而治民时是不是知尚贤而使能。只会说而不能做，《墨子》

说这是明小而不明于大，也就不是真正的贤能之人。如果做不到这一点，就不能发现真正的贤能之人，而君主的用人就会"譬犹喑者而使为行人，聋者而使为乐师"，治国的效果可想而知。

又说君主治国用贤，必须"唯法其言，用其谋，行其道"，这样就会"上可而利天，中可而利鬼，下可而利人"，对于国家最为有利。

此篇还说古代圣王用贤治国，都做了记载："书之竹帛，琢之盘盂，传以遗后世子孙。"后人可以通过这些记载知道古代君主用贤的事迹，学习用贤的道理，继承尚贤的传统。

此篇最后说，"尚贤者，天鬼百姓之利，而政事之本也"，把尚贤与天鬼联系在一起，这也是《墨子》尚贤说的特点，是儒家尚贤说所没有的，要了解《墨子》思想的整体意旨，必须注意这一点。

二、《尚同》篇的文本分析

《尚同》篇也分为上中下，也应看作一个整体。关于尚同，此篇说古时的人们秉持的义各不同："语各异义，是以一人则一义，二人则二义，十人则十义，其人兹众，其所谓义者亦兹众。是以人是其义，以非人之义，故交相非。"这就使得人们"互作怨恶，离散不能相和合，天下之百姓皆以水火毒药相亏害……天下之乱，若禽兽然"。由于有这种异，使社会乱，所以《墨子》主张尚同，其方法是"选天下之贤可者，立以为天子"。又"选择天下之贤可者，置立之以为三公"，但天下太大，所以又"画分万国，立诸侯国君"，又"选择其国之贤可者，置立之以为正长"，在此基础上，"天子发政于天下之百姓"，要人们"闻善而不善，皆以告其上。上之所是必皆是之，所非必皆非之。上有过则规谏之，下有善则傍荐之"，由此实现天下的尚同，可知在尚同的问题里仍然包括尚贤的问题，又与君主治国的问题为一整体，所以说："国君唯能壹同国之义，是以国治也"，"天子唯能壹同天下之义，是以天下治也"。

但尚同还要用刑法作为辅助："古者圣王为五刑，请以治其民。譬若丝缕之有纪，罔罟之有纲，所连收天下之百姓不尚同其上者也。"可知尚同不是纯粹靠道义来维持，更要靠刑法来协助，二者相配合，才是君主治国治民的根本办法。如果百姓有不尚同其上者，则要用刑法来"连收"他们，即用刑法来约束限制和惩罚他们。看来《墨子》中既有与儒家相似的东西，也有与法家相似的内容，不能只凭一点就评定《墨子》的思想之性质，而要根据《墨子》的全部文本之内容，才能完整准确认识《墨子》的思想意旨。

《尚同》中篇说诸侯国的君主治国而国治者，"唯以其能一同其国之义，是以国治"。天子之所以治天下者，"唯以其能一同天下之义，是以天下治"。在此基础上，还要进一步"尚同乎天"，不然"则天灾将犹未止也"，天灾就是人不能尚同于天而天对人降下的惩罚，可知"天之降罚也，将以罚下人之不尚同乎天者也"。这种思想后来被儒家的董仲舒吸收并改造为天谴说。而《墨子》的天又与鬼联系在一起，所以说"古者圣王明天鬼之所欲，而避天鬼之所憎，以求兴天下之利，除天下之害，是以率天下之万民，斋戒沐浴，洁为酒醴粢盛，以祭祀天鬼"，可知尚同与《墨子》主张的天志、明鬼完全是相关的，是一个整体而不可分割。《墨子》所说的天鬼就是天与祖宗，儒家重祭祀，就是重视祖宗之神鬼，儒家也重天，在这方面，墨与儒没有什么不同。后来董仲舒讲天谴说与天人一体，本身就是儒家的思想，但在《墨子》中也有相似的内容。《墨子》中也把祭祀之事说得非常重要，是君主治国中的重要事务，这也与儒家一样，但《墨子》专门提出尚同，则是儒家未说到的，而分析其文本，可知其思想主张与儒家没有什么根本不同，都是尚贤、尚同、重天志、重鬼神，这四者本身就是统一的整体，在逻辑上不能分开。

所以此篇说君主治国要恭敬地事鬼神，才能得到天鬼的保佑和万民的拥护，"其为政若此，是以谋事得，举事成，入守固，出诛胜"，而根本原因就是君主能与天鬼保持同一，即"与天尚同，唯以尚同为政者也"。可见《墨子》所说的尚同就是君主治国的问题，而尚同又包括要与天志鬼神的同一，所以说《墨子》所说的这些问题本身就是统一的整体，不可分割开来。

此篇中还说到"圣王制为五刑以治天下"的问题，这是因为总会有人不尚同于君主与天子，从而乱天下，故"善用刑者以治民，不善用刑者以为五杀"。这是说尚同也需要用刑来辅助，即如果有人不尚同，就要用刑来惩罚他，从而保持天下尚同。法家主张用刑又用赏，《墨子》也是如此。对贤能用赏，对不尚同者用刑，恩威并用，从来就是治国的两个工具，哪一个学派都不会否认。

此篇还说到要"置正长以治民"，也就是说，需要设置官吏来维持尚同，这就"若丝缕之有纪，而罔罟之有纲也，将以运役天下淫暴而一同其义也"。"一同其义"就是尚同，但在尚同中会遇到不与之同的人与事，因此需要刑与官吏来强迫人们与君主和天子保持一致（尚同），而这是"为万民兴利除害、富贵贫寡、安危治乱也，故古者圣王之为若此"，即都要这样来治国。可知尚同之中包括天志、鬼神、祭祀、刑罚、官吏等种种工具，这都是君主和国家的根本工具与手段，哪一个学派都不能不用。

此篇说尚同，本质上就是治民一众之道，可知《墨子》的尚同就是君主治国问题中的必不可少的内容。为此还说明了君主治国必须尚同的好处，"上下情请为通……举天下之人，皆恐惧振动惕栗，不敢为淫暴"，这就是尚同的最大好处所在，可知尚同本身就是为君主治国服务的主张。

在说明了这些道理之后，此篇总结说："古者圣人之所以济事成功，垂名于后世者，无他故异物焉，曰：唯能以尚同为政者也。"为此又引儒家的经典，说明"当此之时，无有敢纷天子之教者"。所谓"纷天子之教"，就是乱天子之教，也就是不与天子尚同。而一切国家制度与工具，都是要维持天下尚同，不能有异议。用今天的话说，就是全天下保持思想一致，这是国家保持统一的基础，必不可缺少，也必不可纷乱。由此可知《墨子》的尚同，就是为了阐述君主治国治天下的道理之一。所以此篇最后说："天下之王公大人士君子，请将欲富其国家，众其人民，治其刑政，定其社稷，当若尚同之不可不察，此之本也。"把尚同与治国的关系说得非常清楚明白。

《尚同》下篇继续论说尚同的问题，即从君主治国"必计国家百姓所以治者而为之，必计国家百姓之所以乱者而辟之"的角度加以论说，也就是君主治国必须考虑如何使国家得治。为达此目的只有一个办法，即君主要得下之情，得下之情则治，不得则乱。君主得下之情，就要"明于民之善非，能明于民之善非，则得善人而赏之，得暴人而罚之，善人赏而暴人罚，则国必治"。这里实际上是在说君主的善非与民的善非是同一的，根据这种上下的同，而执行赏罚，国家才会得治而不会乱。上与下的情，也就是上与下的心志思想，必须保持同而不能异，为此在上的君主要了解（得）在下民众的心志思想是怎样的，因此这是尚同问题中的重要一环。

所以此篇说得下之情就是唯能以尚同一义为政。不能得下之情，就不知道人们是否与君主为同一之义。若是一人一义，十人十义，百人百义，千人千义，并且皆是其义而非人之义，则必有争，这样又怎能治理好全国呢？所以要想治国，必须排除一人一义的情况，而要形成所有的人都是同一之义的局面。而立天下、三公、众官，也正是为了使全国之义相同而不异。

在治国中，会出现为人上而不能治其下，为人下而不能事其上的情况，其原因是"上下相贼，义不同也"。上下之义不同，就是人们对问题与事物的看法不同，上下不同义，当然不能治理好国家。上下不同义，实质上就是上下没有同一的价值观，这在治国上是最大的危险。所以历代治国，一是要实行同一的制度，二是要保持同一的思想（即义，价值观）。这是历史的经验，也是政治的准则。《墨子》特别提出尚同的问题，可以说是为后来"罢黜百家，独尊儒术"开创了先声。独尊儒术，在本质上就是《墨子》尚同主张的实践。此篇把这一主张说得非常清楚："计若国之所以治者何也？唯能以尚同一义为政故也。"尚同一义就是在治国问题上保持全国思想的同一。

此篇还专门说明了尚同并非墨子一家之言，而是先王就有的主张，是先王"亦然"的："圣王皆以尚同为政，故天下治。"其证明就在于儒家经典中，《尚书·大誓》（即《泰誓》）之言曰，"小人见奸巧乃闻，不言也，发罪钧"，"此言见淫辟不以告者，其罪亦犹淫辟者也"。所谓淫辟，就是不与君主和国家同一的义与言论，这本身就是君主治国所要治的罪行之一。

此篇还说明了尚同对于尚贤也是有效果的："古之圣王之治天下也，千里之外有贤人焉，……圣王得而赏之。"之所以能如此，就是因为上下同义，故贤人不管远至何处，都可以凭借上下同义而得以识别出来。若上下不同义，距离一远，人们的价值评判就会变得千差万别，君主又怎能识别千里之外的贤人呢？同样，对于惩罚恶人，尚同也是有效果的："千里之内有暴人焉，……圣王得而罚之"，其道理是一样的。

这说明靠着尚同，可使圣王不必只凭自己一人的聪耳明目就能"一视而通见千里之外"，"一听而通闻千里之外"，靠天下的尚同，"圣王不往而视也，不就而听也"，然而"使天下之为寇乱盗贼者周流天下无所重足者何也？其以尚同为政善也"。因此此篇最后总结说"尚同为政之本而治要也"，非常明确地说出了尚同与君主治国的内在关系。

三、《兼爱》篇的文本分析

《兼爱》篇也分上中下，应视为一篇，都是论述与兼爱相关的种种问题。上篇首先说明兼爱问题的背景与前提，即"圣人以治天下为事者也，必知乱之所自起，焉能治之，不知乱之所自起，则不能治"，"圣人以治天下为事者也，不可不察乱之所自起"。从圣人治天下要治而不要乱开始，进一步探讨治天下不能成功而出现乱的原因：乱何自起？起不相爱，这就与爱的问题联系起来了："臣子之不孝君父，所谓乱也。子自爱不爱父，故亏父而自利，弟自爱不爱兄，故亏兄而自利，臣自爱不爱君，故亏君而自利，此所谓乱也。……大夫之相乱家、诸侯之相攻国者亦然。大夫各爱其家不爱异家，……诸侯各爱其国不爱异国，……天下之乱物具此而已。"这说明人们只知爱自己及其家和国，而不知爱别人及其家和国，于是天下不得治而出现乱。要解决圣人治天下时的乱，唯一的办法就是："使天下兼相爱，国与国不相攻，家与家不相乱，……若此则天下治。故圣人以治天下为事者，恶得不禁恶而劝爱。故天下兼相爱则治，交相恶则乱。"这样就把兼爱问题与圣人治天下的问题联系起来，使之成为一个问题。

根据这些文本，可知《墨子》的兼爱属于治国范畴，而不属于哲学范畴，分析《墨子》的兼爱不能与圣人治天下割裂开来，否则就不能真正了解《墨子》兼爱的本来意旨。

《兼爱》中篇进一步说明兼爱的必要性及其与圣人治天下的关系，首先说明圣人（仁人）治天下要兴天下之利，除天下之害。但国与国相攻，家与家相篡，人与人相贼，君臣不惠忠，父子不慈孝，兄弟不和调，此天下之害。此害何以生？以不相爱生。这就把治天下与爱的问题结合起来了，人们不相爱就会造成天下之害即天下大乱的恶果。

不相爱并不是完全没有爱，而是人们只知爱自己的家与国，只知爱自己而不知爱别人，由此形成不相爱的局面，必然引起一系列恶果："诸侯不相爱则必野战，家主不相爱则必相篡，人与人不相爱则必相贼，君臣不相爱则不惠忠，父子不相爱则不慈孝，兄弟不相爱则不和调，天下之人皆不相爱，强必执弱，富必侮贫，贵必敖贱，诈必欺愚。"由此得出结论："天下祸篡怨恨，其所以起者，以不相爱生也。"

此篇非常清楚地说明了人们不相爱不仅仅是人际关系的问题，而是引起一系列天下治理危害的问题，可知兼爱是从人们的不相爱引出来的，而始终与圣人治天下的问题紧密联系在一起，不是孤立的人际关系问题。对于人们不相爱而引起天下祸乱的问题，此篇中论述了如何解决这一问题："以兼相爱、交相利之法易之。"要用让人们兼相爱、交相利的方法来改变不相爱的情况，由此消除天下的祸乱。兼相爱、交相利之法，是让人们"视人之国若视其国，视人之家若视其家，视人之身若视其身"，让人们改变对他人的看法，以此形成人们兼相爱和交相利的关系，就能从根本上解决天下大乱的问题，"天下之人皆相爱，强不执弱，众不劫寡，富不侮贫"。通过让人们兼相爱与交相利，达到天下相爱而不相贼的境地，从而消除天下的各种欺诈与劫侮。

此篇又说明兼相爱、交相利并不难做到，"此何难之有？特上弗以为政，士不以为行故也"，只是在上的君主和士人不这样做而已，在上的君主与士人都这样做，天下就太平而无祸乱了。有人认为兼相爱和交相利是不可行之物，就像举起泰山越过黄河、济水那样难以实现，此篇对此也做了回答："挈太山而越河济，可谓毕劫有力矣，自古及今未有能行之者也，况乎兼相爱、交相利则与此异"，但古者圣王已经行之了，并举出大禹治水等事例，认为圣王能做到的，今人也能做到，所以今可行兼矣，来实行兼爱。只要"今天下君子忠实，欲天下之士富而恶其贫，欲天下之治而恶其乱，当兼相爱，交相利"，这是能够做到的，并且是"圣王之法，天下之治道，不可不务也"。也就是说，不仅应当做到，也是能够做到的。

《兼爱》下篇说明实行兼爱是为了兴天下之利，除天下之害。天下最大的害是大国攻小国及大家乱小家，强劫弱，众暴寡，诈谋愚，贵敖贱等，这些害的产生不是来自人们的爱人、利人，而是从恶人、贼人开始的。所谓恶人、贼人，是说憎恶人和贼害人。又进一步分析，天下的恶人、贼人不是自人们的"兼"产生的，而是自人们相互的"别"产生的。这里提出了兼与别的不同，兼就是兼相爱和交相利，别就是与之相反，相互对立。正因为如此，此篇提出要以兼易别，即用兼来代替别。这要如何做到呢？对此也有说明，把别人的国家当作自己的国家，就不会用自己的国家攻击别人的国家，同理，把别人的国都当作自己的国都，也就不会去攻打别人的国都，这样做就是兼而不再是别，其道理就是为别人考虑要像为自己考虑一样。如此则兴天下之利而除天下之害的目标就可以达到了。可知此篇说的用兼来代替别的做法，就是要由国之君主来实行，然后都、家就都随之而同然，天下各国君主都能如此，则可兴天下之利，除天下之害。这里说的兼相爱和交相利是对各国君主说的，结果是使天下人都得到利而不再有祸害。所以理解兼爱，一定不要忘了这个兼爱是要由什么人来实行的问题。在当时的历史阶段和社会制度下，不可能由普通人来实行兼相爱和交相利，只能由占据国家与社会主导地位的君主来实行，由此带动其他人也都奉行兼相爱与交相利的观念。所以搞清楚这个问题中的主导者是什么人，是理解这一思想的关键之处，今人解释这一思想时，绝不能忘了这一点，不要想当然地把自己代入进去，以为随便什么人都可以实行兼相爱和交相利。

此篇后面说明兼相爱与交相利只能出自爱人、利人，即对别人的爱和对别人的利，而不可能出自恶人、贼人，即对别人的憎恶与贼害。贼这个字，就是危害别人、祸害别人的意思。《尚书·舜典》："寇贼奸宄。"孔传："杀人曰贼。"贼与寇、奸、宄都是作动词使用，今天都用作名词。所以今人解读古人的文本，在每个字的理解上，都必须首先回到这个字在当时的用法上，不能按现代对这些字的理解来解读这些文本。就贼字而言，现代都理解为名词，但在古代则理解为动词，这就是汉字在古今有着完全不同含义的例子。前面的兼、别等字，也都是古今含义不同的。

正因为兼是出自自己与别人的相爱相利，所以墨子主张兼是正确的，而别是错误的："是故子墨子曰兼是"，"别非而兼是"，"求与天下之利而取之，以兼为正"。为此还对人们产生的疑问做了辩驳，第一个疑问是兼相爱虽善，但不能付之实用，墨子对此说明："用而不可，虽我亦将非之。且焉有善而不可用者？"是说兼爱如果不可用，我也会说它不对，但哪里有善而不可用的呢？对此他做了更详细的说明：假使有两个士，一士执兼（主张兼爱，称为兼士），一士主张别（称为别士），别士就会说："吾岂能为吾友之身若为吾身，为吾友之亲若为吾亲？"于是别士"退睹其友，饥即不食，寒即不衣，疾病不侍养，死丧不葬埋"，不关心帮助别人，别士会这样说，也会这样做。但兼士之言行与别士不同："吾闻为高士于天下者，必为其友之身若为其身，为其友之亲若为其亲，然后可以为高士于天下。是故退睹其友，饥则食之，寒则衣之，疾病侍养之，死丧葬埋之。"

兼士与别士的看法不同，做法也不同，二者谁对谁非，怎样判断，此篇提出一个办法：对双方的说法与做法，天下之人是赞成哪一种呢？天下虽非兼之人，必寄托之于兼之有是，即是说虽然愚夫愚妇不知道什么兼与别的问题，但也必定以兼士的说法与做法为是，这个是在古代就表示对，表示正确，与非字正相反。这种情况，就是"言而非兼，择即取兼"，即在言论上不会说兼的道理，但在实际取舍上会赞同兼（取兼），而不会赞同别（取别）。

这样，此篇就通过实际例子证明了人们会赞同兼的做法，从而证明兼是可以做到的，并不是不可用的。

此篇又对一些可能的疑问做了分析，一种疑问是：意可以择士，而不可以择君子，意思是说你这种说法可以用于士，但不能用于君主（君子即君主，下文说的二君就是这里的君子）。对此墨子也做了辨析："使其一君执兼，一君执别。执别之君言曰：吾恶能为吾万民之身若为吾身，此泰非天下之情也。人之生乎地上之无几何也，譬之犹驷驰而过隙也。是故退睹其万民，饥即不食，寒即不衣，疾病不侍养，死丧不葬埋。别君之言若此，行若此。""兼君之言不然，行亦不然，曰：吾闻为明君于天下者，必先万民之身，后为其身，然后可以为明君于天下。是故退睹其万民，饥即食之，寒即衣之，疾病侍养之，死丧葬埋之。执兼之君言若此，行若此。"

执别之君与执兼之君言行相反，在这种情况下，"敢问今岁有疠疫，万民多有勤苦冻馁，转死沟壑中者既已众矣。不识将择之二君者将何从也？我以为当其于此也，天下无愚夫愚妇，虽非兼君，必从兼君，言而非兼，择即取兼"。这说明就君主而言，还是兼君的言与行能得到人们的赞同与认可。

但是人们还会提出疑问，如说："兼即仁矣义矣。虽然，岂可为哉？吾譬兼之不可为，犹挈泰山以超江河也。故兼者，直愿之也，夫岂可为之物哉？"这仍是怀疑兼在实际上是做不到的。墨子对此加以辨析，认为挈泰山以超江河，确实是做不到的，但兼相爱、交相利，是"自先圣六王者亲行之"的，这"是书于竹帛，镂于金石，琢于盘盂，传遗后世子孙者知之"的，为此他引用儒家经典《尚书·泰誓》"文王若日若月乍照，光于四方，于西土"，根据这个记载，就可知"文王兼爱天下之博大也，譬之日月兼照天下之无私也，即此文王兼也"。又引述《尚书》里关于大禹、汤、周文王、武王的事迹来证明大禹、汤、周文王和武王都是能做到兼爱的，为此而断定禹兼、汤兼、文武兼也，即历史上的帝王已经做到了，怎能说是做不到的呢？

反对兼爱的人还有疑问："意不忠亲之利，而害为孝乎？"是说兼爱不合乎孝道。这里的忠读为中，正也。这是人们对兼爱的误解，认为人要兼爱他人的亲人，就不能对自己的亲人尽孝亲之情。所以儒家批评墨子兼爱是无父，意思是说你爱别人的父母，就等于不爱自己的父母。这种说法是对墨子兼爱的歪曲，甚至是有意的歪曲，由此来否定兼爱之说。

此篇对此辩驳说：孝子对亲人的孝，是欲人爱、利其亲还是欲人恶、贼其亲？按这种说法，可知必是欲人之爱、利其亲的。那么怎样做才能做到让人爱利其亲呢？是我先从事乎爱利人之亲，然后人报我爱利吾亲，还是我先从事乎恶人之亲，然后人报我以爱利吾亲呢？其答案是必吾先从事乎爱利人之亲，然后人报我以爱利吾亲。那么这种交相孝他人之亲的做法，是不得已的吗？还是认为交相爱利人之亲的天下孝子为愚而不足以为正呢？为此可以根据儒家推崇的《大雅》，其中说："无言而不雠，无德而不报。投我以桃，报之以李。"这不是说爱人者必见爱，而恶人者必见恶吗？可知兼爱让人交相爱别人的亲人，并不妨害同时爱自己的亲人，也会使别人也爱自己的亲人。

根据这一分析，就可看出孟子批评墨子兼爱是无父的说法，根本不符合《墨子》的文本之意，可以说儒家孟子等人对墨家兼爱的批评是在歪曲其文本的基础上展开的，是站不住脚的。

不赞成兼爱的人总说兼爱很难做到，但历史上还有更难做到的事，也有人做到了，为此《墨子》举出三个例子，一是楚灵王的好细腰，二是越王勾践的好勇，三是晋文公的好苴服（粗服），人们为了得到这三位君主的赏识与重用，把这三件难以做到的事都做到了，原因在于人们是"求以乡其上"的。这里的乡字要读为向。李渔叔认为"向其上"就是人们迎合其上，这里的上就是其国君主。这表明如果君主喜欢什么，下面的人们就会为了迎合君主而做什么，不管什么难事都能在这种意愿下做到。因此，人们认为很难做到的兼爱之事，如果君主提倡和引导，也能让人们做到。

因此此篇认为兼相爱与交相利的事，是有利且易为的，且在实际中也是不可胜计的。关键是有没有在上的人（君主）说之、劝之以赏誉，威之以刑罚，人们来兼相爱、交相利，就会如火之就上、水之就下，不可防止（阻止）了。因此此篇的结论是："兼者圣王之道也，王公大人之所以安也，万民衣食之所以足也"，即是说从君主到王公大人以及万民都应兼爱，这是治国之道，能使人们安而足。所以"君子（指国君、人君）莫若审兼而务行之"，这样就可使"为人君必惠，为人臣必忠，为人父必慈，为人子必孝，为人兄必友，为人弟必悌"，实现全天下的兼爱相利。"君子莫若欲为惠君、忠臣、慈父、孝子、友兄、悌弟，当若兼之不可不行也"，是完全可行的。通过此篇的论说，证明兼爱是圣王之道而万民之大利。这说明兼爱是可行的，不是孟子所歪曲的无父，也说明兼爱是圣王治国治天下之道，对万民来说是大利，因此可以说《墨子》的兼爱相利之说是为君主治国服务的，是其中必不可少也不可分割的组成部分。这才是解读《墨子》兼爱说的正解。

四、《非攻》篇的文本分析

《非攻》也分为上中下篇，应视为一篇。此篇说明非攻的道理，也属于君主治国学说的组成部分，在解读非攻之说时，不要忘了这一点。

此篇首先说如果有人做亏人自利的事，"上为政者得则罚之"，而且这种亏人自利的事有轻有重，如果"亏人愈多，其不仁兹甚，罪益厚"，罚就应更重。对此，"天下之君子皆知而非之，谓之不义"，而作为国家的君主，"弗知非，从而誉之，谓之义"，怎能说是知义与不义之别呢？可知非攻之说是从义与不义的分别开始的。作为为政者，应当知道义与不义的分别，应该行义而不该行不义。进一步说，若知其不义，又怎能说书其不义以遗后世呢？这说明既知义与不义的区别，就不能在自己的著作中提倡不义，而应在自己的著作中阐述义的学说，传于后人。所以，知天下之君子必须辨义与不义之乱，即要把义与不义辨得非常清楚，不可混淆。唐君毅在《中国哲学原论》（原道篇）中把《墨子》学说归纳为义道，据《非攻》篇可看出这一解读的依据所在，唐说是有根据的。

《非攻》中篇从王公大人为政于国家的角度论说非攻的问题，可知《墨子》非攻之说是给为政于国家者（即治国君主）论说的。这种为政于国家的人，基本要求是"赏罚之当，刑政之不过失"，这可以说是所有治国的君主都要追求的目标。为此则要以往知来，以见知隐，靠这种办法使自己的治国达到所要追求的目标。

但现实中治国的君主却没有达到这样的目标，他们喜欢出动军队去作战，"师徒唯毋兴起"，"春则废民耕稼树艺，秋则废民获敛。今唯毋废一时，则百姓饥寒冻馁而死者不可胜数"，明显对国家的农业生产与民众的生活不利而有害。而且出兵作战还要耗费大量的物资与牛马，都是不可胜数的，更使参战的百姓死者不可胜数，丧师不可胜计。这种由"国家发政（发动战争），夺民之用，废民之利若此甚众"的做法，不过是君主贪伐胜之名，及得之利，对于国家来说完全是得不偿失，没有任何好处，因此得出结论："为政若此，非国之务。"发动战争，对治国的君主来说是完全不可取的。

但主张攻战的人却以为可以通过攻战扩大领土，增加国家人口，"故攻战而不可不为"①。但墨子反驳此说，认为古者封国于天下，以攻战亡者不可胜数，这说明靠攻战是不能永远保证国家存在与发展的，你可以攻别国，别国也可以攻你，谁又能保证所有的攻战都必会取胜呢？这个道理在历史上已得到了证明，治国的君主为什么就不从中吸取教训呢？所以此篇的结论是"古者王公大人情欲得而恶失，欲安而恶危，故当攻战，而不可不非"，这是说王公大人想靠战争来"得"和"安"，以防"失"与"危"，但这是不正确的想法，必须驳斥。

提倡攻战的人还有一种说法，认为因攻战而亡国者是不能收用彼众，而我能收用我众，以此攻战于天下，谁敢不宾服？这是一种迷信武力攻战的想法，在不少君主头脑中都存在。墨子对此说加以辨析，认为从历史的

---

① 原文为"不可为"，李渔叔据俞樾的考证，认为当作"不可不为"，才合上下文义，今从此说。

经验看，从来没有永远战无不胜的国君，如吴国阖闾、夫差最初取得不少胜利，但最后被越王勾践战胜而灭之。又如晋国智伯，晋国在他的时期最为强盛，土地之博，人徒之众，欲以抗诸侯，但最终被赵、韩、魏三家灭之。① 因此墨子认为："古者有语曰：君子不镜于水而镜于人。镜于水见面之容，镜于人则知吉与凶。今以攻战为利，则盖尝鉴之于智伯之事乎?"这是要国君们能够借鉴历史的经验教训，懂得战争没有永远必胜的道理，由此而知国事的吉与凶。这里的镜就是鉴，本来是名词，后来成为动词，所以镜就是借鉴。

《非攻》下篇继续分析攻战的不可取，认为人们赞誉"上中天之利，而中中鬼之利，而下中人之利者（中是正、得之意）"，但这种称誉之名并不合乎其实，有誉义之名，而不察其实。《墨子》认为"知者之为天下度也，必顺虑其义而后为之行，是以动则不疑，速通成，得其所欲，而顺天鬼百姓之利，则知者之道也"。这是说真正的智（知）者是要按照义来行动的，这样才不会失败而顺乎天鬼百姓之利。所以，"仁人有天下者，必反大国之说，一天下之和，总四海之内，焉（乃）率天下之百姓，以农（勉）臣事上帝山川鬼神。利人多，功故又大，是以天赏之，鬼富之，人誉之，使贵为天子，富有天下，名参乎天地，至今不废"。这是按照义来行动的具体说明，"反大国之说"，是指反对用武力战争来扩大国家领土与人口的说法，"一天下之和"，是指在全天下都采取和睦之道。并率天下的百姓奉事上帝鬼神，由此才能得利与功，而天、鬼、人都会赞赏称誉之，使他成为天子，永垂青史。这才是真正的得天下与治天下之道，"此则知者之道也，先王之所以有天下者也"，而绝不是靠武力与战争来达到这一目的的。这是用义为根据，来反对发动战争的理论。

此篇又说当时的王公大人、天下之诸侯则不然，都相信用武力与战争可扩大国土，增加人口，这种做法，"贼虐万民，以乱圣人之绪"，上不中天之利、中不中鬼之利、下不中人之利，可知迷信武力与战争的想法是靠不住的。

还有人认为战争不能取胜，是因为"将不勇，士不分，兵不利，教不习，师不众，卒不利和，威不圉，害之不久，争之不疾，孙之不强，植心不坚，与国诸侯疑"等。在墨子看来，真正的原因是国家发动战争，必然会使"上不暇听治，士不暇治其官府，农夫不暇稼穑，妇人不暇纺绩织

---

① 智伯之事，当晚于墨子，此处可能是墨子后学补充进去的。

纡",而这会使国家失卒（损失兵卒），百姓易务（不能正常从事生产事务）。此外还会使国家耗费大量物资，使参战的民众饥寒冻馁疾病、转死沟壑中者不可胜计，这都是不利于人（民）的。君主喜欢发动战争，最终是对国民的残害，是对国家的最大不利。

现实中总有好攻伐之君，非难非攻之说，他们认为如果以攻罚为不义，为什么历史上的禹征有苗，汤伐桀，武王伐纣，皆被立为圣王，对此又怎么解释？墨子认为所举的这些例子，都不是所谓攻，而是诛，即都不是攻战，而是根据义来诛伐非正义者。禹等人的征伐都是伸张正义而讨伐不义，所以"禹克三苗，神民不违，天下乃静"。其他如汤武伐桀伐纣，也都是这样，所以他们讨伐桀纣之后，天下诸侯莫敢不宾服。《墨子》对于战争是根据义来区分的，不是绝对反对战争，只是反对为了本国的利益而发动战争以侵害他国的利益。

主张攻战的人又质疑："古者天子之始封诸侯也，万有余，今以并国之故，万国有余皆灭，而四国（四个大国）独立"，这不是攻战的好处吗？墨子说："此譬犹医之药万有余人而四人愈，则不可谓良医。"这是说通过攻战来兼并他国，只是对少数几国有利，而对天下众国则是不利。而且从历史发展看，最终几个大国也被消灭，又证明攻战不是存国之道。

主张攻战的人又提出一个理由："我非以金玉、子女、壤地为不足也，我欲以义名立于天下，以德求诸侯也。"这是用义和德做借口以发动攻战。墨子批驳说："若有能以义名立于天下，以德求诸侯者，天下之服可立而待也。……先利天下诸侯者，大国之不义也则同忧之，大国之攻小国也则同救之，小国城郭之不全也必使修之，布粟之绝则委之，币帛不足则共之"，这样做才是"以义名立于天下，以德求诸侯"，而不是用攻战来立名和行德。这样做才是天下之利。这就揭示了真正的义与德，揭露了虚假的义与德。至此也就批驳了各种主张攻战的谬论，从而得出结论，"天下之王公大人士君子，中情将欲求兴天下之利，除天下之害，当若繁为攻伐，此实天下之巨害也。今欲为仁义，求为上士，尚欲中圣王之道，下欲中国家百姓之利，故当若非攻之为说"。这是说要想真正地求兴天下之利，除天下之害，必不能频繁攻战，这实在是天下最大的祸害。治国的君主们要想行圣王之道，为国家百姓兴利，就必须理解非攻的主张，践行真正的仁义。

五、《节用》《节葬》篇的文本分析

《节用》篇也分上中下，应视为一篇。此篇首先从圣人为政一国论说节用，可知这仍是为治国君主而立论的。此篇的主旨是说通过节用，使国与天下"可倍"，即国与天下的财富成倍增加。"其倍之，非外取地也，因其国家，去无用之费，足以倍之。"圣王为政，通过节用，就可以"用财不费，民德不劳，其兴利多矣"。

又说明了节用是在衣裘、宫室、兵器、舟车等方面做到够用即可，不必追求奢侈，此外还要"去大人之好聚珠玉鸟兽犬马"，这样也可"益衣裳、宫室、甲盾五兵、舟车之数"。这都不难做到，难的是"人为难倍"，即人的倍增难以做到。但又说明了人有可倍的圣王之法，即让"丈夫（男子）年二十，毋敢不处家，女子年十五，毋敢不事人"，即让民众及时结婚成家，由此来增加人口。

又说明了现实中的为政者没有按上述方法来做，而是"使民劳，其籍敛厚，民财不足，冻饿死者不可胜数"，而且还要"毋兴师以攻伐邻国"，因为这会使男女久不相见，都是"寡人之道"，即减少人口的做法。所以一方面通过节用以增加物质财富，另一方面是让民众早日结婚成家和不发动战争，以增加人口，这就是圣王之道。

《节用》中篇从明王圣人王天下、正诸侯说明节用，指出明王圣人"爱民谨忠，利民谨厚，忠信相连，又示之以利，是以终身不餍，殁世而不卷"。这是强调明王圣人治天下要靠节用。此后说明节用之法："凡天下群百工……使各从事其所能"，"凡足以奉给民用，则止。诸加费不加于民利者，圣王弗为"，这是说圣王只要求百工制造足够奉给民用的器物，而不制造更多的东西。"诸加费不加于民利"，是说增强制造费用而不能增加民用之利，圣王就不让百工制造。可知所谓节用，就是只制造足够用的东西，而不制造多而无用的东西。不仅百工制造各种器物是这样，凡是饮食、衣服、兵器盔甲、舟车、宫室等一切用品，都遵循这个原则来制造，而不多造，这就是节用的内容。

此篇还说圣王制为节葬之法的问题，因为《节葬》上篇已亡佚，此篇说节葬的文本，可以看作《节葬》篇的相关内容。此篇说的节葬与节用合在一起，可以理解节葬也是节用的一部分，即在丧葬之事上节用，一切用物只求足够用，不求奢侈和过度，这是节葬之法。还有节丧之法，都以节约用度为原则。

《节葬》下篇说到丧葬，也与节用一样，足够用就可，不要过度，根据力、财、智三方面的条件办理丧葬。如果是"天下贫则从事乎富之，人民寡则从事乎众之，众而乱则从事乎治之"，就会"力不足、财不赡、智不智"，所以不要在力、财、智不足的情况下去做超过力、财、智的事情，这是仁者为天下立的度数。但后世君子却以厚葬久丧为仁义，所以出现了超过力、财、智而过度办理丧葬的情况。在墨子看来，这不是真正的仁与义，不合乎节用节葬的原则。

在这个问题上，也提到要祖述尧、舜、禹、汤、文、武之道的问题，人们似乎认为古代圣王时实行厚葬制度，但墨子分析后认为执厚葬久丧者，"棺椁必重，葬埋必厚，衣衾必多，文绣必繁，丘陇必巨"，一般人这样厚葬久丧，就会殆竭家室；诸侯如果厚葬久丧，就会"虚车府，然后金玉珠玑比乎身，纶组节约，车马藏乎圹。又必多为屋幕、鼎鼓、几挺、壶滥、戈剑、羽旄、齿革，寝而埋之"，甚至还要为"天子杀殉，众者数百，寡者数十。将军大夫杀殉，众者数十，寡者数人"，是极大的浪费。如果王公大人行此厚葬久丧，"则必不能蚤朝晏退，听狱治政；士大夫行此厚葬久丧，必不能治五官六府，辟草木，实仓廪；使农夫行此，则必不能蚤出夜入，耕稼树艺；使百工行此，则必不能修舟车，为器皿矣；使妇人行此，则必不能夙兴夜寐，纺绩织纴"。这样看来，厚葬就是"多埋赋之财者也"，久丧就是"久禁从事（长时间不能从事正常的生产之事）者也"。以此求富，譬犹禁耕而求获。可知厚葬久丧是不可能做到富贫众寡、定危治乱的，用厚葬久丧求富国家，既已不可，而用来众人民，同样是不可的，这就证明厚葬久丧不是真正的仁义。

又说明如果让民众实行厚葬久丧，必会使人们耳目不聪明，手足不劲强，不可用，使百姓"冬不仞寒，夏不仞暑，作疾病死者不可胜计"，这都是败男女之交的事，想通过厚葬久丧"求众（增加人口），譬犹使人负剑而求其寿也"，可知厚葬久丧之说对民众也是不利的，即不能让民众因此而富贫众寡。

又说明如果实行厚葬久丧，欲以治刑政，也是不可能的。因为如果以厚葬久丧者为政，其结果是国家必贫，人民必寡，刑政必乱。使为上者行此则不能听治，使为下者行此则不能从事。上不听治，刑政必乱；下不从事，衣食之财必不足。如果真是这样，则为"人弟者求其兄而不得，不弟弟必将怨其兄矣，为人子者求其亲而不得，不孝子必是怨其亲矣，为人臣者求之君而不得，不忠臣必且乱其上矣。是以僻淫邪行之民，出则无衣也，入则无食也，内积谋诟（谋诟指耻辱），并为淫暴，而不可胜禁。故盗贼众而治者寡，夫众盗贼而寡治者，以此求治，譬犹使人三还（还指旋转）而毋负己（不背对自己，此句意谓让人转三圈还不失前后方向，实际上是做不到的，因为人转三圈头就晕了），治之说无可得焉。"

此外还说明了实行厚葬久丧也不能禁止大国之攻小国、不能干（求）

上帝鬼神之福等，都证明厚葬久丧不能富贫众寡、定危治乱。在此基础上，再次强调圣王之法是节葬短丧，而不是厚葬久丧，节葬短丧可使生者必无久哭，而疾而从事，人为其所能，以交相利，这才是能富贫众寡和定危治乱的做法。

又批驳了有人认为厚葬久丧虽不可富贫众寡、定危治乱，却是圣王之道的说法，为此举出历史上的尧、舜、禹的薄葬事实，说明厚葬久丧并非圣王之道。还批评了当时王公大人的葬埋与尧、舜、禹不同，王公大人都用厚葬，为此而辍民之事，靡民之财，不可胜计，所以，如果厚葬久丧不能富贫众寡、定危治乱，就不能劝人采用这种做法，否则"求以富国家，其得贫焉；欲以众人民，其得寡焉；欲以治刑政，其得乱焉；求以禁止大国之攻小国也，而既已不可矣；欲以干上帝鬼神之福，又得祸焉"，从结果上看，无一是处，因此可以断定：厚葬久丧，非圣王之道也。

此外又说明了当时国君大夫们为什么不停止厚葬久丧，这只是人们习惯于这种风俗，其实并没有什么道理，也不合乎圣王之道。为此举了一些地方厚葬久丧的风俗，说明它们并非仁义之道。此篇最后说明了墨子主张的制弯葬埋之法，即一种薄葬短丧法："棺三寸足以朽骨，衣三领足以朽肉，掘地之深，下无菹漏，气无发泄于上，垄足以期其所，则止矣。哭往哭来，反从事乎衣食之财，俾乎祭祀，以致孝于亲。"又希望天下之士君子，欲为仁义，求为上士，欲中圣王之道，欲中国家百姓之利，就必须实行薄葬短丧。

通过分析此篇文本，可知墨子节葬说只是为了节约物质，不使民众的生产生活受到影响，减少厚葬久丧给国家和人民带来的种种不利后果，并指出这才是圣王之道，是治国的君主应当遵守的治国准则之一。

六、《天志》篇的文本分析

《天志》上中下篇也是一个整体，专门论说治国君主如何对待天志的问题。天志问题（后面明鬼也一样）仍与君主治国问题为一整体，不是孤立的宗教问题，而是君主治国时如何遵从天意以及如何对待祖宗鬼神的问题。这本来也是儒家固有的思想，更是中国古代社会普遍存在的习惯性的意识，并不是墨子独家提出的思想主张。

此篇开始时说，"今天下之士君子，知小而不知大"。之所以这样说，是因为天下之士君子对于天，不知以相儆戒。所谓天志，就是士君子对天之意志要知儆戒，而不可轻忽。所谓天志，即"天欲义而恶不义"，这就是《天志》篇的中心意旨。

所以天下之士君子（指治国君主）率天下之百姓（由此可知士君子是治国之人，即各国君主）以从事于义，则我乃为天之所欲也。这说明墨子主张治国君主要顺从天之意欲而从事于义。

治国之人顺从天之意欲，就会使我为天之所欲，天亦为我所欲，即二者达到统一，而治国之人之所欲是什么呢？即"欲福禄而恶祸祟"。治国之人顺从天之意欲，于是天就让治国之人实现自己之所欲，得福禄而消除祸祟。

此篇又说明何以知天之欲义而恶不义，其解答是"天下有义则生，无义则死；有义则富，无义则贫；有义则治，无义则乱"，而且"天欲其生而恶其死，欲其富而恶其贫，欲其治而恶其乱"，因此可以知道天欲义而恶不义。

又进一步说明义与政的关系：义者，政也。这一说法非常明确地指出了《墨子》说的义与君主治国之政是不可分割的，因此与义相关的种种问题，如此篇说的顺从天志等，都是为阐明君主治国之政而提出、论述的。

既然天欲义，那么君主治国之政就必须合乎义，这是《天志》的核心意旨。所以此篇又从政的角度说如何顺从天之欲义之志。义者政也的政，学者们解释为正，如说"无从下之政上，必从上之政下"这二句里的政是正，但"义者政也"的政并不仅仅是正的意思，也有政的意思，即国家之政。此篇说："庶人竭力从事，未得恣己而为政，有士政之。士竭力从事，未得恣己而为政，有将军大夫政之。将军大夫竭力从事，未得恣己而为政，有三公诸侯政之。三公诸侯竭力听治，未得恣己而为政，有天子政之。天子未得恣己而为政，有天政之。"这一段里的政都是正，但这些正综合起来就是政。即通过层层的正，而形成国家的政，所以学者们把政解释为正，二字含意是相通的，而所谓政，就是用政治力量来正一国的不正之事。所以"义者政也"就有两层含意，一是意为正义之正，一是意为纠正不正的国家政治。所以这一段所论，仍然是君主治国之事，不能只解释为义和正义之事。换言之，所谓义或正义，必须与君主治国之政结合起来，二者不可分割。

既然义者政也，所以天子为政就要合乎天志，这就是"昔三代圣王禹、汤、文、武，欲以天之为政于天子，明说天下之百姓，故莫不犓牛羊，豢犬彘，洁为粢盛酒醴以祭祀上帝鬼神，而求祈福于天。我未尝闻天下之所求祈福于天子者也，我所以知天之为政于天子者"。这是说天志通

255

过天之为政体现出来，或者说天志托付于天子的为政而向百姓显现出来。上文有"天之为政于天子，天下百姓未得之明知"的说法，可知这里的"明说天下之百姓"，就是明示于天下百姓，通过祭祀上帝鬼神的种种举动而让百姓明确知道这是天子向天帝鬼神表达自己顺从于天志之义而为政于天下。由此可知，《墨子》说的天、天志、上帝、天子（包括天子所为的政）本质是一致的，换言之，人间帝王君主的治国之政，本质上就是要顺从而符合天帝鬼神之志与欲，所以"义者政也"，就是使天子所为之政合乎义、合乎正，而合乎义与正，就是合乎天（上帝、鬼神）之志与欲。正因为如此，天子才要祭祀上帝鬼神而祈福于天，这就成为古代中国君主治国事务中最重大的事之一。所以古人说"国之大事，在祀与戎"（见《左传》成公十三年）。祀就是天子诸侯等治国治天下者对天帝鬼神的祭祀，而它本身就是天子与天之志欲相沟通的问题，就是由此了解天之志欲要传达的内容，所以祭祀是古代天子治国中最重大的事，因此就不能单纯把《墨子》的天志、明鬼等说法解释为宗教，而把其中的国家政治性质舍弃不顾。

此篇还说明了天子顺从天之志欲，是当天意而不可不顺，可知天志又可说成天意、天欲，而天子作为"顺天意者，兼相爱，交相利，必得赏。反天意者，别相恶，交相贼，必得罚"，这又把兼爱合在一起来论说了，可证兼爱也是天子为政于天下的不可分割的组成部分。为此《墨子》举出历史上的实例来说明：三代圣王禹、汤、文、武，顺天意而得赏；桀、纣、幽王、厉王，反天意而得罚。禹、汤、文、武之所以得赏是因为他们事上尊天，中事鬼神，下爱人。故天意曰：此之我所爱，兼而爱之，我所利，兼而利之。故使贵为天子，富有天下，谓之圣王。桀、纣、幽王、厉王为什么得其罚，也是因为他们事上诟天，中诟鬼，下贼人。故天意曰：此之我所爱，别而恶之，我所利，交而贼之。故使不得终其寿，谓之暴王。由此可知，《墨子》的天志、明鬼、兼爱都是天子为政于天下的问题，这是解读与研究《墨子》文本的根本性问题，不能把天志等说法与这一根本性问题分割开来而孤立抽象地加以解释。

此篇又说明为什么天子为政于天下时顺从天之意志在根本上是顺从上天对天下百姓的兼爱之意："何以知天之爱天下之百姓？以其兼而明之。何以知其兼而明之？以其兼而有之。何以知其兼而有之？以其兼而食焉。何以知其兼而食焉？曰：四海之内，粒食之民，莫不犓牛羊、豢犬彘，洁为粢盛酒醴，以祭祀于上帝鬼神。天有邑人，何用弗爱也？且吾言杀一不辜者，必有一不祥。杀不辜者谁也？则人也。予之不祥者谁也？则天也。

若以天为不爱天下之百姓，则何故以人与人相杀，而天予之不祥？此我所以知天之爱天下之百姓也。"这一段文本把天子为政于天下和天志、明鬼、兼爱等问题全都结合为一个整体，由此更可清楚看出《墨子》所论问题本来就是一个问题，即天子为政的问题，其中的具体问题都不可与这个根本问题分开而孤立解释。

此篇又说天子为政于天下之顺天意，就是义政，反天意就是力政。把义政与力政对照起来说，可知义政是合乎义之政，力政是不合乎义的暴力之政，此处的政不能解释为合乎义的正，只能解释为治国之政的政。回头再看前面说的"义者政也"，也就可知政就是治国之政，这才是此语最终所要表达的含意。因此这一段就把"义者政也"合为"义政"一词，并对义政的具体内容做了说明："义政将奈何哉？子墨子言曰：处大国不攻小国，处大家不篡小家，强者不劫弱，贵者不傲贱，多诈者不欺愚。此必上利于天，中利于鬼，下利于人。三利无所不利，故举天下美名加之，谓之圣王。"而力政与暴王的做法则与义政和圣王完全相反。

这样就把《墨子》的圣王、义政、天志鬼神、天子为政于天下百姓、兼爱等不同事项全都集中整合为一个统一的问题了。并且说："天下之士君子之书不可胜载，言语不可尽计，上说诸侯，下说列士，其于仁义则大相远也。何以知之？曰：我得天下之明法以度之。"这是说诸子百家都在说君主治国的问题，但主张的仁义相差太远，怎样衡量其中的是非呢？只有一个办法，就是用天志与义政之说来衡量，这就是《墨子》说的明法。

《天志》中篇说明天子为政于天下所要顺从的天志之义之所从出的问题，即"义不从愚且贱者出，必自贵且知者出"。因为"义者，善政也"，"天下有义则治，无义则乱，是以知义之为善政也"。而"愚且贱者，不得为政乎贵且知者，（贵且知者）得为政乎愚且贱者。此吾所以知义之不从愚且贱者出，而必自贵且知者出"。初看这一说法还有疑问，即为什么说义必自贵且知者出？此篇对此马上做了解释："孰为贵？孰为知？曰：天为贵，天为知。"前面已经明说"天之欲义而恶不义"，两处的文本结合起来看，就只能是义必自贵知的天出，可知《墨子》说的贵与知不是指人，而是指天。并且进一步论证天之贵且知于天子，这是因为天子为善，天能赏之，天子为暴，天能罚之。天子有疾病祸祟，必斋戒沐浴、洁为酒醴粢盛以祭祀天鬼，则天能除去之。由此证明天之贵与知是托于天子的，因为天子能顺从天与鬼的意志（祭祀），所以贵知的来源是天，但具体的执行则是天子，这样就把天志与天子以及义与贵知统一起来了。

《墨子》还根据先王之书所说的"明哲维天，临君下土"，来证明天的贵知（明哲）是由天子来实现的（临君下土），由此证明了义果自天出，而天又是贵且知的，所以说义自贵知者出，也就是自天出，因此下结论说：为政于天下的天子君主们，欲尊道利民以治理好国与天下，就必须察仁义之本，最终是天之意不可不慎。

以上所说，天志天意的根本之旨就为义，天子为政于天下就要顺从以义为基准的天志天意，这里面就包含了兼爱交利，即利民，这就是君主治国治天下的唯一正义之道，是正义之政。

之后又具体说明了天意所欲做的与所不欲做的："天之意，不欲大国之攻小国也，大家乱小家也。强之暴寡，诈之谋愚，贵之傲贱，此天之所不欲也。"天所不欲的事情，治国治天下的君就不能做，反之就是应该做的，这包括：欲人之有力相营，有道相教，有财相分也。欲上之强听治，下之强从事。上强听治则国家治，下强从事则财用足。若国家治、财用足，则内有以洁为酒醴粢盛以祭祀天鬼，外有以为环璧珠玉以聘挠四邻，诸侯之冤不兴，边境兵甲不作，则君臣上下惠忠、父子弟兄慈孝。把这些事情都搞明白了，就可以明乎顺天之意，奉而光施之天下，做到刑政治，万民和，国家富，财用足，百姓皆得暖衣饱食，安宁无忧，这就是君主治国治天下的最好局面，可知天志问题本来就是与治国治天下的问题为同一问题，是不可分开孤立解释的。

此篇又说明天子有天下的问题，这关系到如何使其臣国万民相互为利而不为害，就是不能让大国攻小国，大家乱小家，大都伐小都，如果这样做，欲求福禄于天，福禄终不得，而祸祟必至，即这样治国治天下是不合乎天意之义的。同时还说明这也不合乎人之所欲：为天之所不欲，则天亦不为人之所欲，而为人之所不欲矣。人之所不欲是病疾祟，若人为天所不欲，就等于率天下万民以从事乎祸祟之中，所以圣王治国治天下要顺从天意之义，因为他们明知天鬼所福，辟天鬼所憎，以求兴天下之利，除天下之害。这样就把天子圣王治国治天下的顺从天志之义的问题与天下的利害问题结合起来了，而治国者顺从天志之义就是解决天下利害问题的根本准则。

此外还从天对人的仁、祥、爱民、利人等方面来说明人（君、天子等）与天志的关系，总之是要顺天之意，得天之赏，若反天之意，就会得天之罚，这不仅是天志的问题，也是兼爱的问题，要爱人利人，不要恶人贼人，前者是顺天之意，后者是反天之意，而得天之赏罚，又与天下的利害密切相关。

又说明天志天意就是人的规矩，无以异乎轮人之有规，匠人之有矩，人们制作东西要有规矩，君主治国治天下也要有规矩，规矩来自天志天意，治国治天下的人要知道和遵守这规矩。而《墨子》主张人要顺从遵守天意，目的就是上将以度天下之王公大人之为刑政，下将以量天下之万民为文学、出言谈。观其刑政，顺天之意谓之善刑政，反天之意谓之不善刑政，这样就把顺从天志天意的问题从治国治天下扩大到所有人的行为言论上了，但所有人的行为言论必须顺从遵守天意天志，本身仍是治国治天下的问题，即全民都在顺乎天志天意的问题上与治国者保持一致，这样才会使治国治天下收到最佳效果。《墨子》此篇仍然强调置此以为法，立此以为仪，将以量度天下之王公大人卿大夫之仁与不仁，即还是把治国治天下的统治者们放在主要位置上用天志天意加以衡量与评价的，因此再次告诫他们：天下之王公大人士君子，中实将欲遵道利民，本察仁义之本，天之意不可不顺也。顺天之意者，义之法也。可知《墨子》文本的根本意旨是放在治国君主及其官员们身上的。

《天志》下篇说明天下乱的根本原因是治国治天下的人不明于天之意。他通过种种事例证明这一点，即人们的所作所为都不合乎天意，这就是得罪于天，将无所以避逃之，还莫知以相极戒，所以天下会大乱。

怎样知道人们的所作所为得罪于天？这要先知道天之所欲、所恶是什么。根本一点就是天欲义而恶其不义，义者正也，天下有义则治，无义则乱，故知义之为正。此下所论，几乎与前面所说完全一样，最后归结为：天之志者，义之经也。由此可知天志所论的重点所在。

七、《明鬼》篇的文本分析

《明鬼》篇仅存下篇，此篇所论明鬼与前面的天志等实际上是统一的，中心意旨是说："圣王既没，天下失义，诸侯力正，是以存夫为人君臣上下者不惠忠也，父子弟兄之不慈孝弟长贞良也，正长之不强于听治，贱人之不强于从事也，民之为淫暴寇乱盗贼，以兵刃毒药水火，退无罪人乎道路率径，夺人车马衣裘以自利者并作，由此始，是以天下乱。"其根本原因是都疑惑鬼神之有与无，不明白鬼神能赏贤而罚暴，也就是说从王至民，都不信鬼神能对人的行为赏贤罚暴。前面强调天意，这里强调鬼神之意，实质相同。

为此，此篇说明鬼神与人的关系，不是鬼神有无的问题，而是人们的行为之善恶有无相应后果的问题。但这一问题在古代就被人们转化为鬼神对人们的行为实行相应报应的问题。此篇举周宣王杀其臣杜伯而不辜，之后杜伯之鬼在周宣王作战时对他进行复仇的例子。《墨子》此篇认为此事记载在周之《春秋》，类似的例子在燕之《春秋》、宋之《春秋》、齐之《春秋》也有记载，人们由此总结出一个道理："戒之慎之，凡杀不辜者，其得不祥，鬼神之谋（鬼神之诛），若此之憯遫！"又据儒家经典《尚书》等，认为其中记载了周武王必以鬼神为有的事例，还据虞、夏、商、周四代圣王建国营都，"必择国之正坛，置以为宗庙；必择木之修茂者，立以为菆位；必择国之父兄慈孝贞良者，以为祝宗；必择六畜之胜腯肥倅毛，以为牺牲，珪璧琮璜，称财为度"的历史事实，认为古圣王治天下，必先鬼神而后人，这都证明鬼神之事是圣王之务，若说没有鬼神，就是反圣王之务，而反圣王之务，则不是君子之道。此外还据儒家的经典《周书》《大雅》《商书》《夏书》有关记载，证明大禹、周文王等都认为有鬼神，由此可知古圣王必以鬼神为赏贤而罚暴。

因此《墨子》认为若鬼神之能赏贤罚暴，且施之国家，施之万民，实所以治国家、利万民之道，所以不能简单否定鬼神的存在，而应看到鬼神在历史上用于治国治民的作用，这就是此篇提倡明鬼的根本意旨。若不承认这种作用，而在治国治民的事务中不用鬼神，则会出现前面说的天下乱的种种情况，所以要讲鬼神，要让人们畏上诛罚，这样才能达到天下治。由此可知，《墨子》的明鬼，也不是孤立的宗教问题，而是君主治国治天下的问题，今人解读《墨子》的文本，对此必须有清醒的认识。

又用夏桀、商纣等历史上的君主为例，说明如果治天下者不信鬼神，不敬鬼神，就会受到严惩而身亡国灭，这被称为鬼神之罚。就一般民众而言，也不可不信鬼神，否则也会受到鬼神之罚。因此，此篇最后说："天下之王公大人士君子，中实欲求兴天下之利，除天下之害，当若鬼神之有也，将不可不尊明也，圣王之道也。"即治国治天下的人们必须相信有鬼神，必须对鬼神加以尊明，这是圣王之道，不是什么宗教问题。

八、《非乐》篇的文本分析

《非乐》今仅有上篇，此篇以"仁之事者，必务求兴天下之利，除天下之害"为起点来论述非乐（反对从事音乐活动）的问题。这里说的仁之事者，就是下面文本说的圣王治国之事。从这个角度来说非乐之事，它就属于圣人治国治天下的问题。而在乐的问题上也有一个根本准则，就是为天下兴利除害，能为天下兴利除害的人，只有治国治天下的君主圣王。为天下兴利除害，就是将以为法乎天下，所谓的法就是治天下的根本准则，所谓兴利除害就是利人即为，不利人即止。

在乐的问题上，什么是利，什么是害，此篇明确说明"亏夺民衣食之财，仁者弗为"，因为这就是害而不是利。所以此篇说的非乐，不是以音乐美色美味安居为标准的乐不乐，而是以中不中圣王之事、有没有万民之利为标准的。合乎这个标准的乐，就不非之，反之就非之。所以乐的问题的关键是事乎国家，不这样考虑乐的问题，就必将厚措敛乎万民，以为大钟、鸣鼓、琴瑟、竽笙之声。所以在乐的问题上，要考虑民有三患：饥者不得食，寒者不得衣，劳者不得息，这是民之巨患。如果治国者一味追求乐的美盛奢侈，为之撞巨钟，击鸣鼓，弹琴瑟，吹竽笙，而扬干戚，民衣食之财将安可得乎？所以，这样的乐是要非之的。因为这样的乐会造成天下之乱，将安可得而治？故结论是厚措敛乎万民，以为大钟、鸣鼓、琴瑟、竽笙之声，以求兴天下之利，除天下之害，而无补也，因此说为乐非也。在当时的现实中，王公大人之为乐，使丈夫为之，废耕稼树艺之时，使妇人为之，废纺绩织纴之事，亏夺民衣食之财，故墨子说为乐非也。

还说明了为乐对一个国家各种人造成的危害，"君子不强听治，即刑政乱；贱人不强从事，即财用不足；……王公大人说乐而听之，即必不能蚤朝晏退，听狱治政，是故国家乱而社稷危矣"。士君子（包括国家官吏）、农夫、妇人都去说（悦）乐而听之，则整个国家的诸多事务都会受到影响，而不能正常运行，所以说"为乐非也"。

为此还引用了儒家先王之书（如汤之《官刑》）的说法，证明先王也是非乐的，作乐就会使"上者天鬼弗戒，下者万民弗利"。所以此篇最后说："天下士君子，请将欲求兴天下之利，除天下之害，当在乐之为物，将不可不禁而止也。"可知为了治国治天下，就必须对乐加以禁止。

九、《非命》篇的文本分析

《非命》分上中下三篇，应看作一篇。此篇说明命运的问题。认为王公大人治国不成功，其原因是"执有命者以杂于民间者众"。

所谓有命者主张：命富则富，命贫则贫，命众则众，命寡则寡，命治则治，命乱则乱，命寿则寿，命夭则夭。即一切人事都是由命决定的。为此《墨子》此篇提出言必立仪的问题，这个仪就是"三表"："有本之者，有原之者，有用之者"。具体说就是："上本之于古者圣王之事"，"下原察百姓耳目之实"，"发以为刑政，观其中国家百姓人民之利"。可知"言有三表"，就是立三个标准，用来判断言的是非。这一方法，在《墨子》各篇中都有运用，此处对这种方法加以归纳。

"本之于古者圣王之事"，是以历史上的圣王的事迹为立言的依据。"原察百姓耳目之实"，是以人们的实际情况为立言的根据。"发以为刑政，观其中国家百姓人民之利"，通过刑政观察国家民众之利，是以治国的实际效果为立言的根据。

依据这三点看主张有命说的是与非，首先是观于圣王之事，可知"桀之所乱，汤受而治之；纣之所乱，武王受而治之"，在世未易、民未渝的情况下，桀、纣则天下乱，汤、武则天下治，可知天下治乱在于治天下的君王，而不在于命。

再来观于先王之书，其中并没有说福不可请，而祸不可讳，敬无益，暴无伤。先王治国治天下，用刑来听狱制罪，在用刑上也没有福不可请，祸不可讳，敬无益，暴无伤的说法。先王整治军队，开始作战前都要作誓，先王之誓也没有福不可请，祸不可讳，敬无益，暴无伤。因此可以说执有命者之言，是不必得的，是可废（原作错，李渔叔认为是废字之误）的。

因此说"执有命者之言，是覆天下之义"。覆就是颠覆、破坏之意。天下之义，是指治天下的义。按有命者的说法，就等于否定了治天下是靠义。义是治天下的根本之道，所以说义人在上，天下必治，而以义治天下的人，要信奉上帝山川鬼神，并对它们进行祭祀，把它们奉为干主，这样才能使民被大利。根据《天志》所说，天子为政于天下要顺从天志天意，对上帝鬼神进行祭祀和敬奉，这才是治天下的义道。若相信有命，则不必奉行天之义道。所以说"执有命者之言，是覆天下之义"。

为此又举出先王之事来证明，如商汤和周文王治国都能与其百姓兼相爱，交相利，率其百姓尊天事鬼，"是以天鬼富之，诸侯与之，百姓亲之，贤士归之"，最后能够"王天下，政诸侯"。这就是"义人在上，天下必治，上帝山川鬼神必有干主，万民被其大利"的实例。总之，治天下者根据天志天意揭示的义来治天下，同时尊奉上帝鬼神，天下必治，而万民得大利。这都证明不是靠命而得到的。而义人治天下，除了尊奉上帝鬼神之外，还有许多贤明的措施，如"发宪出令，设以为赏罚以劝贤"，"使治官府则不盗窃，守城则不崩叛；君有难则死，出亡则送"等，这也不是靠命而能做到的。

再从先王之书中的记载看，如《仲虺之诰》《太誓》，都是批评桀执有命、纣执有命。而桀与纣相信有命，实际上却被推翻消灭，所信的命完全不起作用，这又证明了有命说的错误。所以此篇最后说："天下之士君子，忠实欲天下之富而恶其贫，欲天下之治而恶其乱，执有命者之言，不可不非，此天下之大害也。"

《非命》中篇说明立言要先立义法，所谓三法，就是上篇所说的三表。不过在第一表的本之中加上了天鬼之志，在第二表的原之上，改成征以先王之书，在第三表的用之上，改为发而为刑。文本有所不同，含意也有了不同。考之天鬼之志、圣王之事，是考察一说的根本。征以先王之书，是考察一说的来源。发而为刑，是考察一说的实用情况。但都离不开君王治国治天下之事及其情况，则所立的说只能属于这一类的言论与主张。

在此基础上，考察有没有命的问题。如果只据闻与见来说有与无，是不全面的，所以此篇提出要考之百姓之情。虽然人们从未见命之物，闻命之声，但要考之诸侯之传言流语和圣王之事。从这两方面考察，就会看到古之圣王，举孝子而劝之事亲，尊贤良而劝之为善，发宪布令以教诲，明赏罚以劝沮。若此则乱者可使治，而危者可使安，根本不讲什么命。有人若以为不然，就请看历史事实：桀之所乱，汤治之，纣之所乱，武王治之，世不渝而民不改，只靠上变政而民易教，就从乱变成了治。可证安危治乱，在上之发政也，岂可谓有命哉？这是用历史事实来证明没有命。历史上还有大夫为国规谏的例子，可证明没有命：列士桀大夫，上有以规谏其君长，下有以教顺其百姓，故上得其君长之赏，下得其百姓之誉。声闻不废，流传至今，而天下皆曰其力也，必不能曰我见命焉。这是说大夫为国出力，而不是相信命。

在历史上也有反面的例证，三代暴王不缪其耳目之淫，不慎其心志之辟，外之驱骋田猎毕弋，内沉于酒乐，而不顾其国家百姓之政，繁为无用，暴逆百姓，使下不亲其上，是故国为虚厉，身在刑僇之中。不肯曰：我罢不肖，我为刑政不善。必曰：我命故且亡。此夏王桀、纣之执有命，汤与仲虺、武王《太誓》共非之，商、夏之《诗》《书》曰：命者暴王作之。将欲辨是非利害之故，当天有命者，不可不疾非也。执有命者，此天下之厚害也。这是说那些亡国的暴王都相信有命却亡了国，而圣王不相信有命，认为有命之说是暴王编造出来的，故《墨子》认为有命之说是天下之厚害，不可不疾非之，由此才能明辨是非利害的关系，才能找到正确的治国治天下之道。

《非命》下篇再次提到立言的三法（三表），考之是考察先圣大王之事，原之是考察众人的耳目之情，用之是考察发而为国（治国）的实际情况，与《非命》上篇所说基本相同。

用这三法来考察有命之说，就可看出：圣王禹、汤、文、武方为政乎天下之时，必务举孝子而劝之事亲，尊贤良之人而教之为善，出政施教，赏善罚暴，必使饥者得食，寒者得衣，劳者得息，若此则天下可治，社稷之危可定。而桀之乱，汤治之，纣之乱，武王治之，世不渝而民不易，上变政而民改俗。由桀、纣治则天下乱，由汤、武治则天下治。可知天下之治是靠汤、武之力，天下之乱是因桀、纣之罪。以此观之，天下国家的安危治乱，由上之为政所决定，靠治天下者的力（努力）而决定，故不可谓有命。此外还有不少贤良之人，尊贤而好功道术，故上得王公大人之赏，下得万民之誉，这也不是靠命，而是靠人力。

相反，三代暴王桀、纣、幽、厉相信命而胡作非为，终于被灭，也证明命是不可靠的。

此外，还考察了先王之书中的记载，用来证明古时君王不慎厥德，天命焉葆的道理，故这一类先王书中记录了贤明的帝王与大臣对暴王相信有命的批评与否定。《墨子》根据这些资料，认为治国治天下要靠王公大人每天的努力不懈怠，于是就会必治而宁，否则必乱而危，所以这些治国之人都不敢息倦。其他大夫士君子以及农夫妇人等，也都是靠自己的努力做事，不敢息倦而得富、荣，道理都是一样的。

反之，王公大夫息乎听狱治政，卿大夫息乎治官府，则天下必乱。农夫息乎耕稼树艺，妇人息乎纺绩织纴，则天下衣食之财将必不足。因此，人们欲求兴天下之利，除天下之害，若言有命，就不可不强非之。而根据历史，可知命者，暴王所作，穷人所术，非仁者之言。今之为仁义者，将不可不察，而强非之。

十、《非儒》篇的文本分析

《非儒》三篇整体上看，都是否定有命之说，主要根据历史上的圣王与暴王的事迹证明命是靠不住的，只有靠人的力（努力做事）才是治天下治国的唯一办法。

《非儒》今只存下篇，此篇虽然是对儒家的批评，但并不表示与儒家完全不同，只表示与儒家的不同之处，这一点吕思勉《先秦学术概论》已有论述，后详述。此篇说明墨家与儒家在一些问题上的不同之处。

　　首先是批评儒家主张根据亲疏远近而实行不同时间的丧制，但这种制度中存在着矛盾：以尊卑为岁月数，则是尊其妻子与父母同，而亲伯父、宗兄而卑子也，这种规定逆孰大焉？而在亲人死后的种种做法，如列尸弗敛，登屋，窥井，挑鼠穴，探涤器，而求其人焉，这种做法如果认为是实在（真情实意）的，则"赣（即憨）愚甚矣"，如不是实在的，则伪亦大矣。

　　还批评了儒家在礼制上的许多做法是颠覆上下，悖逆父母的，这在事亲上不能称为孝。还有一些做法是欲厚所至私，轻所至重，这是大奸。

　　篇中还说人们主张的有命说，本来是不合理的，而儒者以为道教，是贼天下之人者也。这是批评儒家不应该相信有命说。

　　又批评儒家主张繁饰礼乐以淫人，久丧伪哀以谩亲，立命缓贫而高浩居，倍本弃事而安怠傲，而且他们贪于饮食，惰于作务，陷于饥寒，危于冻馁，无以违之等，都是不合理的做法。

　　还批评儒者说的必服古言然后仁，而此篇则认为古之言与服，在古之时也曾经是新的，而古人言之服之，就不是古之言与服，那么按儒者的说法，当时的人就非君子了。可见儒者所说的必服古之服与言古之言，不能作为判断是不是仁的标准。

　　还批评了儒家说的"君子循而不作"为小人之道，所说的"君子胜不逐奔"等，为"不义莫大焉"，所说的"君子若钟，击之则鸣，弗击不鸣"是没有把自己的智慧用于忠孝，是不合乎人子、人臣之道。并举了一例：若有大寇乱，盗贼将作，若机辟将发也，他人不知，己独知之，虽其君亲皆在，不问不言，是夫大乱之贼也。可知此说是为人臣不忠，为子不孝，事兄不弟，交遇人不贞良，都不是君子之行。

　　又说从事一种道术学业仁义的人，应该是大以治人，小以任官，远施周偏，近以修身，不义不处，非理不行，务兴天下之利，曲直周旋，利则止，此君子之道也，但拿来对比孔丘之行，则与此相反谬，这是批评孔子的行为还达不到君子之道的水平。

　　又用一些关于孔子的事迹说明儒家的不足之处。如齐景公问晏子，孔子是怎样的人？晏子不回答，最后才说：贤人者，入人之国，必务合其君臣之亲，而弭其上下之怨，而孔子到楚国并不是这样做的。贤人得上不虚，得下不危，言听于君必利人，教行下必于上，是以言明而易知也，行明而易从也，行义可明乎民，谋虑可通乎君臣，但孔子也不是这样做的，可知他与楚国白公没有什么不同。晏子又说：孔丘盛容修饰以蛊世，弦歌鼓舞以聚徒，繁登降之礼以示仪，务趋翔之节以观众，博学不可使议世，劳思不可以补民，綦寿不能尽其学，当年不能行其礼，积财不能赡其乐，繁饰邪术以营世君，盛为声乐以淫遇民，其道不可以期世，其学不可以导众。这是借晏子之口批评孔子。

还记载了孔子让子贡到齐国见田常，劝伐吴，又教高、国、鲍、晏不要害田常之乱，劝越伐吴，结果三年之内，齐、吴有破国之难，伏尸甚多，这都是孔子之罪，应当诛杀。

另外还记载了孔子的一些行为与言论，加以批评。如说舜见瞽叟而孰然（蹙踏不安），这使天下非常危险，如说周公旦为人不当，为什么要舍其家室而托寓在外？因此说孔子所行，心术所至，都有可指责之处。又说孔子的学生都仿效孔子，如子贡、子路辅助孔悝在卫国作乱，阳货在齐国作乱，佛肸以中牟叛等。又说作为弟子，一定要对其老师"修其言，法其行，力不足、知弗及而后已"，由此就可知道孔子已不是这样，后来的儒士是怎样，就不能不让人怀疑他们。

因为《非儒》篇已不完整，所以《墨子》在这方面有什么样的主张，已不清楚，只能知道他对孔子及儒家学说提出了不少批评。但在《墨子》中也有不少与儒家的主张相同之处，故可知墨家不是与儒家完全不同的学说，只是在一些问题上有自己的看法，以与儒家相区别。而且后来的儒家学者如孟子对《墨子》某些主张的批评，也不完全合乎《墨子》书中的论述，只能理解为不同的学派做出的攻击之说。而要完整准确理解《墨子》学说，还是要看《墨子》书中的全部文本。

第二节　《墨子》文本研究中的问题

与逻辑有关的各篇，包括《经》《经说》《大取》《小取》，这些篇章并不是正面论述墨家的思想主张，而是为了论述自己的思想主张而在逻辑上做的基础性准备工作。一个思想家论述自己的思想主张，必须有自己特定的用语，这在逻辑学上称为概念。而对这些用语，不同的思想家会有不同的理解与用法，这在逻辑学上称为概念的定义与外延。《经》等四篇就是墨家记录的自己学派的用语及其特定含义与用法。

由此可知，《墨子》对自己学说中的一些基本概念做出了解释，并记录下来，是非常重要的资料，这可以帮助人们更好地理解《墨子》的文本。这是一种科学的方法，即对自己撰述的文本中所要使用的基本概念给出明确的定义与说明，以免误解。

此四篇只对一些概念进行简单说明，而且这些概念也没有在《墨子》文本中完全加以应用，四篇的解说并不是完全与《墨子》文本的用法相对应的。此外，关于《墨子》的意旨已可通过现有文本加以充分了解，并不是只能根据《经》《经说》与《大取》《小取》篇的解说才能解读与分析。所以不对此四篇的内容进行分析。

在对《墨子》全书文本做了完整分析后，再来看以往人们研究《墨子》思想的论述，就会发现普遍存在一个问题，即大家论述《墨子》思想时，都不关注《墨子》全部文本中论述种种问题时都不可舍弃、不可割裂的根本之人，这种人就是《墨子》文本论及种种问题时的共同主语，即治国治天下的君主或圣王。论墨子的思想而忽略这一点，就不能完整说明墨子的思想真义。

先秦诸子著作中都有这样的情况，即他们所论都是为治国治天下的君主提供思想方案的，所以不能把他们所论的主语之人忽视和舍弃掉。司马谈《论六家要旨》强调各家所说都是务为治，就是要人们不要忘了各家所论是为什么人而发的。在对《墨子》的全部文本分析之后，把相关的研究著作中的相关内容略加示例，以说明这一点。

胡适《中国哲学史大纲》卷上，论及墨子的三表法，他列举了《非命》上篇的原文，可知他是用《非命》篇为例，说明这个论证法的用法。他强调最重要的是第三表，但也只是强调实际上的应用，而不是其中包含的刑政问题。

从三表的文本全文看，是说圣王之事，即圣王治国治天下的问题，重点是君王的刑政，而百姓人民耳目之实之利等，都是处于圣王之事语境之下的相关情况，而不是《墨子》所说三表的重点所在。他说墨子要用古者圣王之事来做论证的标准，这也不是把圣王之事即圣王治国治天下的事作为《墨子》全部文本的核心主旨，只是把古时的圣人之事拿来作为论证的辅助性例证，而不是论证的核心主旨。

胡适还指出，兼爱、非攻、尚贤、尚同、非乐、非命、节用、节葬都是墨子根本观念的应用，这是根本观念在人生行为上的应用。这种解释完全没有把君主治国治天下的问题放在眼里，只是抽象地说是人生行为上的应用，所谓的人生，就是一切人的人生，而不是特定的君王的人生，这就不符合《墨子》全部文本的本来意旨。

他把天志、兼爱、非攻、明鬼、非命、节葬短丧、非乐、尚贤、尚同等说成是墨子阐述的宗教概念，以上九项是墨教的教条。根据《墨子》全书文本所说，可以非常清楚地看到，这不是什么宗教概念，而是君主治国治天下问题的组成部分。《墨子》文本本来的意旨就这样被今人用后来的观念改变了，性质完全不同了，这样的解释，不符合历史本来情况，只能说是今人根据自己的观念做出的不合乎历史实际情况的解释，在《墨子》全部文本与今人的解释之间，是不能画上等号的。

钟泰《中国哲学史》认为墨子言兼爱，犹儒家言仁，然仁者由亲及疏，其间有差等，墨者不然，曰爱无差等，施由亲始，故儒者多非之。他引《兼爱》上篇之文，认为深究当时祸乱之本，以兼爱可以治之，儒墨之道各有其宜，故韩愈欲兼用孔墨以为治，不得因孟子距之而废其说。

可知他评价墨子的兼爱，是根据《墨子》的文本，知道兼爱是为了解决天下祸乱而提出的，但并未明确指出兼爱是与圣人之治天下相关的治国之论。

吕思勉《先秦学术概论》对墨子思想做了分析，但没有说明墨子的这些思想主张都是为君主治国而发。不把这些问题与君主治国的根本主旨与特定人联系起来，则会影响人们对这些思想的理解，得不到完整而真实的意旨。

侯外庐等人《中国思想通史》（第一卷）提出，墨子的人类观点是阶级论，这一思想以《尚贤》篇为依据，认为尚贤是尚国民阶级的资格，坚持国民阶级的立场以反对贵族。墨子从人类中划分出旧贵族阶级和国民阶级，从这里得出了贤能范畴，并认为这个新的富贵贤能之士的阶级就是古代社会的显族。这样的阶级之划分，是没有文本根据的。据《尚贤》篇来说，也是只就尚贤二字来延伸的，而没有顾及墨子全部文本的本来意涵。

书中认为墨子在阶级立场上的国民自我觉醒和在理论上的人类观点不可分离，他的人类观点的旨趣是化别为兼，别指由西周至儒家一贯肯定的宗法宗礼的贵贱等差，兼否定了这种贵贱等差，显示出古代国民阶级的平等思想。书中还认为，兼等于平等。这一说法是用后世的平等观念来套墨子的思想，而没有根据墨子的文本解释兼爱的思想本意。据前面分析的兼爱文本之内容，完全不能得出兼就等于平等的结论。

书中论及墨子社会政治思想，认为其原则在于求兴天下之利，除天下之害，方法包括尚贤、尚同、节用、节葬、非乐、非命、尊天、事鬼、兼爱、非攻。并认为这和墨子的人类观点或阶级论一样，其社会思想也左祖了人民，所谓人民，即三表中"观其国家百姓人民之利"的人民，此书前面则译为古代的国民，在显族出生的当时，指显族的贵族阶级。

这些论述，都完全忽视了《墨子》全部文本中的君主君王圣王治国的根本前提，把这些文本的最根本的主语——治国治天下的君主君王全都忽略掉而不提，则论述的思想成了以新的富贵的国民阶级（贤能阶级）或显族为中心的问题，这与《墨子》全部文本所表达的本来意旨的历史真实情况完全不相符。

台湾学者劳思光《新编中国哲学史》认为，墨子思想中心在于兴天下之利。利指社会利益，故其基源问题为如何改善社会生活，这种改善纯就实际生活情况着眼，故墨子学说主脉为功利主义。对社会秩序之建立，认为墨子主张必须下同乎上，此为权威主义，是墨子思想第二主脉。由功利主义生出非乐、非攻之说，由权威主义生出天志、尚同之说，此两条主脉皆汇于兼爱说中。并说兼爱指普遍互爱，是自治乱问题着眼，而非一道德意义之理论。

这些论述，没有着眼于圣人或君王治国治天下的根本主旨，所说的兴天下之利，改善社会生活，兼爱与治乱，也都没有点出其主语是什么人。为什么对这一问题完全忽视，说明研究者只注意思想，而不注意完整解读《墨子》全部文本，从而产生了这种盲点。

唐君毅《中国哲学原论（原道篇）》认为，墨子全部思想是义道。他认为墨子教人奉行兼爱之教，是其学术思想之核心。必重在说出其理由，使人从其说。自此墨子教人为仁的理由看，可明见墨子言兼爱，虽似为一种仁教，实只是一种以义说仁之教，或称为一义教。

可知唐氏认为墨子教人奉行兼爱之教，并说出其理由，由此形成了以义说仁之教。但他的分析完全不提《墨子》文本所论义、仁、兼爱等都属于君主圣王治国治天下的相关问题，在忽略了这一点后，就说成了一种抽象的人之教，也不说明所说的人与《墨子》文本中的圣王或君王等人是什么关系。这样的解释就把《墨子》文本特定的主旨湮没了，同样不能说是符合历史真实情况的理解。

冯友兰《中国哲学史新编》认为，墨翟对劳动和劳动成果是重视的，对奴隶主贵族的生活方式是批判的，提出了尚贤尚同的思想，具有功利主义的道德观和经验主义的真理论，兼爱非攻的阶级调和论以及主张天志明鬼的宗教思想。对这些问题，有时能与《墨子》全部文本所说的君主君王治国治天下联系起来加以分析，如书中说，在政治问题上，墨翟提出尚贤，认为治国的根本措施在于尚贤事能，要把国家中的贤能之士都挑选出来，尚贤的主张要求当时的国君不分等级，举用贤才，尚同的主张认为最高的统治者的职位，也应由贤者担任。又说天子选择天下的贤良、圣知、辩慧之士为三公，由此来把天下的是非标准统一起来，同天下之义。这就把尚贤、尚同与国君治国联系起来了，与《墨子》的文本所论是相符的。

但在论道德观和真理论时，冯友兰就完全对《墨子》文本中的君主君王治国治天下置之不顾了，抽象地分析义与利、志与功的问题，真理标准的问题。对墨子的三表，冯友兰认为第一表是根据过去经验的历史教训，第二表是考察现在群众的感官经验，第三表是在实践上考察其效果，而把其中的圣王之事与刑政问题都抽象掉了。对兼爱、非攻问题，冯友兰也抽象为阶级调和论，把《墨子》文本中与兼爱和非攻不可分割的君主治国问题完全舍弃不顾了。又把天志明鬼解释成宗教思想，同样是把本来不可分割的君主治国治天下的问题舍弃不顾了。

任继愈主编《中国哲学史》，从政治思想、社会思想、历史观、认识论、宗教思想几方面论述了墨子的思想。在政治思想上，书中提出墨子的政治思想以兼爱、非攻、尚贤、尚同为主，但也完全不顾《墨子》文本中论说这些问题时密不可分的君主治国治天下的根本前提，而是笼统地论述这些思想，如书中说：墨子主张兼爱互助，用这个原则解释社会的治乱现象，能不能兼爱就成了决定社会治乱的唯一条件。①

这样的论述，完全看不到是由谁来兼爱。在古代社会制度条件下，实行兼爱、非攻、尚贤、尚同，只能由当时治国治天下的君主君王来推动和实施，但人们在分析中完全不提这一点，这就脱离了《墨子》文本的本来意境，使这些思想主张的本来不可脱离的主人公消失得无影无踪。

书中还提出，墨子主张向农与工肆之人开放政权，反对贵族专政②。同样也完全不说由谁来向农工等开放政权及反对贵族专政。古代诸子论说治国问题时的根本主语（君主），全被现代人忽视了，舍弃了，这样解读先秦诸子著作的文本及其中的思想内容就失之偏颇。难道尚贤、尚同、兼爱、非攻、节用、节葬、天志、明鬼等问题都没有与特定的人相关吗？不把这一点说清楚，所论就都是空谈，就是无的放矢。

李泽厚《中国古代思想史论》中有《墨家初探本》篇，认为墨家是"小生产劳动者的思想典型"，难道《墨子》是在论说小生产劳动者治国的问题吗？这与《墨子》文本一再提到的圣人圣王治天下有什么关系？显然这种说法根本没有抓住《墨子》文本的本来意旨。他提出，墨子思想的基础和出发点，是强调劳动特别是物质生产的劳动在社会生活中的重要地

---

① 任继愈主编：《中国哲学史》，人民出版社 1997 年版，第 115 页。

② 侯外庐主编：《中国哲学史》，人民出版社 1997 年版，第 117 页。

位，认为只有上上下下都努力劳动、工作，社会才能存在，而不致衰败，认为墨子的社会政治哲学就是建立在这个简单朴素的道理上的，墨子所忧虑和关注的是"饥者不得食，寒者不得衣，劳者不得息"，所要求的是"饥者得食，寒者得衣"，劳动者有一定的休息。① 他认为，作为为政之本的尚贤，是直接服务于物质生产以满足人民生存需要这个总目标的，所以反对违反这个总目标的士族贵族统治者的奢侈生活，强调节用，其他非乐、节葬等，也都是根据这个逻辑来分析的：保证老百姓的吃饭穿衣，其他一切消费都应尽量节约。② 他认为，墨子的兼爱是以现实功利为根基的，这正是小生产劳动者的交换关系观念的扩大化，墨子企图以普遍的爱来停止战乱取得太平，是小生产劳动者的乌托邦意识。③

对《墨子》思想的这些分析，都没有抓住君主或天子治国治天下的根本前提，而认为是小生产劳动者的需求，这都不符合《墨子》全书文本的总体意旨。

根据以上的例子，可以看出人们普遍把先秦诸子著作文本中说得非常明白的君主治国观念舍弃、湮没了，从而把诸子著作文本表达的思想意旨给歪曲了。笔者如今之所以要特别提出对先秦诸子著作中的全部文本进行完整和深入的分析，就是要弥补这种缺失，使人们对先秦诸子著作的思想内容形成符合历史真实情况的认识与理解。

---

① 李泽厚：《中国古代思想史论》，人民出版社 1985 年版，第 53 - 54 页。
② 李泽厚：《中国古代思想史论》，人民出版社 1985 年版，第 55 - 56 页。
③ 李泽厚：《中国古代思想史论》，人民出版社 1985 年版，第 58 - 59 页。

第十章　先秦杂家著作的文本形式与传播变化

先秦的杂家著作以《管子》为代表，因为其中既有儒家的内容，也有法家的，还有兵家的、道家的，并不是某一家的思想著作，而是多种流派思想作品的汇合，故把它定为杂家。

第一节　《管子》的文本形式

《管子》中有明显的经传体，如《牧民》篇下有《牧民解》（已亡佚），前者为经，后者为传，还有《形势》篇与《形势解》篇、《版法》篇与《版法解》篇、《幼官》篇与《幼官图》篇、《明法》篇与《明法解》篇，另有《立政九败解》篇，是对《立政》篇的解释。这几篇构成明确的经传体，传就是解，在古代著述体例中，都是对经书的解释。

这种分成不同篇章的经传体，对应关系非常明确，故能以某篇为经，而出现相应的解，如《形势》篇第一段说："山高而不崩，则祈羊至矣。"在《形势解》里就对此句进行解释，从"山者，物之高者也"到"山高而不崩，则祈羊至矣"，这一段文本都是对经的解释。第二句："渊深而不涸，则沈玉极矣。"《形势解》对此句解释，从"渊者，众物之所生也"，到"渊深而不涸，则沈玉极"，文字比经文多得多，表现出传的特点。

由此看来，此二篇就是经与解的关系，这在《管子》中是明确的经传体篇章。有的解篇不用解的名称，如《幼官》的解为《幼官图》，因为主要是针对《幼官》的图形来解释，所以名为《幼官图》；《立政》篇的解为《立政九败解》，因为《立政》篇内有九败一段，故名《立政九败解》；这和《牧民》与《牧民解》、《形势》与《形势解》、《版法》与《版法解》、《明法》与《明法解》有所不同。这也说明作解的人不是同一个人，是不同的学者为前已有的篇章作解，所以名称上也不一致。

另外还要注意在经传体的经篇中，本身也有着经与传的不同成分，如《立政》篇，首先提出"国之所以治乱者三""国之所以安危者四""国之所以富贫者五"，其下将这三点概括为"治国三本""安国四固""富国五事"，然后对"三本""四固""五事"分别阐释，可以说篇首提出的"治乱者三""安危者四""富贫者五"是此篇的经，其下对这三项所做的解释就是传。在解释了"三本""四固""五事"之后，又进一步论述"首宪""首事""省官""服制""九败""七观"的问题，可以说是对"三本""四固""五事"的进一步发挥论述，也可以看作对"三本"等经的解释，所以此篇的文本形式有明显的经传之分，如果另有《立政九败解》来对《立政》篇进行专门解释，则《立政》篇本身也有经传式的文本。

其次是没有解的论文体，如《权修》篇，论万乘之国如何治国治民治兵用法的问题；《乘马》篇，论立国、大数、地政、阴阳、爵位、务市事、黄金、千乘之国、士农工商、圣人、失时、地里等问题，这在文本形式上与《牧民》篇一样，按理说也应该有专门的解之篇，但现存的《管子》中没有对此篇的解，这说明当时人们对《管子》中最早形成的篇（如《牧民》《形势》《版法》《明法》《幼官》《立政》等）没有全都做出解篇，或许原有解篇，而后来佚失了。

《七法》篇也分不同的小题，如七法、四伤百匿、为兵之数、选陈等，都是《管子》中最早的篇，在文本形式上是一样的。

《五辅》篇，没有分小题，而是整篇论述圣王治国的问题，其中也用了经传体方法，如提出德有六兴，义有七体，礼有八经，法有五务，权有三度，然后就六兴、七体、八经、五务、三度分别进行解释，是专门的论文体，也用了经传体的方法。

《宙合》篇是专门的论文体，没有分小题，但也用了经传体的方法，如开篇处提出"左操五音，右执五味"，其后就五音、五味进行解释，认为这是说"君臣之分"；开篇处提出"怀绳与准钩，多备规轴，减溜大成，是唯时德之节"，其后对此专门进行解释；开篇处提出"春采生，秋采蓏，夏处阴，冬处阳，大贤之德长"，后面也有专门的解释。其他如"明乃哲，哲乃明，奋乃苓，明哲乃大行"等，都是先提出其说，后再加以解释。可知此篇作为论文体，篇中用了经传体方法。

其他如《枢言》、《八观》、《法禁》、《重令》、《法法》、《兵法》、《霸言》、《问》、《地图》、《参患》、《制分》、《君臣》上下、《小称》、《侈靡》、《心术》上下、《白心》、《水地》、《四时》、《五行》、《势》、《正》、《九变》、《任法》、《正世》、《治国》、《内业》、《七主七臣》、《禁藏》、

《入国》、《九守》（内分主位、主明、主听、主赏、主问、主因、主周、主参、督名等小题，与《牧民》篇一样，属于早期的篇章）、《地员》、《弟子职》、《国蓄》和《轻重己》，都是论文体，可知论文体在《管子》中占绝大部分。

此外还要注意到一点，即经传体其实也是论文体，只不过它采用了经传方法来论述相关的观点。如《牧民》的国颂、四维、四顺、士经、六亲五法等，都是论述专门问题的论文体，而所论较简洁，故需要《牧民解》进行更深入的解释。这几种明确的经传体的篇章，其经的篇章都是专门的论文体，由于有了解篇，而共同构成了经传体。其特点是经与传分为不同的篇，这说明解是后人所作，本身有一定的独立性，没有与所解的经合为一体，这是古代经传方式的本来面貌。如后来十三经之注与疏或史书与后人的注，最初都是单独分开的，后来才合为一书。《管子》中的经与解分为不同的篇，正表明中国古代对经的解释之作，最初都是独立成篇，没有与所解的经合为一体。所以《管子》中经与解分为不同的篇章，恰恰为后人保存了最早的注解形式的原貌，这是理解其中有经又有解而分为不同篇章时应特别注意的。

又有叙事体，其中含有大量对话，故又可看作对话体，但较《论语》《孟子》里的对话所言更多，是长篇对话，此类有《匡君大匡》《匡君中匡》《匡君小匡》《霸形》《戒》《四称》《封禅》《小问》《桓公问》《度地》《臣乘马》《乘马数》《事语》《海王》《山国轨》《山权数》《山至数》《地数》《揆度》《国准》和《轻重》甲、乙、丁、戊篇。对话围绕专门的问题而展开，是若干小题以对话方式撰成的篇章，可以说是特殊形态的论文体。

这都说明《管子》成书较晚，比《论语》《孟子》《老子》晚，与《庄子》《韩非子》《商君书》在文本形式上大体相似，但其中有些内容可能形成的时间更早，虽然不都是管子本人的作品，但至少记载了管子的治国思想与主张，或是管子及稷下学派的学者追述管子的治国思想与主张，并且把有关的文献都整理成文而留存下来，到西汉时由刘向统一整理成今本《管子》。

第二节　《管子》在传播过程中的变化

今天看到的《管子》，不是由一个学者完成的专著，而是多种资料整理后的合编。据《汉书·艺文志·诸子略》记载，《筦子》（筦即管）经刘向整理后定为86篇。刘向写有《管子》的叙录，其文曰：

> 所校雠中《管子》三百八十九篇，太中大夫卜圭书二十七篇，臣富参书四十一篇，射声校尉立书十一篇，太史书九十六篇，凡中外书五百六十四，以校除复重四百八十四篇，定著八十六篇，杀青而书可缮写也。管子者，颍上人也，名夷吾，号仲父。少时与鲍叔牙游，鲍叔知其贤。管子贫困，常欺叔牙，叔牙终善之。鲍叔事齐公子小白，管子事公子纠。及小白立为桓公，子纠死，管仲囚，鲍叔荐管仲。管仲既任政于齐，齐桓公以霸，九合诸侯，一匡天下，管仲之谋也。故管仲曰："吾始困时，与鲍叔分财，多自予，鲍叔不以我为贪，知吾贫也。尝为鲍叔谋事而更穷困，鲍叔不以我为愚，知吾有利有不利也。公子纠败，召忽死之，吾幽囚受辱，鲍叔不以我为无耻，知吾不羞小节，而耻功名不显于天下也。生我者父母，知我者鲍叔。"鲍叔既进管仲，而己下之，子孙世禄于齐，有封邑者十余世，常为名大夫。管子既相，以区区之齐在海滨，通货积财，富国强兵，与俗同好丑。故其书称曰："仓廪实而知礼节，衣食足而知荣辱，上服度则六亲固。""四维不张，国乃灭亡。"下令犹流水之原，令顺人心，故论卑而易行。俗所欲，因予之；俗所否，因去之。其为政也，善因祸为福，转败为功，贵轻重，慎权衡。桓公怒少姬，南袭蔡，管仲因伐楚，责包茅不入贡于周室。桓公北征山戎，管仲因而令燕修召公之政。柯之会，桓公背曹沫之盟，管仲因而信之，诸侯归之。管仲聘于周，不敢受上卿之命，以让高、国。是时诸侯为管仲城谷，以为之乘邑，《春秋》书之，褒贤也。管仲富拟公室，有三归、反坫，齐人不以侈。管子卒，齐国遵其政，常强于诸侯。孔子曰："微管仲，吾其被发左衽矣。"太史公曰："余

读管氏《牧民》《山高》《乘马》《轻重》《九府》，详哉言之也。"又曰："将顺其美，匡救其恶，故上下能相亲爱，岂管仲之谓乎。"《九府》书，民间无有，《山高》一名《形势》。凡管子书，务富国安民，道约言要，可以晓合经义。

通过《叙录》可知，管子生活于齐桓公时代，早于老子与孔子，应该是先秦诸子中时代最早的人物之一，但《管子》的形成时代则较晚，可以说管子在世时并没有专门著书，所以后来传世的《管子》是后人整理早年的各种资料文献而汇合成编的著作。到西汉刘向校理群书时，除了直接以《管子》为名的书之外，还有名目不同的书，但内容与管子有关，所以他去除重复后，全部合编为一书，命名为《管子》，当时共86篇，而现存的《管子》中已有多篇阙佚，说明在传承过程中有了不少阙失。

前面分析《管子》文本形式时说到有明确的经传体篇章，经篇属于最早形成的篇章，解篇属于后来补充的篇章。且都不是一人一时完成的，这说明有一个不断撰写和补充的过程，

《管子》在其后的流传过程中也有不同的记载，据《史记·管晏列传》唐人所作正义，说《管子》18篇，与《汉书·艺文志》所说86篇相差太多，这种记载令人怀疑，难以相信。到宋代《郡斋读书志》说86篇已亡佚了10篇，即《谋失》《正言》《封禅》《言昭》《修身》《问霸》《牧民解》《问乘马》《轻重丙》《轻重庚》，宋以后又亡佚《王言》篇，这11篇在流传的《管子》中就只保留了目录而没有文字了，实存的仅有75篇。

科学出版社1956年出版了《管子集校》，题郭沫若、闻一多、许维遹撰，前有郭沫若的叙录，其中说明了《管子》在流传过程中的变化情况，据郭氏所说，概述如下：

郭氏提到曾在敦煌残卷中有唐代手写本《管子》，但已不可见，唐中宗时尹知章有《管子注》，此注在宋代有佚阙，已不完整，且尹注文本多有夺误，多被后人窜改，可知现存尹注也不是原本了。而且尹氏之名也被坊间改为房玄龄。唐宋时还有杜佑、丁度等人为《管子》作注，都已失传。

《管子》的版本，今所见以南宋杨忱本为最古，清代与民国时有影刻或影印本，不免有讹误，因为影刻或影印时或作摹写，或作修饰，于是形成新的讹误。

郭氏认为要校勘《管子》，只能依据宋杨忱本、刘绩《补注》本、朱东光《中都四子》本、十行无注古本、赵用贤《管韩合刻》本。这是宋以

后《管子》主要版本系统。清代学者重视对《管子》校勘，比较重要的学者有孙星衍、洪颐煊、王念孙、王引之、陈奂、丁士涵、张文虎、俞樾、戴望等，尤其是戴望作《管子校正》，把诸家考证汇集于一书，便于后世之学者研究考察。戴望之后有孙诒让、何如璋、张佩纶、陶鸿庆、姚永概、刘师培、章太炎，日本学者也多有研究，如猪饲彦博《管子补正》，早于洪颐煊、王念孙，又有安井衡《管子纂诂》，其说多为戴望采用。

《管子集校》最初由许维遹作《管子校释》，在戴望基础上加以扩充，其稿又经闻一多参校，郭氏在此基础上集中当时中国科学院诸人进行集校，参与者有冯友兰、余冠英、范宁、孙毓棠、马汉麟等人，还得到其他单位不少学者帮助，如张德钧、任林圃、戚志芬、王廷芳等。由郭氏牵头的《管子》校勘，是20世纪50年代对《管子》的集体整理，是《管子》在传播过程中最重要的一次整理，校勘的版本也成为其后研究《管子》的重要依据，可以说到此时，《管子》在历史上的传播有了较完善的成果。①

从以上情况看，《管子》可以列入诸子，但要说是诸子学派中的哪一家，就不是那么简单了。《四库全书》把《管子》归为子部法家，但近代以来不少学者研究《管子》，发现其中《心术》等四篇属于道家，其他篇章不能说也是道家。就其书的实际内容看，有的篇章属于法家、道家、兵家、儒家、阴阳家、名家、农家，有的篇章属于理财，在今天属于经济，还有记事记言的内容，则属于史家，可知一书内容涉及多种学派，故只能算是杂家。

---

① 此书引用版本17种，参考资料书42种，基本上把以往考校《管子》的成果都收罗在内了。

第十一章 《管子》文本内容的解读

第一节 《管子》文本的分类

《管子》的文本内容非常丰富，因此在分析了它的文本形式后，还要对它的文本内容进行全面的解读与分析。

现存人们对《管子》思想的分析研究，多按今天的学科分类而分成不同的方面，这样看似方便，却把整体割裂成不同的部分，这是不好的做法。要把《管子》全部文本看作一个整体，而其整体文本有统一的主旨，各篇文本只是表达整体主旨的不同侧面。其主旨就是君王如何治国，各篇的文本从不同侧面说明了治国的主旨。

以下根据现存本《管子》各篇文本的主旨进行分类，说明现存《管子》全书文本的基本内容，并确认《管子》全书文本的核心意旨。

传世本《管子》对其中各篇分为八类：

（1）经言：牧民、形势、权修、立政、乘马、七法、版法、幼官、幼官图。

（2）外言：五辅、宙合、枢言、八观、法禁、重令、法法、兵法。

（3）内言：大匡、中匡、小匡、王言（阙）、霸形、霸言、问、谋失（阙）、戒。

（4）短语：地图、参患、制分、君臣上下、小称、四称、正言（阙）、侈靡、心术上下、白心、水地、四时、五行、势、正、九变。

（5）区言：任法、明法、正世、治国、内业。

（6）杂篇：封禅、小问、七臣七主、禁藏、入国、九守、桓公问、度地、地员、弟子职、言昭（阙）、修身（阙）、问霸（阙）。

（7）解：牧民解（阙）、形势解、立政九败解、版法解、明法解。

（8）轻重：巨（臣）乘马、乘马数、问乘马（阙）、事语、海王、国蓄、山国轨、山权数、山至数、地数、揆度、国准、轻重甲、轻重乙、轻重丙（阙）、轻重丁、轻重戊、轻重己、轻重庚（阙）。

以下按此种分类对其中的文本内容进行主旨分析。

第二节　《管子》各类篇章的文本内容

一、经言及解类各篇文本的主旨分析

经言类是《管子》的核心文本，代表了《管子》的核心思想，是全书文本的重点。管子解是对经言类各篇的解说，可与经言类看作同类。其他外言、内言、短语、区言、杂篇、管子轻重等类，是对《管子》文本核心思想的引申发挥，是对《管子》全书文本的补充性论说，即对核心各篇中不便充分展开的内容进行补充性说明，与核心类的各篇文本相比，它们是引申性的论说文本。要掌握《管子》全书文本的核心意旨，就要对经言类（包括管子解类）各篇进行文本分析。

《牧民》篇论述"有地牧民"的问题。有地就是有国，牧民就是治民。所以《牧民》就是分析当时的诸侯国如何引导民众而达到治理国家目的的问题。此外还言及治吏的问题，也就是吏治问题，可知此篇的核心就是论述诸侯治国的问题。

为此提出了治民的主要准则，一是"务在四时，守在仓廪"，即要使国家多财，要使国内土地辟举，使民留处，这是治国的经济基础。二是在有了经济基础之后，还要有风俗的引导，即"仓廪实则知礼节，衣食足则知荣辱，上服度则六亲固，四维张则君令行"等文本所说的内容。三是专门说明四维的问题：礼、义、廉、耻，由此而使民不逾节、无巧诈、不蔽恶、邪事不生，这是第二点的延伸。四是说明先要使民如上所述，再论述国家应如何做，即"政之所兴，在顺民心"。具体而言，就是四顺：治国的人要使民佚乐、富贵、存安、生育。五是进一步说明治国的具体准则，就是十一经："错国于不倾之地，积于不涸之仓，藏于不竭之府，下令于流水之原。使民于不争之官，明必死之路，开必得之门。不为不可成，不求不可得，不处不可久，不行不可复。"并在文本中对十一经分别进行说明。六是说明牧民还要注意"六亲五法"的问题，主要有三个方面，首先是使家、乡、国、天下分出层次，不可混乱，其次是由在上的治国者的尊崇与好恶来引导民众，这样可以备患于未形，使祸不萌，最后是治国牧民以君为主，由君设立官吏臣下来治民。以上各项，都是治国者要对民众做的事，所以此篇称为"牧民"。《牧民》篇本来有一篇解说，但已亡佚。

《形势》篇言治国要注意的自然与外在条件，即房注所说："自天地以及万物，关诸人事，莫不有形势焉。"所谓人事就是君主治国之事。把君主治国之事与天地自然万物视为一个整体，这是古代中国人天地人合一而不可分割的整体思想，故此篇具体说明治国要尊重事物的实际情况与趋势，治国者不能只凭主观臆想来决定如何治国。为此提出如下各条：

（1）地理有不同的形势，治国也有不同的形势。

（2）治国者认清相关形势，而不要伐矜好专，以防举事之祸。

（3）治国者根据客观形势，确定自己的行为，称为君道，君要守君道，而不能君不君臣不臣，不能上失其位而下逾其节，不能上下不和而令不行。

（4）治国之道所言者一，而用之者异，这就要君主根据形势来运用治国之道，古今治国是异趣而同归，都与当时的形势有关。

（5）治国的形势是人之外的各种情况，所以这是天之道，君主治国时要注意顺天而不要逆天：顺天者天助之，逆天者天违之，天之所助虽小必大，天之所违虽成必败，所以君主必须懂得顺天者有其功，逆天者怀其凶的道理，治国时一定要尊重这种外在的形势。

《形势解》是对《形势》的解说。《形势》篇的所有文本，《形势解》都做了详细解说。《形势解》多次说到圣人与明主，可知这是把二者视为同一种人，也就是把圣人式的明主作为现实君主的理想榜样。因此此篇说的圣人明主应怎样治国，都是在向现实中的君主说明治国的原则与正道。根据《形势解》的文本，可知关于圣人明主治国有如下内容：

人主要做到令则行、禁则止，人主要使下尽力而亲上，明主治天下要静其民而不扰扰其民，明主要动静得理义，号令顺民心，诛杀当其罪，赏赐当其功，明主治国的目的是富强，明主治国以利吸引民众前来，因为民利之则来，害之则去，民之从上也，如水之走下于四方无择也，明主要使远者来，近者亲，明主不要用訾訾之人（即毁訾贤者和推誉不肖者），明主虑事要为天下计，圣人择可言而言，择可行而行，要举一而为天下长利，人主要裁大而容物多，使众人得比，圣人求事要先论其理义而计其可否，明主要不厌人而能成其众。此外还说到明主的官物、举事的准则，人君要懂得君臣之义，要温良宽厚，要能安民，对民要施之厚，还要懂得道，包括天道，要行天道，出公理，不逆天，不圹地，还要务学术数，务行正理，要能利天下，明主要与圣人谋，要不用其智而用圣人之智，不用其力而任众之力，要必用圣人，要度量人力之所能为而后使焉，还要出言不逆于民心，不悖于理义，等等。这些具体而繁多的解说，都为《形势》篇所说的君主治国问题补充了丰富的内容，是理解《形势》篇文本含意的最好解说。

《权修》篇主要说明君主治国须修权，权指知轻重，君主治国必知事之轻重。此篇说到治国要让兵有主，土地要开垦种植，禁末产，赏罚要有信用，这样可以对外应敌，在内可以固守，这样治理国家，国家就会强，君主的权就不会轻。

又要君主严格要求自己，不要放纵欲望，不要追求舟舆台榭，不要轻易用众而使民力竭，否则就会使下怨上，令不行。

为此提出必重用其国，重用其民，重尽民力，要畜养民，使民可一，还要用明智礼来教化民，用厚爱利来亲民，在此基础上再用法令刑赏。

还要注意人君之欲不可无穷，取于民有度，用之有止。对民要以积食食之，尽量做到积多而食多，以止民离上，民不力，民多诈，民偷幸，在此基础上察能授官，班禄赐予，这是使民之机。治国者还要做到野不积草，以农事为先，府不积货而藏于民，市不成肆而使民家用足，朝不合众而使乡分治，做到这几点，就可称为治之至。

还要引导民心，使人情不二（人心一致），这样就可使民情得而御。又说到治民与守卫国家的关系，守国要靠城，守城要靠兵，兵守则在人，人之守则在粟，所以国家要好本事而禁末产，使国家积蓄足够的粮食，使守国时具备坚实的基础。

对于人民的引导，要做到赏罚信，使兵士能为国死节。君主治国不能靠诈谋，不能靠筮巫鬼神。牧民治国还要注意一条，即使士无邪行，女无淫事，这是社会风俗的问题，也要君主注意引导社会风气，使民众懂得礼义廉耻，这被称为厉民之道，要求民修小礼，行小义，饰小能，谨小耻，禁微邪，这是治国之本。

牧民是要使民可御，这要靠法令，所以君主治国时法不可不审，没有法令则人主不尊而其令不行。法又是用民力的工具和手段，包括法令中的禄赏和授官，还要注意民与上的沟通，不然就会下怨其上而令不行。又包括法令中的刑罚，要做到刑罚不可不审，不能乱用刑罚，杀不辜而赦有罪。

《权修》篇为治国的君主提出许多注意事项，君主都能正确做到，其权势才能得以保持，才能运用权势来有效治国御民，让民听从法令而为国效力。

《立政》篇有《立政九败》解，此篇是说君主治国之事，重点在政的方面。主要论述国之所以治乱、安危、富贫，说明了治国的三本和安国的四固、富国的五事等。把这些要求做到了，就可以说做好了立政，可知所谓立政就是建立治国的基本原则。

此篇说国家治乱不是靠杀戮刑罚，国家安危不是靠城郭险阻，国家富贫不是靠税租赋敛。治国的三本是德要当位，功要当其禄，能要当其官。

安国的四固是指大德不至仁者，不能授以国柄；见贤不能让者，不能给予尊位；刑罚避其亲贵者，不能让他主兵；不好本事务地利而轻赋敛者，不能让他主管城邑。

君主要努力做的五事是指君主要知道国为什么会贫，为什么会富，这是说君主要懂经济以使国家富。

此外还说到如何治民的问题，包括如何划分行政层级，如何建设各地城邑以及障塞道路和如何设官负责这些有关地方安全的事务，如何用礼义廉耻引导民众与民俗，如何在一年之中根据不同季节实施不同的政事。

此外还说到治国中的首事、省官、服制问题，并说到国家在用兵上的九败和治国中的七观问题。所谓九败是指九种使国家用兵失败的做法，七观是指君主治国中的七项重要事务，如对民的教和训，还有竭俗、诚信、遵守天道、做事与从政的要求等。

《乘马》篇无《解》，轻重类有《臣乘马》《乘马数》《问乘马》，但这些不是《乘马》篇的解说，而是论述治国中的经济问题。

《乘马》篇论述君主治国的各种事务，如立国都、治国的大数、土地、爵位、商业、黄金、时令、地里以及圣人治国的做法等。如立国都要选择最好的地势，治国的大数在于无为，土地是国政之本，对土地要做到平均和调，要注意顺应四季与阴阳变化，朝廷之爵位要遵循义之理和贵贱之义，商业的市场要做到百货贱才能使百事治而百用节，对于黄金则要注意引导民众知侈俭，对于不同的地理形势，也要注意区分和利用，原则是均地分力，使民知时以从事本业。对于圣人在治国上的作用，认为圣人之所以为圣人，就在于善分民，善托业于民，圣人在上，民在下，双方合作才能使国家治理得好。

《七法》篇所言问题非常明确，即则、象、法、化、决塞、心术、计数七个问题。七者都是治国时必须认识和掌握的重要问题，都是治民有器，为兵有数，胜敌国有理，正天下有分中的问题。所谓的则，是指自然的不变的规则，如天地之气，寒暑之和，水土之性，人民鸟兽草木之性等。象是指对客观事物归纳出的种种概念，如义、名、时、似、类、比、状等，义、名、时是客观事物的规定性，似、类、比、状是客观事物的关联性与人们对它们的描摹等。法是指衡量客观事物的方法与规则，如尺寸、绳墨、规矩、衡石、斗斛等。化是指客观事物的发展变化的种种情况。决塞是指客观事物的不同态势和相互关系，如予夺、险易、利害、难易、开闭、杀生等。心术是指人的不同心态与心理，如实、诚、厚、施、度、恕等。计数是人对客观事物的不同评价与衡量及相关概念，如刚柔、轻重、大小、实虚、远近、多少等。君主治国对这七种情况必须充分认识了解和掌握，否则就会产生种种危害，而使治国之事受到破坏，在这方面又举出了四伤百匿，之后又侧重从兵事的角度来说明七法的重要性，而用兵之事又是古代治国中的重大事项，不能单纯看作军事问题。

《版法》篇有《版法解》，主要说明君主治国的重要原则，要载之于版，以为常法。《版法解》对版法的解说：版法者法天地之位，象四时之行，以治天下，可知仍是以治国治天下为中心，但是从天地四时等外在的自然形势的角度来论说的，说明古时把治国问题与天地四时等客观自然的问题都视为一个问题，并不分开，所以天地四时的问题也属于治国的问题，这是古今的认识根本不同所致。所以此篇中说："凡将立事，正彼天植……风雨无违，远近高下，各得其嗣……三经既饬，君乃有国。"

立事就是治国之事，天植就是天所立，可以理解为天所生的各种事物。风雨和远近高下，就是天植的事物中最显著的东西，风雨是变化莫测的事物，是天文气象方面的事物，远近高下则是地理地势方面的事物。三经，是指天植、风雨、远近高下等三个方面的客观自然世界的因素。这一点与《七法》篇的内容有相承关系，都是说明治国时要注意客观的自然因素。在全面了解和掌握客观自然世界的种种因素之后，君主治国要注意控制自己，使自己的治国决策不致违背客观自然世界的规律与约束：喜无以赏，怒无以杀，君主的喜怒不能作为施行法令等治国之策的依据，因为这是君主的内心因素，不一定与外在的客观因素相符合。君主若不能控制自己内心的情感而不顾客观世界中的因素的作用，其治国就会引起种种恶果，即怨乃起，令乃废，骤令而不行，民心乃外，外之有徒，祸乃始牙。

此篇把客观世界的因素与治国的决策结合起来进行分析，说明君主治国不能只凭自己的内心感情，而要注意客观世界的种种因素的制约作用。这样的观点，就为君主治国的各种决策的正误找出了客观的依据，实际上是在说，这样治国才符合客观事物的规律，也就是符合天之道。如篇中说的庆勉敦敬以显之，福禄有功以劝之，爵贵有名以休之，必先顺教，万民乡风，且暮利之，众乃胜任，以及审用财，慎施报，察称量，法天合德，象地无亲，参于日月，伍于四时，悦众在爱施，有众在废私，召远在修近，闭祸在除怨，修长在任贤，安高在乎同利等，都与一定的客观世界的因素有关，而不是君主凭想象就能设想出来的。

《幼官》篇有《幼官图》为解说。按五行方位说明不同季节的政治活动的安排及其理据，这与《版法》篇说的注重客观世界的因素的问题一脉相承，仍是为君主治国的种种措施找出客观依据。

五行方位的中央土、黄色、宫声等，为君主君王之位，故说此位此时的治国之准则，如治和气、行驱养、坦气修通、形生理、尊贤授德、身行仁义、服忠用信、审谋章礼、选士利械、定生处死、谨贤修伍、信赏审罚、爵材禄能、务本饬末、明法审数、立常备能、通之以道、畜之以德、亲之以仁、养之以义、报之以德、结之以信、按之以礼、和之以乐、期之以事、攻之以官、发之以力、威之以诚等，并说明一举到九举的成效，还说到人主的九本，如治乱之本、卑尊之交、富贫之终、盛衰之纪、安危之机、强弱之应、存亡之数等，还有聚财、迁众、发善、执威等方面的准则，全都是君主治国的重要准则，非常详备。

此外则按东方、南方、西方、北方的方位与时节来说明君主治国的事务与准则，如东方属春，不能行冬政、秋政、夏政，只能行春政，可知把治国之政按四季来区分，不同季节有不同之政，这是古代五行学说与方位和季节结合后的一种观念。春季之政要根据地气发的特点，让民众做符合春季的事务，如出耕、修门间、合男女等，君主则要服青色、治燥气、举发以礼、时礼必得、和好不基、贵贱无司等。南方属夏，不能行春政、冬政与秋政，也有适应季节的政事，如爵赏赐与、定府官、明名分、审责于群臣有司等，而使下不乘上、贱不乘贵、无比周之民、上尊而下卑、远近不乖等。西方属秋季，北方属冬季，都有符合其季节的政事之规定。

除了五个方位的主图之外，又有五方位的副图，也是关于君主治国的事务之补充，比主图所说更为详尽，可知《幼官》及《幼官图》全是根据五行方位来说明君主治国的准则与相关事务，是五行学说与君主治国问题的结合。

以上是经言类的篇章，为《管子》的核心文本，此外的"外言""内言""短语""区言""杂篇""管子解""管子轻重"等，属于《管子》的补充性篇章和文本。以下对这些篇章的文本进行简要归纳。

二、外言类各篇文本的主旨分析

《五辅》篇从德有六兴（厚其生、输之财、遗之利、宽其政、匡其急、赈其穷，此六者为选德之兴）、义有七体（民知德后则要导之以义，义有七体：孝悌慈惠以养亲戚，恭敬忠信以事君上，中正比宜以行礼节，齐整撙诎以辟刑僇，纤啬省用以备饥馑，敦蒙纯固以备祸乱，和协辑睦以备寇戎）、礼有八经（民知义后则要饰八经以导之：上下有义，贵贱有分，长幼有等，贫富有度，此八者为礼之经）、法有五务（民知礼后则要让他们知务，即布法以任力，任力有五务：君择臣而任官、大夫任官辩事、官长任事守职、士修身功材、庶人耕农树艺）、权有三度（民知务后还要知权，为此要考三度以动之：上度天祥，下度地宜，中度人顺）五个方面说明对于君主治国之政的辅助问题。

此前说明了圣王治国取得成功必须得人、暴王治国失败的原因是失人，所以君主治国必须务得人，说明了得人之道在利之，而利之之道在教之以政。还说明了君主治国要逐奸民、诘诈伪、屏能愿、毋听淫辞、毋作淫巧，所要努力的是强本事、去无用而使民可富，论贤人、用有能而使民可治，薄税敛、毋苟于民而使民可亲。

《宙合》篇是对君主治国之政的各种注意事项的说明，所说的事项包括古今的治国经验与准则。如第一段列出十三项举目，是君主治国的十三项准则，并对十三举目的具体含义做了说明，如第一举目的操五音，执五味，是言君臣之分，第二举目的怀绳与准钩，是言圣君贤相之制举，第三举目的春夏秋冬之所采，是言圣人之动静、开合、屈伸、盈缩，第四举目的明乃哲，哲乃明等，是言擅美主盛，自奋以琅汤等。

本篇的结构就是赵守正所说的前经后解，前面列出条目（即十三举目），后面对各条进行详细解说。此篇的第十三举目是天地万物之橐，宙合有橐天地，是说明天地万物合为一体，橐即包络天地为一裹，君主治国也要懂得此理，这就是古人天人一体的观念之体现，这种观念在《管子》中多有体现。

《枢言》篇说君王治国的中枢原则，即"枢言曰：爱之利之，益之安之，四者道之出。帝王者用之而天下治矣"。可见此篇所说君主治国是以民为先的，故说："帝王者审所先所后，先民与地则得矣，先贵与骄则失矣。"人主不可以不慎贵，不可以不慎民，不可以不慎富。慎贵在举贤，

285

慎民在置官，慎富在务地，可知君主治国要把民与地放在优先位置，让民得到爱、利、益、安，而这又与土分不开，与富分不开，而举贤置官也是重要因素。

前面说的用人，就与这里说的举贤置官相关，后面又说："凡国有三制，有制人者，有为人之所制者，有不能制人、人亦不能制者。"也与用人相关。

《八观》篇言君主治国要让民无由接于淫非之地，从而使民之道正行善而罪罚寡，则民可得治。所说的八观是为此而要使用的八种方法：①行其田野而视其耕芸。②行其山泽而观其桑麻。③入国邑，视宫室，观车马衣服。④通过凶饥、师役、台榭和国费等情况，观察一国的虚实。⑤入州里而观习俗。⑥入朝廷而观君主的左右。⑦观察一国的置法出令、临众用民和用威严及宽惠的情况。⑧观察民产之所有余及不足的情况。赵守正注释认为，八观即从八个方面对一国进行观察。而八观的目的还是由此了解君主治国的情况如何，总之要使奸邪之人悫愿、简慢之人整齐、蛮夷之人不敢犯，通过赏庆信必和教训习俗，使君民化变而不自知，刑省罚寡，这样治国才有最佳效果，同时也可由此而使人主无所匿其情。

《法禁》篇言君主治国如何运用法制和以法治国，主要有三条：法制不议则民不相私，刑杀毋赦则民不偷于为善，爵禄毋假则下不乱其上，这三条用于官则为法，用于国则成俗。

在列出这三条主要原则之后，又列出了十八禁，即以法治国中必须禁止的各种情况。如赐赏恣于己者，圣王之禁也；擅国权以深索于民者，圣王之禁也；其身毋任于上者，圣王之禁也；非其人而人私行者，圣王之禁也；举毋能、进毋功者，圣王之禁也；交人以为己赐、举人以为己劳、仕人而分其禄，圣王之禁也。诸如此类的圣王之禁，都是圣明的君主在治国时所要禁止的，中心意旨就是禁止人们为非作奸以害国政。所涉及的问题非常详尽，表明此篇关于君主治国所要禁防的事项非常具体，不是空谈治国原则就可满足的。

《重令》篇言如何执行法令的问题，第一段是总论，然后是对总论的解说。总论的核心是"凡布国之重器，莫重于令"，令就是君令，必须使君令具有威严，使人不敢冒犯，这就是令重的问题。此篇认为：令重则君尊，君尊则国安，反之就是君卑国危。而君令的重又在于严罚，必须做到罚严令行，使百吏皆恐，反之就是罚不严而令不行，则百吏皆喜。所以君主治国治民的根本是莫要于令。其目的是使远近一心，如此则可众寡同力，战可必胜，守可必固，这样做为天下政治，正天下之道也，可知所说的根本问题就是治国政治的正道。

《法法》篇言如何执行法令，第一段是总论，之后对总论进行解说。总论指出："不法法则事毋常，法不法则令不行，令而不行则令不法也，法而不行则修令者不审也，审而不行则赏罚轻也，重而不行则赏罚不信也，信而不行则不以身先之也，故曰则令行于民矣。"这是说明君主治国必须严格执法，这就是法法，否则就是不法法。而且这里把法与令结合起来说，可与《重令》篇相结合来理解。

篇中还说到君有三欲于民，三欲不节则上位危，所谓三欲是指求、禁、令，此三者不能没有，但不能过度，所以要节，即节制，如无节制，则三者反而都得不到，即求多者其得寡，禁多者其止寡，令多者其行寡，求而不得则威日损，禁而不止则刑罚侮，令而不行则下凌上。这也是君主治国用法时所要注意的问题。

此外还说到君之势的问题："凡人君之所以为君者势也，故人君失势则臣制之矣，势在下则君制于臣矣，势在上则臣制于君矣。"所谓势即权势必须掌握在君主手里，这也是法家以法治国的主张。

又说到君主治国之政就是要保持正："政者正也，正也者所以正定万物之命也。是故圣人精德立中以生正，明正以治国，故正者所以止过而逮不及也，过与不及也皆非正也，非正则伤国一也。"这里对正做了解释，即正定万物之命，这意味着治国之政不是以君主的心意为准，而是以万物的本来规律为准。这一说法也有重要意义，是圣人治国之政的正道。

以上三篇说的都是以法治国，重点是法与令，而法与令的准则是正，即万物之正，这是对法家以法治国思想的发展与提升。

《兵法》篇言治国的君主需要用兵，兵虽非备道至德，但也是辅王成霸的必要手段与工具，不能不用，也不能不说明其中的道理。此篇主要说明辅王成霸中的用兵要注意的若干问题，一是要知兵权，就是用兵的轻重，应该懂得举兵之日而境内贫，战不必胜，胜则多死，得地而国败这四种用兵之祸，这是君主用兵的首要原则。

此外又说明了用兵之法中的三官、五教与九章，三官是指：一曰鼓，鼓所以任也、所以起也、所以进也；二曰金，金所以坐也、所以退也、所以免也；三曰旗，旗所以立兵也、所以利兵也、所以偃兵也，三官又称三令，有三令而兵法治，这是用兵作战时的金、鼓、旗的用法。五教是指教其目以形色之旗，教其身以号令之数，教其足以进退之度，教其手以长短之利，教其心以赏罚之诚，这是对兵士的训练之法，由此可使士负以勇。九章是指举日章则昼行，举月章则夜行，举龙章则行水，举虎章则行林，举鸟章则行陂，举蛇章则行泽，举鹊章则行陆，举狼章则行山，举鞨章则载食而驾，这是说在不同时间与地形下的指挥规定，以便使军队听令而行动。此外还有更多的指挥军队采取行动的规定，总之此篇说的兵法，即如何号令和指挥军队进行行动的问题，属于君主治国中的用兵，本质上属于国政，不能简单地看作军事问题。

据上面的分析，可知外言各篇仍是说明君主治国的问题。

三、内言类各篇文本的主旨分析

《大匡》《中匡》《小匡》言匡助君主治国的重大之事，是用具体事例说明管仲如何匡助齐国君主治国，其中记载了管仲关于治国的种种说法。如桓公问：社稷可定乎？管子说：君霸王，社稷定，君不霸王，社稷不定。由此协助桓公定下称霸的国策，但桓公想小修兵革，管子表示反对："百姓病，公先与百姓，而藏其兵，与其厚于兵，不如厚于人。齐国之社稷未定，公未始于人而始于兵，外不亲于诸侯，内不亲于民。"

这样的对话在三《匡》篇中多有记载，其中充分反映了管子的治国主张，对这三篇的文本进行分析，可以归纳出管子治国主张的主要观点。主要是要君主先治理好国家的内政，再图对外的霸王之业。对于国之内政，如说内夺民用，士劝于用，乱之本也，外犯诸侯，民多怨也。说明他主张要把国内的民众安顿好，让他们有安定的生产与生活，这是治国的基础。又说有土之君，不勤于兵，不忌于辱，不辅其过，则社稷安，反之则社稷危。又说君不兢于德而兢于兵，是错误的治国之道，可知治国的原则是努力用德，而不是只知用兵。

又说诸侯之君，不贪于土，贪于土必勤于兵，勤于兵必病于民，民病则多诈，诈则不信于民，不信于民则乱，内动则危于身，故先王之道不兢于兵。又让桓公内修政而劝民，可以信于诸侯，所谓内修政，就是轻税，弛关市之征，为赋禄之制，这就是为修内政而制定了相关的法令制度。所以篇中记载说：桓公践位十九年，弛关市之征，五十而取一，赋禄以粟，案田而税，二岁而税一，上年什取三，中年什取二，下年什取一，岁饥不税，岁饥弛而税，可知由此而使齐国逐渐变得富强。

篇中还与桓公讨论国家灭亡的原因，认为计得地与宝而不计失诸侯，计得财委而不计失百姓，计见亲而不计见弃，三者之属一，足以削，遍而有者，亡矣。又说明国君之信的问题：民爱之，邻国亲之，天下信之，此国君之信。又说明君主的为身、为国和为天下：始于为身，中于为国，成于为天下。对为身、为国、为天下分别做了说明。

总之此三篇所说治国主旨就是先安民，安民始于爱民，使全国民众各从其业，各安其居，兢兢业业，努力不已，遵法守法，再加上发现人才，各得其用，由此实行有效的治国，国家就可走向富强。尤其是《小匡》篇，对如何管理教育民众有非常具体而细致的方法，非常实用，是管子治国之道的重要内容。

篇中还提出：为君不君，为臣不臣，乱之本也。这与孔子的治国思想完全一致，说明管子的治国主张来自多家，不局限于一家，是一种集大成的治国学说。

内言类还有《霸形》《霸言》篇，说明霸与王的问题。《霸形》言管仲辅助齐君治国称霸的情况，与《大匡》等同类，《霸言》篇言君主治国称霸的问题，说明了什么是霸，什么是王。如说："霸王之形，象天则地，化人易代，创制天下，等列诸侯，宾属四海，时匡天下，大国小之，曲国正之，强国弱之，轻国重之，乱国并之，暴王残之，僇其罪，卑其列，维其民，然后王之。"可知管子的理想是要由一个强国维持天下各国的秩序，是要把霸与王统一起来，如说"丰国之谓霸，兼正之国之谓王"，所以他的政治理想是霸王合一，不是只要霸而不要王，所以说霸王之形，最后落到然后王之之上。这与后来把霸与王分开且对立起来的说法，是不同的，管子所说的霸王的统一，是对各国及天下都有利的。可以说当时的周天子已起不到王的作用，所以要由一个霸主来行王之道，替王维持天下的秩序，所以管子所说的霸，与后来儒家学者批评的霸不是一回事。

管子把霸与王统一起来，又对明王加以说明："明王为天下正，理也，案强助弱，圉暴止贪，存亡定危，继绝世，此天下之所载也，诸侯之所与也，百姓之所利也，是故天下王之。"但这样的明王也离不了霸，否则不能案强助弱，圉暴止贪，存亡定危，继绝世，可知明王之王，就是靠霸而为天下王的王，这是管子的霸王统一之王的学说。

内言中的《问》篇仍说霸王的问题。此篇言如何治国而使国家称霸称王，篇中提出60多个问题，是实现王霸的相关的具体事项，也是如何治国的具体问题，统属于管子的治国主张。

《戒》篇言管仲辅助桓公治国的情况，其中说到君主如何治国的问题是，但侧重于对君主的劝诫。

四、短语类各篇文本的主旨分析

短语类篇数较多，其中《心术》《白心》与道家思想密切相关，但根本意旨是说君主如何治国，与《管子》其他各篇的核心意旨完全一致。

《地图》篇言国家用兵必须详细了解各种地理情况。《参患》篇论君主使用兵与刑，外以诛暴，内以禁邪，是尊主安国之经。《制分》篇言用兵的一些原则和富强的问题。《君臣》上下篇言君与臣的行事原则。《小称》篇言君与民的关系，君有过，民必知之；君有过为，民无过命。《四称》篇记载管子与桓公论治国问题中的君与臣，与《君臣》《小称》篇的内容相关。四称指有道之君、无道之君、有道之臣与无道之臣，区别了君臣在有道和无道上的不同表现，是用来告诫桓公的，与前面的《戒》篇类似。

《侈靡》篇论治国的种种问题，涉及范围较广。如说政与教相似而不殊，教是动人心之悲，及人之体，动人意以怨，使人思之，而政则若威形之征者，政的特征是威刑，使人必须服从，这是政与教的根本不同。治国需要教与政，二者不可偏废。

《水地》篇是说明土地、水与物品出产的关系，从一个侧面说明这些自然因素与治国的关系。《四时》《五行》篇言时令季节和五位与治国的关系，都与阴阳五行有关，可与经言类的《幼官》篇参照理解。《势》篇言外在形势与治国和用兵的关系，《正》篇言君主用刑和行政、用人及自律的问题，《九变》篇言如何使民守战至死而不德其上的问题，这些内容都可与其他篇中的相关文本结合解读。

五、区言类各篇文本的主旨分析

区言类《内业》篇属于君主治国的核心问题，《任法》篇言圣君要用法、数、公、大道治国，以及所要使用和坚守的方法与原则等，明确说明圣君任法而不任智，任数而不任说，任公而不任私，任大道而不任小物，这是强调君主要以法治国，其中的数指法令的具体规定，说指不合乎法令的种种说教，这一类问题在《韩非子》《商君书》都有专门论述。此篇还说明仁义礼乐皆出于法，此先圣之所以一民者，并引用《周书》，里面专门提到国法，可知法是自古以来治国的共同问题，所以说明王之所恒者，一曰明法而固守之，二曰禁民私而收使之，这说明王治国必须坚持用法，不能动摇与放弃，而以法治国的目的是禁民私而收使之，即不准民私自提出自己的规则，而必须遵守国家的法令。这里把仁义礼乐从属于法，这是解决儒法分歧的一个说法，必须注意。

此篇还提出作为君主必须遵守两项准则：爱人不私赏也，恶人不私罚也，对这两条做得好不好，可分出上主、中主与危主。此外还说明明王所操者六，生之，杀之，富之，贫之，贵之，贱之，此六柄者，主之所操也。主之所处者四，一曰文，二曰武，三曰威，四曰德，此四位者，主之所处也。这都是君主治国所要掌握的工具与手段，但都要正确地加以运用。

《明法》篇有《明法解》篇加以解说，核心意旨是说君主治国之道就是修明法度，还说到乱国的臣术胜，君主防止臣术胜以害国，故说："治国者主道明也，乱国者臣术胜也。"这样的治国思想，也属于法家的主张。

《正世》篇言治国要使法可立而治可行，知治乱所生。赵守正注：正世，匡正当世，即治国、治世之意。主张以立法行令、厚赏重罚为治国的根本政策，讲述治国治世之道，故称《正世》。篇中提出古之欲正世调天下者，必先观国政，料事务，察民俗，本治乱之所生，知得失之所在，然后与他人对照事，故法可立而治可行。但正世的要点是安民，故篇中说：夫万民不和，国家不安，失非在上，则过在下。今使人君行逆不修道，诛杀不以理，重赋敛，竭民财，急使令，罢民力。财竭则不能无侵夺，力罢则不能无堕偷。民已侵夺堕偷，因以法随而诛之，则是诛罚重而乱愈起。可见治与乱的关键在能不能安民，民是国的基础，民不安，则国必乱，反之，则国必治。所以篇中说：圣人者明于治乱之道，习于人事之终始者也。其治人民也，期于利民而止，不慕古，不留今，与时变，与俗化。君道立然后下从，下从故教可立而化可成。君人者，不可以不察也。可知此篇强调治国以安民为主。

其后的《治国》篇所说的问题与《正世》篇一致，言治国之道的多项内容，如富民、禁末作、重农等，这都是《正世》篇所说的安民之事。

六、杂篇类各篇文本的主旨分析

《封禅》篇言帝王封神之事，这是古代治国的重要事务之一，后来历朝历代都要进行封禅。《小问》篇是桓公与管仲讨论君主治国的相关问题，如桓公问君主治国怎样才能治而不乱，明而不蔽，治而不乱，与前面《正世》《治国》篇的问题一致。明而不蔽的问题，是君主治国时如何保持自身的明智而不被小人奸邪蒙蔽，这是古代君主治国中的重要问题。管仲说："明分任职，则治而不乱，明而不蔽矣。"是强调对官吏的任用要明确分工与职责，由此保证君主治国不会产生混乱，不会受到蒙蔽。

此外他还说到如何富国、如何行广仁大义、什么是战胜之器与攻取之数的问题，管仲认为选天下之豪杰、致天下之精材、来天下之良工，就是战胜之器，攻取之数是对敌国毁其备，散其积，夺之食，则无固城等，并对这些问题做了详细解说。

最后讨论了攻伐外国的事情，可知此篇属于管仲协助齐桓公称霸的问题，仍属于诸侯君主治国取胜的问题，与前面《大匡》《中匡》《小匡》《霸形》《霸言》等篇文本内容一致。

《七臣七主》篇言君主治国的过失及补救的问题，还有运用法令治国的问题。篇中提到七臣七主，是指七种君主和七种大臣，都是与君主治国密切相关的重要问题，篇中有不少文本内容是论说为君之道。七种君主指申主、惠主、侵主、芒主、劳主、振主、亡主，以申主为最佳，能做到任势守数、周听远近、法令固、赏罚必，故此主虞而安，吏肃而严，民朴而亲，官无邪吏，朝无奸臣，下无侵争，世无刑民。其他几种主都有不足，所以篇中说七种君主是六过一是，即六种为错误的，一种为正确的。七种臣是法臣、饰臣、侵臣、谄臣、愚臣、奸臣、乱臣，其中法臣是最好的，其表现是：法断名决，无诽誉，故君法则主位安，臣法则货赂止而民无奸，其他几种则都有不足，会造成国乱。

《禁藏》篇言君主治国中的君主自我控制问题，即先慎于己，而后用法治国，才可使官吏民众不敢为非，而使国治。与《七臣七主》篇一样，都是以君主自身的问题为中心，在古代是以君主治国为基本形式的，所以君主自身的问题，是治国问题中的重要内容。

此篇提出君主要禁藏于胸胁之内，而祸避于万里之外，能以此制彼者，唯能以己知人者也。强调以己知人，这是君主治国的重要条件。又说"法者天下之仪也，所以决疑而明是非也，百姓所县命也"。决疑而明是非，就是以己知人的要素之一，而这要靠法，所以此篇所说君主自身的问题，仍属于法家的观念，所以说，"明王慎之，不为亲戚故贵易其法，吏不敢以长官威严危其命，民不以珠玉重宝犯其禁"，这都是实行法治的效果。

还强调法治要用公而不能用私："公之所加，罪虽重，下无怨气；私之所加，赏虽多，士不为欢。行法不道，众民不能顺；举错不当，众民不能成。"行法不道和举错不当，都是指法治不能用公而用私。此外则说君主要克制自己的私欲："圣人之制事，能节宫室、适车舆以实藏，则国必富、位必尊，能适衣服、去玩好以奉本，而用必赡、身必安矣，能移无益之事、无补之费，通币行礼，而党必多、交必亲矣。"还要求君主治国要得天之时而为经，得人之心而为纪，要动静顺然后和，不失其时然后富，不失其法然后治。这都是君主自身的问题，要求君主具备对这些问题的正确认识与践行能力。

《入国》篇是说君主治国中的对待民众的九个重大原则，即九惠之教：老老、慈幼、恤孤、养疾、合独、问疾、通穷、振困、接绝，篇中对九者做了详细解说。

《九守》篇是说君主治国必须遵守的九个原则，即主位、主明、主听、主赏、主问、主因、主周、主参、督名，篇中对此九者做了具体解说，是要君主懂得九条道理，而在治国中加以践行。

以上几篇都是从君主角度说明在治国时要注意的事项，是《管子》中关于治国的重要文本。

《桓公问》篇记载桓公与管仲讨论治国的君主问题，与前面几篇为同一类。篇中说明圣帝明王怎样做到有而勿失，得而勿忘，"勿创勿作，时至而随，毋以私好恶害公正，察民所恶，以自为戒"，为此列举了黄帝至周武王的相关措施，以求观于贤、听于人、主不蔽、备讯问、观人诽、贤人进。

《度地》篇记载桓公问管仲论治国，侧重于圣人之处国要善于利用地形地势地利的问题，并说明了善为国者必须除掉五害，即地理方面的五种灾害：水害、旱灾、风雾雹霜、厉（疾病）、虫害，对此五害，君主要主动进行准备，称为备五害之道，即置专门的官吏负责专门的自然灾害之事，并在不同季节做好相应的防备之事。

《地员》篇与经言类的《形势》篇相关，《管子》中有多篇与土地、地理有关，是为一类，而对土地地理的利用，也是君主治国中的重要事务，不能忽视。

《弟子职》篇论述君主治国中如何教育君主与贵族的子弟的问题，也属治国范畴。

七、轻重类各篇的文本分析

《臣乘马》篇言君主治国中的农业生产问题，包括根据季节及时耕作，以及国家征发徭役对农业生产的影响问题。以下都属于轻重类，都与君主治国中的财政、经济及生产问题相关。

《乘马数》篇言君主治国中的国用问题，即国家财政支出问题，要求君主无求于民，不能为了国用而随意增加对民众的征求。还要求君主不能随意修建宫室台榭，以增加民众的负担。

《事语》篇言桓公与管仲讨论治国中的至数问题，即各种物品的使用及相关的礼制问题，主张"非有积蓄，不可以用人；非有积财，无以劝下"，即国家要根据国土大小积极从事农业生产，使国家储备足够的物质与财富。

《海王》篇言桓公与管仲讨论治国中的海盐生产及分配问题。

《国蓄》篇言君主治国中的国家积蓄及租税等问题，要求国家有足够的储备和民有足够的食粮，提出："五谷食米，民之司命也。黄金刀币，民之通施也。故善者执其通施，以御其司命，故民力可得而尽也。"说明国家储备与民力的关系。还专门说明了"利出于一孔"的问题，这与《韩非子》《商君书》所说"利出于一孔"，即国家让民众只能从事农战，是相呼应的。认为："利出于一孔者，其国无敌。出二孔者，其兵不诎。出三孔者，不可以举兵。出四孔者，其国必亡。"所以明君治国，要"塞民之养，隘其利途"，使"民之戴上如日月，亲君若父母"。而要把"利出一孔"做好，君主则要通于轻重，为笼以守民；要调通民利，才能做到大治。这就把治国的轻重（经济）问题与法治（"利出一孔"是法家治国的主张）结合起来了。法家提倡"利出一孔"，但还没有深入探讨其中的轻重问题，《管子》则把这一问题深化了，一方面与国家的用兵问题相关，一方面与国家的轻重问题相关，由此可以看出《管子》与法家的异同与关系。

《山国轨》篇言桓公、管仲论君主治国中的用人及对物质的管理和使用的问题。轨，通"会"，指总计或统计。赵守正注引《孟子正义》：零星算之为计，总合算之为会。现代汉语中的"会计"一词即来源于此。此篇言一国之中各层次人力与物力的统计与计算。所以篇中说："田有轨，人有轨，用有轨，乡有轨，人事有轨，币有轨，县有轨，国有轨，不通于轨数而欲为国，不可。"是说君主治国必须掌握国中各种人力物力的计算及其数字。这与《乘马数》篇的内容是一致的。此篇说明国家的财富靠民众的生产而来，而民众的生产又要与时令季节相合，因此说："轨守其时，有官天财，何求于民！"所谓"官天财"，就是说国家的财富靠顺应天时进行及时的生产而得来，即是说根据一年四季的变化及时进行相应的生产活动，就能使国家有足够的财富，而不必向民众征求太多。为此还要设立相应的官职，来管理和统计民众的生产及其物产，作为国用的基础。

《山权数》篇言桓公与管仲讨论君主治国中的天、地、人、君之权，即"天以时为权，地以财为权，人以力为权，君以令为权"。对这四者之权，君主治国必须理解其道理，并能在治国实践中加以运用。其中以天权最重要，所以说：失天之权，则人、地之权亡。因此要守时以待天权之道，天之权的关键就是天时，即一年中季节时令的变化，这与前一篇说的"轨守其时，有官天财"一脉相承。可知治国要重视农业生产，而农业生产则要守天之时，及时耕种收藏，使地财与人力、天时相配合，并统一服从君主的法令，这样才能保证国家有足够的财富与物质的储备，保证无论遇到什么样的情况，都能让民不至于无粮而卖子，民无入于沟壑乞请者。为此在篇中还说明了一些相关的具体问题。

《山至数》篇言桓公与管仲讨论君主治国中的赋税问题，篇中说明不能在治国时采取轻赋税而肥籍敛的方法。因为"轻赋税则仓廪虚，肥籍敛则械器不奉"。此处的肥即俾字，意为薄，肥籍敛与轻赋税的意思一样。这里是说国家的仓廪械器积蓄，要靠赋税取得。但国家可以靠货币政策来引导粮价："君有山，山有金，以立币。以币准谷而授禄，故国谷斯在上，谷贾什倍。农夫夜寝蚤起，不待见使，五谷什倍。士半禄而死君，农夫夜寝蚤起，力作而无止。彼善为国者，不曰使之，使不得不使；不曰贫之，使不得不用。故使民无有不得不使者。"这是说国家靠货币政策提高粮价来调动民众生产粮食的积极性，并以货币作为士人官吏的俸禄，来调动他们的积极性，这样民众与士人官吏都有积极性，君主与国家就能使他们不得不使和不得不用，都来为国家效力。这是说君主与国家不是靠命令来使和用他们，而是靠货币来使和用他们，并得到他们所生产的粮食和所具备的知识能力。同时利用这种政策，使谷七藏于上，三游于下，即国家掌握百分之七十的粮食，由此而使"谋士尽其虑，智士尽其知，勇士轻其死"，都能为国效力，而这也是"通于轻重"的效果。而对于货币则要藏于民，这与粮正相反。"王者藏于民，霸者藏于大夫，残国亡家藏于箧。"所谓"藏于民"，是指"散栈台之钱，散诸城阳；鹿台之布，散诸济阴。君下令于百姓曰：民富，君无与贫；民贫，君无与富。故赋无钱布，府无藏财，赀藏于民"。这都是说君主治国要"通于轻重"。

《地数》篇言桓公、管仲论君主治国中的地数问题，地数即与土地相关的种种问题，篇中说君主治国要掌握国土面积以及物产情况，"能者有余，拙者不足"，"封禅之王七十二家，得失之数皆在此内，是谓国用"。所谓国用即指国家通过土地所产而积蓄的物质财富。即篇中所说"昔者桀霸有天下而用不足，汤有七十里之薄而用有余。天非独为汤雨菽粟，而地非独为汤出财物也。伊尹善通移、轻重、开阖、决塞，通于高下徐疾之策，坐起之费，时也"。通移轻重等，就是国家的财政经济政策，由此积储、计划和调配各种物资财富，而使国家的财力物力积蓄得丰多足用。篇中还说明了君主治国时要善于利用天财和地利，即天地之间出产的各种物质，如金银铜铁等各类物质。还说明了君主治国守国财而毋税于天下，而外因天下的方法（因指利用），也是指国家的财政金融以及物资积蓄等方面的政策与方法。还说明了物价要随时调整，如舟济于大海，观风之所起。天下高则高，天下下则下。天高我下，则财利税于天下矣。同时还要注意令有徐疾，物有轻重，然后天下之宝壹为我用，善者用非有，使非人，即随时调整政策与物价等，使天下之宝全为我用，而不必皆须我有才能用。这也是通于轻重（财政金融政策）的重要效果。

《揆度》篇言桓公与管仲论历代帝王通于轻重而治国治民的方法与特点，并论当下治国的相关问题。篇中强调燧人以来，未有不以轻重为天下也。而轻重问题又与天地阴阳以及权、衡、规、矩、准有关，阴阳为二，权衡等为五，合称二五，君主治国必须掌握二五之道：人君失二五者亡其国，大夫失二五者亡其势，民失二五者亡其家，此国之至机也。所谓二五指天地阴阳与万物生长的关系以及用权衡等作为度量衡的制度，这是国家的生产以及物资的收藏积蓄和计量所必不可少的尺度。而这又必须成为法度的内容，所以通于轻重，又必须随之以法，这就是法度在生产与经济问题中的重要作用。如果不能做好这些法度之事，就是失准：失准者天下皆制我而无我焉。可见度量衡等法度是君主治国不可少的工具与手段。

《国准》篇言桓公管仲论治国中的国准问题，即视时而立仪。即根据当时的实际情况而制定相关的制度与政策。篇中说：国准者，视时而立仪，即根据不同的时势而确立国家的准则，从黄帝到周代，所立仪法不一，管仲认为周人之王，官能以备物，是最好的。因为这种制度是以人御人，逃戈刃，高仁义，乘天固以安己者。而黄帝、虞、夏、殷的制度都有不足。但当时的齐国则应兼用五家而勿尽，即兼采历代的制度，综合成更好的制度，这要固山泽、立械器、谨操重策、出山金立币、存菹丘、立驵牢，以为民饶。并且说明了将来之王的治国之策，好讥而不乱，亟变而不变，时至则为，过则去等，但王数不可豫致，都要视时而立仪，这是君主治国的一条基本准则。

《轻重甲》篇言主要说明国家的财政金融与经济政策不能固定不变，所以说"轻重无数"，要根据实际情况随时调整，"物发而应之，闻声而乘之"，根本目的是使国家来天下之财，致天下之民，这样才可以使国家稳定并发展，即"国可成"。这里再次说明"圣人善用非其有，使非其人"，与《地数》篇的说法相同，即通过国家的财政经济政策，利用天下的资财和人力。在此基础上再说如何用兵，即战衡、战准、战流、战权、战势，之后才至于兵，即用兵之前要有各方面的充分准备。篇中还说到征用民间各种物质的问题，如皮、干、筋、角等。又说乘势的问题，"王者乘势，圣人乘幼，与物皆宜"，即利用各种条件收税理财。并主张垦辟田野，而使农夫有百倍之利。还提出君主要审其号令，不要出现一国二君二王的局面，即不要使万物之贾（价）轻去其分，皆入于商贾，为此君主要能谨守其山林、菹泽、草莱，否则就不可以立为天下王。另外还要使农民都从事耕，女子都从事织，因为"一农不耕，民或为之饥。一女不织，民或为之寒"。耕与织为国之本："事再其本，则无卖其子者。事三其本，则衣食足。事四其本，则正籍给。事五其本，则远近通，死得藏。"即要用二至五倍的力量发展耕织。

另外还要调控金与粟的价格轻重，"粟重黄金轻，黄金重而粟轻，两者不衡立，故善者重粟之贾（价）"，这要靠君主通于发号出令，审于轻重之数才能做好。

《轻重乙》篇言桓公管仲论治天下以及农业生产和租赋等事，都是围绕着天下可定的根本问题，这是当时治国者关心的最大问题。管仲提醒桓公，要他不要抱着天下朝夕可定的想法，因为天下是终身不定的，所以要实行天子之国与诸侯之国并立的方法，即立壤列天下之旁，天子中产，地方千里，兼霸之壤三百有余里，此诸侯度百里，负海子男者度七十里，这样治天下才能如胸之使臂，臂之使指。

又说治国的善者不如与民，量其重，计其赢，民得其七，君得其三，又杂之以轻重，守之以高下，若此则民疾作而为上虏矣。这说明治国的君主要懂得让民众得到的多，而不要只顾自己搜刮民脂民膏，这样才能得到民众的拥护，这是君主的最大利益所在。

又说明了壤数的问题，即根据不同的土壤而通于轻重高下之数，但根本原则还是不能让君有山海之财而民用不足，要懂得五谷粟米者民之司命也，黄金刀布者民之通货也，先王善制其通货以御其司命，故民力可尽也。说明君主治国的根本问题是让民众有五谷粟米和货币通货，保证他们的生活无忧，他们才肯为君主和国家出力效劳。

此外还说明了治国不能只是强本节用，还要善于调整轻重政策，即善为国者，天下下我高，天下轻我重，天下多我寡，然后可以朝天下。这是说治国者要根据天下诸国的物价与商品的供求关系而随时调整自己的物价与商品数量。

还说到了国家发师置屯籍家以生产和储备粮食的问题，天下有兵，则积藏之粟足以备其粮，天下无兵，则以赐贫甿，可知是要动员一切力量生产与储备粮食，以供平时与战时之用。

最后说到了如何处理商业与农业的问题：粟重而万物轻，粟轻而万物重，两者不衡立。请重粟之价，若是则田野大辟，而农夫劝其事矣。而重粟之价的方法是以令与大夫城藏，使卿、诸侯藏千钟，令大夫藏五百钟，列大夫藏百钟，富商蓄贾藏五十钟，内可以为国委，外可以益农夫之事，实行这个政策之后，正商失其事，而农夫有百倍之利矣。

总之，此篇是说明君主治国如何在财政金融等方面进行调整以促进整个国家的农业生产和增加粮食储备，调动农民的生产积极性和为国尽力之心等问题，这都是古代君主治国中的重要问题。

《轻重丁》篇言如何使天下诸侯载黄金珠玉五谷文采布帛输齐，就是要使天下财物流而之齐。又言如何使天下之金四流而归周（天子）若流水。又言如何抑制富商、蓄贾、称贷家，以利贫民、农夫，不失其本事（农业生产）。又言根据天下诸国物价高低而随时调整齐国物价的问题，即可因者因之，乘者乘之，此因天下以制天下，此之谓国准。又言如何对付国内大夫多并其财而不出，腐朽五谷而不散的问题，使得功臣之家皆争发其积藏，出其资财，以予其远近兄弟，又收国中之贫病孤独老不能自食之民，皆与得焉。又言处理四郊之民贫、商贾之民富的方法，而使"郊之民殷然益富，商贾之民廓然益贫"。又言激励民众收藏粮食以防五谷归于诸侯的方法等，都是君主治理齐国时所要解决的经济问题。

《轻重戊》篇言君主治国必须知晓轻重之事及其道理："自理国虙戏以来，未有不以轻重而能成其王者也。"即君主要综合运用虙戏（伏羲）以来历代君王的轻重政策，并用而勿俱尽，因为帝王之道备矣，不可加也，公其行义而已矣，所谓行义，就是在天子幼弱而诸侯亢强的形势下，弱强继绝，率诸侯以起周室之祀，这是管仲为齐桓公制定的治国之策。又言使邻国鲁、梁等释其农事而作绨，以此削弱鲁、梁等国，由此而使鲁、梁之民归齐者十分之六，鲁、梁之君请服于齐国。又言解决民饥而无食，寒而无衣等问题的方法，使父老归而治生，丁壮者归而薄业，应声之正有以给上，室屋漏者得居，墙垣坏者得筑。

又言使莱、莒之民降齐者十分之七，莱、莒之君请服于齐的方法。又言使楚人降齐者十分之四，三年而楚服的方法。又言制服北方的代国与衡山的方法。

《轻重己》篇言君主治国要如圣人一样，从清神生心开始，最终通过心、规、矩、方、正、历、四时、万物的顺序生出的道理，因而理之，这样才可称为治国之道遍矣，为此说明了君主一年四季所应做和不应做的事，基本原则就是通过赏罚而促进生产，保护环境，积蓄物产，修整械具等。

与轻重有关的各篇，都与君主治国有关，但侧重于国家的财政金融经济的方法与原则方面，这是《管子》中君主治国的独特内容，可知古代诸子讨论的问题，都以君主治国为中心，涉及相关的种种方面，可以说是诸子关于君主治国问题的丰富智慧与深刻思想，直到今天也应予以足够重视与研究。而对相关诸子著作及其全部文本的分析，则是这种研究的基础，也不可忽视和轻视。

参考文献

一、古籍与诸子著作类

1. 程树德：《论语集释》，中华书局 1990 年版。

2.《十三经注疏》整理委员会：《孟子注疏》，北京大学出版社 2000 年版。

3.（宋）朱熹：《四书章句集注》，中华书局 1983 年版。

4.（魏）王弼：《老子道德经注》，中华书局 2008 年版。

5.（清）郭庆藩：《庄子集释》，中华书局 2004 年版。

6.（清）王先谦：《荀子集解》，中华书局 1988 年版。

7. 郭沫若等：《管子集校》，科学出版社 1956 年版。

8. 黎翔凤：《管子校注》，中华书局 2004 年版。

9. 梁启雄：《韩子浅解》，中华书局 1982 年版。

10.（清）王先慎：《韩非子集解》，中华书局 1998 年版。

11. 邵增桦：《韩非子今注今译》，台湾商务印书馆 1983 年版。

12. 蒋礼鸿：《商君书锥指》，中华书局 1986 年版。

13. 贺凌虚：《商君书今注今译》，台湾商务印书馆 1987 年版。

14.（清）孙诒让《墨子间诂》，中华书局 2001 年版。

15.（清）陈立：《白虎通疏证》，中华书局 1994 年版。

16.（清）苏舆：《春秋繁露义证》，中华书局 1992 年版。

17. 许维遹：《吕氏春秋集释》，中华书局 1985 年版。

18. 何宁：《淮南子集释》，中华书局 1998 年版。

19.（宋）司马光：《太玄集注》，中华书局 1998 年版。

20. 张舜徽：《汉书艺文志通释》，湖北教育出版社 1990 年版。

21. 张舜徽：《四库提要叙讲疏》，台湾学生书局 2002 年版。

22.（汉）司马迁：《史记》，中华书局 1959 年版。

23.（汉）班固：《汉书》，中华书局 1962 年版。

24.（魏）王弼：《周易注》，上海涵芬楼《四部丛刊》1922 年版。

二、近人研究著作类

1. 方东美：《原始儒家道家哲学》，中华书局 2012 年版。

2. 李泽厚：《中国古代思想史论》，人民出版社 1985 年版。

3. 唐君毅：《中国哲学原论·原道篇》，台湾学生书局 1978 年版。

4. 任继愈：《中国哲学史》，人民出版社 2010 年版。

5. 冯友兰：《中国哲学史新编》，人民出版社 1998 年版。

6. 罗检秋：《近代诸子学与文化思潮》，中国社会科学出版社 1998 年版。

7. 方铭：《战国诸子概论》，学苑出版社 2012 年版。

8. 方授楚：《墨学源流》，商务印书馆，2015 年版。

9. 牟宗三：《齐物论讲演录》，香港鹅湖杂志 319－332 期，1987 年。

10. 金岳霖：《论道》，商务印书馆 2015 年版。

11. 张曙光：《外王之学：〈荀子〉与中国文化》，河南大学出版社 1995 年版。

12. 徐复观：《中国艺术精神》，华东师范大学出版社 2001 年版。

13. 辛冠洁等：《日本学者论中国哲学史》，中华书局 1988 年版。

14. ［美］本杰明·史华兹：《古代中国的思想世界》，江苏人民出版社 2004 年版。

15. ［德］马克斯·韦伯：《儒教与道教》，商务印书馆 1995 年版。

16. ［日］武内义雄：《中国哲学思想史》，商务印书馆 1936 年版。

17. ［德］伽达默尔：《哲学解释学》，上海译文出版社 2004 年版。

18. ［德］黑格尔：《哲学史讲演录》，商务印书馆 1983 年版。

19. ［法］谢和耐：《中国人的智慧》，上海古籍出版社 2004 年版。

后 记

  先秦诸子著作的文本研究，是一个新课题，如何理解这个课题，如何阐述这个课题的相关问题，人们的关注不够，没有相关的成果，也就没有成法可循。只能按照我的理解来论述相关问题。

  我认为文本研究应包括两个方面，一是文本形式问题，二是文本内容问题。文本的形式与内容是统一的整体，形式与内容不能分开，分析文本形式，是为了帮助解析文本内容，但形式的分析最终不能代替内容的分析，所以对文本内容要专门进行解读。

  人们对先秦诸子的思想已有许多研究，但我说的先秦诸子著作文本的内容分析，与一般人理解的先秦诸子思想的研究有根本不同。

  对思想的研究近一百多年来已有了固定模式，即按照西方的学科分类模式，从先秦诸子著作的文本中选取若干可以与这种模式中的概念相适合的内容加以分析，以此形成关于先秦诸子思想的研究成果。

  而我说的对先秦诸子著作的文本内容的分析，是不以任何先入之见或固有模式为前提来分割先秦诸子著作的整体文本，而是直接针对先秦诸子著作的全部文本，来解读它们在形成之时就构成而含有的思想内容。换言之，必须通读这些著作的全部文本，才能全面而完整地理解其中表达的内容。这样的内容，不能被后来的外在的分类或概念硬性分割，而应让它们保持原有的本来的面貌。这样解读出来的文本内容，才是这些诸子著作的全部文本所表达的本来意旨，而不是后人根据某种外来的模式或概念套取的某种思想。

  这种文本内容的解读，绝对不是一般意义上的文本注释，因为注释不是解释全部文本的内容，只是解释文本中某些词语，它们是孤立的，也是被分割的，是不完整的，不能显示这些文本作为整体的内容。当然也不是全文今译，因为今译只能照字面译成现代汉语，不能深入揭示其中更多的思想内容。古人早就说过书不尽言，言不尽意，所以今译是无法揭示文本中的丰富内容的。

  正是因为这样，我在对先秦诸子著作的文本进行形式与内容的研究与分析时，不是只对文本形式的问题加以分析，还对文本内容的问题加以分析，因此这个课题的研究就形成了现在的样子，其中既有对先秦诸子著作文本形式的分析，也有对它们的文本内容的解析，而且这种解析，明显与以往的思想史研究和文献学研究都不一样，可以说与以往的研究没有重复，也可以说这种研究是非常必要的。

此书写成之时，共有 50 多万字，后应项目和出版之便做了诸多删节，故对很多问题只能简要论说，无法详细分析论述，还要请读者们谅解。

此书的完成与出版，要感谢高华平先生。他与我曾在一个研究所工作，是多年的老朋友。他在出版上帮忙联系了暨南大学出版社，让我能安心研究与撰写，是一次非常愉快的合作。亦借此机会谨记于此。

刘韶军

2022 年 7 月下旬